1

D1825701

DU MÊME AUTEUR

La Seigneurie de Lanet en Hautes-Corbières, Tome 1 : Histoire et Généalogies, BoD, 2017 (424 p.)

La Seigneurie de Lanet en Hautes-Corbières, Tome 2 : Documents 1215-1564, BoD, 2018 (204 p.)

La Seigneurie de Lanet en Hautes-Corbières, Tome 3 : Documents 1566-1618, BoD, 2018 (380 p.)

La Seigneurie de Lanet en Hautes-Corbières, Tome 4 : Documents 1613-1654, BoD, 2018 (308 p.)

La Seigneurie de Lanet en Hautes-Corbières, Tome 5 : Documents 1615-1710, BoD, à paraître

Nicolas Sarkozy, la reconquête, Tome 1, BoD, 2016 (264 p.)

Nicolas Sarkozy, la reconquête, Tome 2, BoD, à paraître

Ils ont choisi la Waffen SS, BoD, 2017 (88 p.)

Francis BARTHE

LA SEIGNEURIE DE LANET

EN HAUTES CORBIERES

Vème – XIXème siècles

Tome 5
Documents (1655 - 1710)

Avant propos

Dans ce cinquième volume de publication des documents de la seigneurie de Lanet, nous couvrons la période 1655-1710.

La majorité des actes concernent des familles de la noblesse ou de la bourgeoisie narbonnaise. En effet, Lanet rentrera en possession de la famille Dauceresses de Narbonne, et c'est la raison pour laquelle un certain nombre de documents la concerne, ou les familles qui lui sont alliées.

Il en est ainsi de la famille de Cerezon, dont une des filles fut mariée à Jean-Pierre Dauceresses, consul de Narbonne et propriétaire des salins de Sigean. D'autres actes concerneront la famille Pescaire alliée également, dont une fille épousera Jean-François Dauceresses.. La plupart du temps, les documents font état de querelles de succession, de testament, ou de donation.

Sur Lanet, la famille de Grave règne en maître, et subit également les procédures en justice et les querelles d'héritage. Très peu d'actes d'achat ou de vente dans ce volume.

Enfin, deux documents sont particulièrement remarquables. Le premier est le brevet original d'enregistrement des armoiries de Jean-François Dauceresses, réalisé par Chales d'Hozier.

Le second est un brevet de nomination de Marc-Joseph Dauceresses signé par le roi Louis XIV en personne, et scellé par le sceau royal.

Document 95 – 22 février 1655 – Obligation pour Françoise de Cerezon, femme de noble Jean-Pierre Dauceresses, de payer la somme de 800 livres avec intérêts au tuteur testamentaire de Hiérasme Pradier, bourgeois de Narbonne. La somme était due par François de Cerezon et Anne de Soubiran, père et mère de ladite Françoise

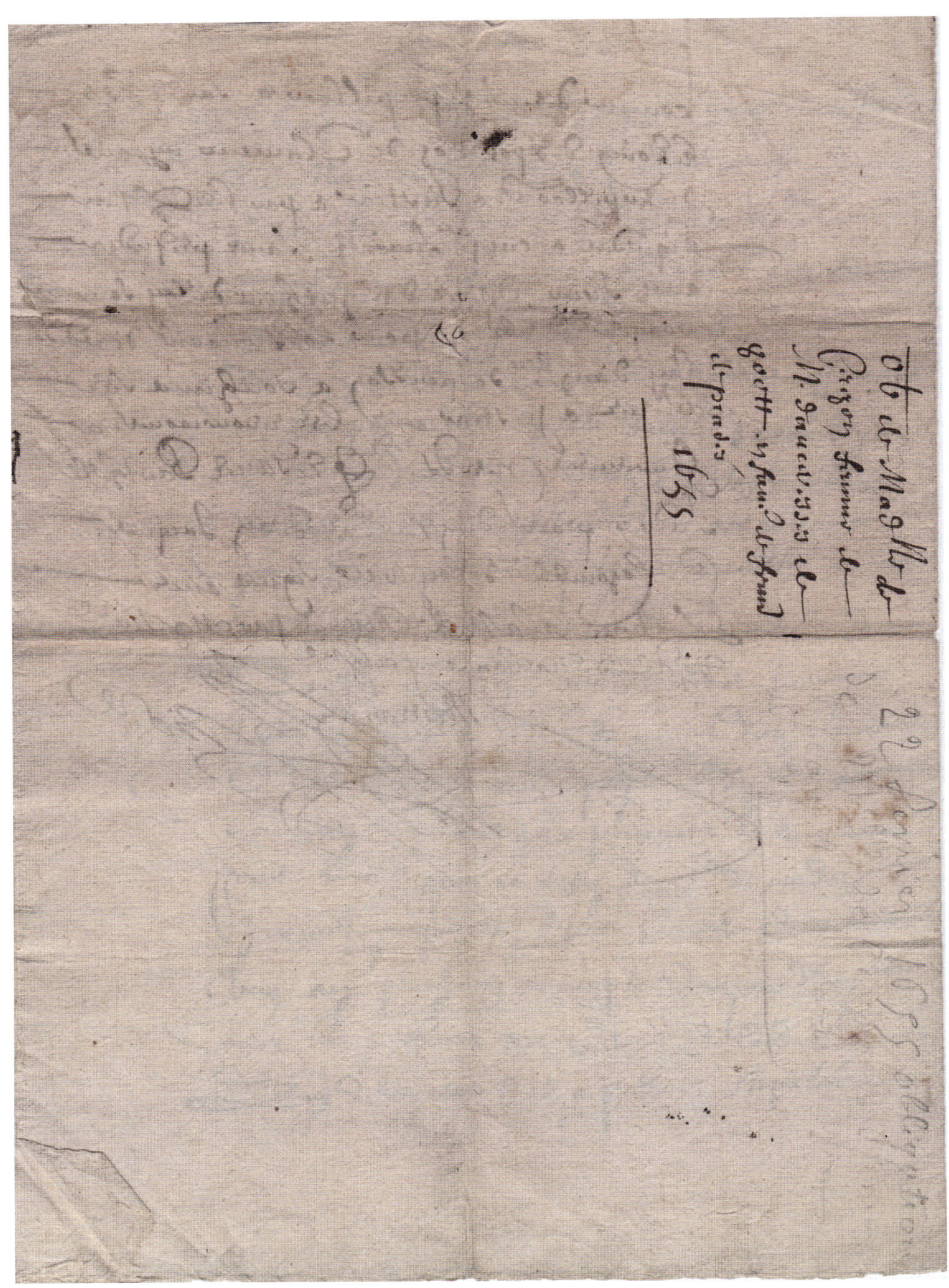

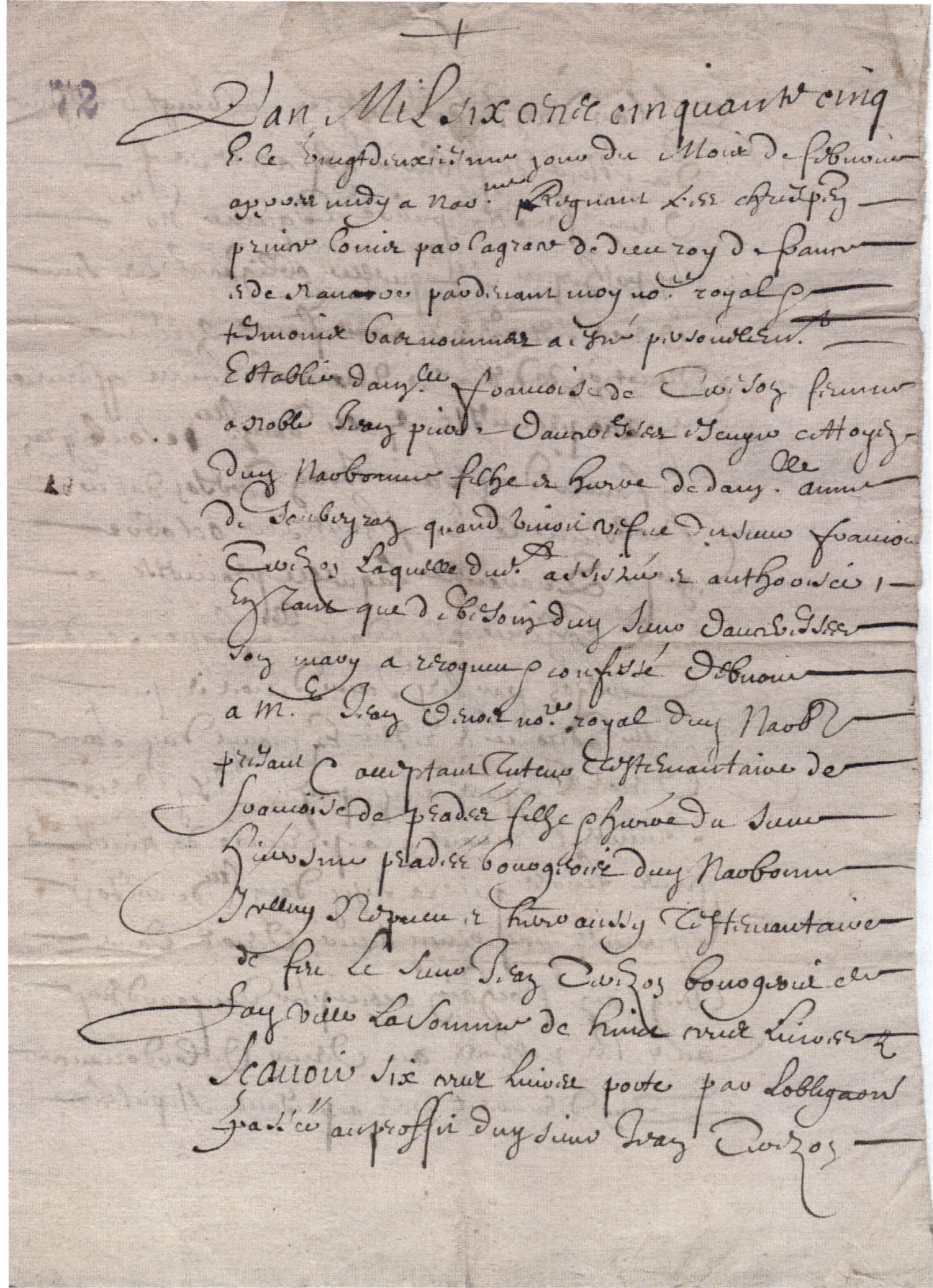

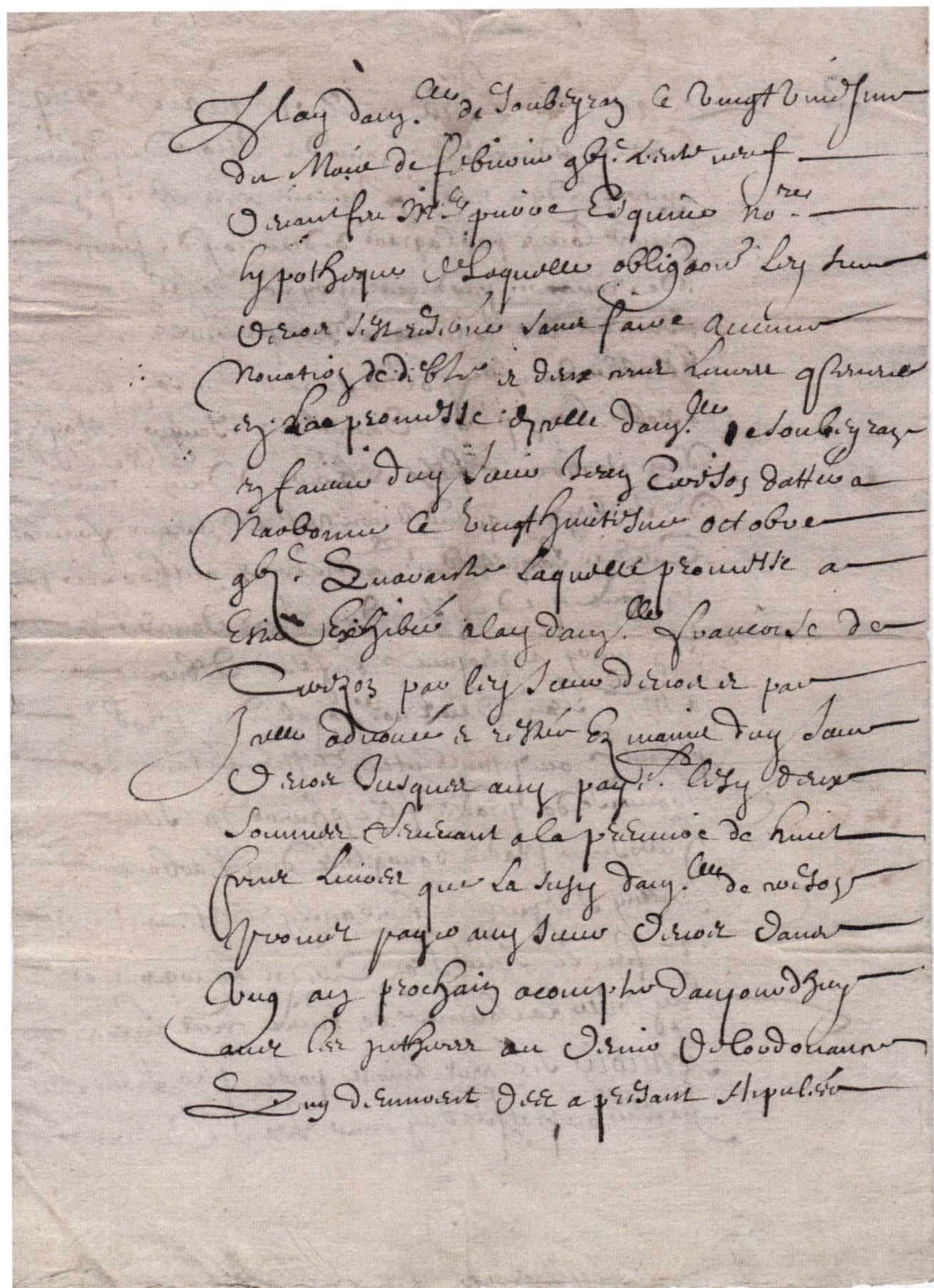

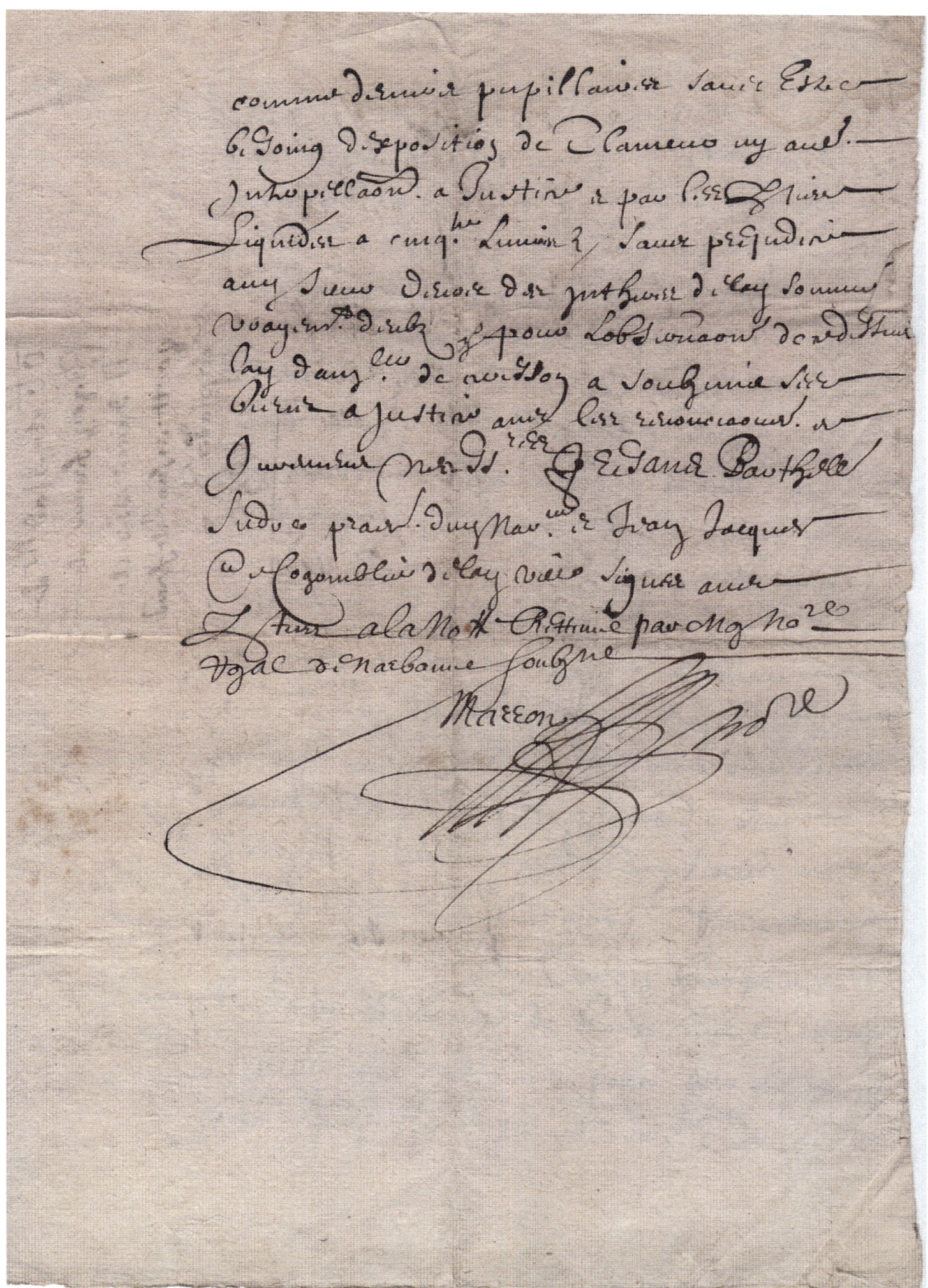

" L'an 1655 et le vingt sixième jour du mois de mars après midi à Narbonne régnant le très chrétien prince Louis par la grâce de dieu roi de France et de Navarre, par devant moy notaire royal Garrousses a été présentement établie Damoiselle Françoise de Cerezon femme de Noble Jean-Pierre Dauceresses Ecuyer citoyen dudit Narbonne, fille et gendre de Damoiselle Anne de Soubiran quand vivait veuve du sieur François de Cerezon - Laquelle dudit assisté et authorisée en tant que décision dudit sieur Dauceresses son mari a reconnu confessé devoir à maître Jean C.... notaire royal dudit Narbonne présent et acceptant tuteur testamentaire de Françoise de Pradier fille chérie du sieur Hiérasme Pradier bourgeois dudit narbonne icelleuy nommé et honoré ainsi testamentaire de feu le sieur Jean Cerezon bourgeois de ladite ville, la somme de 800 livres savoir 600 livres porté par l'obligation passée au profit dudit sieur Jean Cerezon par ladite damoiselle de Soubiran ce vingt cinquième jour du mois de février 1639 devant maître Pierre Asquir notaire - hypothèque de laquelle obligation ledit sieur devoir signer et délivrer sans faire aucun ...., et 200 livres en la promesse de ladite damoiselle de Soubiran en faveur dudit sieur Jean Cerezon daté à Narbonne ce ving thuitième jour d'octobre - Suivant laquelle promesse a été exibée à ladite damoiselle Françoise de Cerezon par ledit sieur devoir par icelle advoué et régler en mains dudit sieur, devoir invoquer audit paiement de ladite somme ...., etc."

Document 96 – 1 février 1656 – Accord entre Demoiselle Françoise de Cerezon, fille et héritière de Anne de Soubiran, et Catherine de Clusel, veuve de Durand Laborie, bourgeois de Narbonne, dans une affaire les opposant à propos d'une subrogation d'héritage

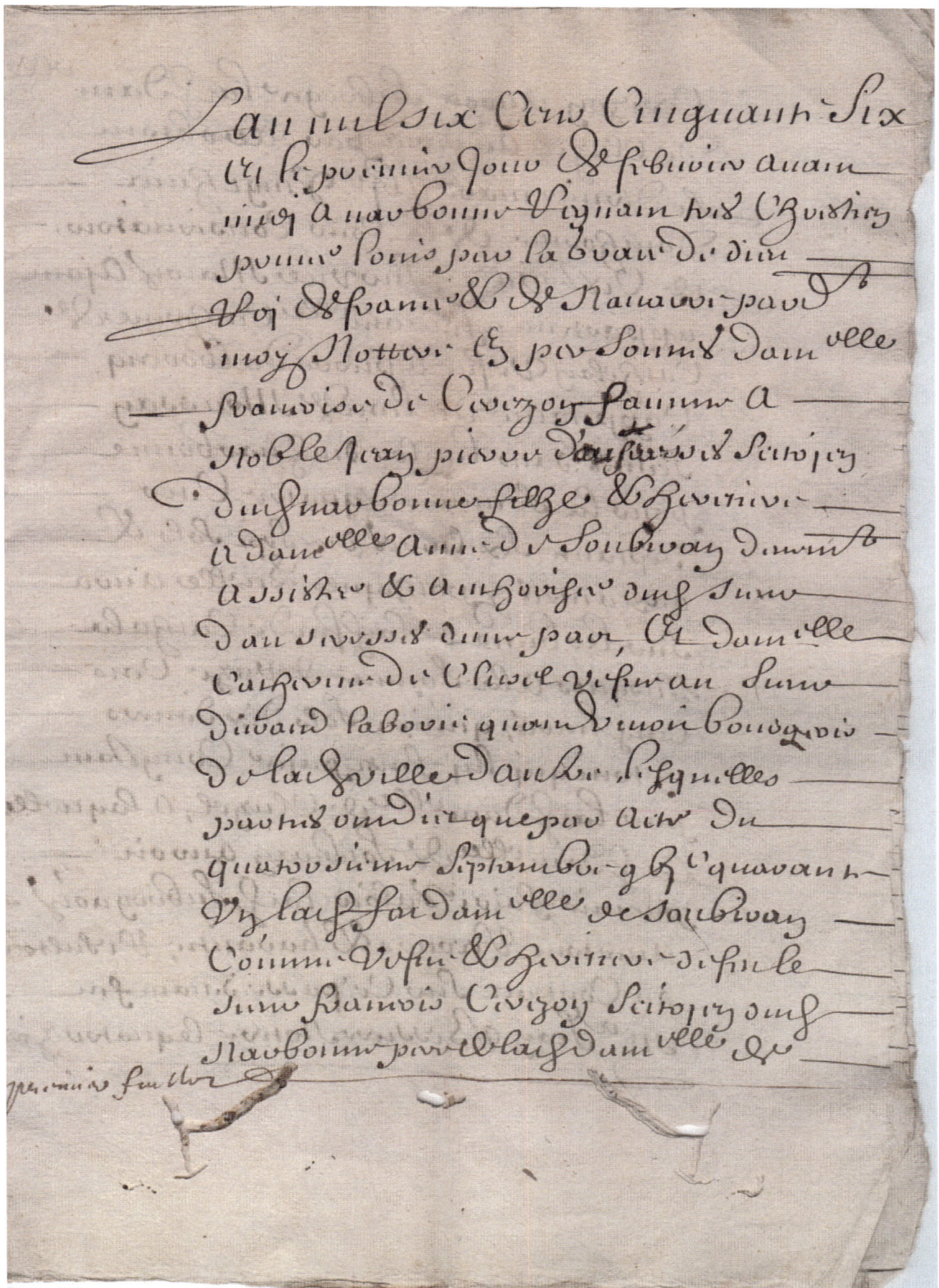

L'an mil six cens cinquante six
et le premier jour de febvrier avant
midi a narbonne regnant tres Chrestien
prince louis par la grace de dieu
Roy de france & de navarre par
moy Nottaire et presens tesmoins dam[ois]elle
Scanviou de Creizoy femme a
Noble Jacques pierre d'auteurs? Secretaire
du Roy narbonne felize et heritiere
à dam[ois]elle anne de Soubiray laquelle
assistée & authorisée dud[it] sieur
d'auteurs dud[it] sieur? et dam[ois]elle
Catherine de l'hisel veusve au sieur
Durand Paborié quand vivoit bourgeois
de la ville d'aube? lesquelles
parties ont dit que par acte du
quatorziesme septembre quarante
[...] laq[uelle] feu dam[ois]elle de Soubiray
comme veufve & heritiere dud[it] le
sieur françois Creizoy Secretaire dud[it]
narbonne par lequel dam[ois]elle de

premier feuillet

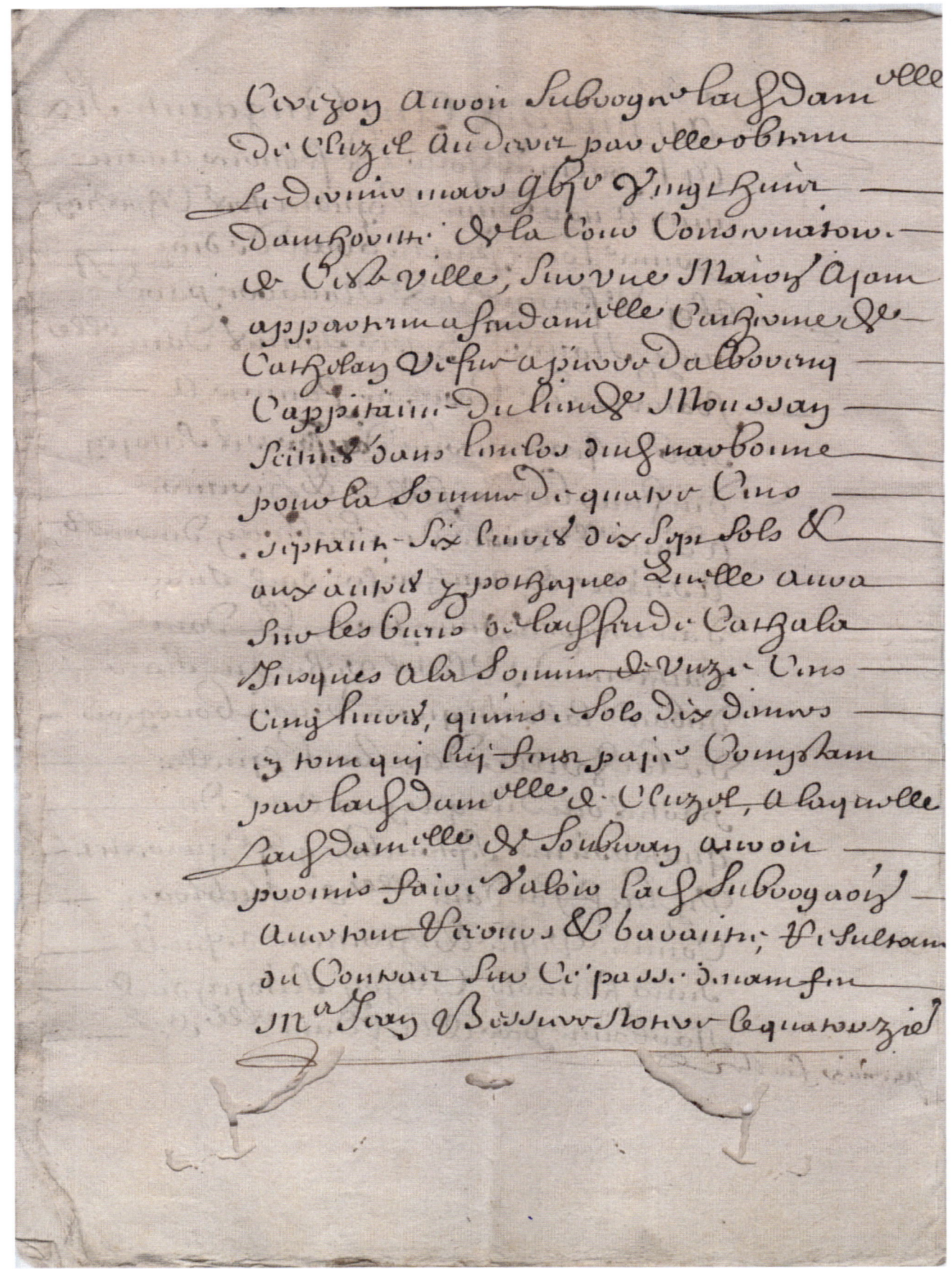

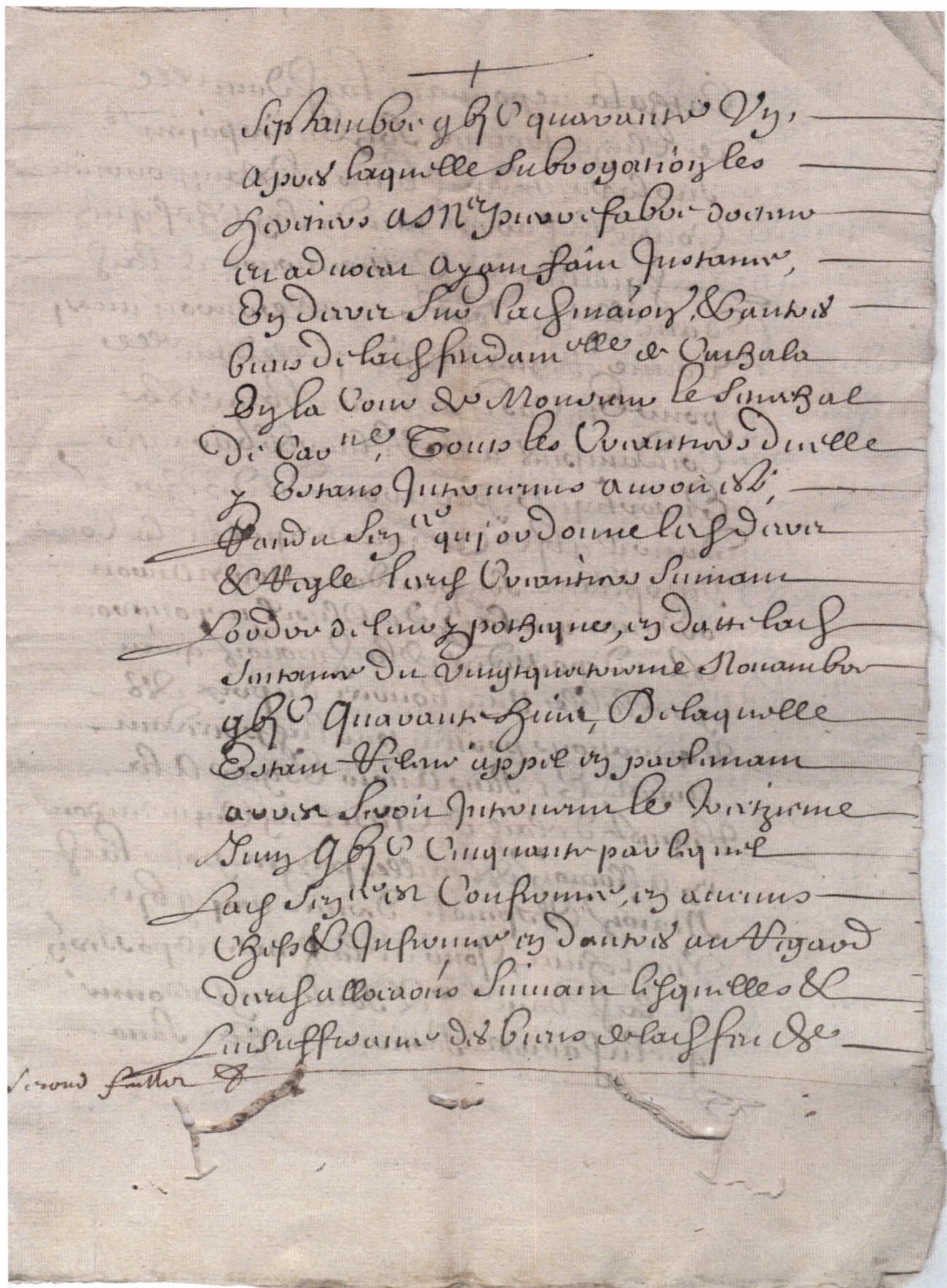

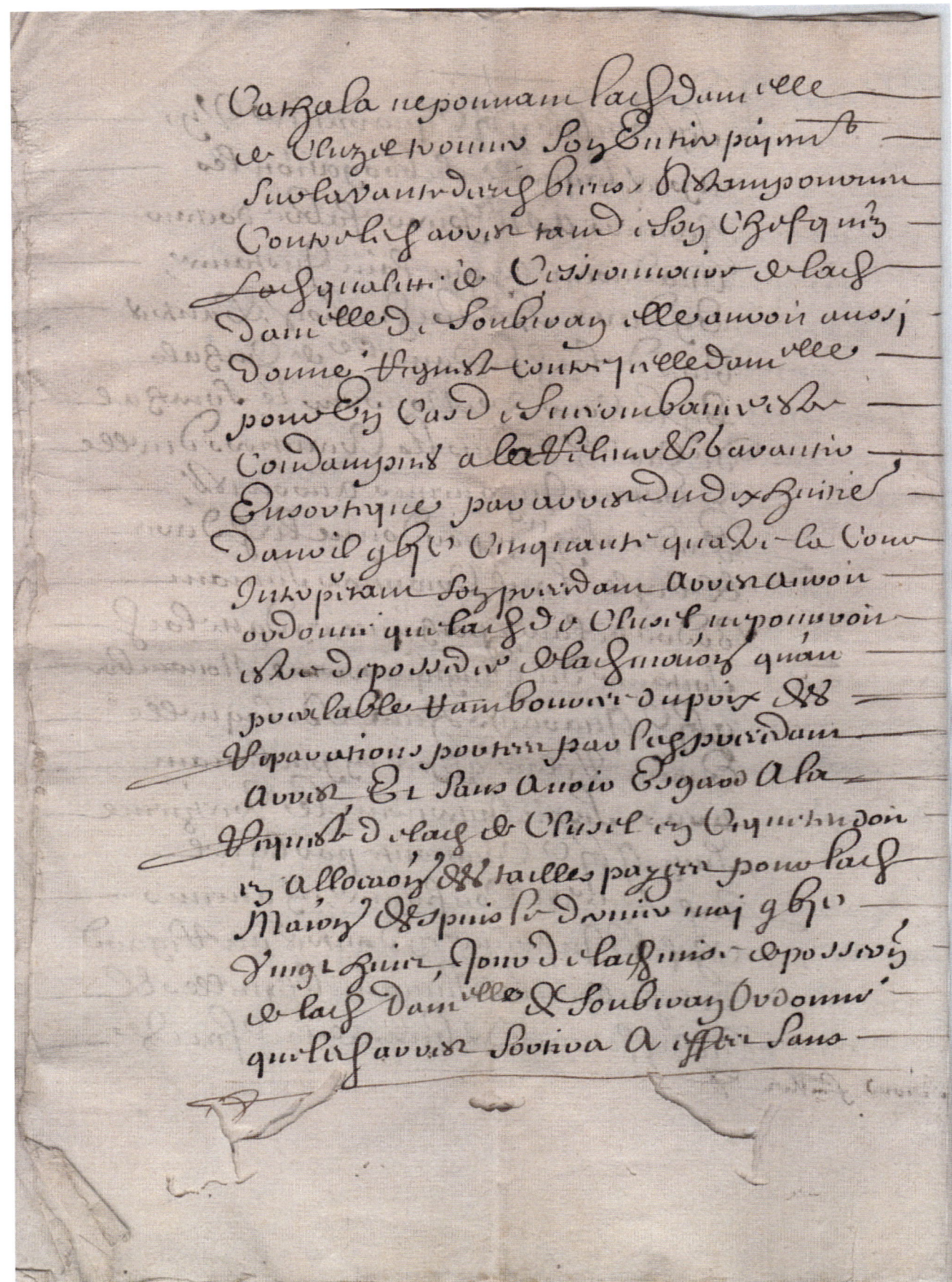

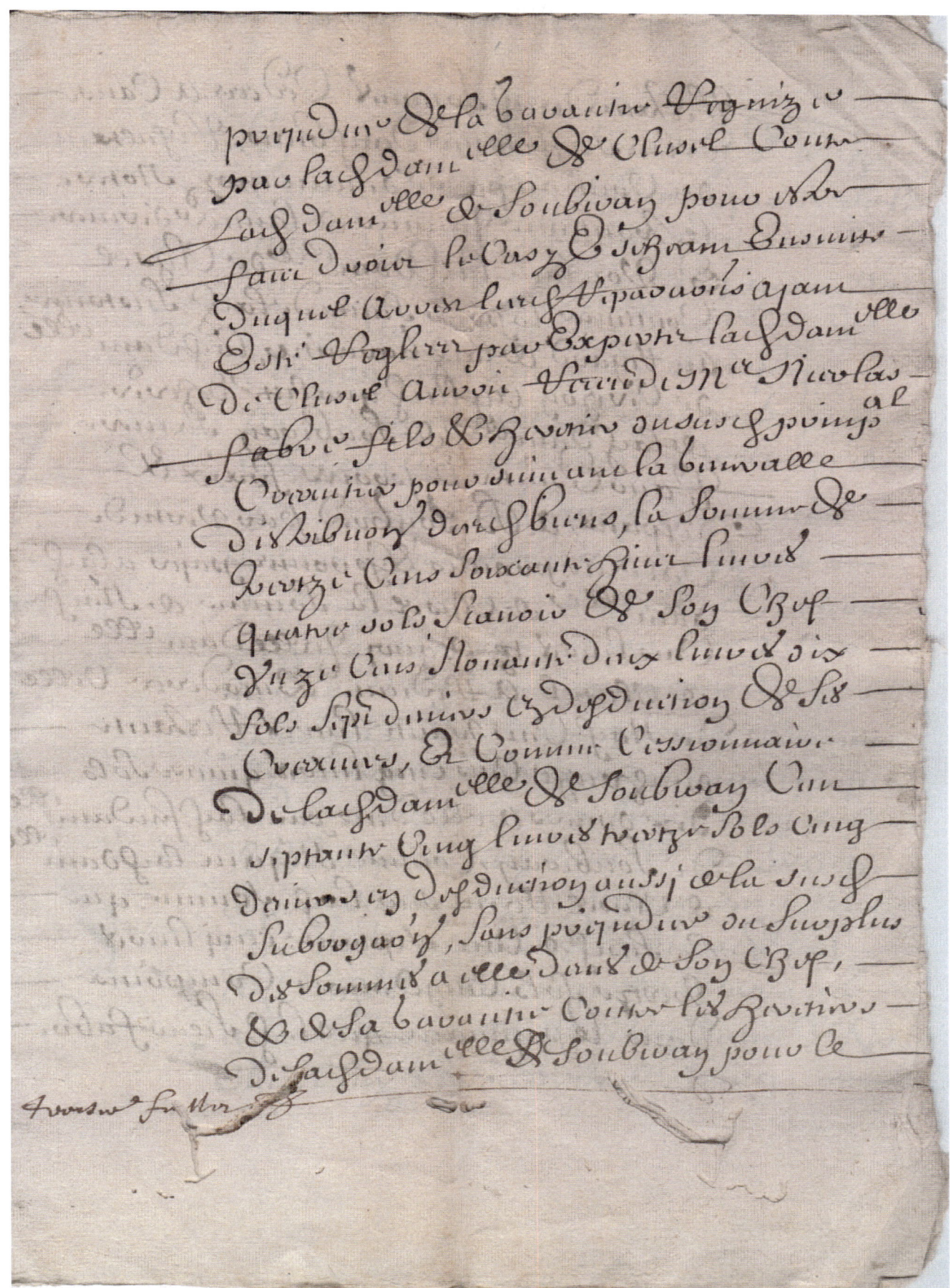

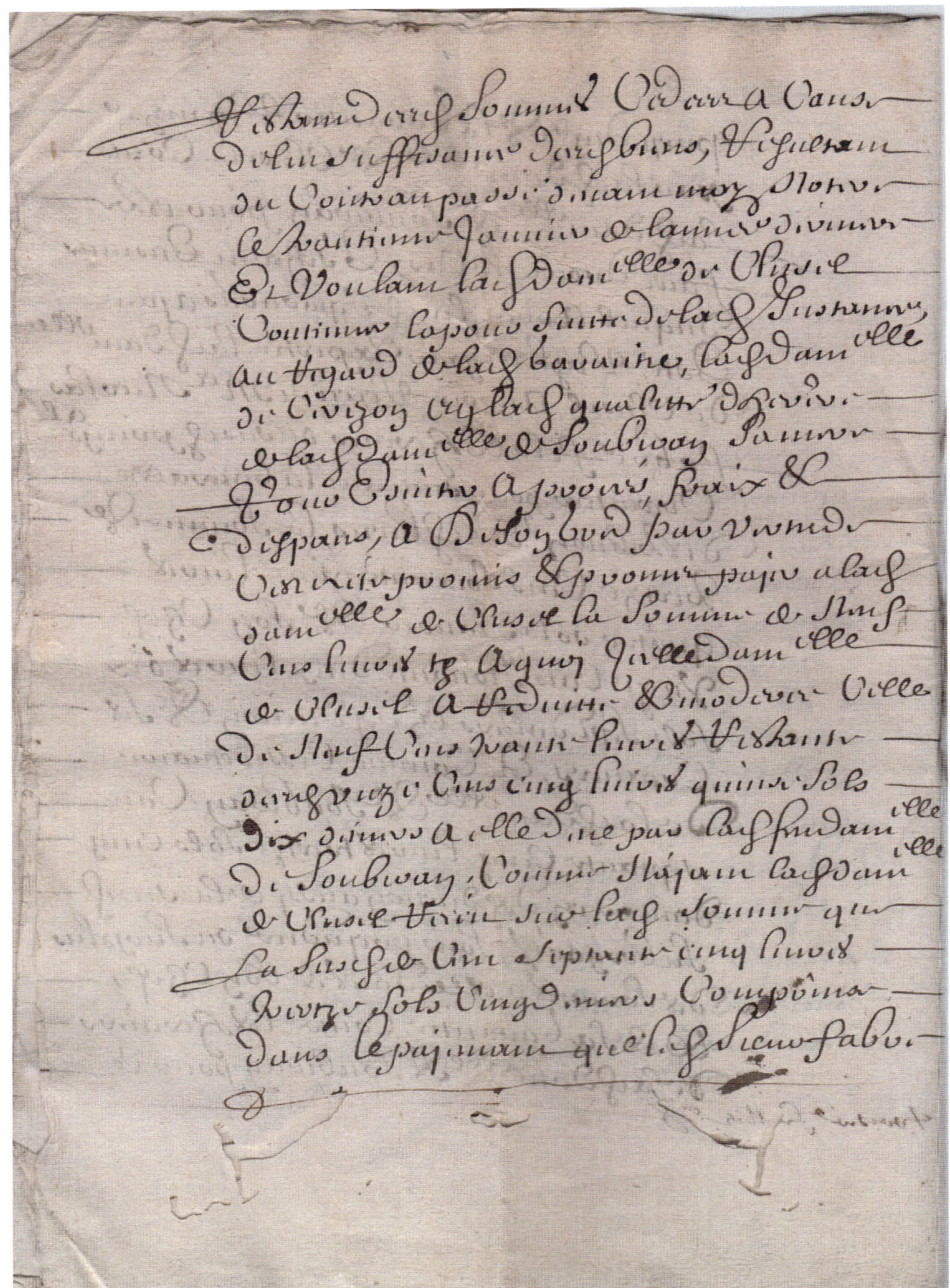

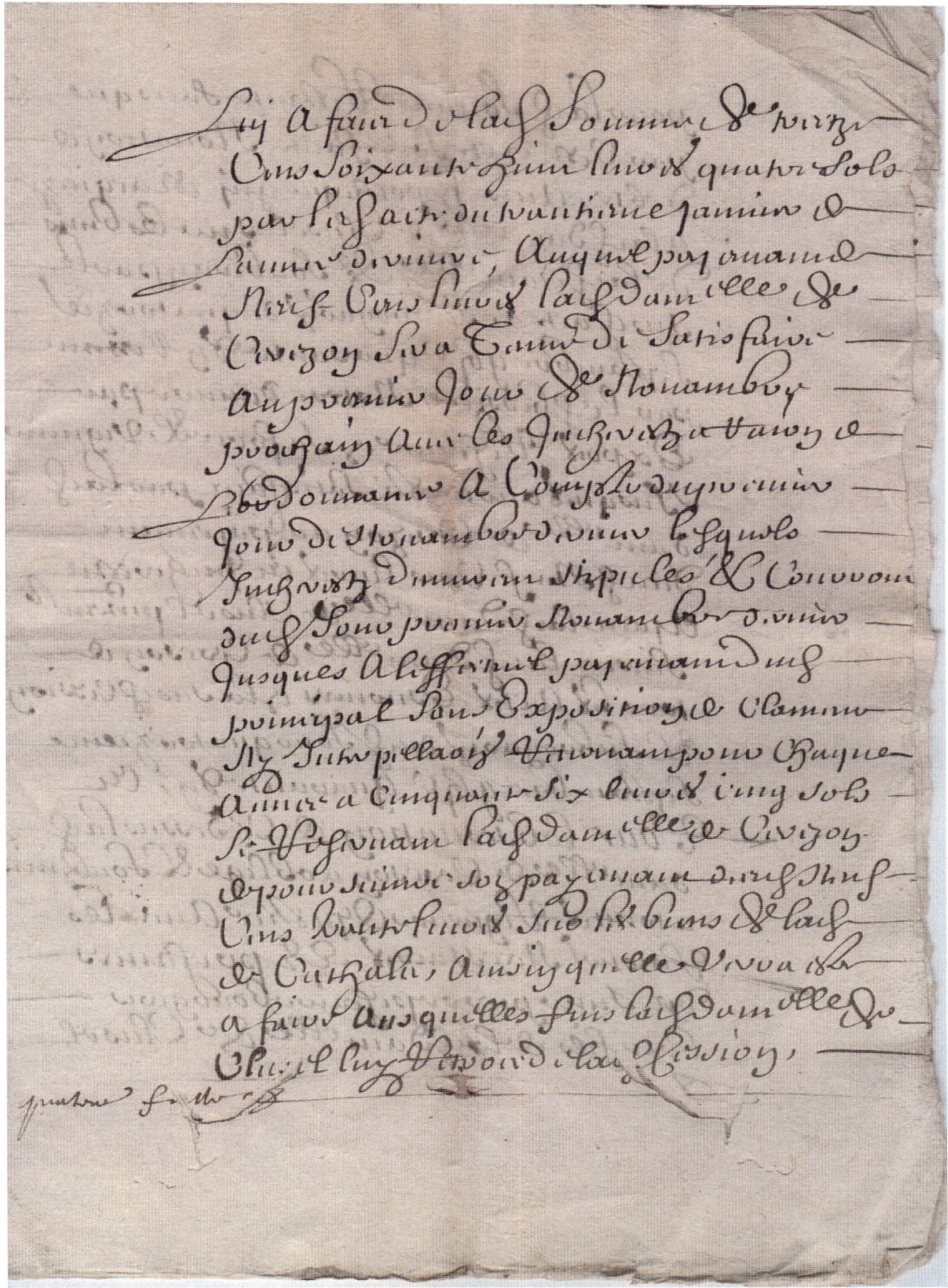

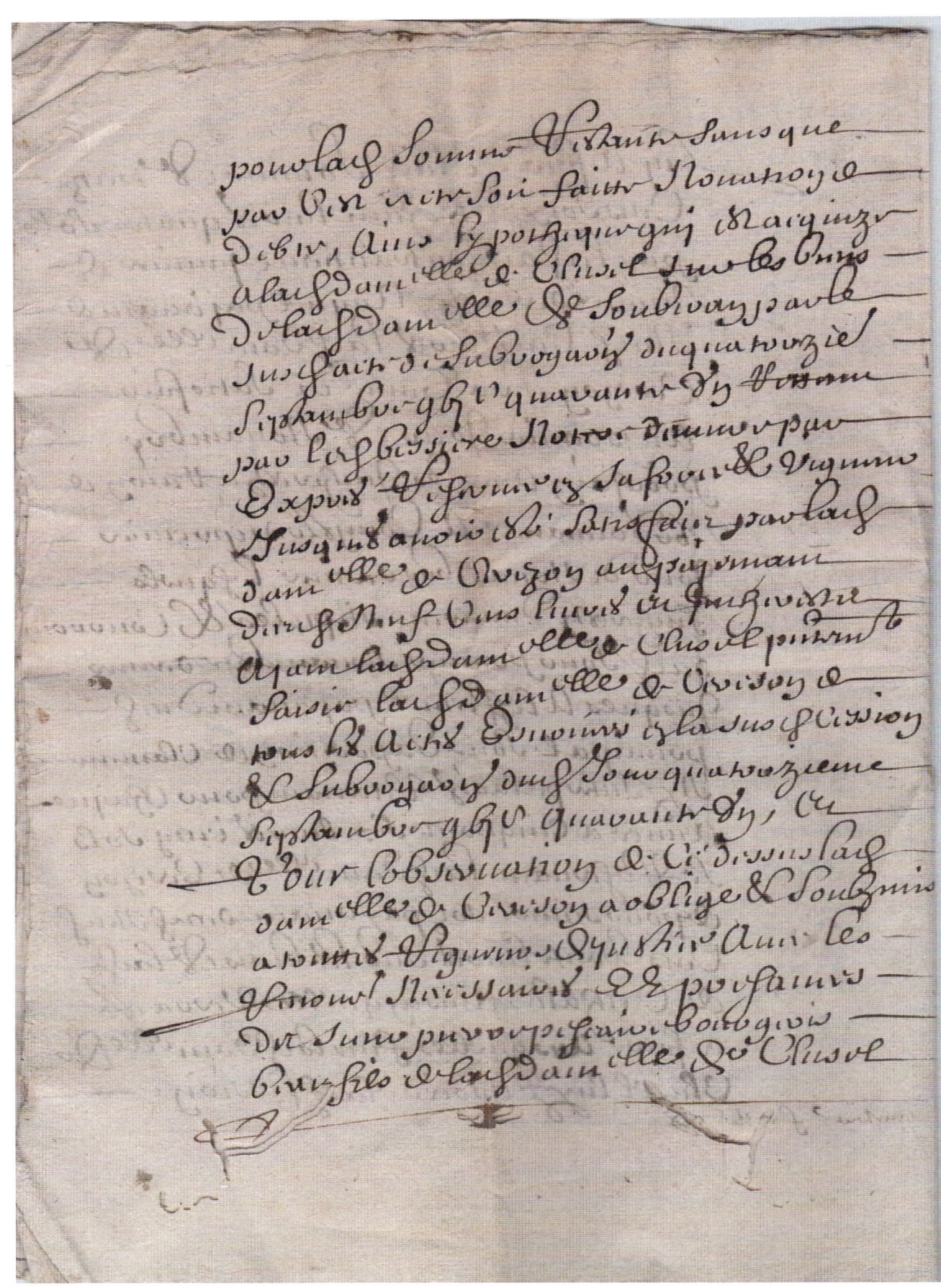

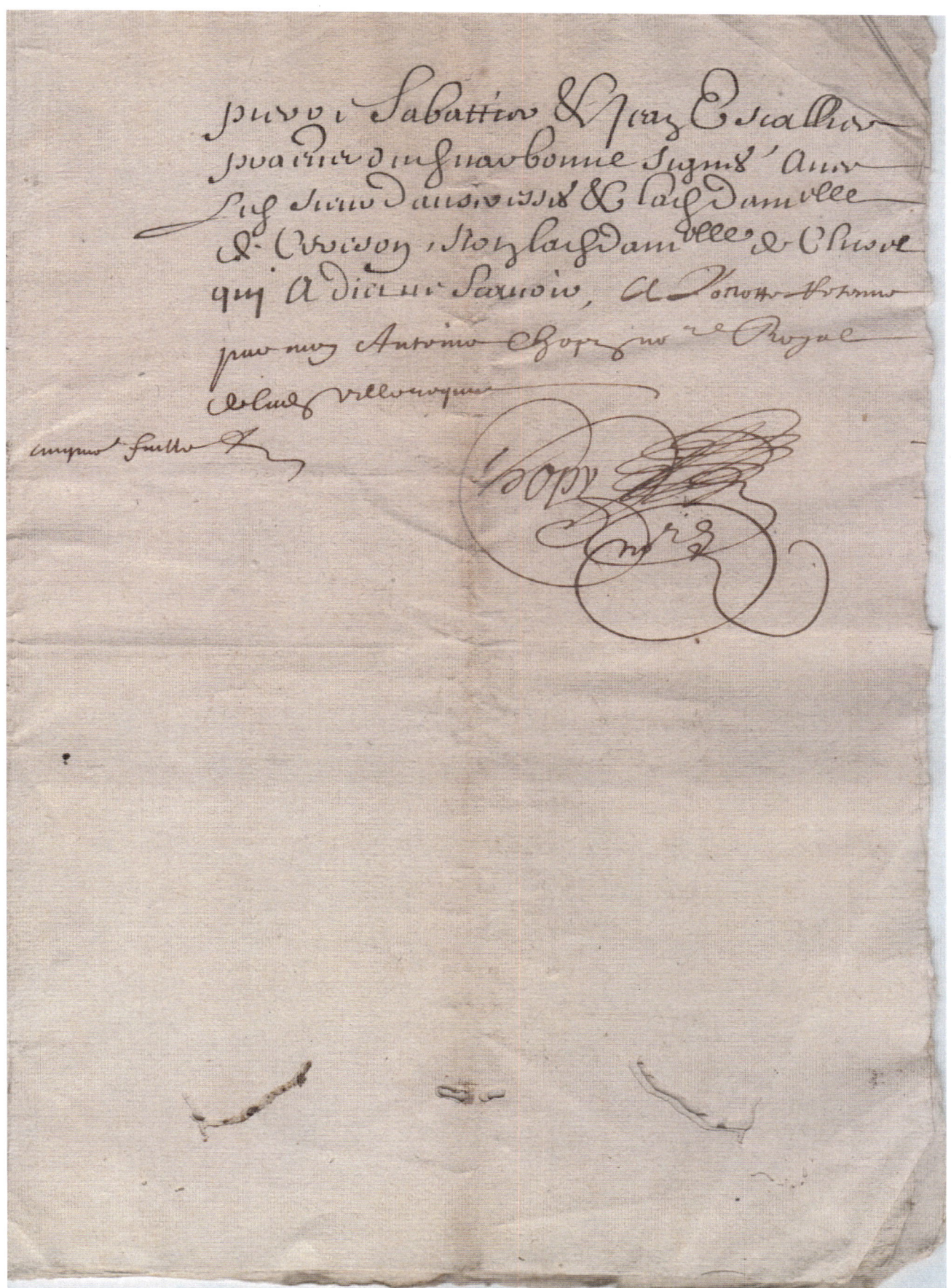

Document 97 – 1 mai 1659 – testament de Noble Jean-Pierre Dauceresses

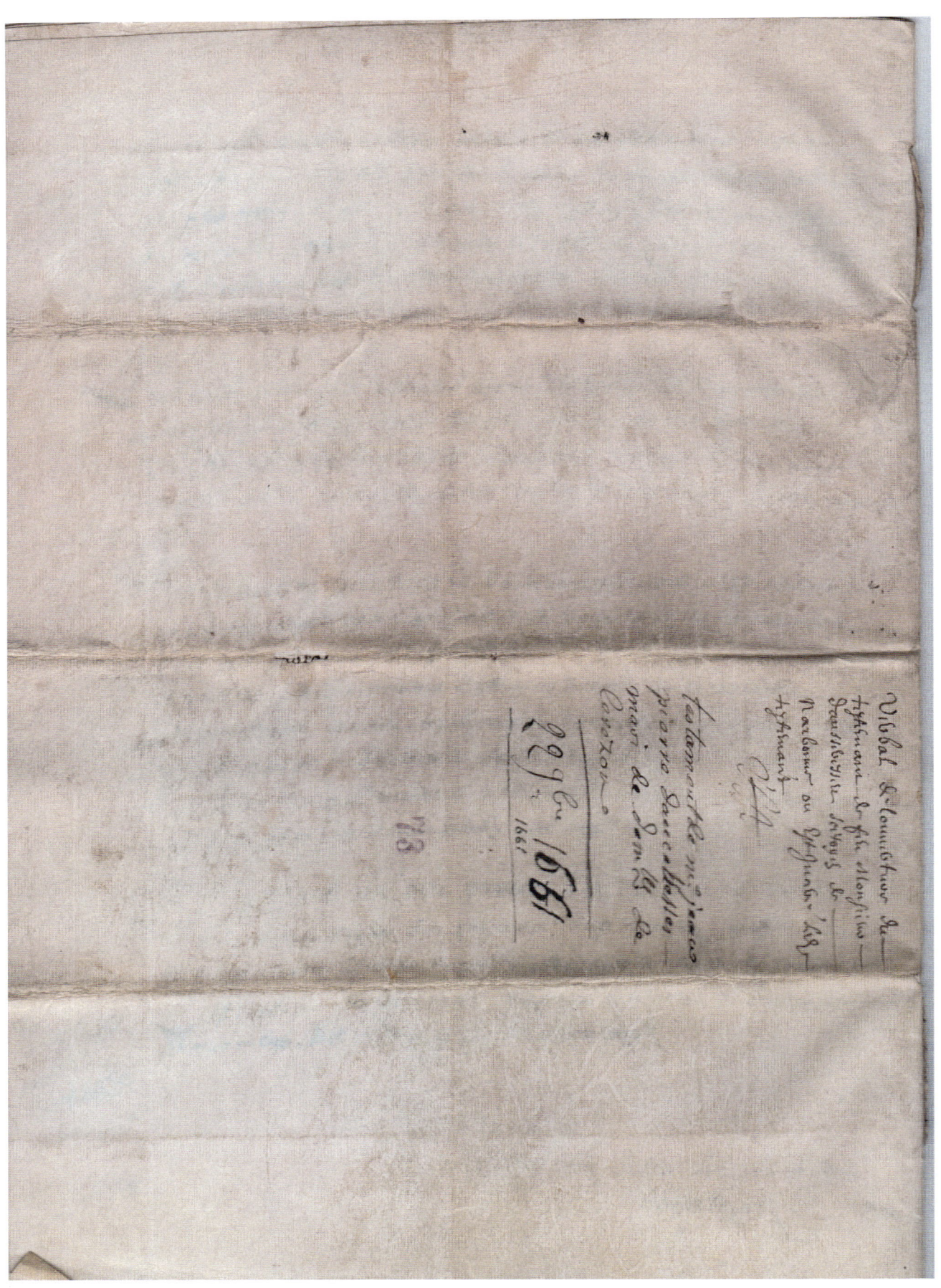

73

Charles de cathellan conr Du Roy viguier Juge
et lieutenant criminel... chef... sac ville viguerie et viscompte de naonne
A Tous quil appartra sçavoir faisons et attestons que
ce Jourdhuy vingt deuxieme nouuambre Mil six cens soixante
ung... advenant nous Francois Vobert escr du Roy lieutenant
princal la cour Royalle ville viguerie et viscompte dud. naonne
dans la maison deffeu noble Jean pierre danecvesse escuyer scitoyen
dud. Narbonne dix heures de nuit

Nous avec Maistre Baptiste Vanailhe greffier
proprietaires z conseil spirituelle et tamporelle dlavegueche
dud. narbonne s'ai sant pour dauy... francoize de cerezoz veufue
aud feu sieur danecvesse assisté diasse. Luy a dit Jathuy sieur
danecvesse estre puis... pendredcé et soz corps estre encore gizant
dans lad. maison, et p ce quauparavant soz deced il avoit faict
soz testemant clos et solempne par escript et quil simporte de
seavoir la teneur, affin que la volonté du deffunt soit observée
et ses honneurs funèbres ou autrement, a veginé lettre
procede a l'ouverture et publicaons dud. testemant lequel a ceffint
Il nous vient que lad. dam.elle de cerezoz avoit en soz pouvoir,
Comme luy ayant esté deliuvré par led. feu sieur danecvesse soz
maoi, apprê quil l'eust faict estant cozen et ferme avec
fillet blanc cachetté au dessus de neuf seaux, de cire brullanté
rouge despaigne aux armes dud. deffunt sanz aulcune alterraoz
A uiz l'acté de sureriptioz au doz diasluy du huitaine may
mil six cens cinquanté neuf deteuiuo

C'est le Testemant de noble Jean pierre danecvesse citoyen
de Narbonne, le quel a declaré l'avoir escrit et signé sa propre
maiz quil veut valloir par forme de testemant clos solempne

+

Cassant et revoquant tout autre precedant testament codicile
donnacions, le present demeurant sul vallable comme contenant
sa propre et derniere volonte voulant qu'aprez soudard... sont onnel
et publié par moy No[tair]e ou premier autre requis s'y a priollée
tesmoignée bad escript quil a revoqué et lung a prix l'autre
Nommée et soz present testament estre memoratif et luy ont
porté tesmoignage et reliter qu'ilz se sont revoqué et moy No[tair]e
luy et testes acte que sus, ay receud ez presence
des sieurs guilhaume seguy, Jean françois boudie bourgeois M[aist]re
pierre canalhes procureur en cour de Narbonne Jean canalhes
et Jean vaynaud praticien, Jacques touvnal m[aist]re cordonier, et
mathieu cauquil m[aist]re boloinger de lad[ite] ville signée avecque sieur
d'anevissac, le moy No[tair]e royal dud[it] narbonne soubz No[tair]e aud[it]
Narbonne le quinttesme jour du moisé de May mil
six cent cinquante neuf avant midi, d'anevissac testateur
canalhes, vaynaud, boudie, seguy, canalhes, touvnal, cauquil
g'avrouse No[tair]e a mis signé

Lequel testament y aut esté montré a en aistre Aymerié
g'avrouse No[tair]e dud[it] Narbonne qui a retenu led[it] acte de susciptio[n]
en semble a guilhaume seguy, Jean françois boudie bourgeois
dud[it] Narbonne m[aist]re pierre canalhes procureur en nosta cour
Jacques touvnal m[aist]re cordonier, mathieu cauquil m[aist]re boloinger
et lau ville cinq d'es tesmoignes numerovez a la susd[ite] susciptio[n]
par autres deux est aul absante

Et iceulx g'avrouse No[tair]e et lesd[its] seguy, boudie, canalhes, touvnal et
et cauquil tesmoing, ayant de nostre ordonnance mis leur
manier l'ung apprez l'autre sur les saincts evangilles et interrogé
et de la verité d'icelluy, auroit dit et juré scavoir...

gavrousse que disordres duez sieur dauecasser Il vetint l'acte de lad'
Suscriptios quil escrivit et signa auec ledy sieur d'auecasser quy
pour lors estoit et sar bonne sante memoire parfaicte, bien
voyant parlant et cognoissant, et led' seguy boudic, egualyes
toumal et eauquil tesmoigne, que led' acte de suscriptios les
et ceulx quils signauent et que led' gavrousse escrivit et signa
aussy estre presente auec ed' sieur dauecasser testateur
vecognoissant fort bien l'euue sainge y apozee en semble ceulx
et Jeas eanasses, et Jeas Vaynaud praticien aussy temoigne a lad
Suscriptios absentz, lequel testemaut led' sieur dauecasser a leur
presance cousent et cachetta et la forme quil est, estant pour lors
comme dit est et sar bonne sante memoire et estant entendemant
bien voyant parlant et cognoissant quy leur declara que led
testemaut estoit escript et sa propre main, et quil l'auoit signe
et trois endroitz, pavee questoit sa derniere volonte, quil
vouldroit estre gardé et obseruee apprez son dreces, auquel
testemaut, et seaux, ils n'auoient vacgnue en aucune sorte
d'alteracoii.

Il apprert, vequebant led' Vauaicse, pour lad
dauille d'eerejoz, led' testemaut yant esté en nostre ordonnance
ounett par nostre greffier, Il auoit esté trouue escrivt et trois
pagez papic et la propre main duej feu sieur dauecasser
et signe et trois endroitz, pavsallus a la fin de chasque page
de trouue

Jesud' maria et Jozeph et apprez

Je soubz: Jeas pierre dauecasser coueidsrout la certitude de la mort et
l'incettitude de l'heure d'iatte, pour n'estre pas surprinse lore quil plaira

et dieu m'appelle de ce monde si luy voit estre preste quapres mes
trespasse mes legitunes successeurs pouvoit avoir ensamble a cauze
des peu de biens de fortune dont sa divine bonté m'a voulen ensille
Jouir en ma vie J'eay voulu dispozé dicelle pendant ma santé Et
Comme tout bon chrestien doit comancer sa cenovere en invisant
du signe de la saincte croix principal mistaire de nostre Redempnioz
Disant In Nomine patris et filii spiritus Sancti amen Je recommande
A dieu le pere le fils et le sainct sprit mes ames le suppliant avoir
pitié de moy et vouloir appres que mal ame sera de ma separée
Et mes corps la recevoir en leur saincté gloire et a la faire participe
aux mistere de la mort et passion de nostre Seigneur Jesus christ affin
que le precieux sang quil a respandu pour ma Redemption ne me
soit poinct Infructueux amis sa lutaire et efficaze priant tres
Instamant la tres glorieuse vierge marie sa mere ensamble toute
l'ue Saincte et saincte de paradis et particulierement Sainct Jean et Sainct
pierre mes patrons vouloir estre mes advocate pour Jupetres de
ce grand dieu la remission de mes pechés leur advonant tres
grande et tres Enormes Et Sur l'esperance venant a ma dispozion
de vivre Je veux que mes corps estant separé de mon ame soit
En sevelly dans l'esglise Nostre dame de la majour ma paroisse
Et au tombeau ou ma madamoizelle a une de Soubeyraz ma fille
more est enterré dans la chapelle Sainct Laurens Je veux quil ny
soit a mon enterrement que quinze prebstres aue la paroisse Et poinct
des chappres trasze pauvres a peu prez d'leage de cinquante ausoixante
ans ausquelz on donnera une cane de drap voulant que ceulx quy
le porteront a l'enterrement soyt o doy et propriette dessandant a mes
heritiers bas nommée de faire daultres Romneuse mais bien Je la
supplie de faire prier dieu pour mon ame donne et legues au
couuant des peres minimes de Narbonne la somme de cinquante

+

Luide payable vne sulle foix dans las a mos dirdy, pour quilz
prient dieu pour mos ame. Donne et legue a lhospital sainct pol
dud narbonne la somme de cent luide payable vng an apres
mos trepas. Donne et legue a Madame marguerite danecouza
ma soeur religieuze vrseline, trante luide de pantion annuelle
sa vie durant oultre et pardessus ce que Je luy doibe pour sa
Coustitution doctalle. donne et legue a anne françoize danecouza
Et Jean françoix danecouza mos filz et fille legitimes et naturelz
Et a chascung dalz la somme de troix mil luide, Et au
porttun ou pourttunes que ma famme pourroit porter a chacung
la somme de deux mil luide payable pour les filhes le Jour
a leur nopece et pour les masle quand ilz auront attaint leage
de vingt cinq ans. Donne et legue a Madame claire
de cazalda ma mere la somme de six ans luide payable dixhuict
mois apres ma mort, la suppliant de se coutanter de ce petit legat
et Toute mes parante ou prethanduz droit sur mes biens donne
et legue la somme de cinq solz et aux ce les faictz mes
herettiere particulliere, sans quilz puissent demander aulcunne
autre choze sur Iceulx. Et parce que le fondemant de tout boz
et vallable totamant et luistitution dung herethier ou herettiere A
Ceste cauze pour la bonne amittie que Jeay toujours porté
a day elle françoize de crezoz ma tres chere et bien aymée famme
Je la faictz et Justitue mes herettiere viniverselle et genuralle
Et toute et chaeune mes biens voix droitz nous actions
quelconques prezante et advenir pour en dispozer a sa volonté
tant es la vie quis la mort Cest mos testamant nuncupatif et
derniere volonté Nonenpative, que Jeay escripté de ma main propre
Et signe a chasque page pour liviter changemant, voulant quil
vaille par droit de testamant codicil ou autremant et

—1

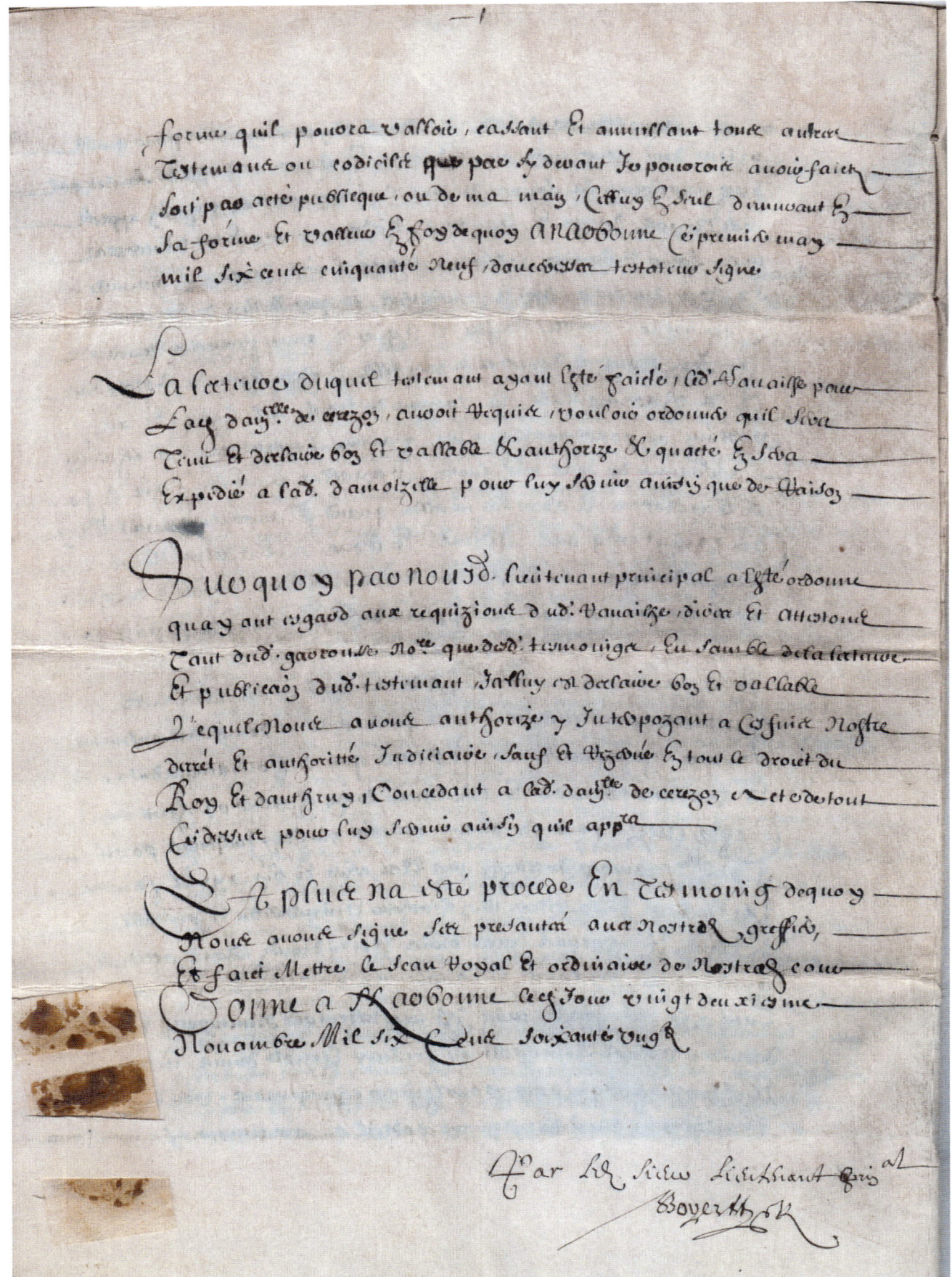

forme quil pourra valloir, cassant Et annullant toutes autres
Testemant ou codicille que par cy devant Je pourroie avoir faict
soit par acte publieque, ou de ma main, Cettuy cy Seul demourant En
Sa forme Et valleur En foy dequoy ANACORONE ce premier may
mil Six cent cinquante neuf douueteur testateur Signe.

La lecture duquel testemant ayant Esté faicte, Ad. Alouaisse pour
Lay dayselle de cerozos, auoit Requise vouloir ordonner quil Sera
Teneu Et declaire bon Et valleable Et authorize Et quacté En Sera
Expedié a lad. damoizelle pour luy Serviv ainssy que de Raison

Duquoy pao Nous Lieutenant principal a Esté ordonne
quay ant regaord aux requizions dud. Vanaisse dicte Et attestaude
Tant dud. gavousse Note que dedt termoniga, En Semble dela lecture
Et publicaos dud. testemant Jalluy est declaire bon Et vallable
lequel Nous auons authorize y Interpozant a Cesuict Noftre
dirret Et authoritté Indiciaire Sauf Et Reservé En tout le droict du
Roy Et dautruy, Concedant a lad. dayselle de cerozos et o de tout
Cy deveout pour luy Serviv ainssy quil apptra

Et pluce na esté procede En Termoing dequoy
Nous auons Signe Ceste presauteu aux Nostras greffies,
Et faict Mettre le Scau Royal Et ordinaire de Nostras cour
Donne a ANACORONE ce cs Jour vingt deux iesme
Nouambre Mil Six Cent Soixante vngt

Par le Sieur Lieuthrant princal
Boyert hock

" Charles de Cathellan conseiller du Roy, viguier, juge et lieutenant criminel en chef en la ville viguerie et vicomté de Narbonne -

A tous qu'il appartiendra savoir faisons et attestons sur ce jourd'huy 22ème novembre 1661 et par devant nous François Robert Conseiller du roy lieutenant principal en la Cour Royale ville viguerie et vicomté dudit Narbonne dans la maison de feu Noble Jean-Pierre Dauceresses Ecuyer citoyen dudit Narbonne dix heures de nuit .

Comparant Maistre Baptiste Ranailhe greffier.., dudit Narbonne faisant pour Demoiselle Françoise de Cerezon veuve dudit sieur Dauceresses assisté dicelle luy icelluy sieur Dauceresses estre puis peu décédé, et son corps estre encore gisant dans ladite maison, et par ce qu'auparavant son décès il avait fait son testament et lois solennelles par écrit et qu'il importe de savoir la teneur, aussi que la volonté du defunt soit observée et ses honneurs funèbres, ou autrement a requiers être procédé à l'ouverture et publication dudit testament, lequel a advoué qu'il nous remet que ladite Damoiselle de Cerezon avait en son pouvoir, comme lui ayant été donné par ledit feu sieur Dauceresses son mari, après qu'il l'eut fait, étant cause et forme en billet blanc cacheté au dessus de neufs sceaux, de cire brûlante rouge dépaigne aux armes dudit defunt sans aucune autre mention a ..., l'acte de suscription au dos dicelluy, du huitième.may 1659.

C'est le testament de Noble Jean-Pierre Dauceresses citoyen de Narbonne, lequel a dit faire savoir écrit et signe en sa propre main qu'il veut valoir par forme de testament et lois solennelles.

cassant révoquant tous les précédents testaments, codiciles donations le présent demeurant seul valable comme contenant sa propre et admise volonté voulant qu'après son décès soit ouvert et publié par moy notaire ou premier autre requis si après les témoins de l'acte écrit qu'il a reconnu et l'un après l'autre nommé en son présent testament être mémoratif et luy en porte témoignage - qui seront requis et moy notaire luy en retient acte que ci-devant ay concédé en présence des Sieurs Guillaume Seguy, Jean-François Boudie bourgeois, Maitre Pierre Canalhes procureur général de Narbonne, Jean Canalhes et Jean Raynaud praticiens, Jacques Toumal maitre cordoniers, et Mathieu Cauquil maitre boulanger de ladite ville - Signé avec luy sieur Dauceresses, et moy notaire royal dudit Narbonne soussigné audit Narbonne le huitième jour du mois de may 1659 avant midi.

Lequel testament ayant été montré à Maitre André Gavrousses notaire dudit Narbonne qui a reçu ledit acte de suscription ensemble à Guillaume Seguy, Jean-François Boudie bourgeois dudit Narbonne soussigné, Pierre Canalhes procureur en notre Cour, Jacques Toumal maitre cordonnier, Mathieu Cauquil maitre boulanger en ladite ville cinq des témoins numérés à la susdite suscription par autres deux étant absents...."

" Je soussigné Jean-Pierre Dauceresses connaissant la certitude de la mort et l'incertitude des heures dicelle pour notre part inopinée lors qu'il plaira à Dieu m'appelle de ce monde, en évitant les procès qu'après mon départ mes légitimes successeurs pourraient avoir ensemble à cause du peu de biens de fortune dont sa divine bonté m'a voulu aiser jouir en ma vie, J'ai voulu disposer diceux pendant ma santé et comme tous les chrétiens doivent commencer les honneurs se munissant du signe de la Sainte Croix principal mystère de notre Rédemption disant in nomine Patris, et Filiis, spiritus sanctus ainsi je recommande à Dieu le père le fils et le Saint-esprit mon âme les suppliant avoir pitié de moy et vouloir après que madite âme sera séparée de mon corps la recevoir en leur Sainte gloire et à la faire participer aux mystères de la mort et passion de notre seigneur Jésus Christ - priant très instamment la très glorieuse Vierge Marie sa mère ensemble tous les saints et saintes du paradis et particulièrement Saint Jean et Saint Pierre mes patrons vouloir être mes adorateurs....."

". --Je veux que mon corps soit enseveli dans l'église Notre-Dame de la ... ma paroisse et au tombeau ou ma Darnoiselle Anne de Soubiran ma belle-mère est entérée dans la chapelle Sainte ....

Je veux qu'il n'y est à mon enterrement que quinze nobles de la paroisse et point de chapitre - treize pauvres a peu près de l'âge de cinquante ou soixante ans, auxquels on donnera une cane de draps, voulant que ceux qui le porteront à l'enterrement les aient don et propriété, défendant à mes héritiers bas nommés de faire d'autres honneurs, mais je la supplie de faire prier Dieu pour mon âme. Donne et lègue au Couvent des Pères minimes de Narbonne la somme de 50 livres payables une seule fois dans les cas de mon décés pour qu'ils prient Dieu pour mon âme.

Donne et lègue à l'hôpital Saint-Pol dudit Narbonne la somme de 100 livres payables vingt ans après mon trépas ..."

".. Donne et lègue à Madame Marguerite Dauceresses ma soeur religieuse, trente livres de pension annuelle sa vie durant outre en par dessus ce que je luy doit pour sa constitution dotale.

Donne et lègue à Anne-Françoise Dauceresses et Jean-François Dauceresses mes fils et fille légitimes et naturels et à chacun d'eux, la somme de 3 000 livres, et aux enfants posthumes que ma femme pourrait porter à chacun la somme de 2 000 livres payables pour les filles le jour de leurs noces et pour les mâles quand ils auront l'âge de 25 ans. Donne et lègue à Madame Claire de Cazaleda ma mère la somme de 600 livres payables 18 mois après ma mort, la suppliant de se contenter de ce petit légat .

A tous mes parents ou prétendants aux droits sur mes biens donne et lègue la somme de 5 sols et avec ce les fait héritiers particuliers, sans qu'ils puissent demander aucune autre chose sur iceux. Et parce que les fondements de tout et valable testament est constitution d'un héritier ou héritière à cette cause pour la bonne amitié que j'ai toujours portée à Damoiselle Françoise de Cerezon ma très chère et bien aimée femme je la fait institue mon héritière universelle et générale en tout et chacun mes biens, voix , droits, noms, actions quelconque présents et advenir pour y disposer à sa volonté tant en la vie que la mort.

C'est un testament nominatif et dernière volonté nominative, que j'ai écrit de ma main propre et signé à chaque page pour éviter changement, voulant qu'il vaille par droit de testament, codicile ou autrement en la meilleure forme qu'il pourra valoir, cassant et annulant tout autre testament ou codicile que par cy devant je pourrais avoir fait soit par acte public ou de ma main, iceluy est seul demeurant en sa forme et valeur en foi de quoi à Narbonne ce premier de May 1659. Dauceresses Testateur - Signé - "

Document 98 – 27 février 1662 – Sentence pour Demoiselle Catherine de Clusel, contre Guillaume Berthomieu, curateur de Noble Gaspard de Gros d'Homps et Étienne Combres

Il s'agit d'un cahier de 28 folios présentant la sentence rendue par Gaston Jean-Baptiste de Lévy, « Marquis de Mirepoix et seigneur baron d'autres places, cappitaine de cinquante hommes d'armure des ordonnances du Roy, Sénéchal de Carcassonne et Bézier... ».

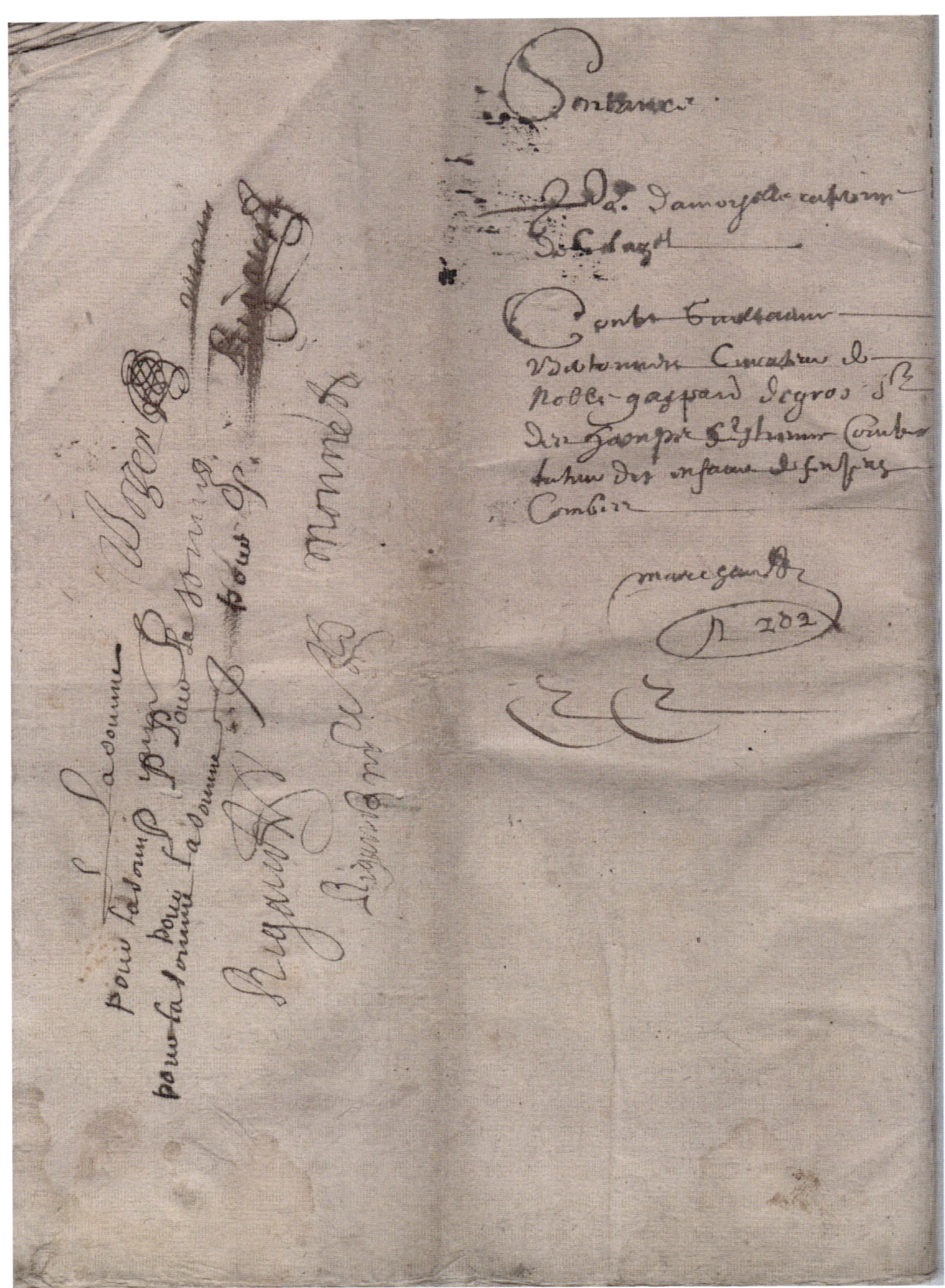

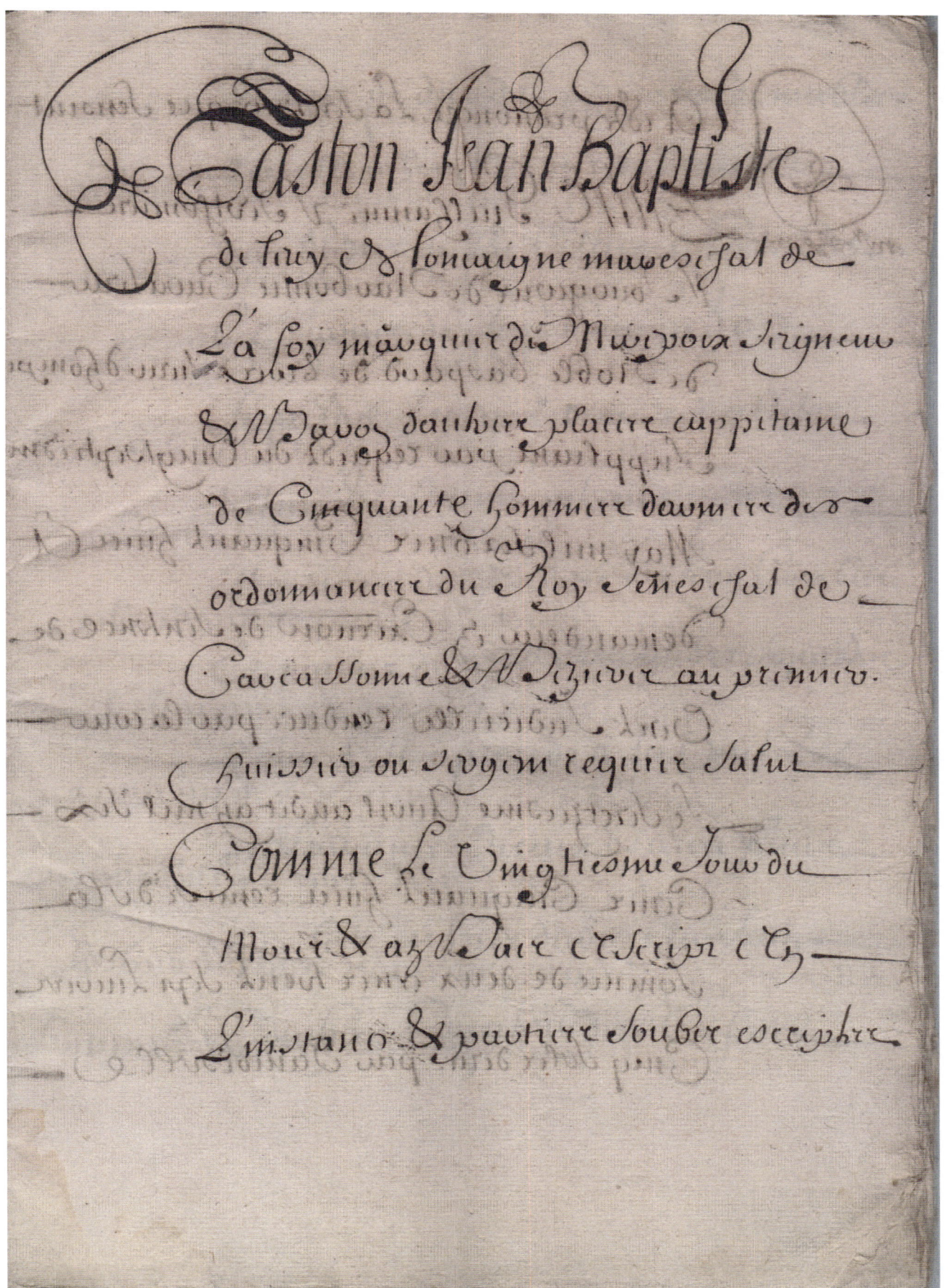

Gaston Jean Baptiste

de Foix Montmaigne mareschal de

La Roy marquis de Mirepoix seigneur

& Baron dautres place cappitaine

de Cinquante hommes darmes des

ordonnances du Roy Senechal de

Carcassonne & Besiers au premier

huissier ou sergent requis Salut

Comme Le Vingtiesme Jour du

Mois & az Paix Chrign et C,

L'instant & pauture Soubir esccriptr

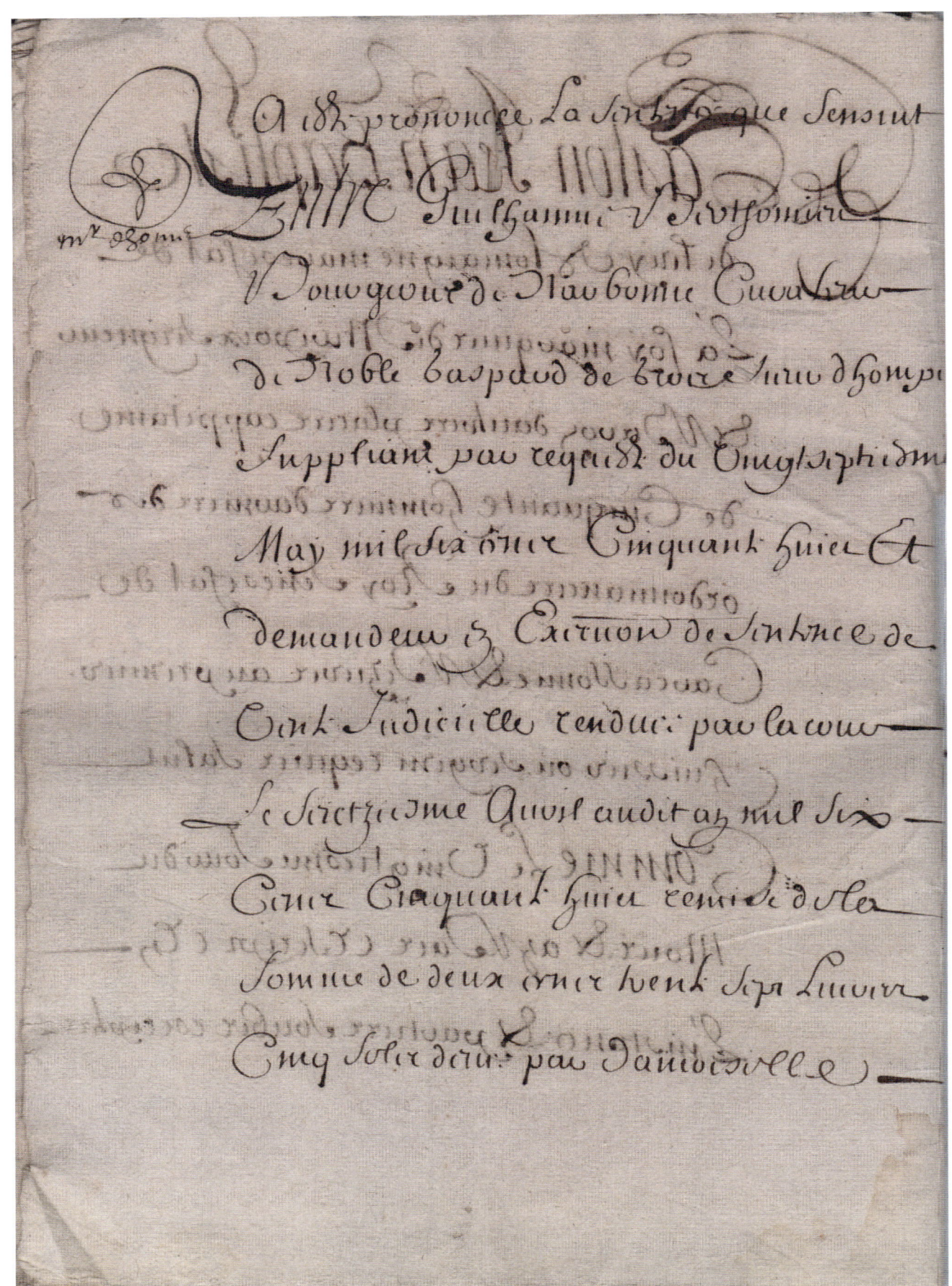

A esté prononcée la sentence que s'ensuit

mr ozenne

entre Guilhaume Bertzomière

Donnacour de Maubonne Curateur

de noble Gaspaud de brouë heu d'honor

Suppliant par requeste du vingtseptieme

May mil six cens Cinquante huict Et

demandeur à Exécution de sentence de

Cent Judicielle renduë par la cour

le seiziesme Avril audit an mil six

Cens Cinquante huict remis à la

Somme de deux cens vent sept livres

Cinq solz deux par d'Aubezvelle

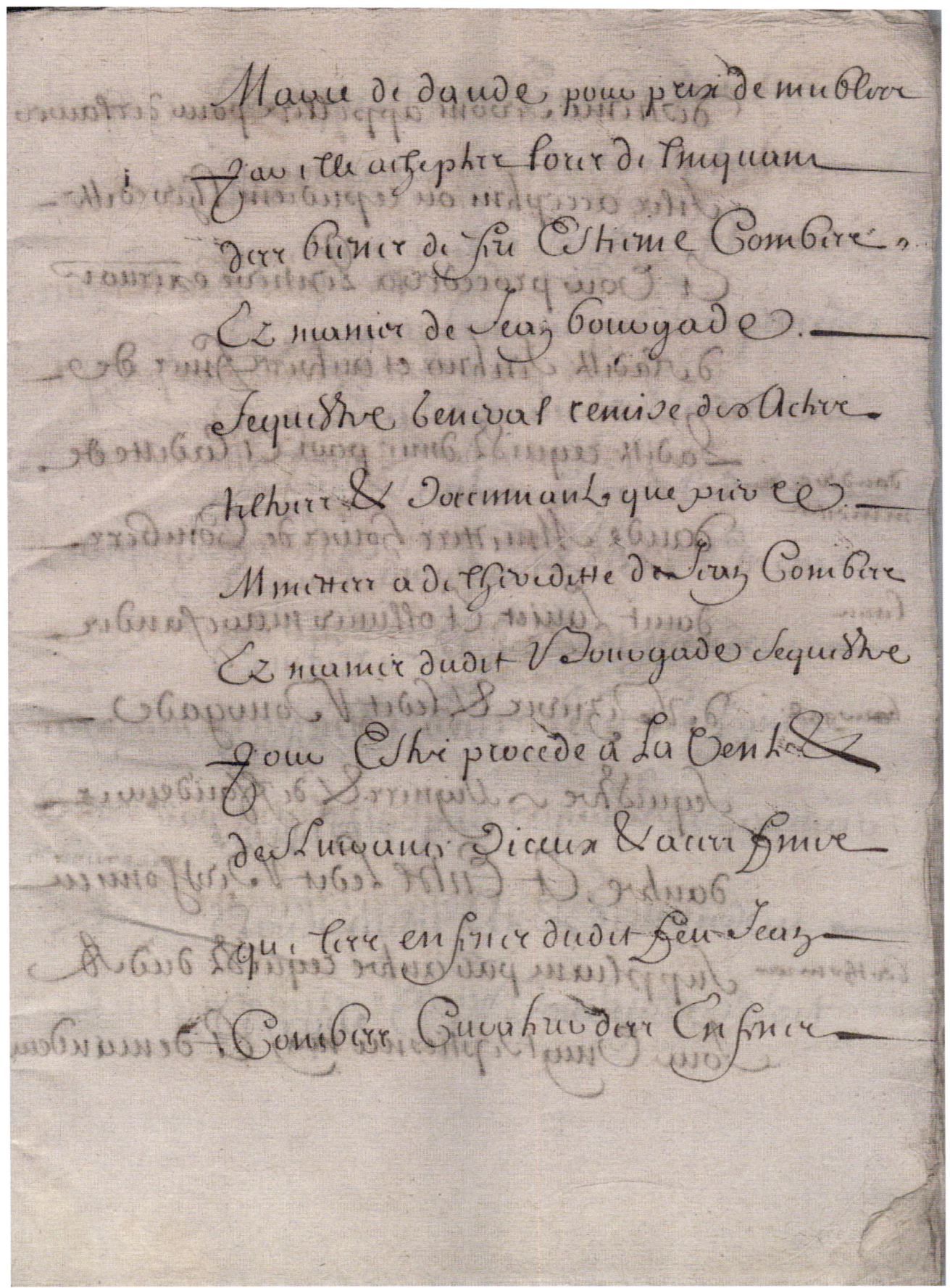

dixisme avons appeller pour deslaurir

filve acceptus ou repudicus Thivedilli

Et cou procedera à entieve exercion

de ladilt sirihuor et auhvor sieur de

ladilt requist duur pour et ladille de

daudre et
minilhre   daude Mmiltore Sieur de Combere

lanu   Sauct Laviee Et ollivur maucfandir

bourgade   de Vizurie & ledit Bourgade

Sequidhre Mignier & de Haudeunie

dauhe, Et Entte ledit Bultonieu

Buttonieu   Supplium par auhre requist dudit

Tour Cuuytrephiesme may Et demandeu

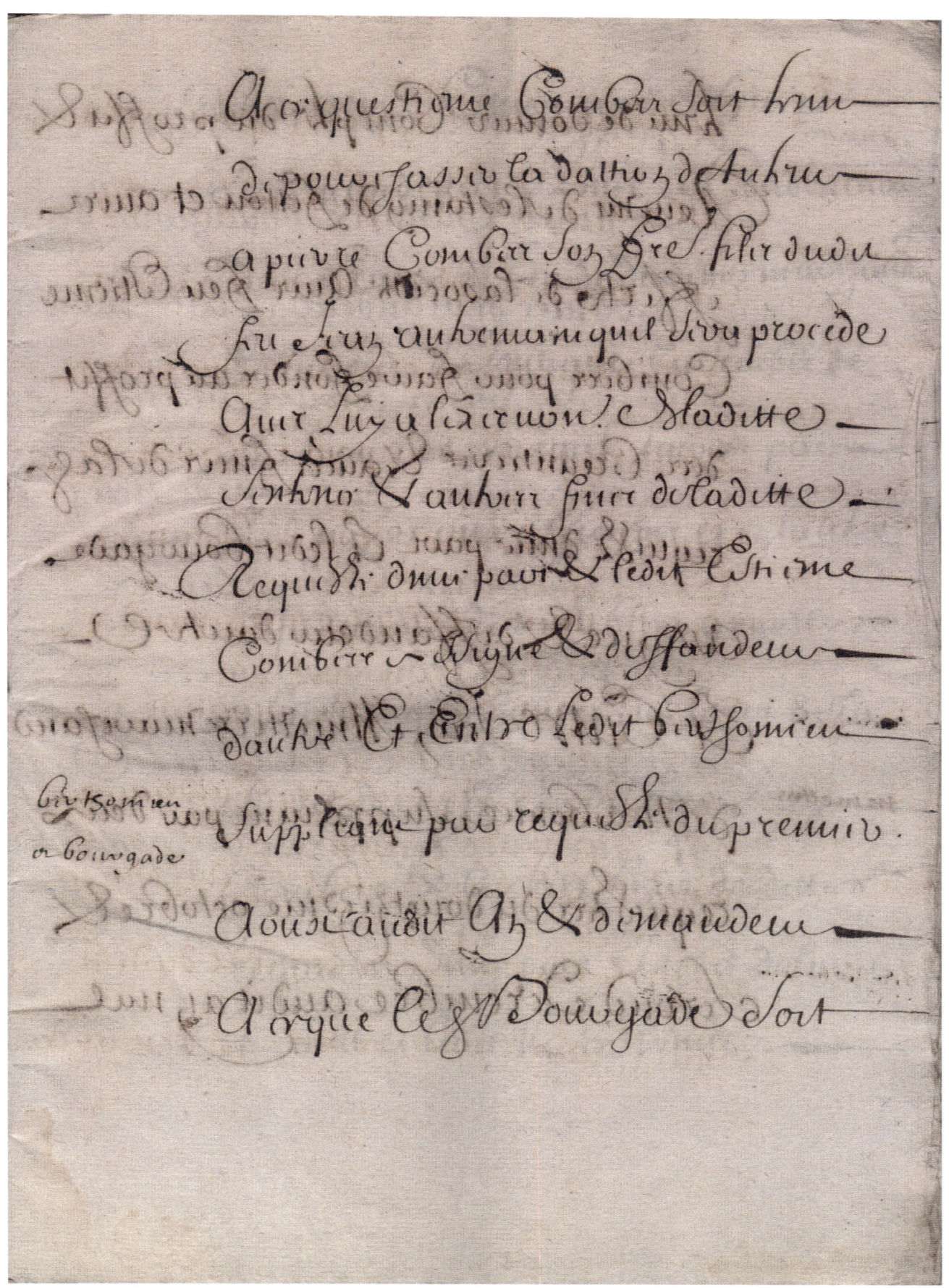

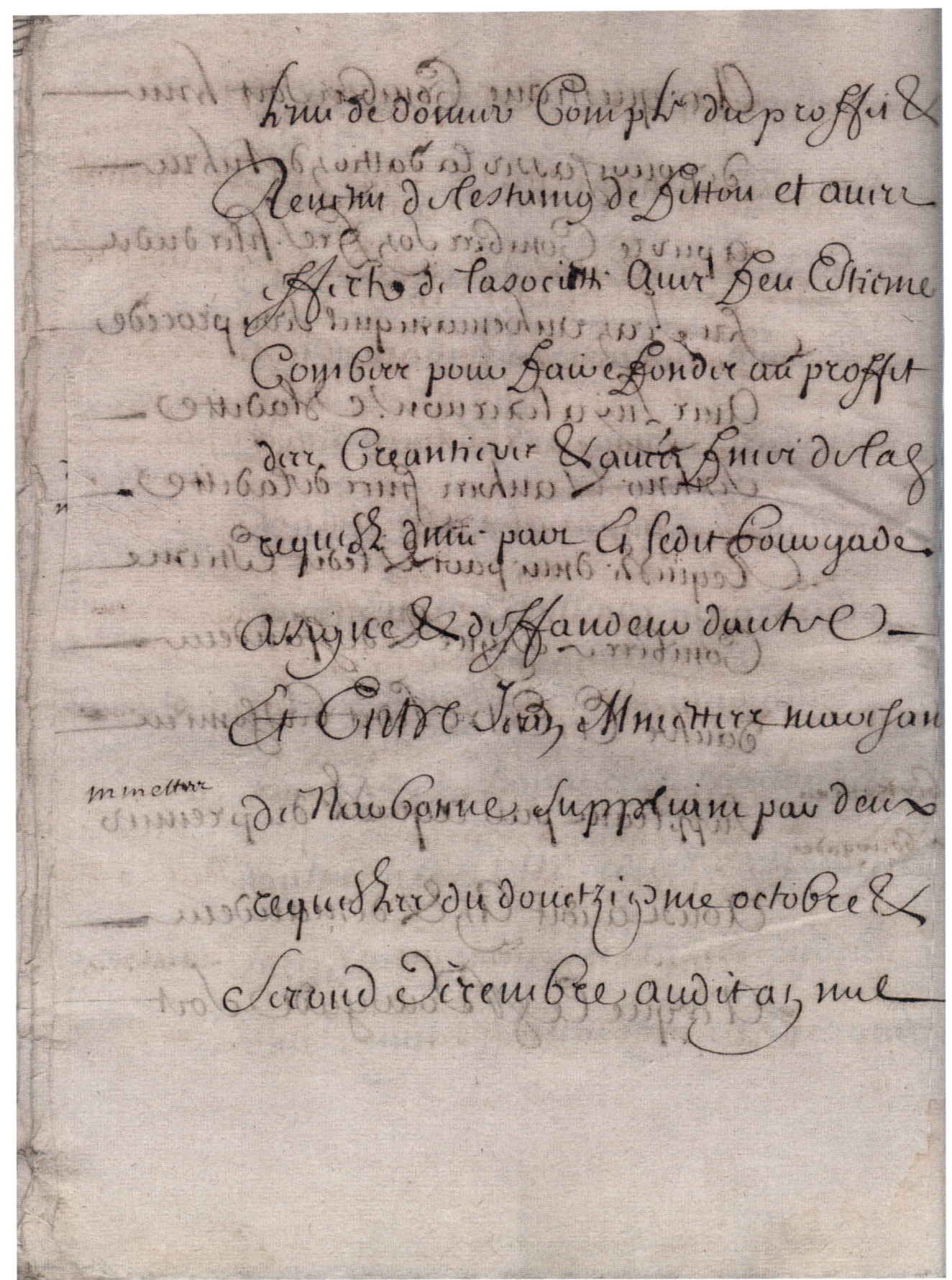

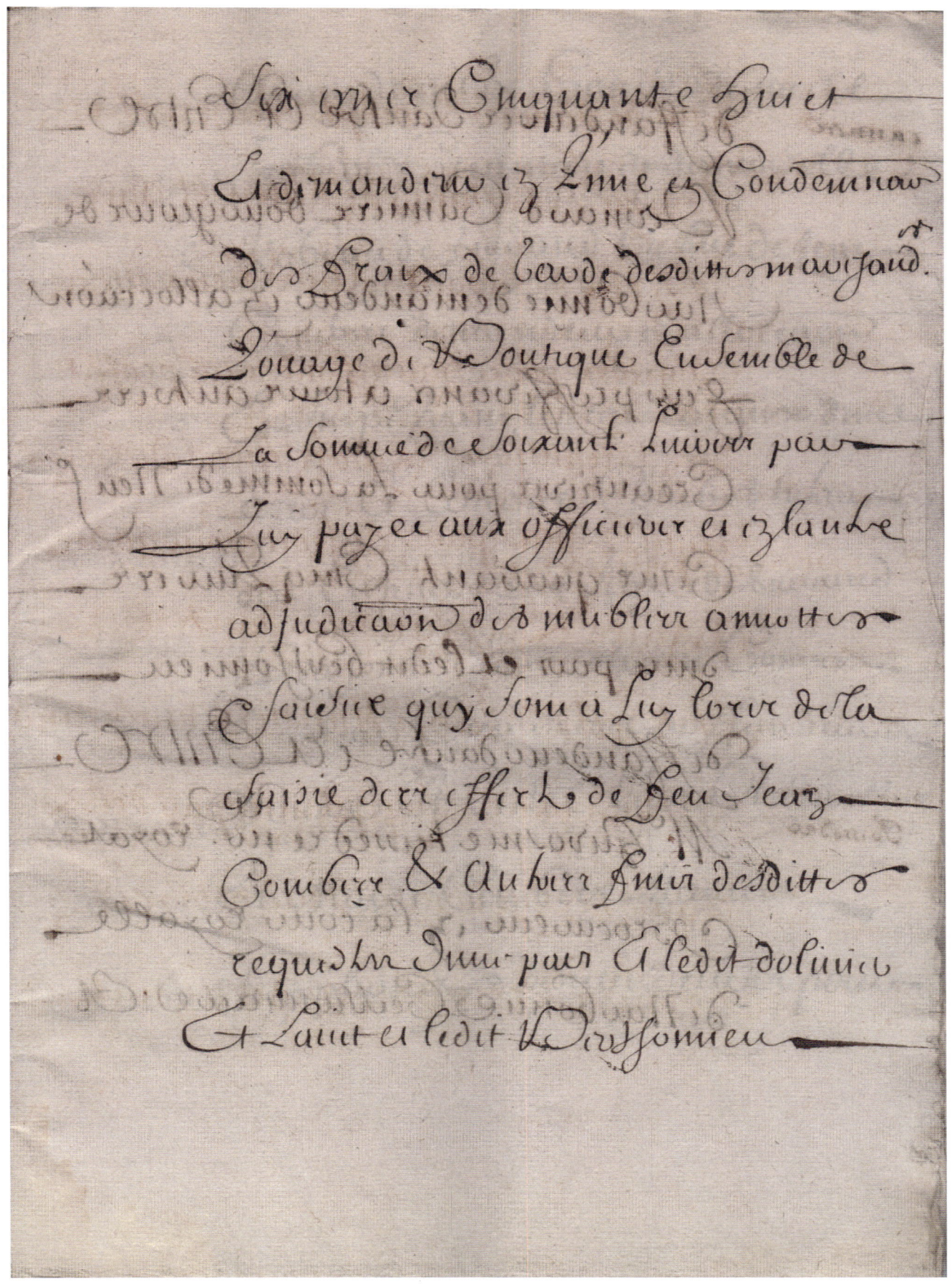

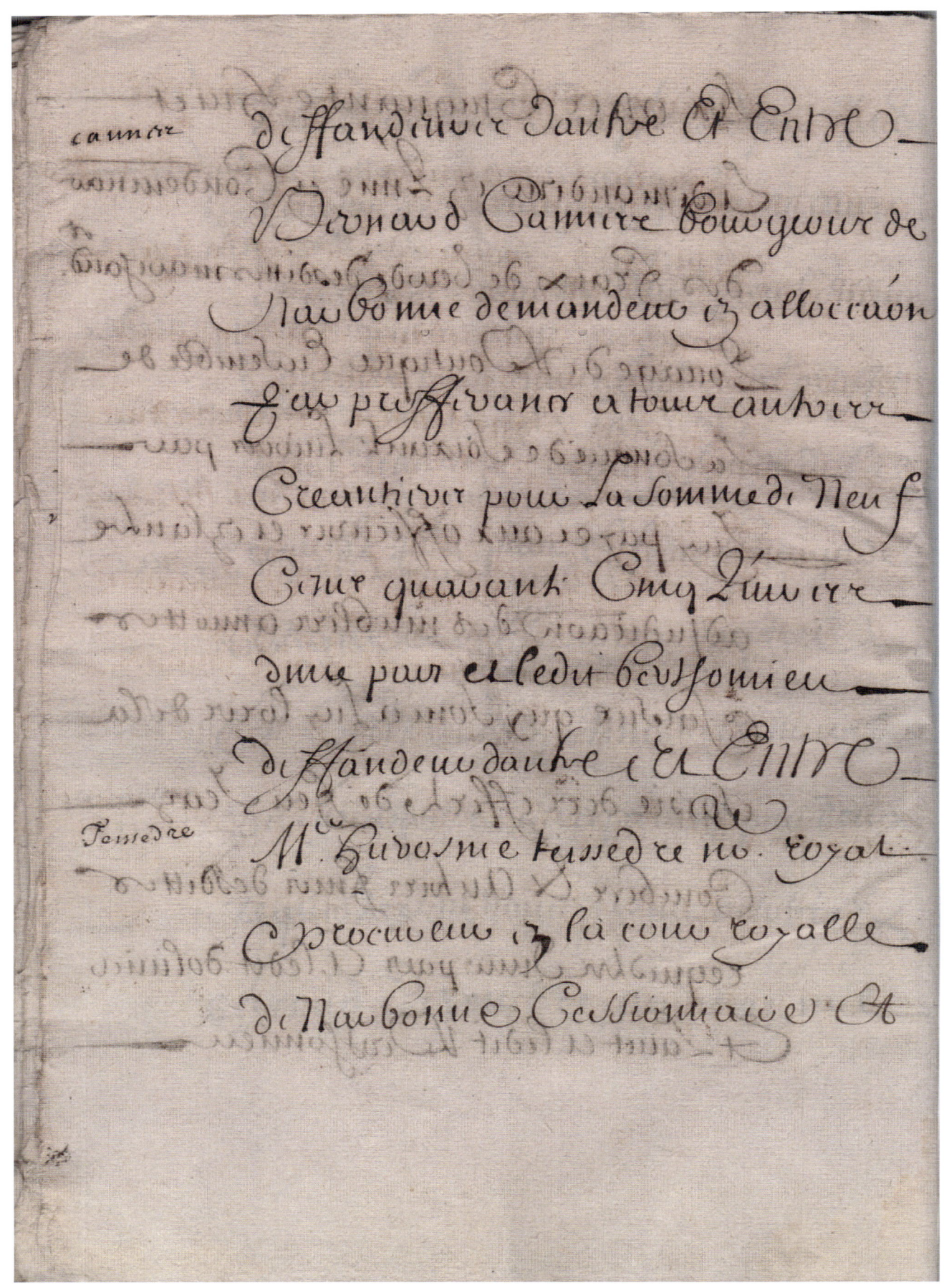

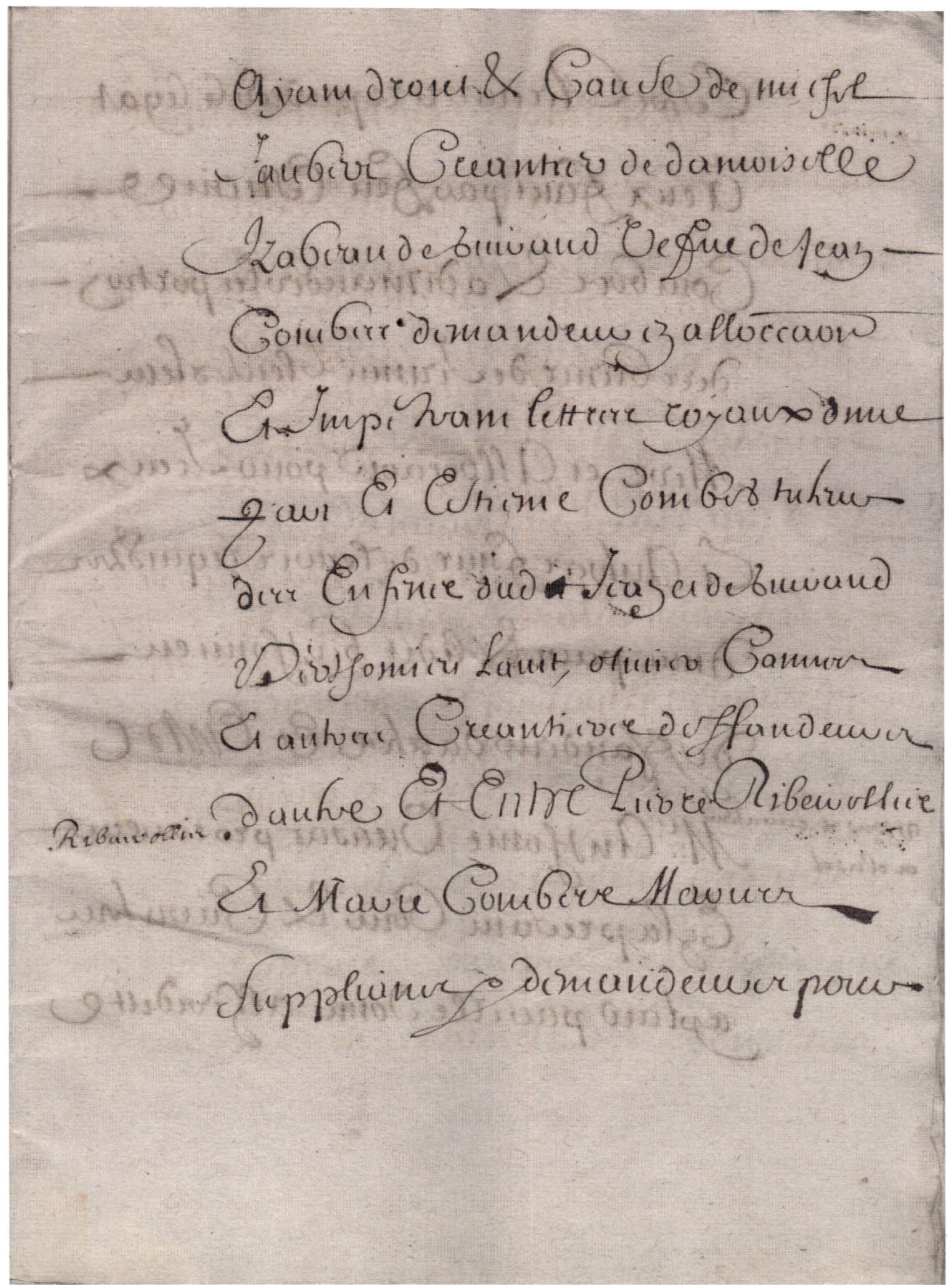

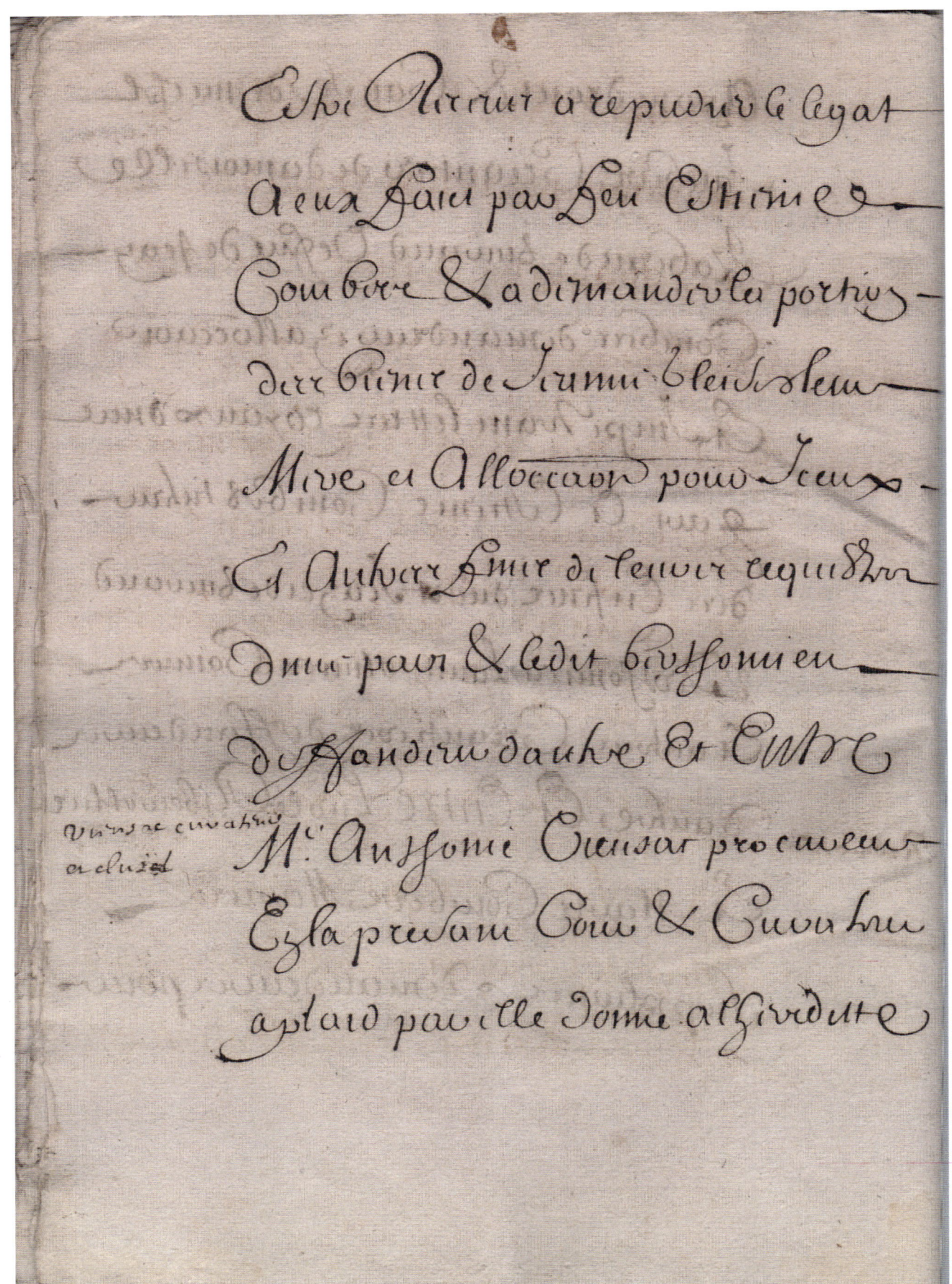

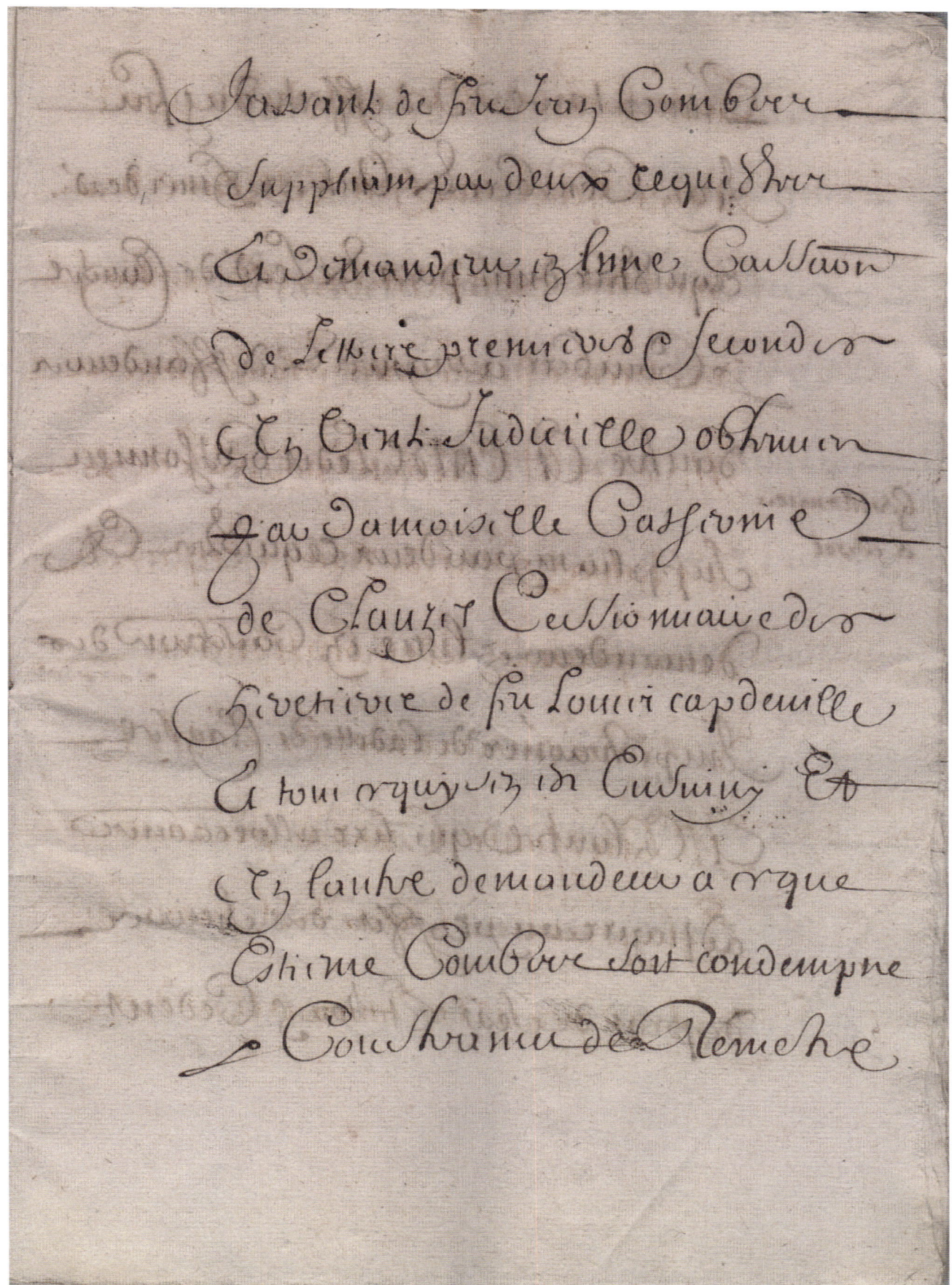

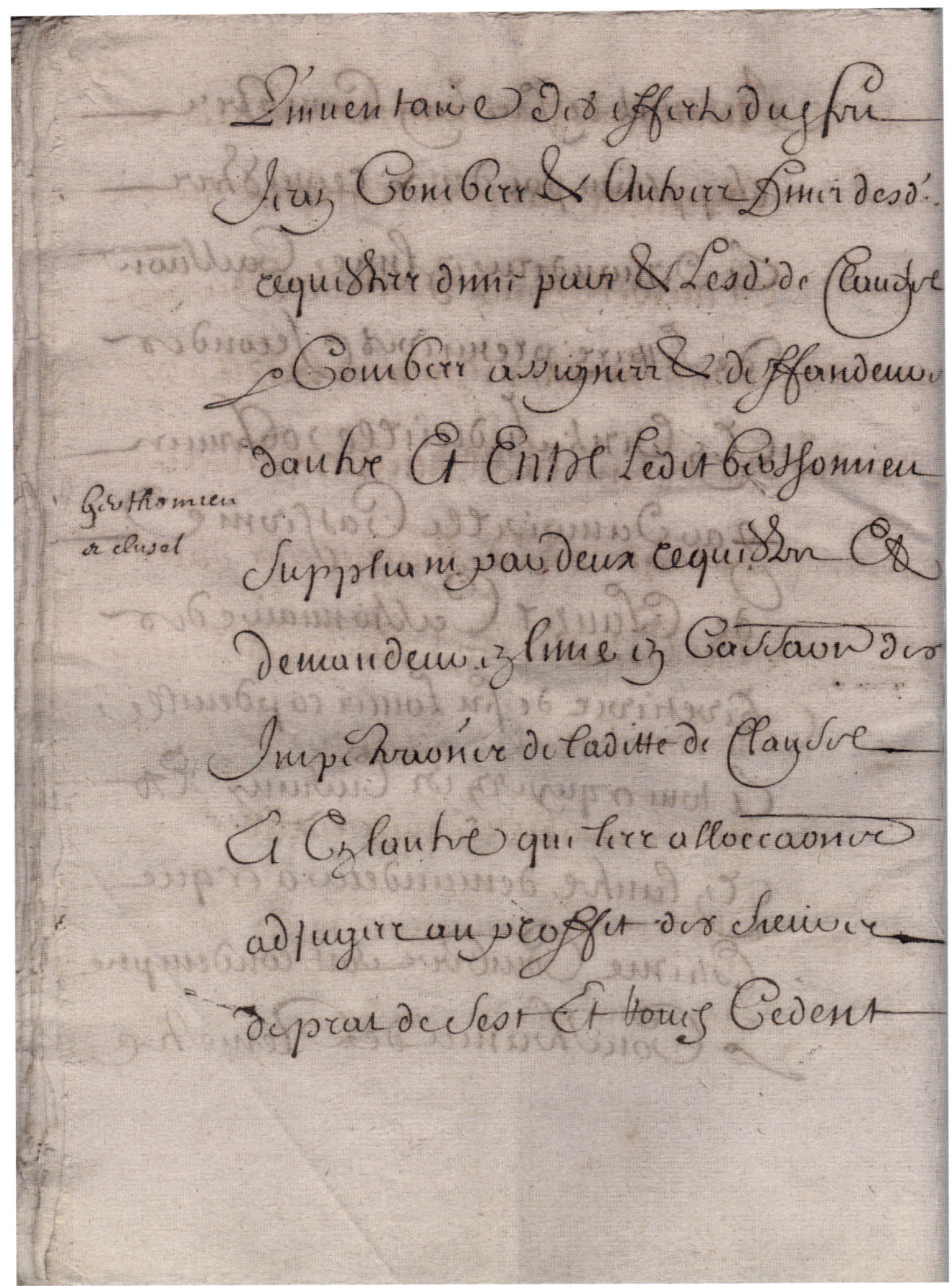

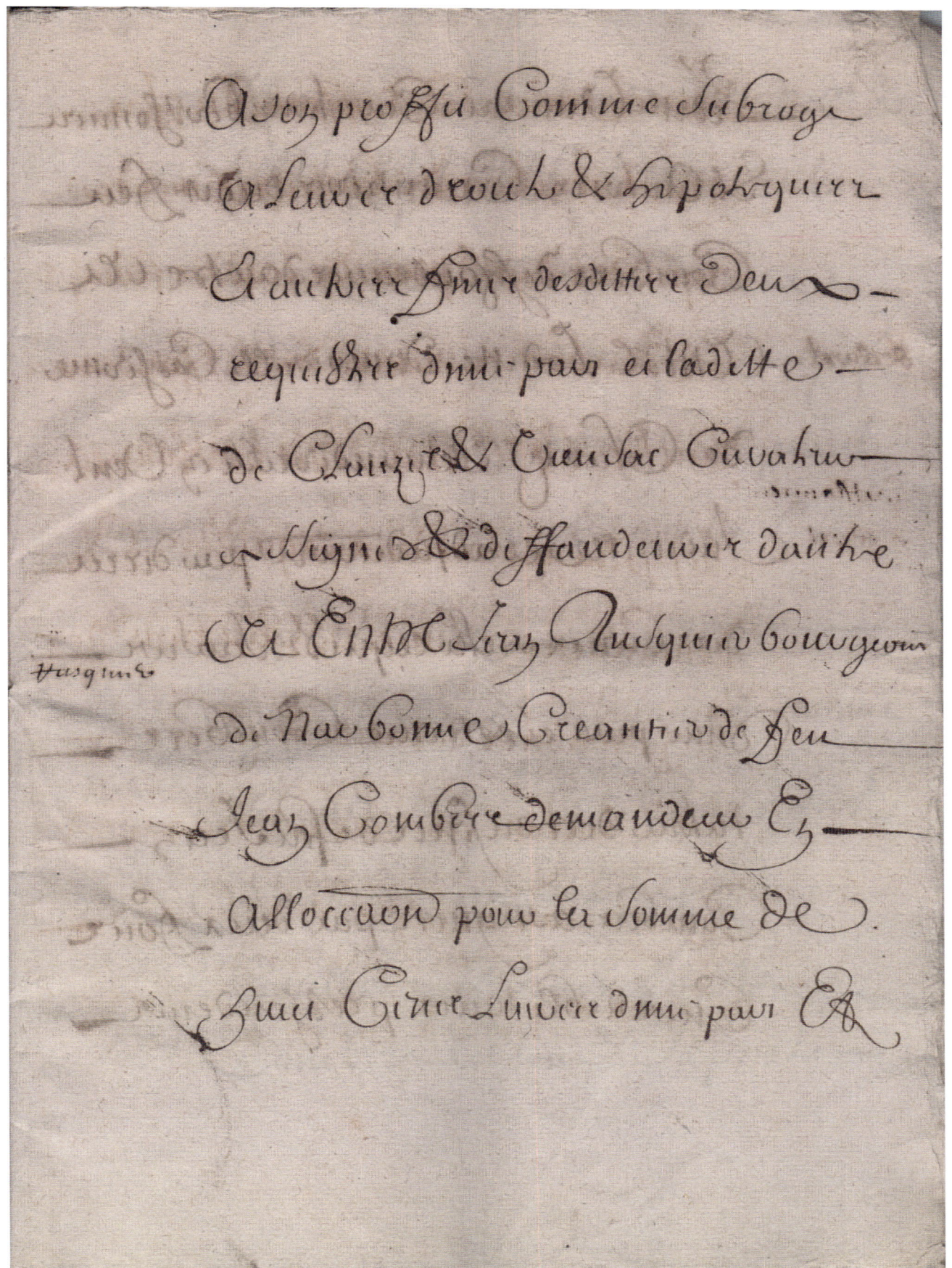

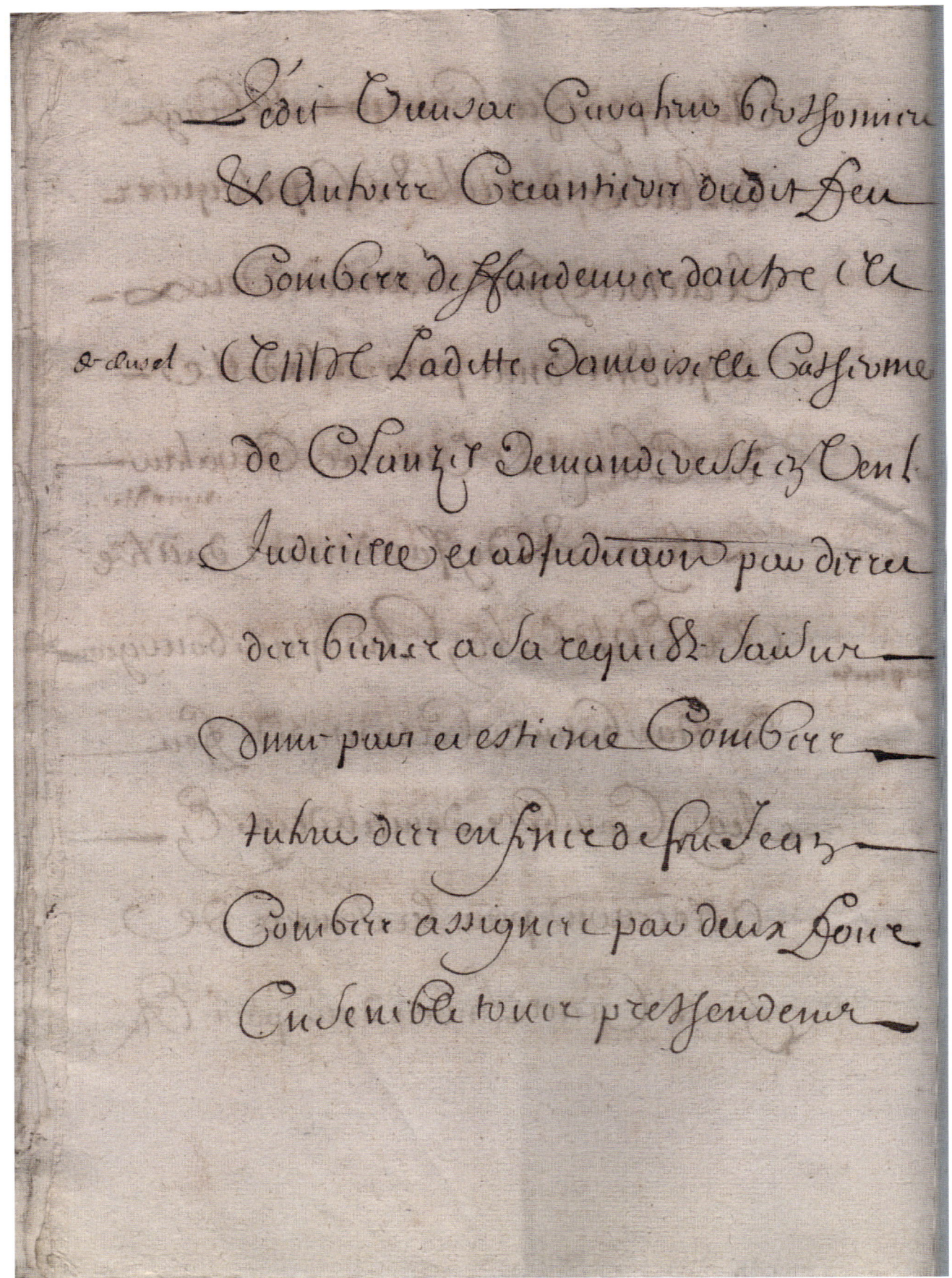

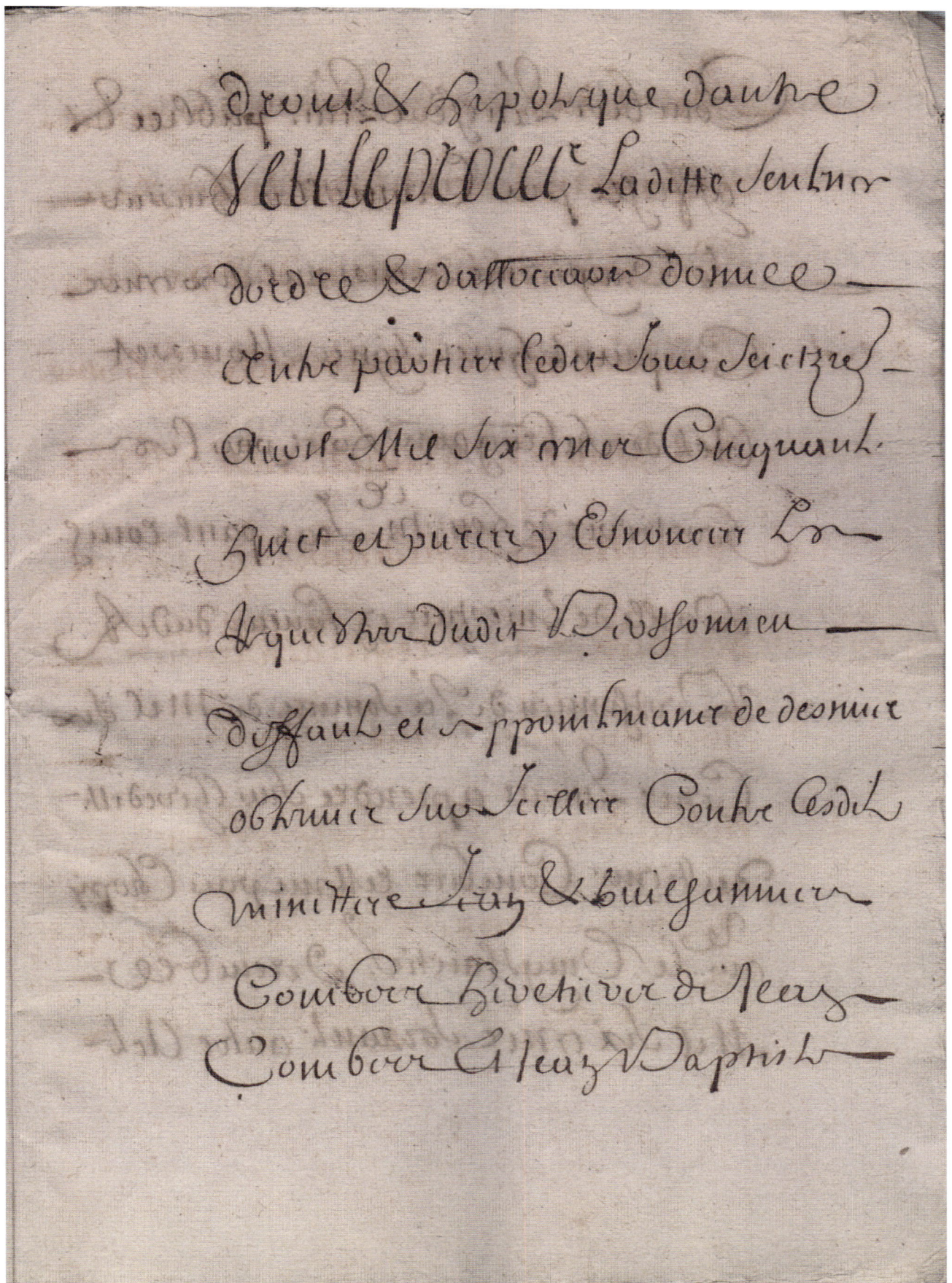

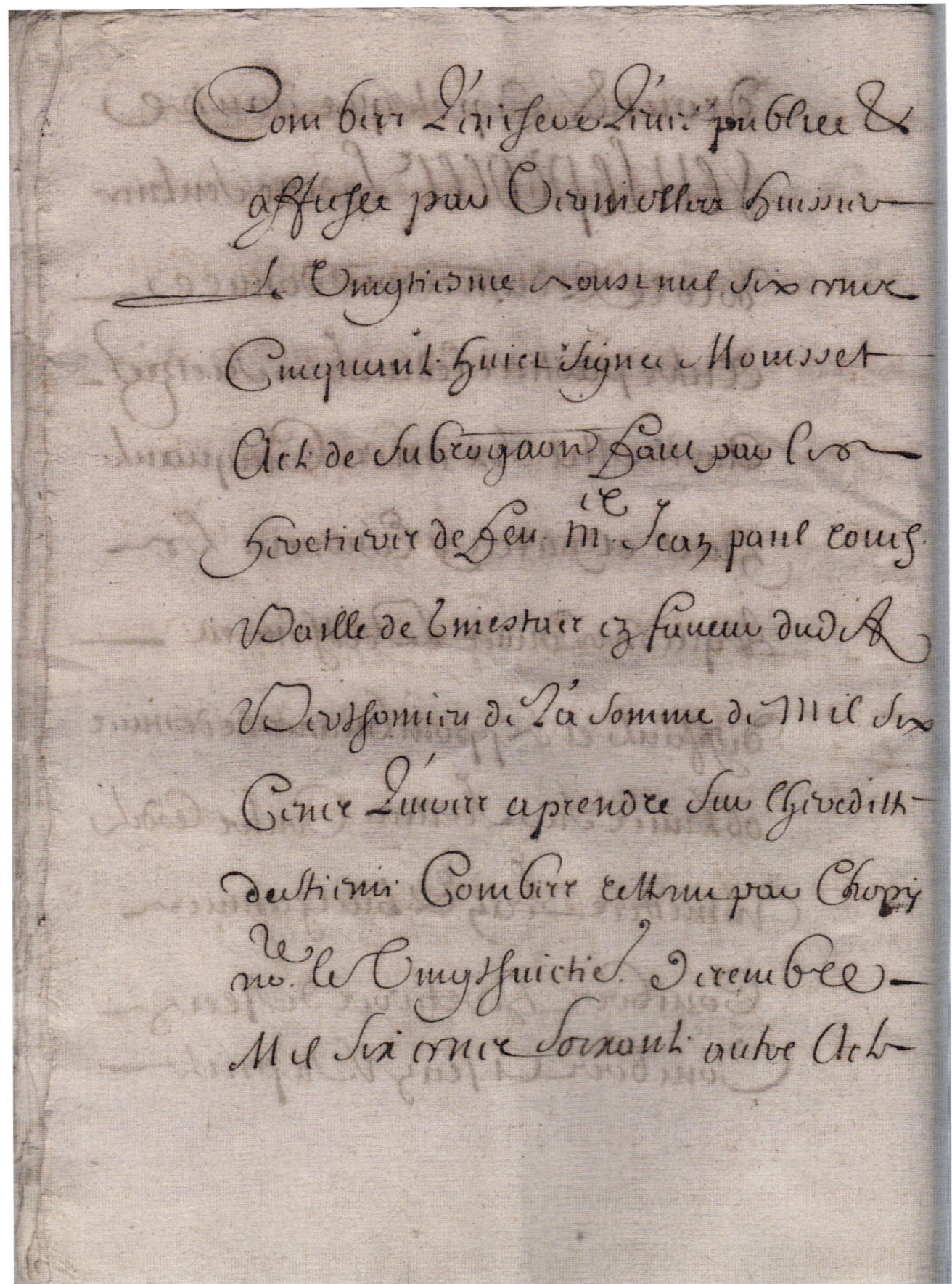

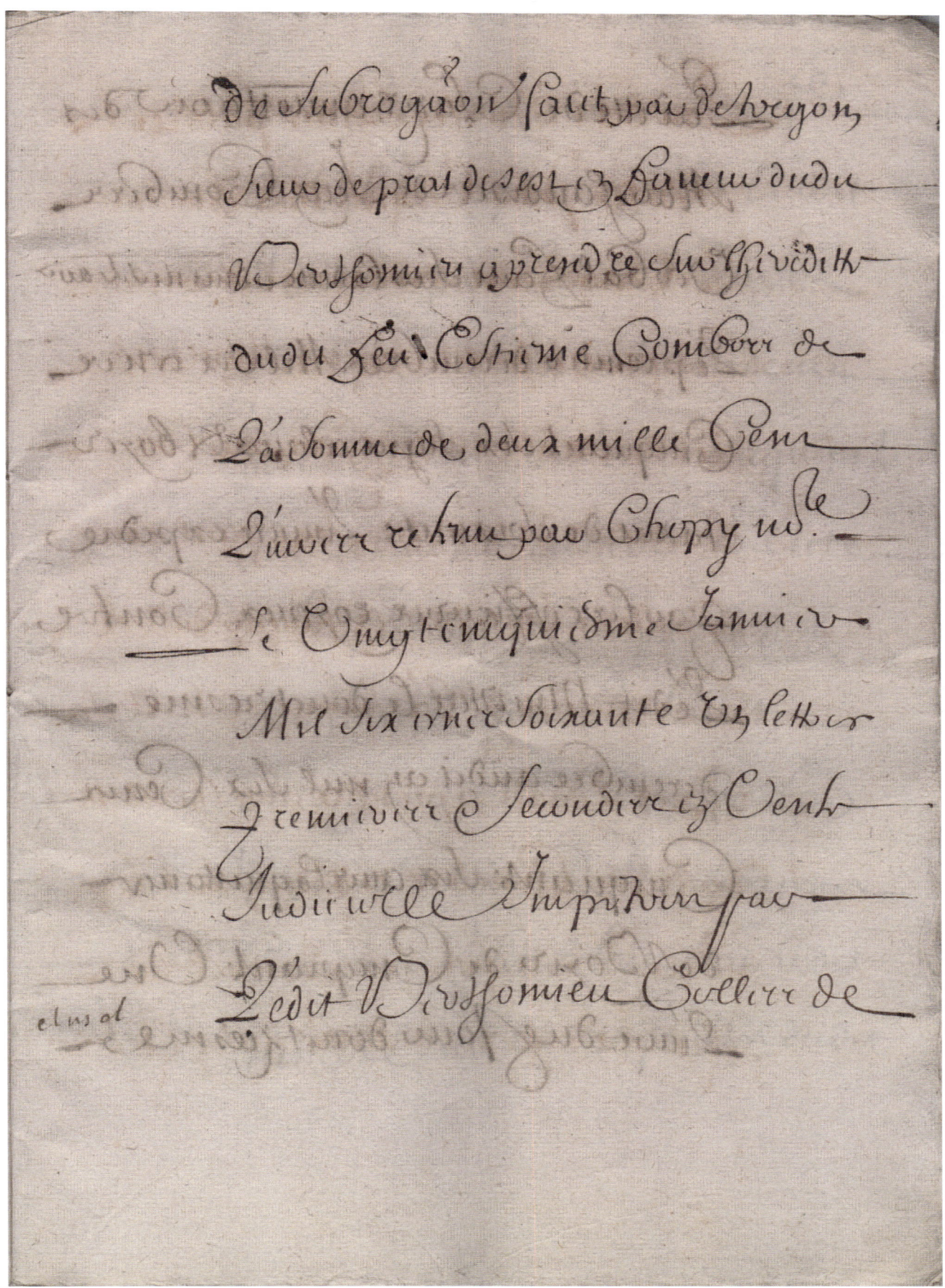

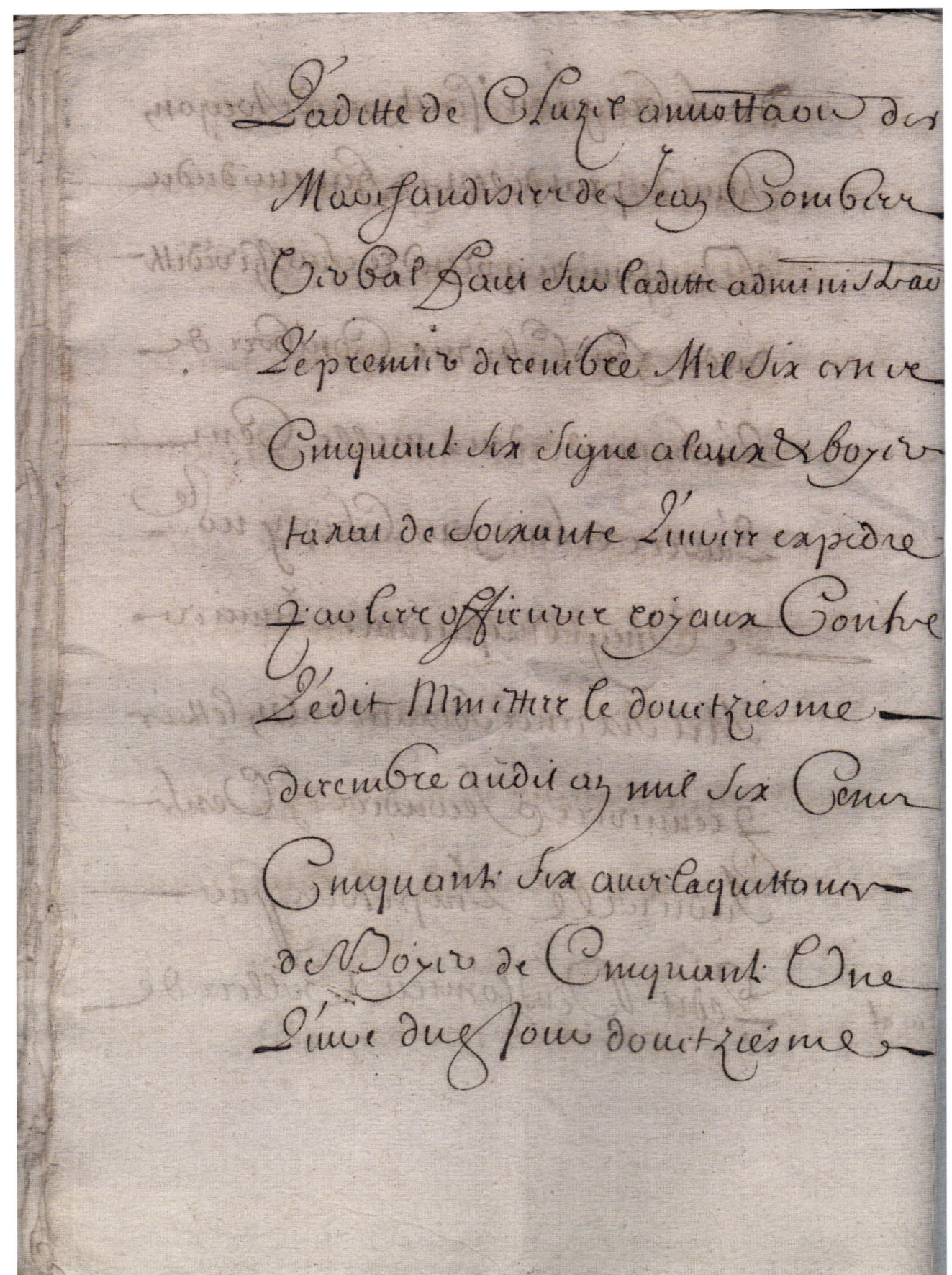

Ladicte de Cluzir annotta[ti]on des
Marchandisier de Jean Combes
verbal faict sur ladicte administra[ti]on
de premier dixembre Mil six cent
Cinquante six signe alaux & boyer
faras de soixante livres expedie
d'au[ltr]e officier royaux Contre
ledit Ministre le douchiesme
dixembre audit an mil six cent
Cinquante Six aur laquittance
de Boyer de Cinquant Une
livre dud Jour douchiesme

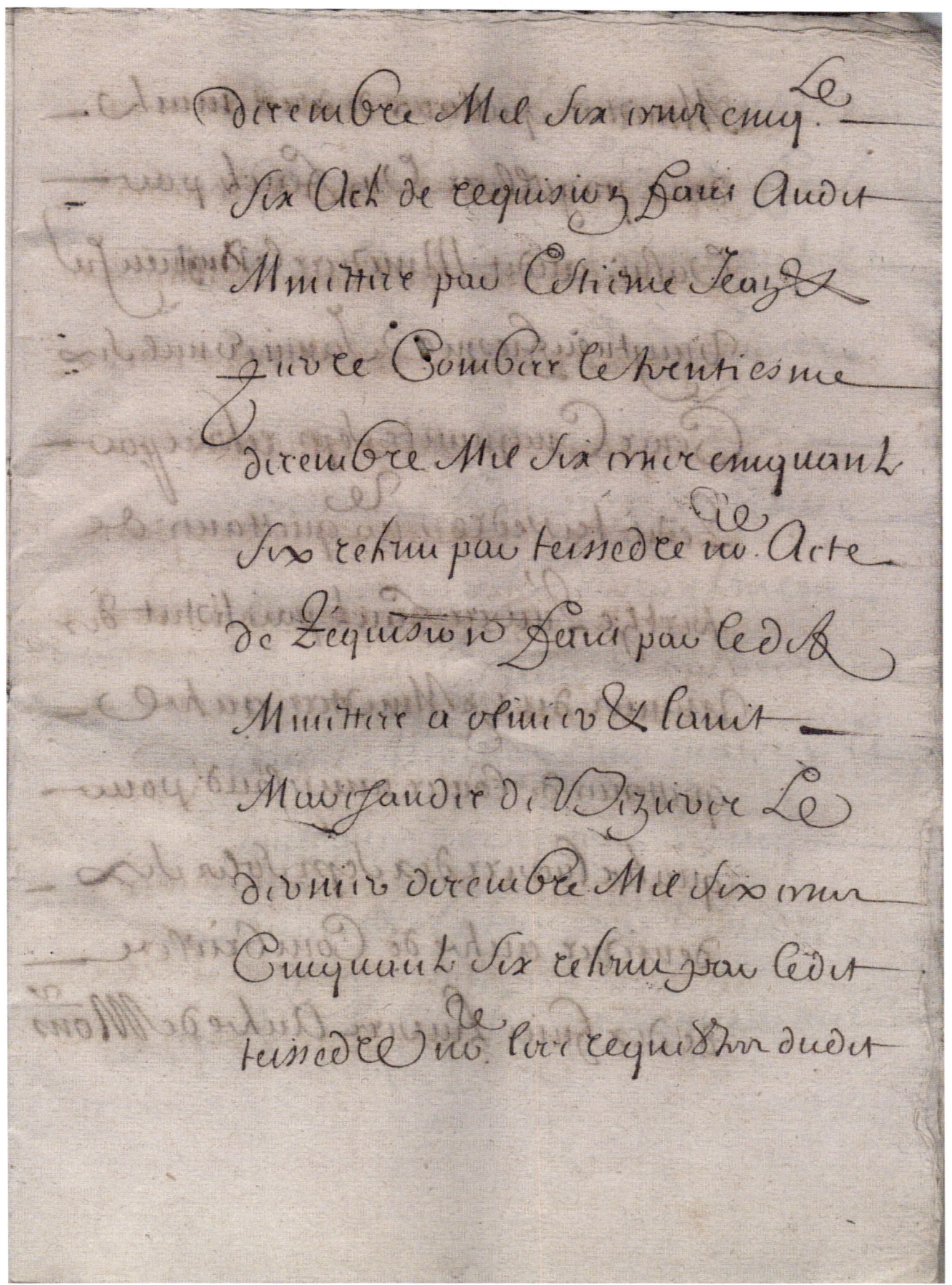

Decembre Mil Six cent cinq. Le

Six Acte de requisition dans ledit

Ministere par Estienne Jean

enrve Pombar le trentiesme

decembre Mil Six cent cinquante

Six retenu par teissedre un Acte

de l'equisition dans par ledict

Ministere a olivier & Jaint

Maurifandir de Vizinver Le

dixniev decembre Mil dix cent

Cinquant Six retenu par ledit

teissedre un loix requisition dudit

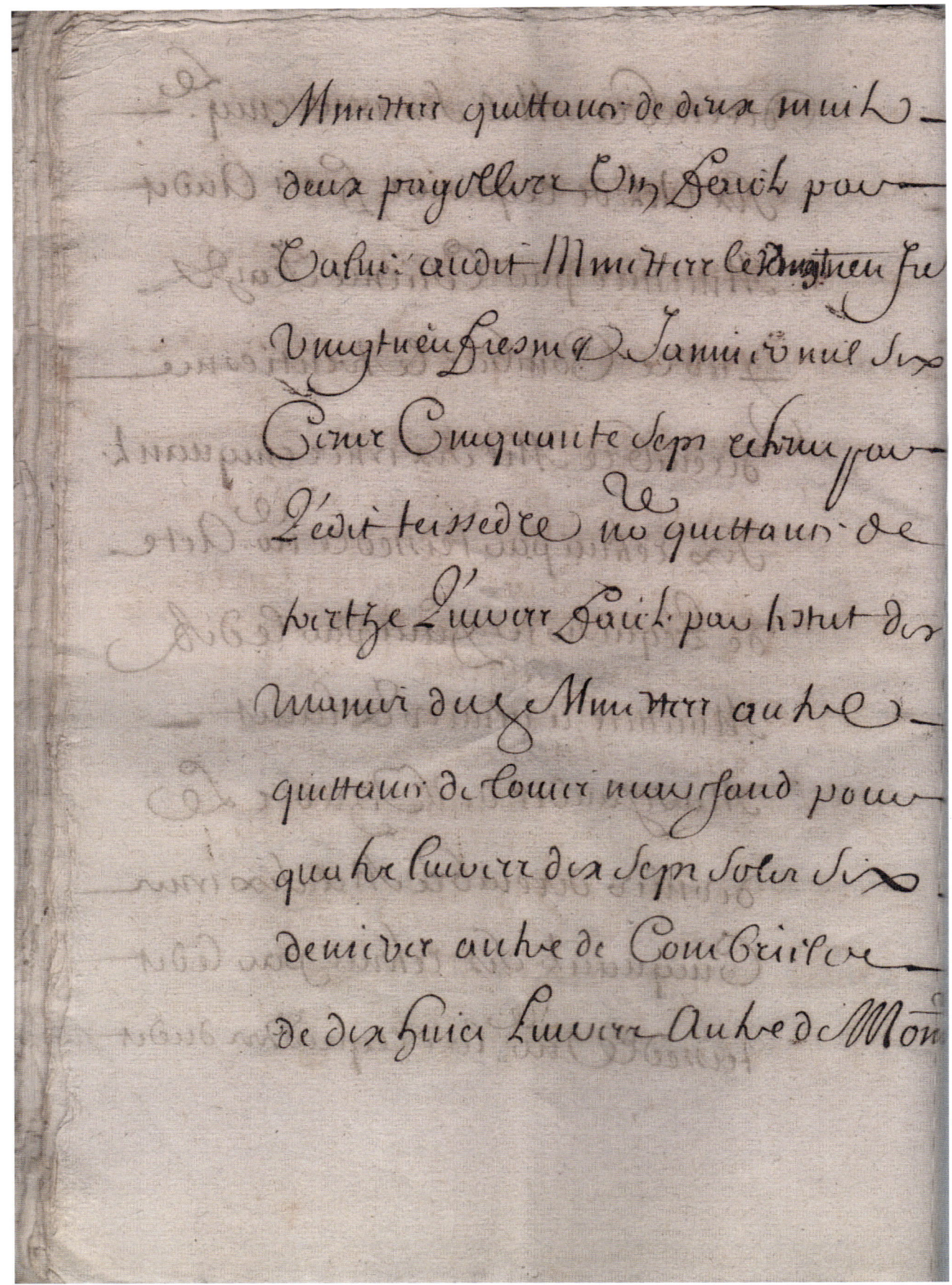

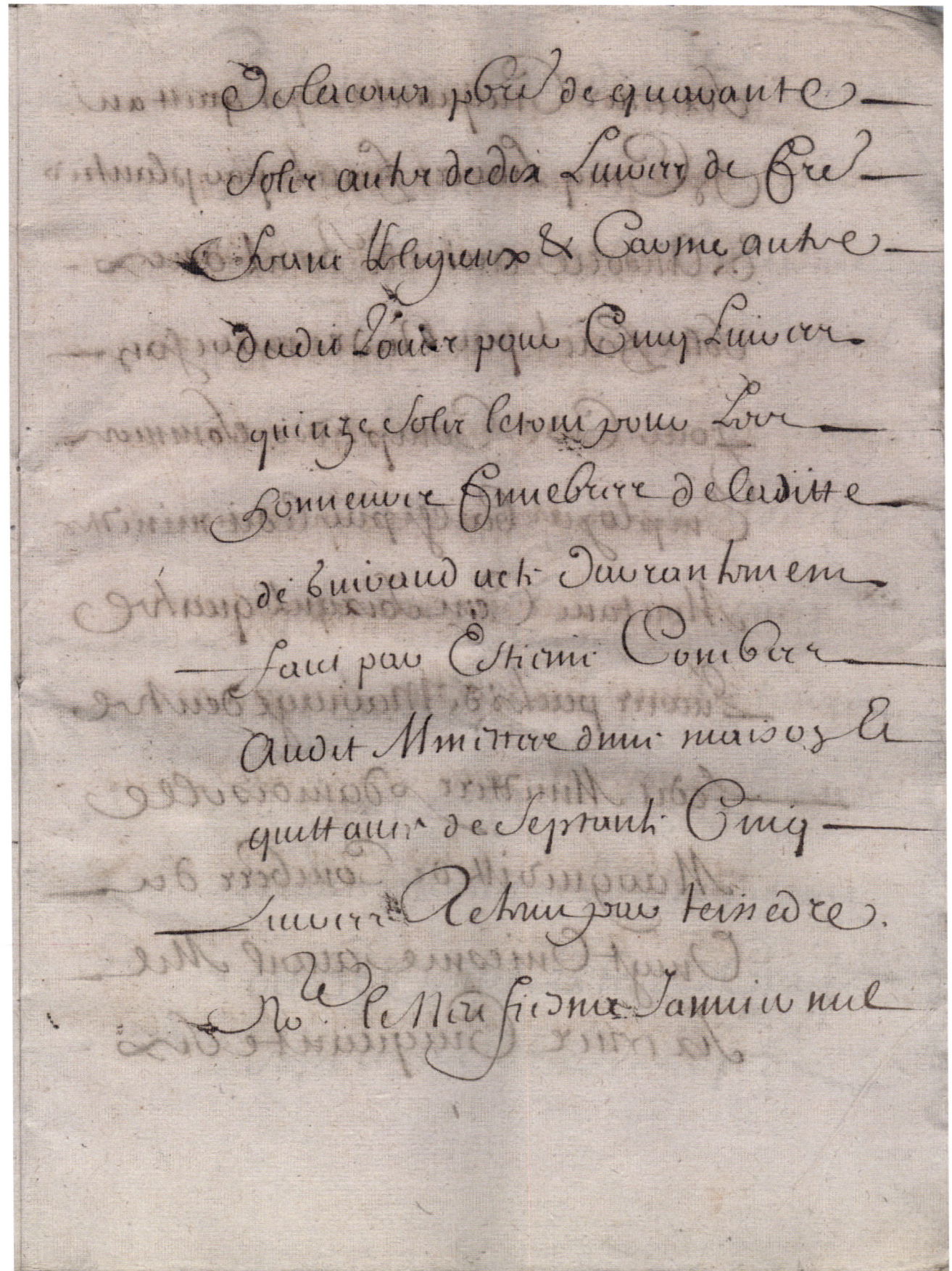

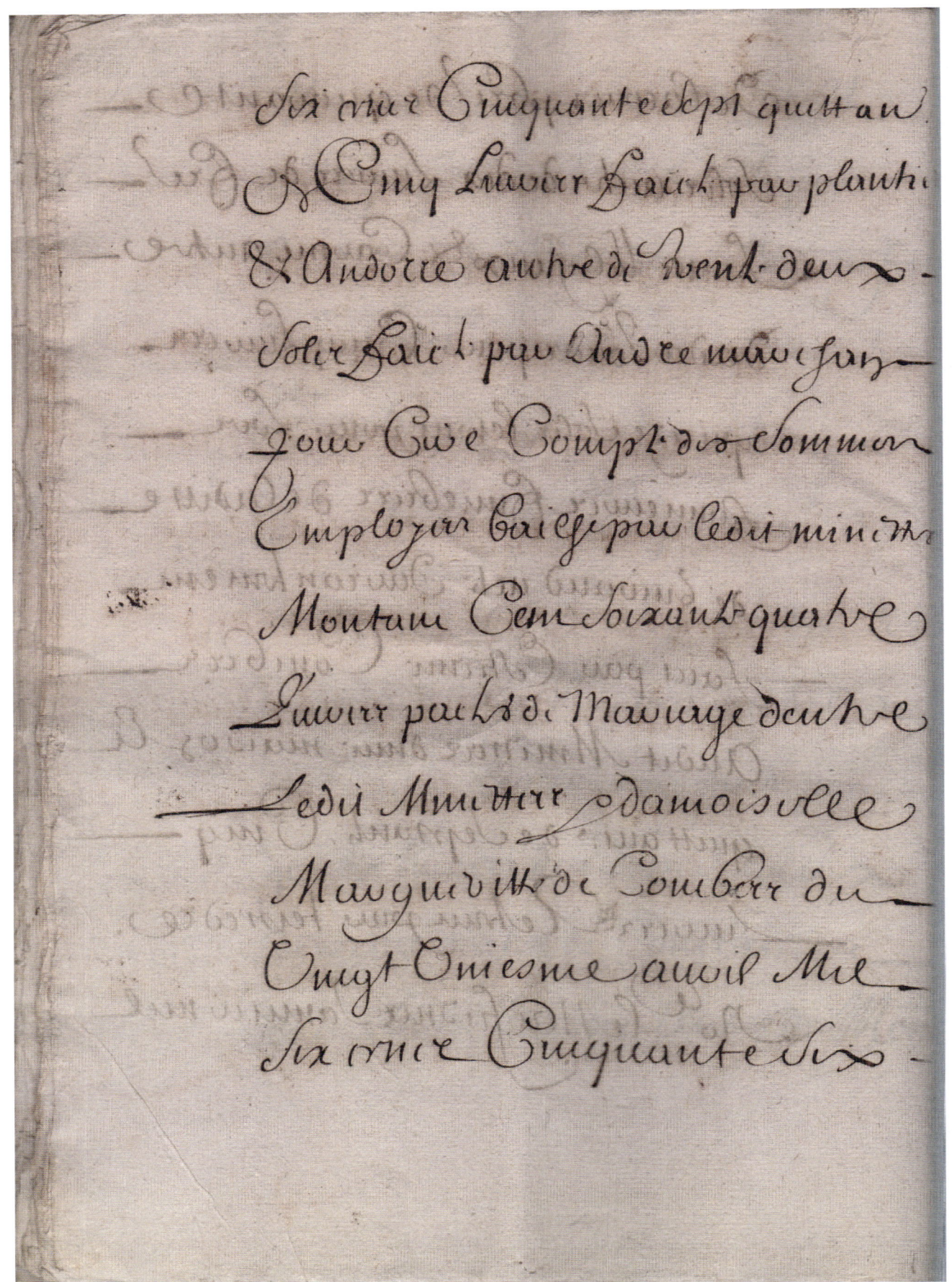

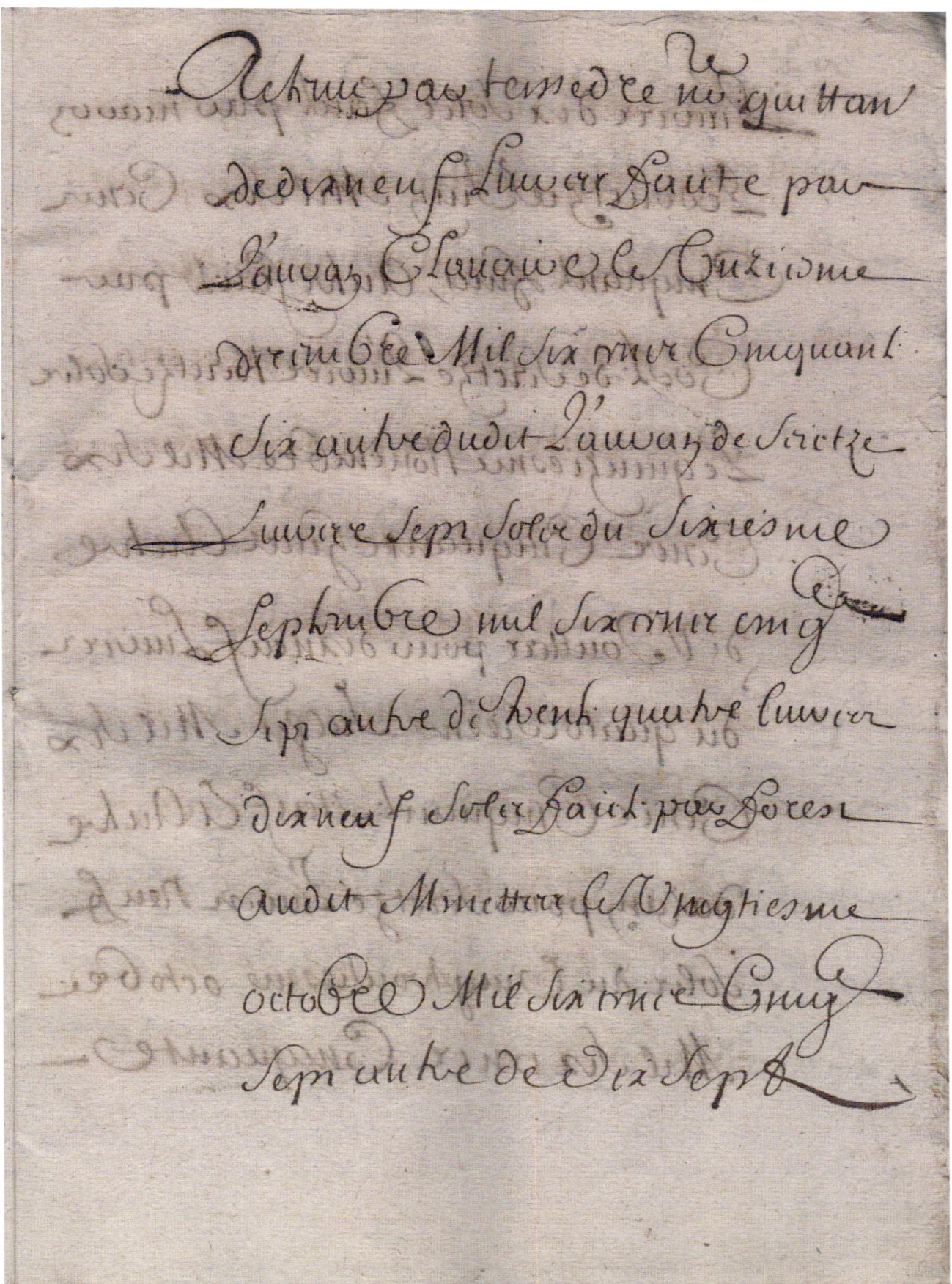

Retenu par teissedre no guittan
dedixneuf Luuar Sante par
Sauvaz, Clauaire le Trezieme
Decembre Mil six cent Cinquant
dix autredudit Sauvaz de Sietze
Luuare Sept Sols du Sixiesme
Septembre mil six cent cinq
Sept autre de Vent quatre luuar
dixneuf Sols faict par Soren
audit Ministure le Vingtiesme
octobre Mil six cent Cinq
Sept autre de dixSept

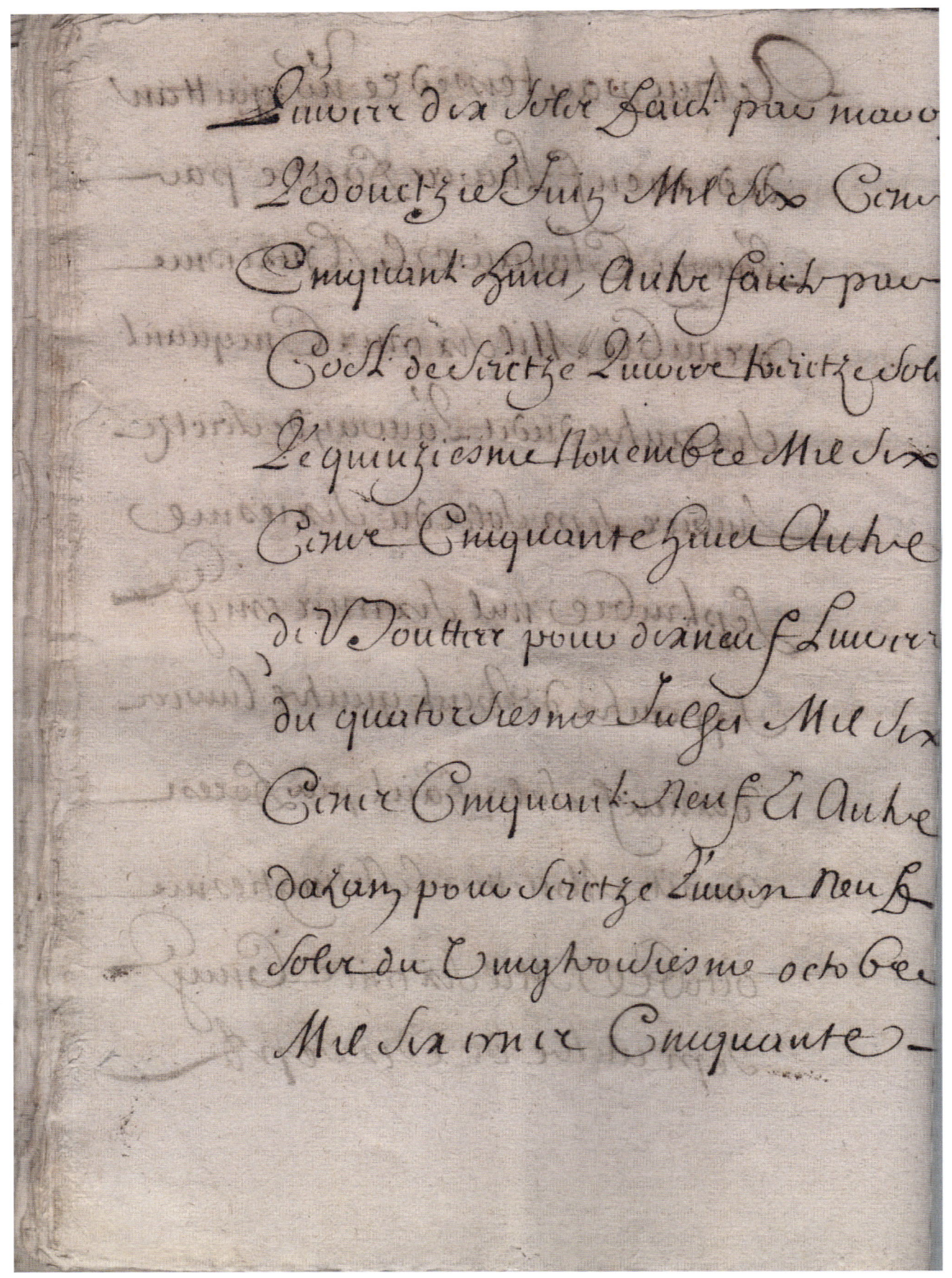

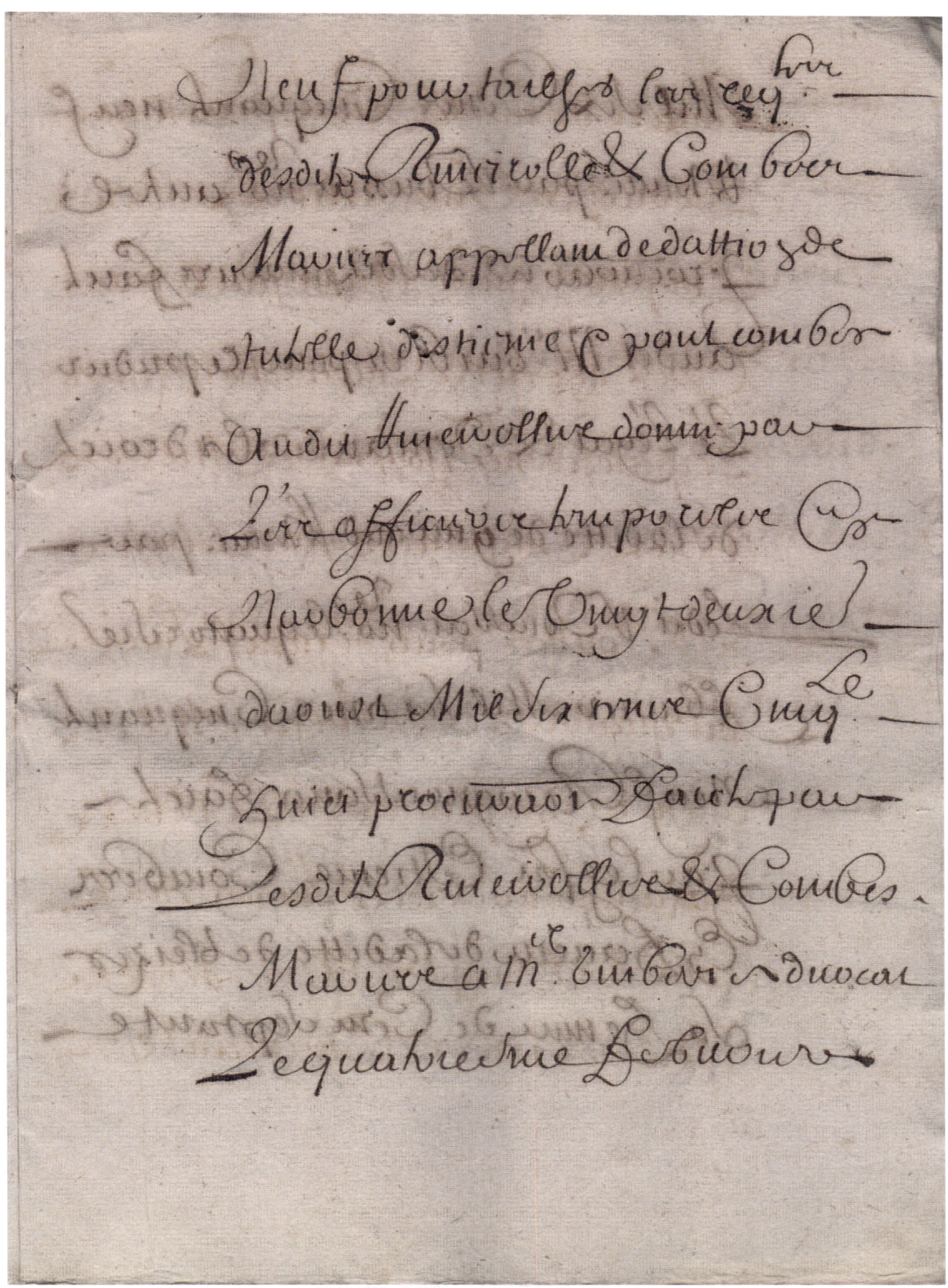

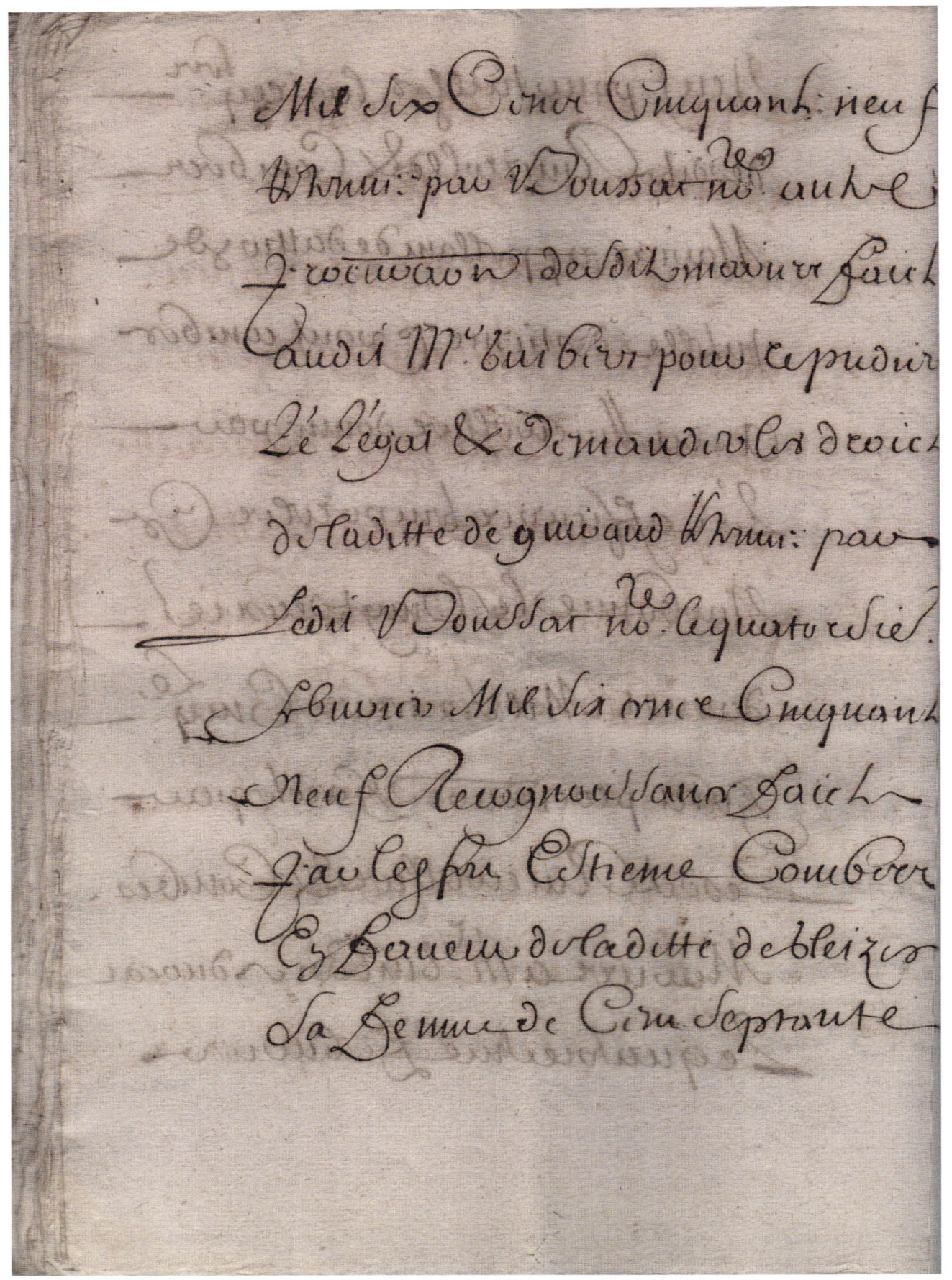

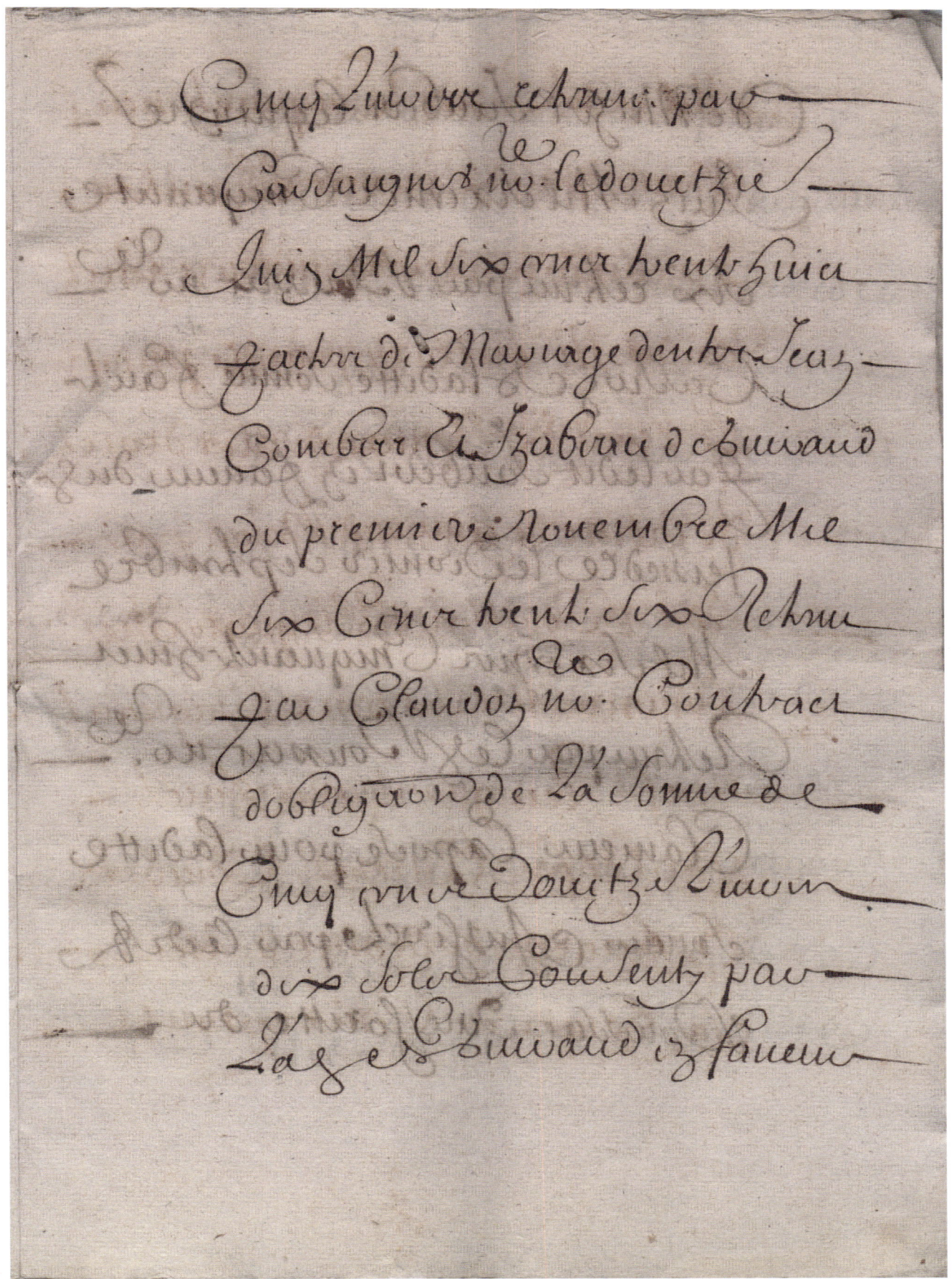

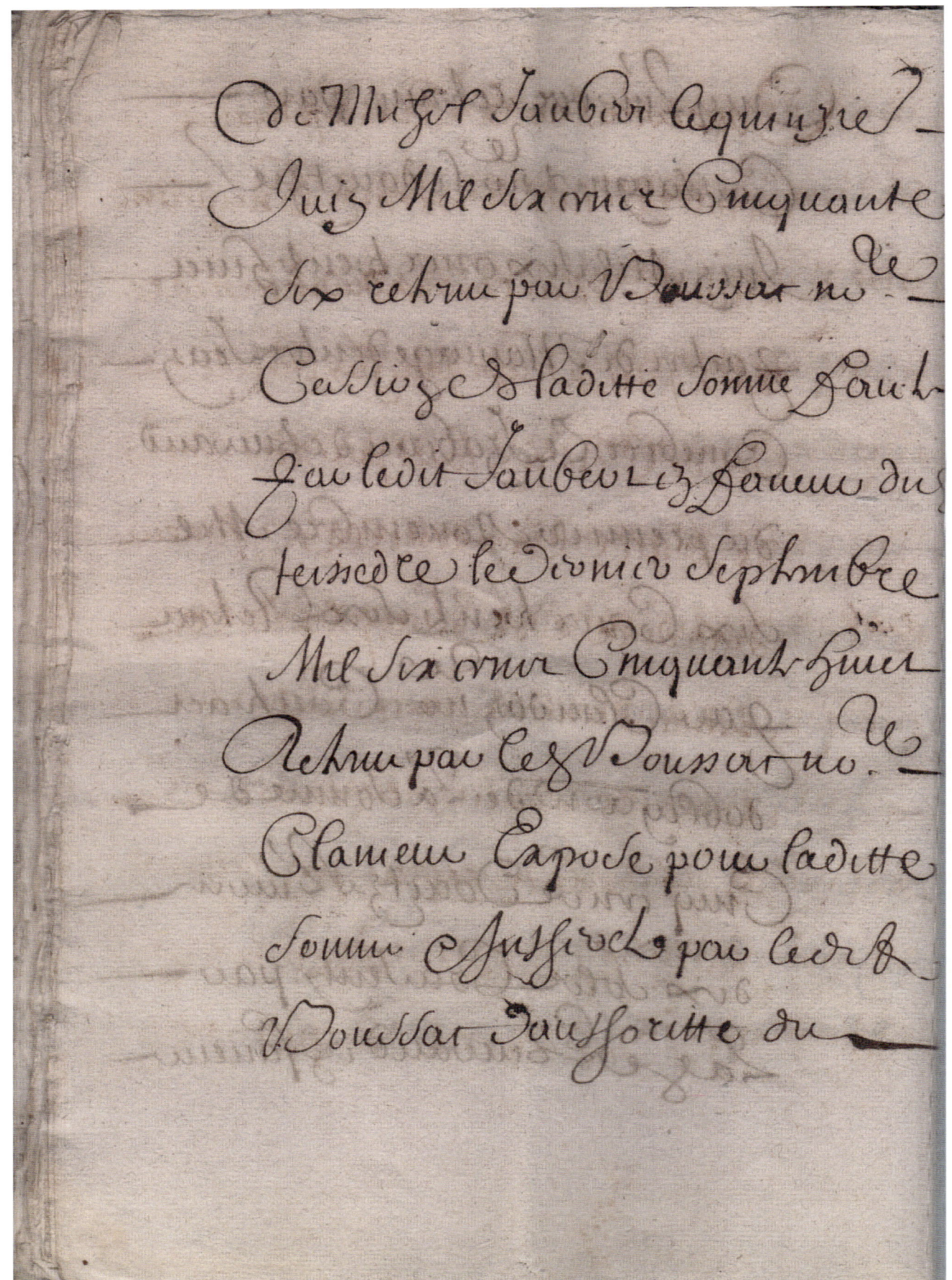

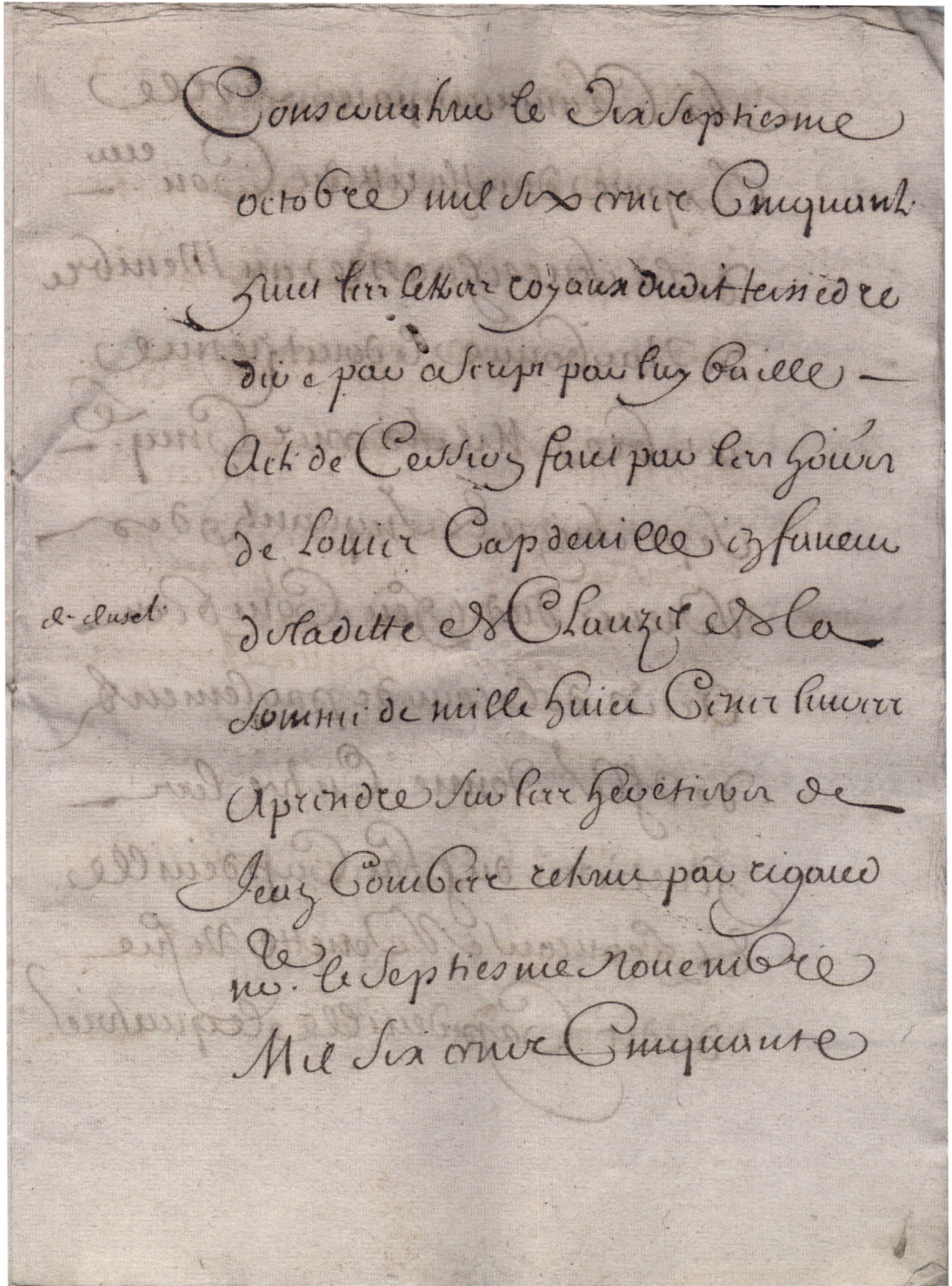

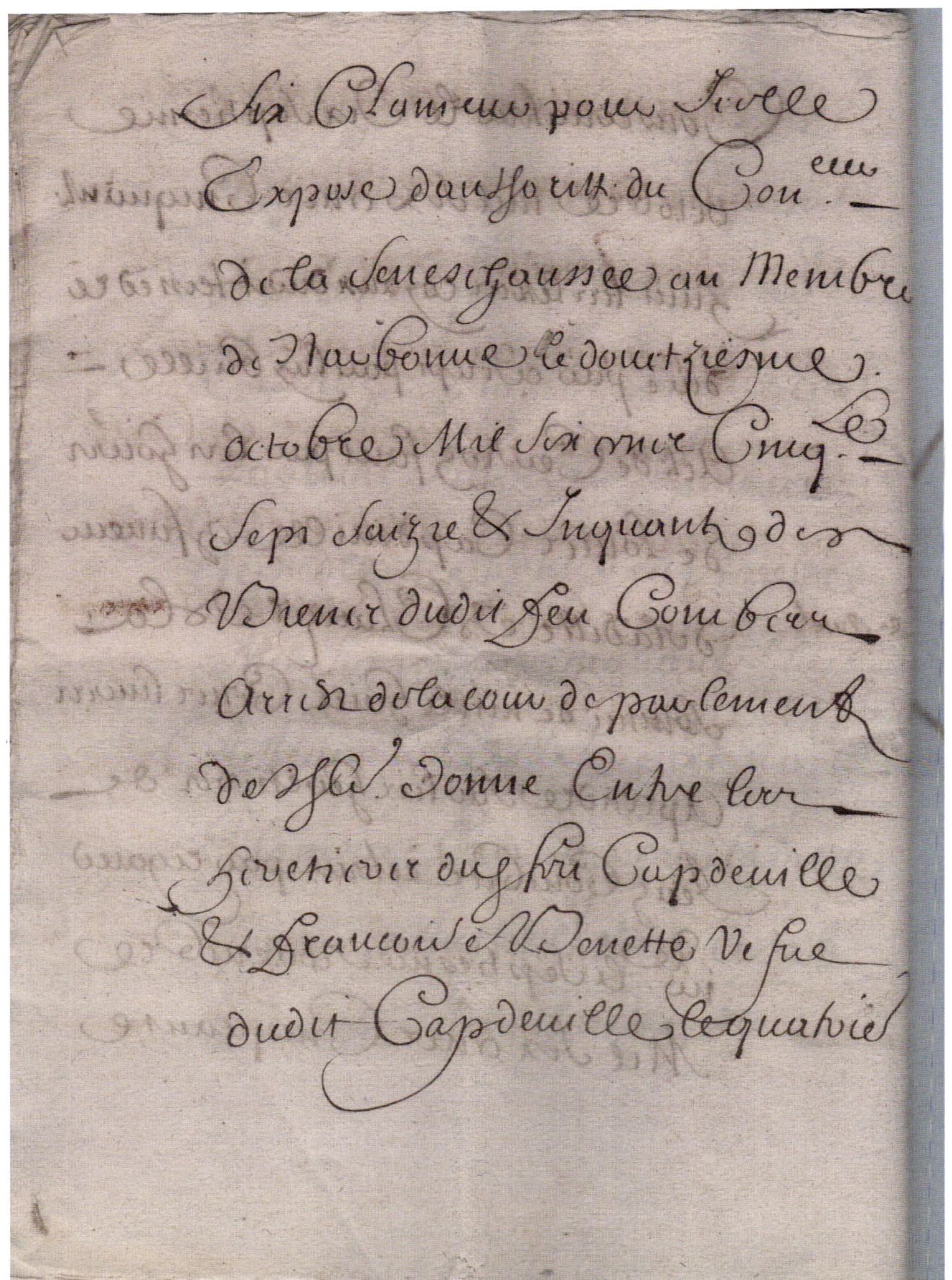

La Clauseur pour Isvelle
Expose dans sorcité du Con.eur
de la Senescaussee au Membre
de Narbonne le doutriesme
octobre Mil six once Cinq.
Sept Saizre & Inquante des
Vhienir dudit Sen Combien
Arret dela cour de parlement
de Sha Donne Entre leur
directivir duy Sru Capdevielle
& Francois Donette Vi Sue
dudit Capdevielle lequatrie

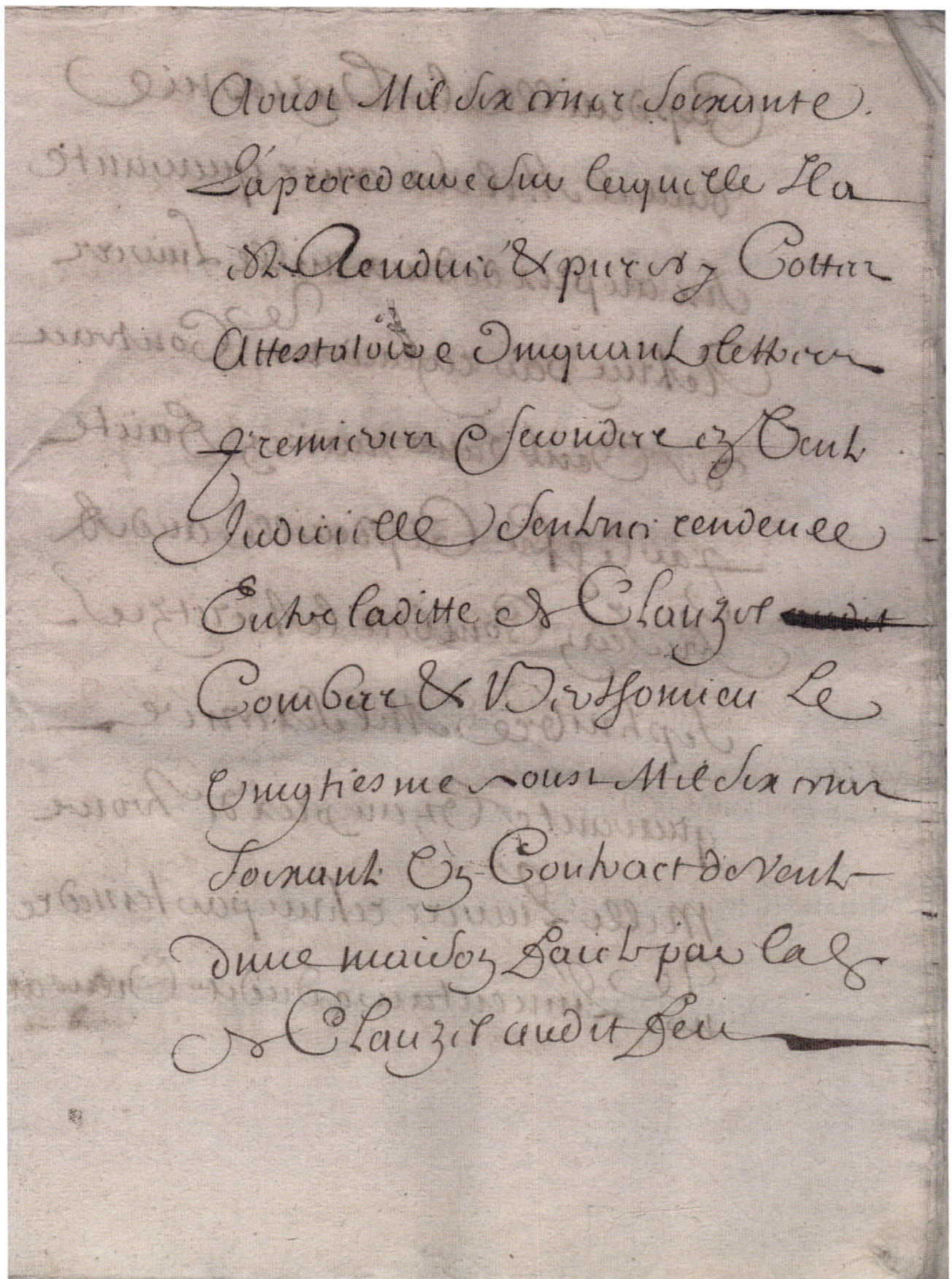

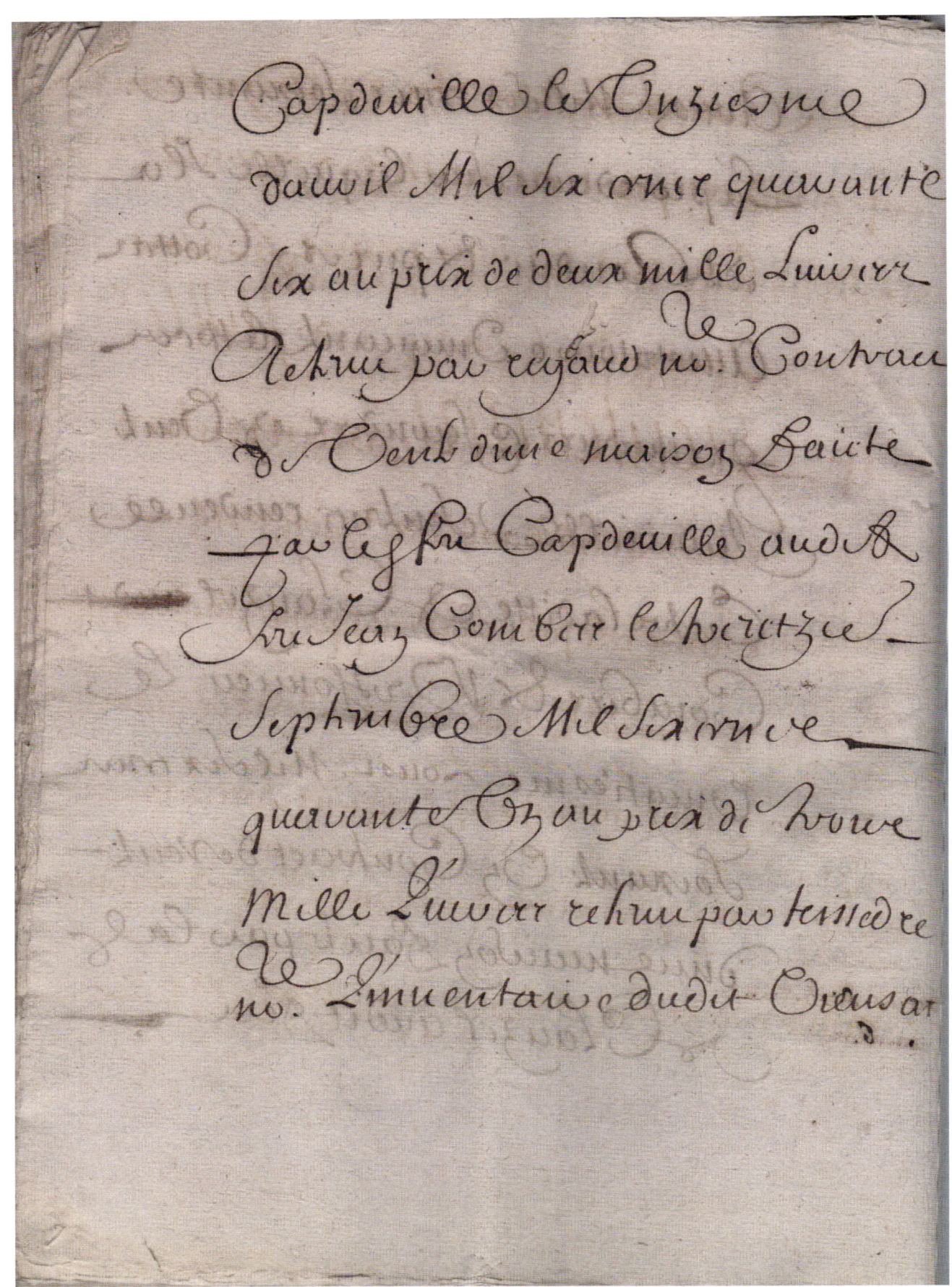

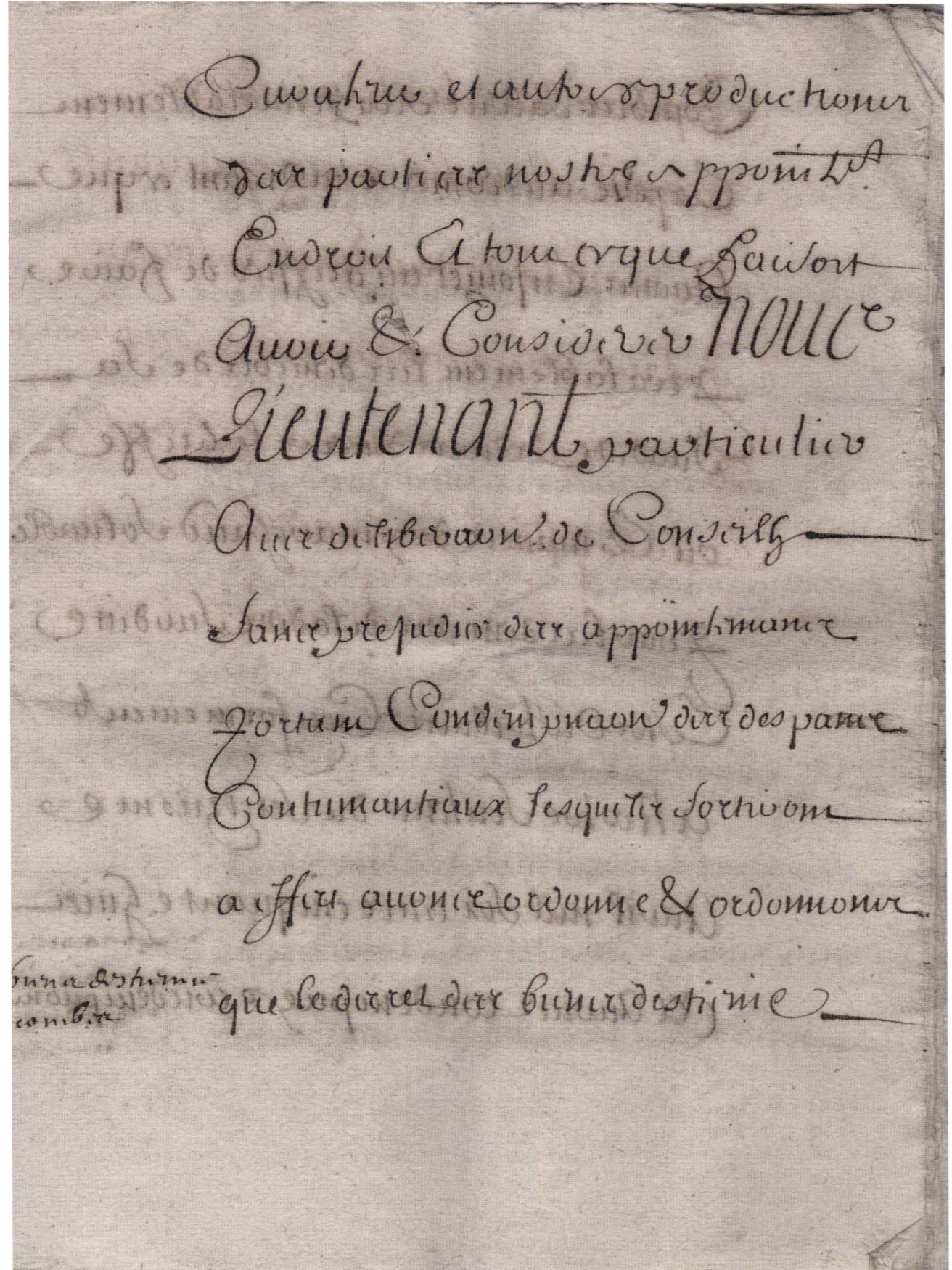

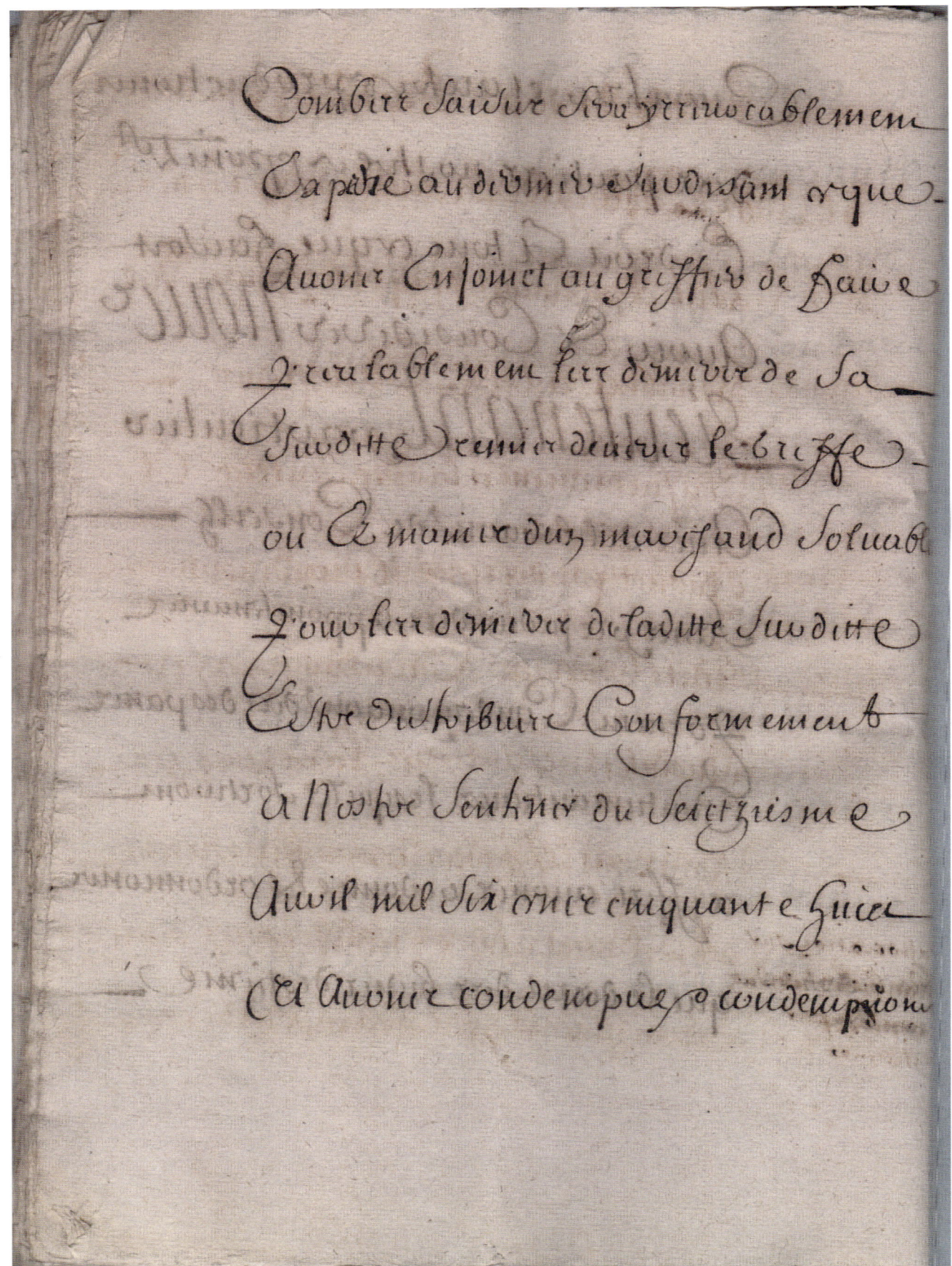

Combien saidur ... irruocablement
Capdie au diuinir squoirsant erque
Auoinr Eusomet au greffier de haiue
Irculablement lur diuinir de sa
Suditte reunier deuuier le greffe
ou a mainr dun marchand soluable
pour lur deniuier deladitte suditte
Estre distribiuir Conformement
a Nostre Seuntur du seietziesme
Auuil mil siu onur cinquante huict
Et auoinr condenopiue condenipion

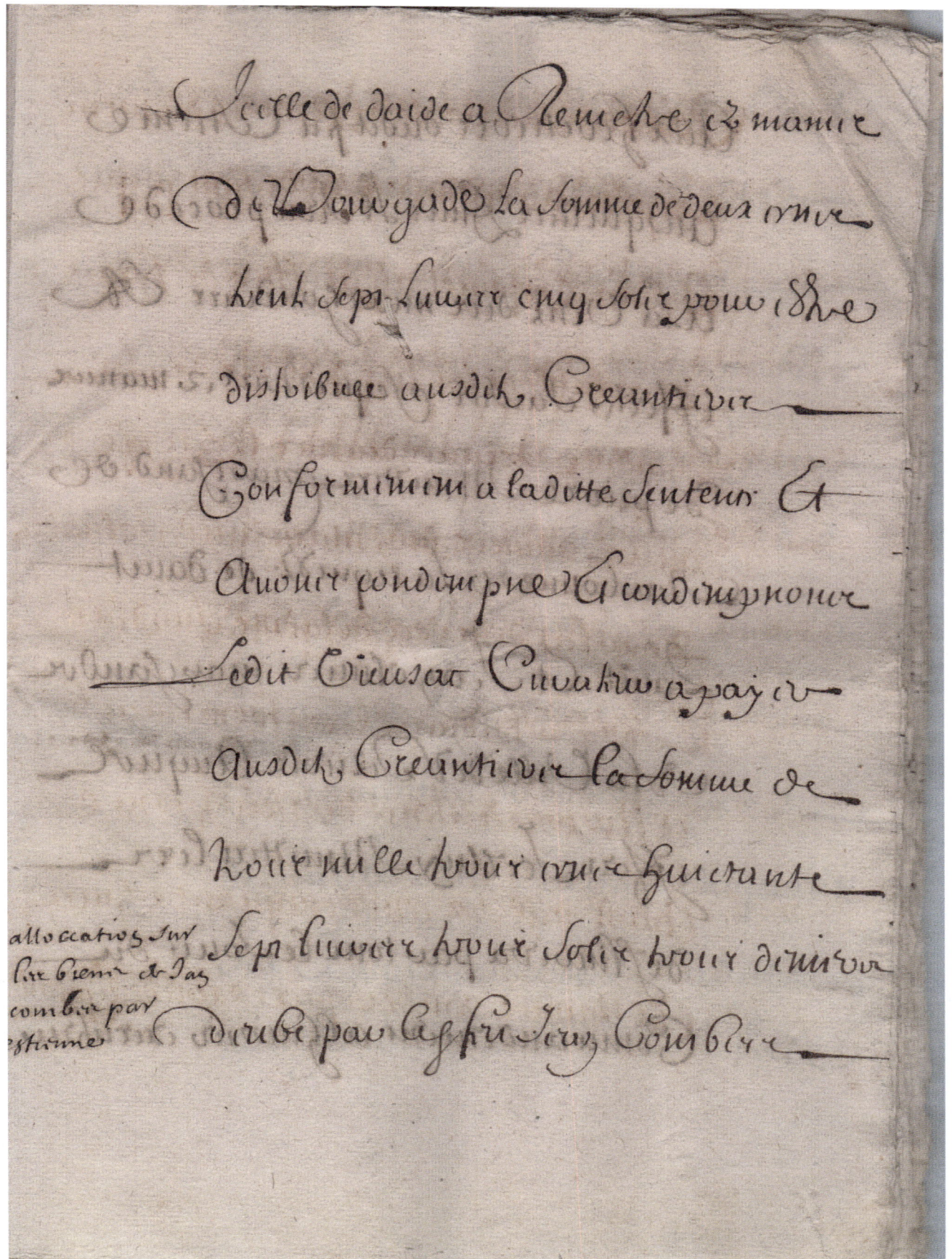

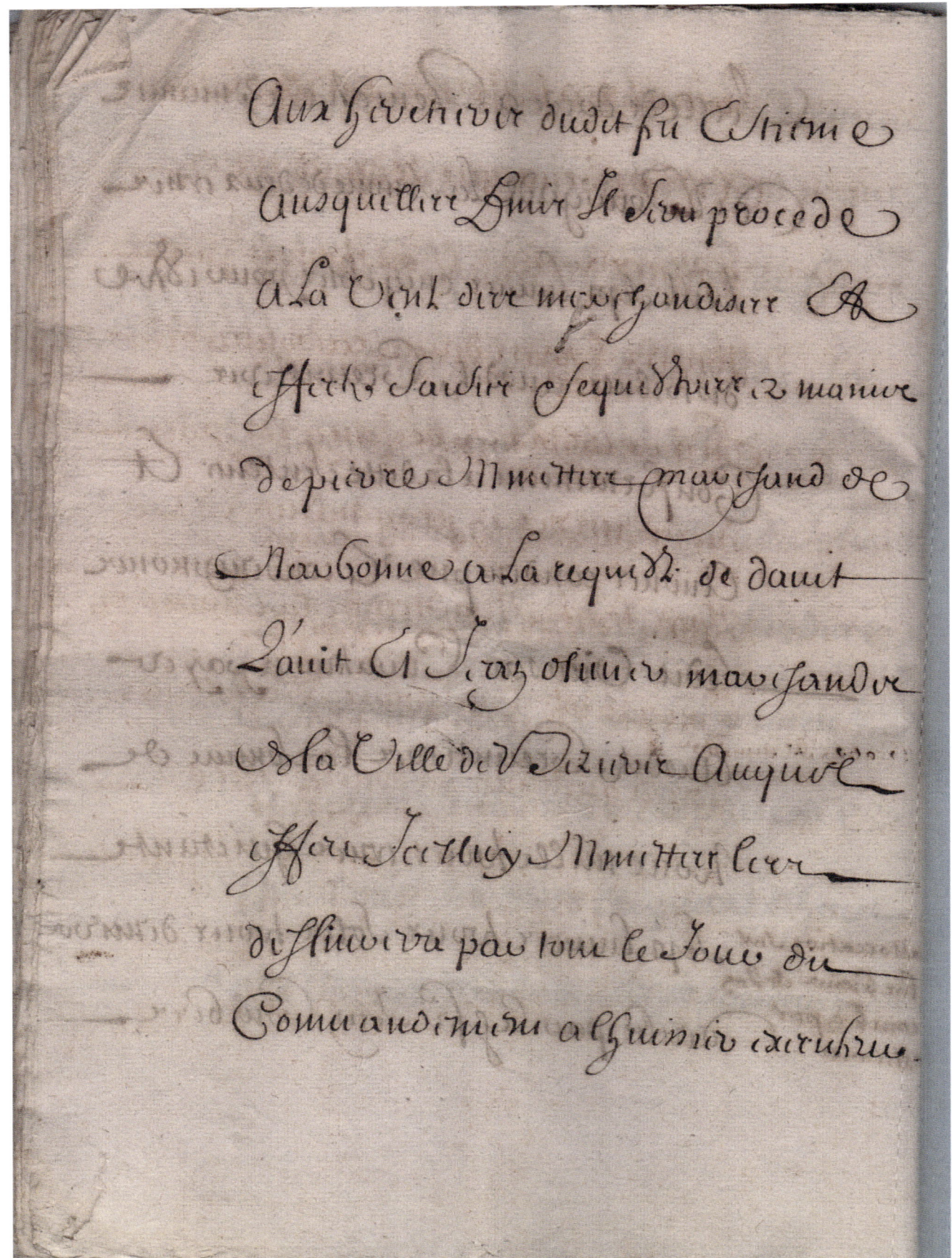

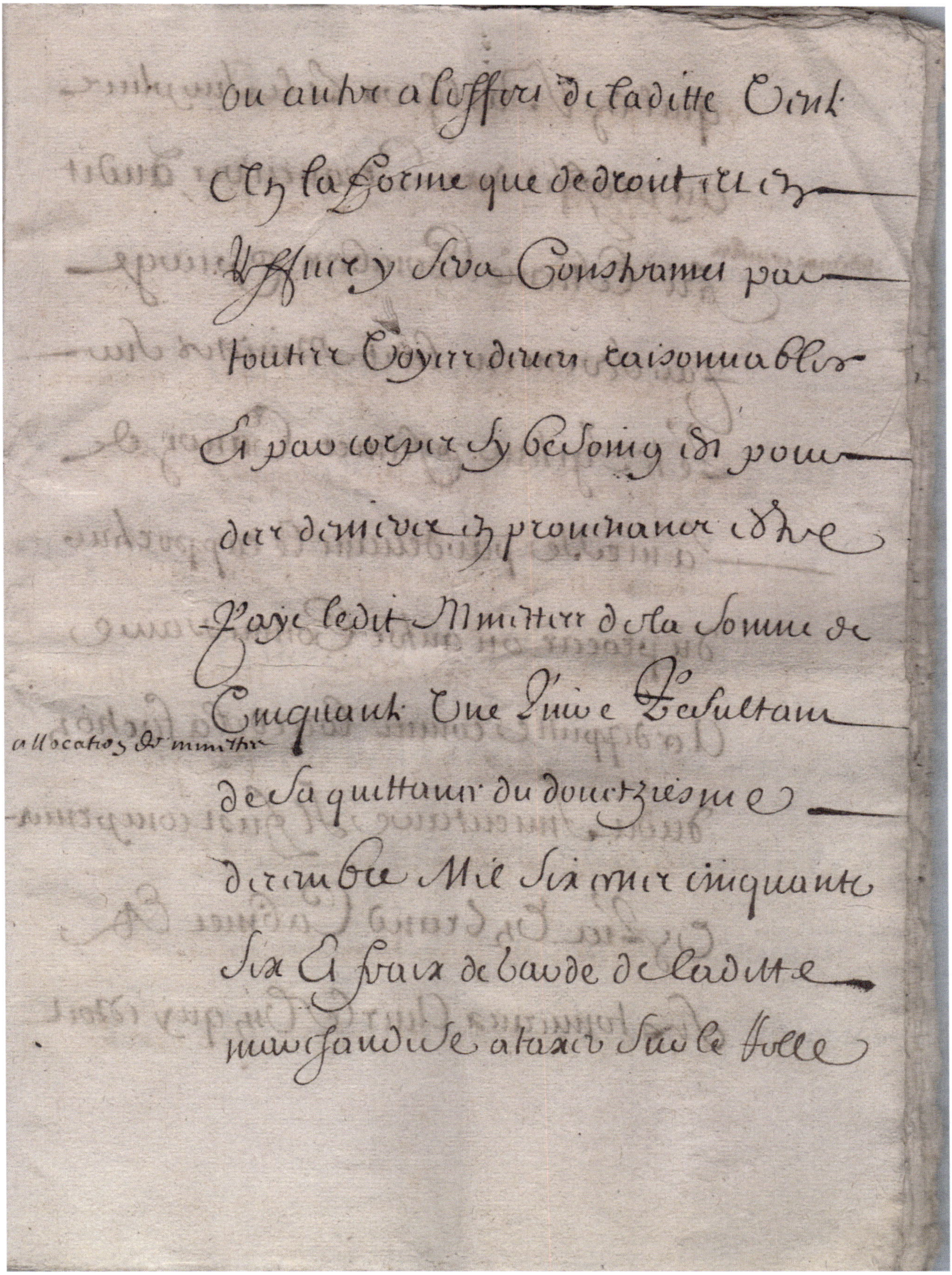

ou autre a loffres deladitte Cent

En laforme que dedrout seroit

offrir y sera Constrans par

toutes Coyrndions raisonnables

Et paroreprer sy besoing est pour

dar derrivee z pronsnancer estre

payé ledit Ministre dela somme de

Cinquante Cine Linie Resultant

allocatios de ministre

dela quittanr du douzziesme

decembre Mil Six cent cinquante

Six Et frais debande deladitte

marganduse ataxer surle rolle

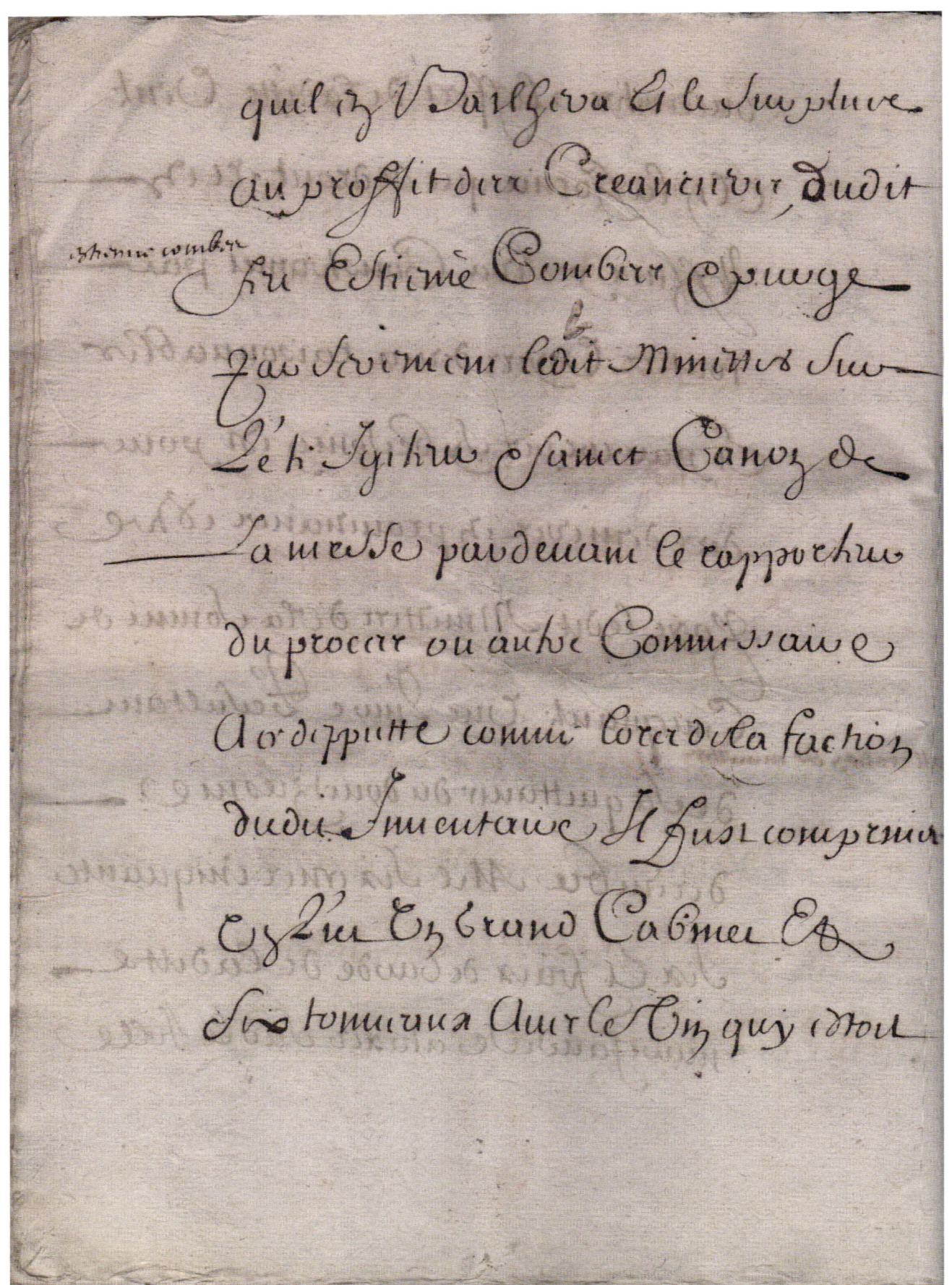

quil en voulleva et le surpluve

au proffit des Creancius dudit

fu estimé Combier oruage

qui soiment ledit Ministre sur

le li Ijibus samet Canoy de

la messe pardemant le coppochus

du procur ou autre Commissaire

ordispute comm lorer dila fachon

dudit Inuentaure il sust comprius

Cysten Ezbrand Cabinet Ex

Sie tonurina Aurle bis qui voou

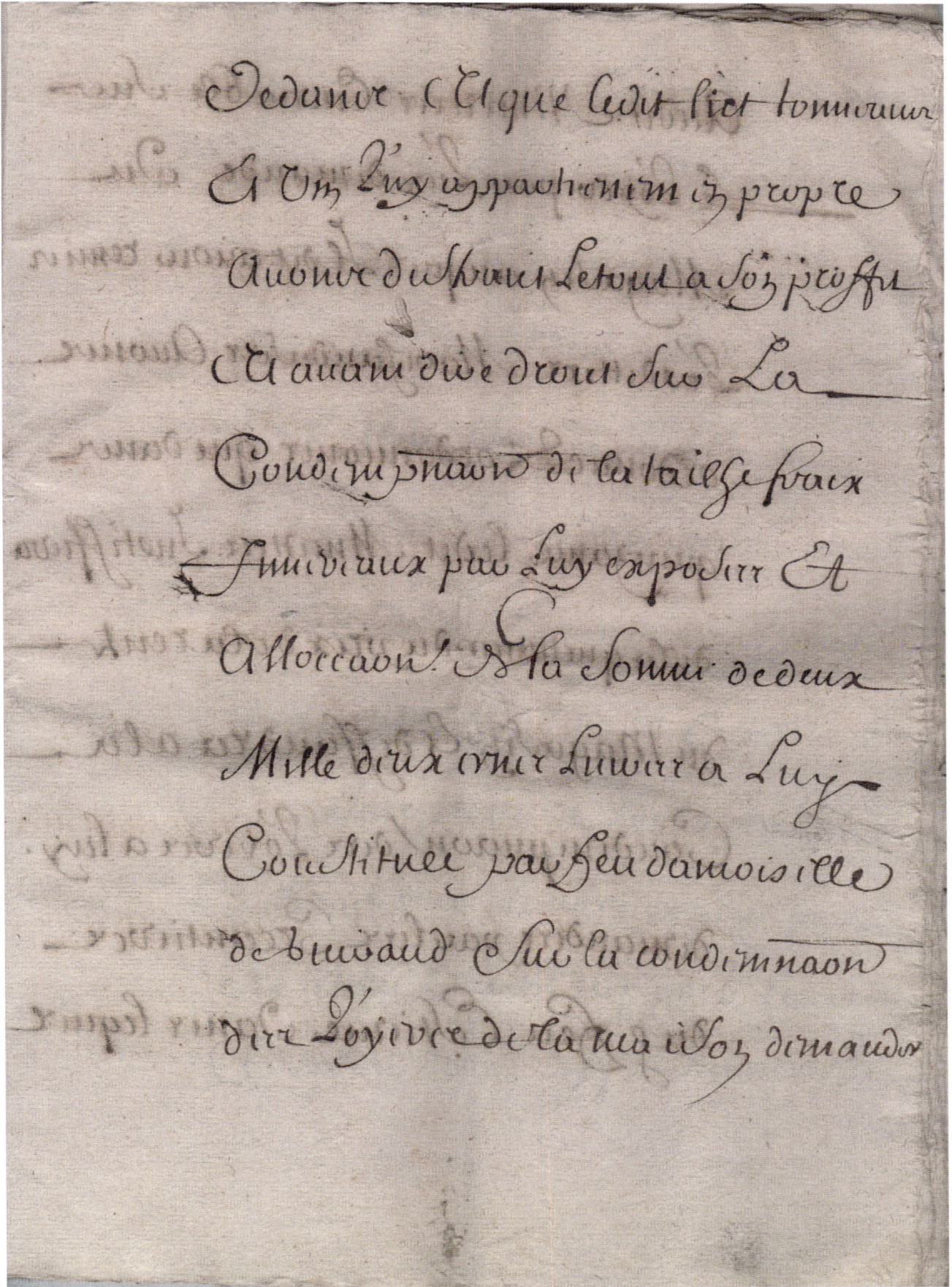

Dedande. Et que ledit Piet tonnerour

Et Un Prix appartenem en propre

Auone dispount letout a soz proffu

Et auam due droit suo La

Condempnaon de la taille praix

Annueaux par Luy exposer Et

Alloccaon. A la somme de deux

Mille deux cent Liurez a Luy

Constituer par feu damoiselle

de Riuaud sur la condemnaon

par Loyivre de la maison demande

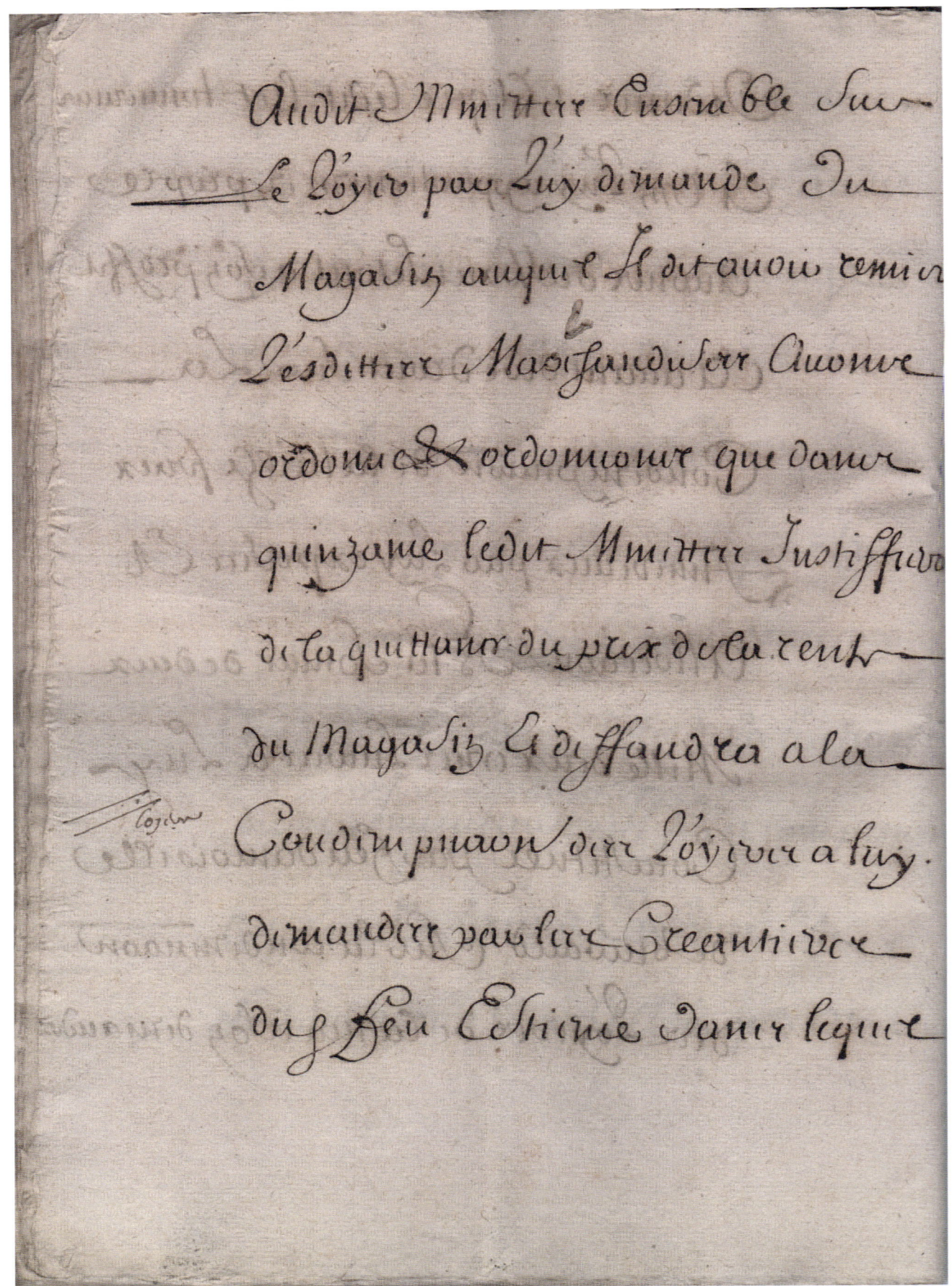

Mesme de Luy pour hoüir de ladite

debauand sivon appeller pour

diffandee a la demande et

Condempnation demandee par

ledit Maistre Ensemble a

Lallocaon demandee par bernard

Camerd de la Somme de neuf cens

quaruante six Livres et par

suivolme tissedre de la Somme

de trois mil Livres pour se faire

te teloui teu & rapport leur

este du droid diffinitivemet

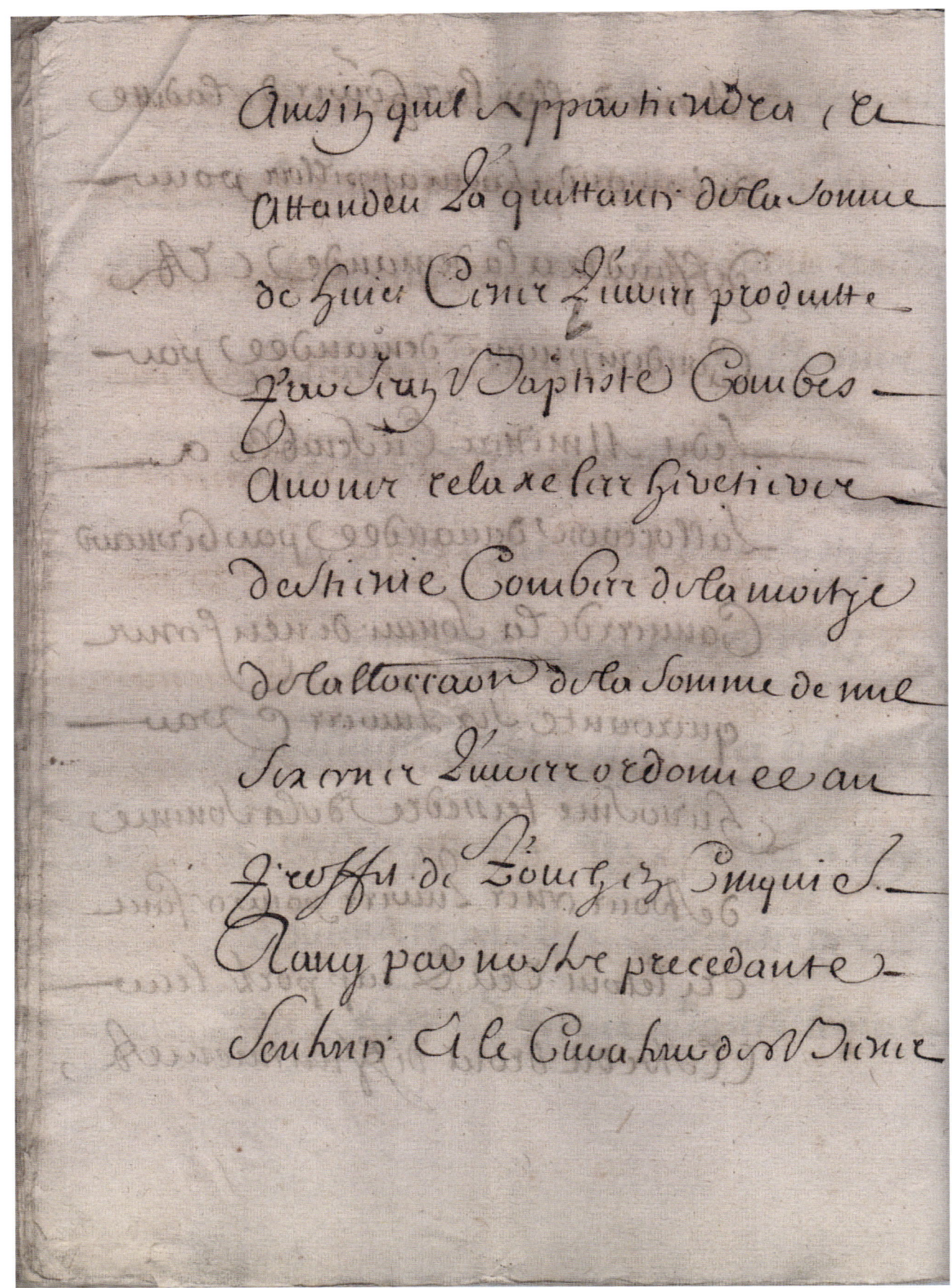

Ainsi qu'il appartiendra, Et
Attendeu La quittance de La somme
de huic Cent Livres produitte
par Jean Baptiste Combes
Avoir relaxe par Sivetieux
de Sixinie Combes de La moitje
de la tocraon de la Somme de mil
Six Cent Livres ordonnee au
greffe de Tourbes Suyui J
Auy par nostre precedante
Senhnis a le Cinahus d'Sane

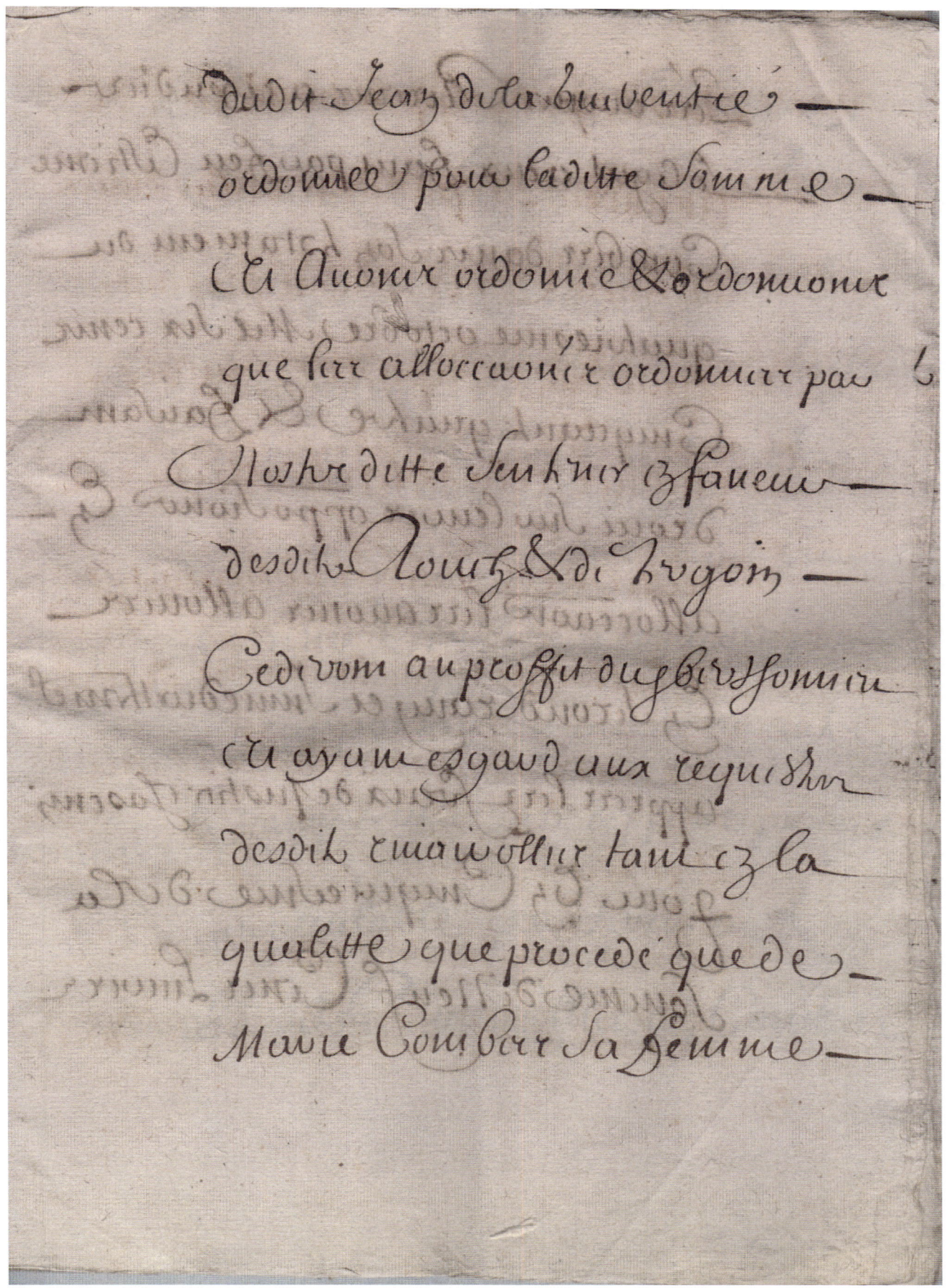

dudit Jean dela buibentie

ordonnee pour ladicte Somme

Et Avons ordonné & ordonnons

que sera alloccaonee ordonnar par

Nostre ditte Seulieur & faveur

desdits Routz & de Bugois

Cedivon au proffit dudbirsSomieu

Et ayant esgaud aux requisitu

desdits emainollur tant ez la

qualitte que procede quede

Marie Combar Sa femme

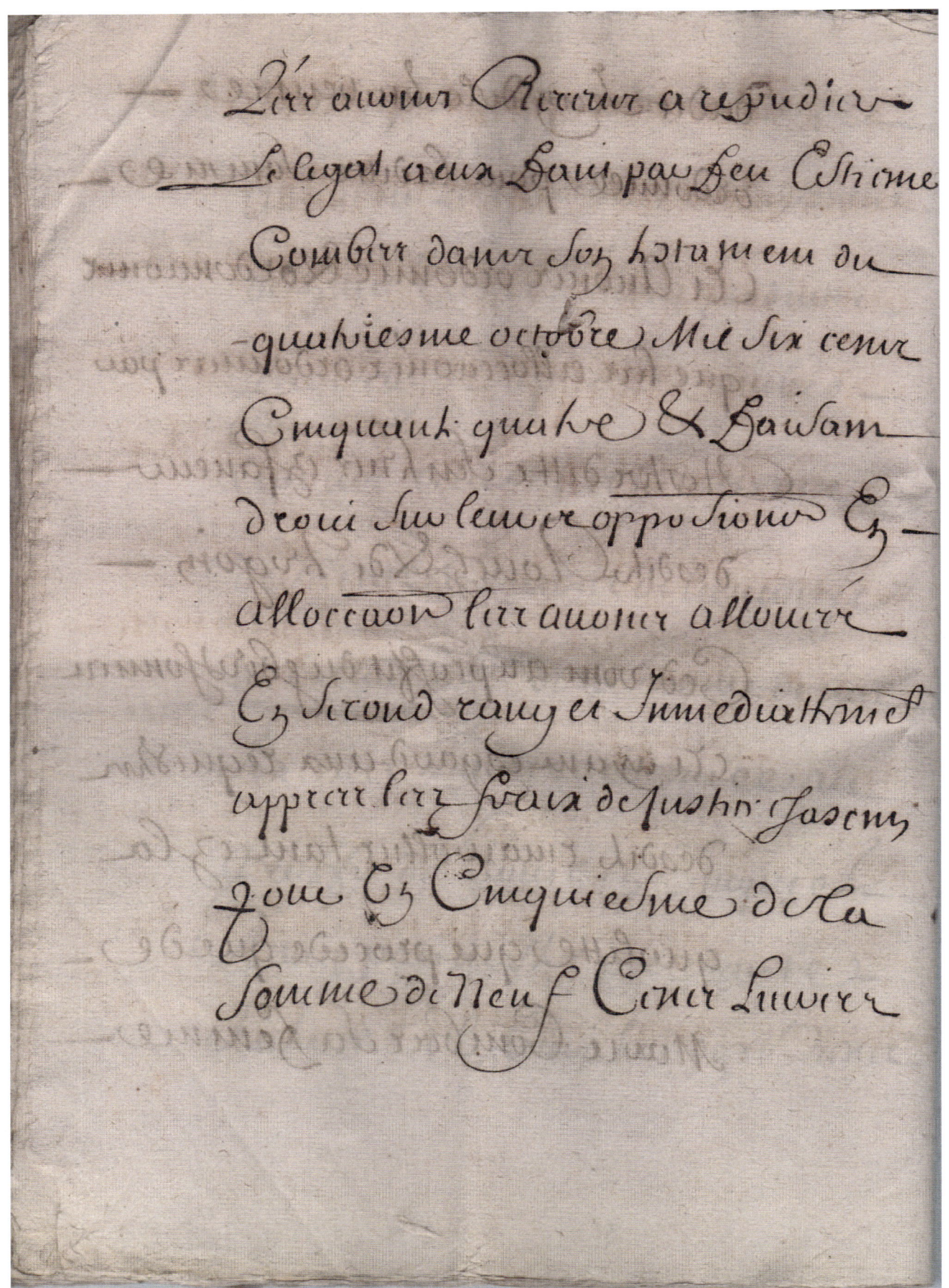

Lett auoient Receuir a respondre
le legat aeux dans par feu Estiene
Combett dans son hostatem du
quatriesme octobre Mil six cens
Cinquant quatre & faisant
droict sur leurer opposition Es
alloccaton leur auoient allouer

Es second rang et Immediattemt
apprer les frais de Justir sasens
sour Es cinquiesme de la
somme de Neuf Cens Liuires

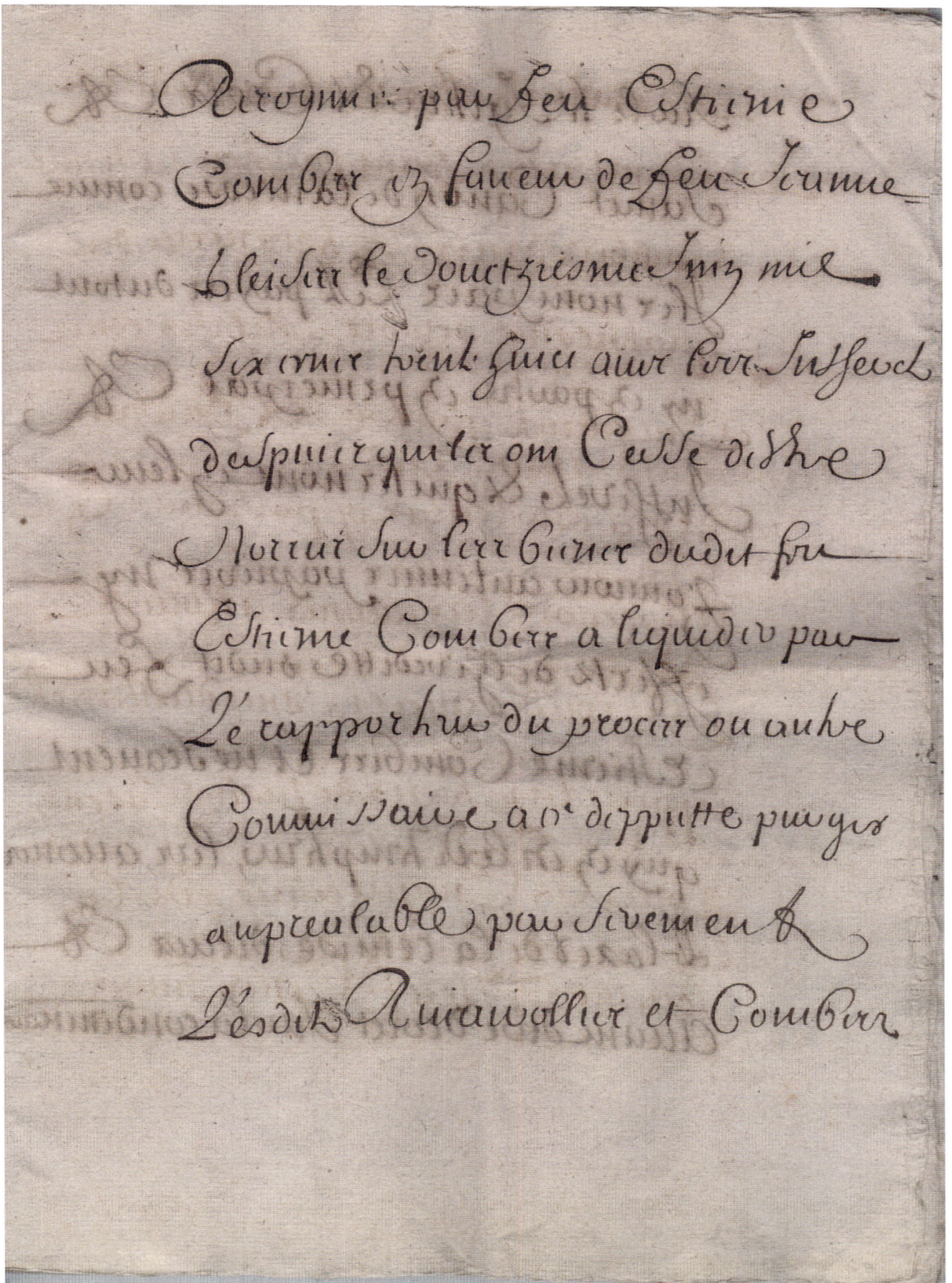

Revoque par feu Estienne
Combes en faveur de feu Jeanne
Bleicha le douetzriesme juig mil
six cent vint guics aur pere Justead
despuier quiter ou Cesse dithe
Jourui sur pere Bianec dudit feu
Estiene Combes a liquidir par
Le rapporttur du procur ou autre
Commissaire ar deppute puisgis
aupreallable par sivement
L'esdit Amauollier et Combes

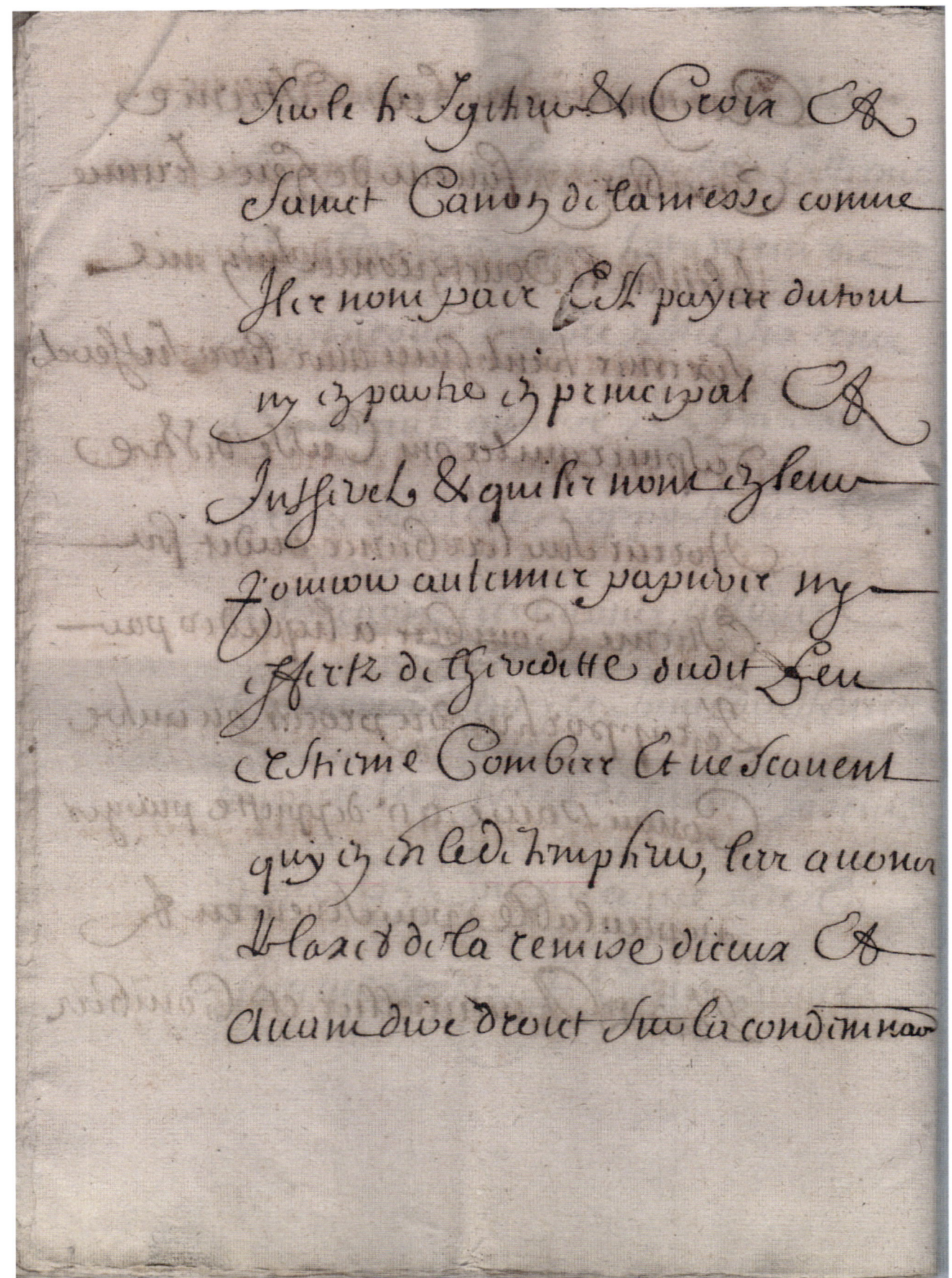

demandee du proffit provenu de
la Jouissance de lestang de fitou
Avoir ordonne & ordonnons
que ledit Dourgade vendra
Compt dans quinzaine dirr puict
provenur dudit Estang de fitou
Luy promettant de en servir du
Compt vendeu par ni briefannir
briner verhus dudit lieu pour
& faui & ledit Compt vendeu
la
ledit droict misiz quil app.

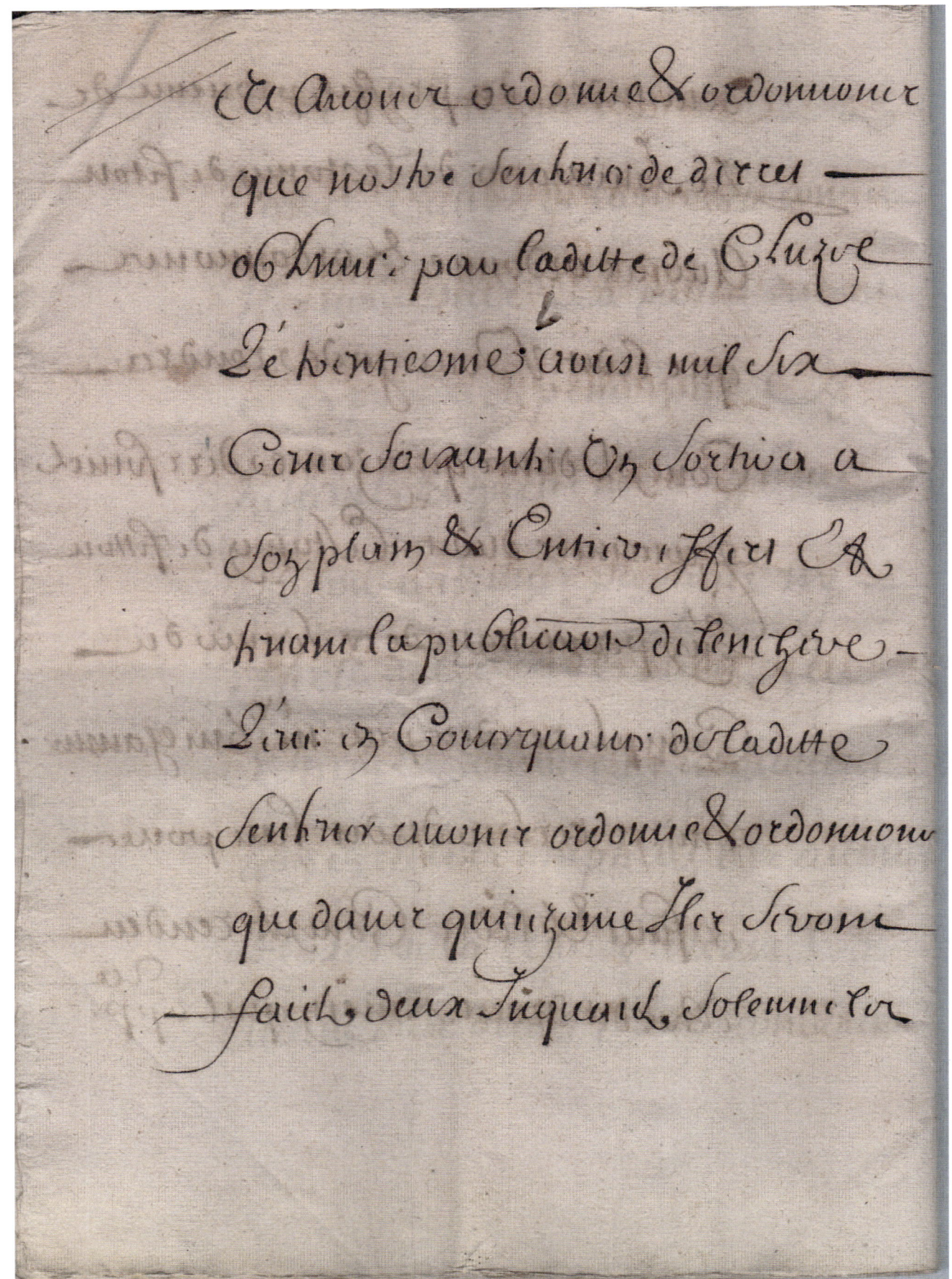

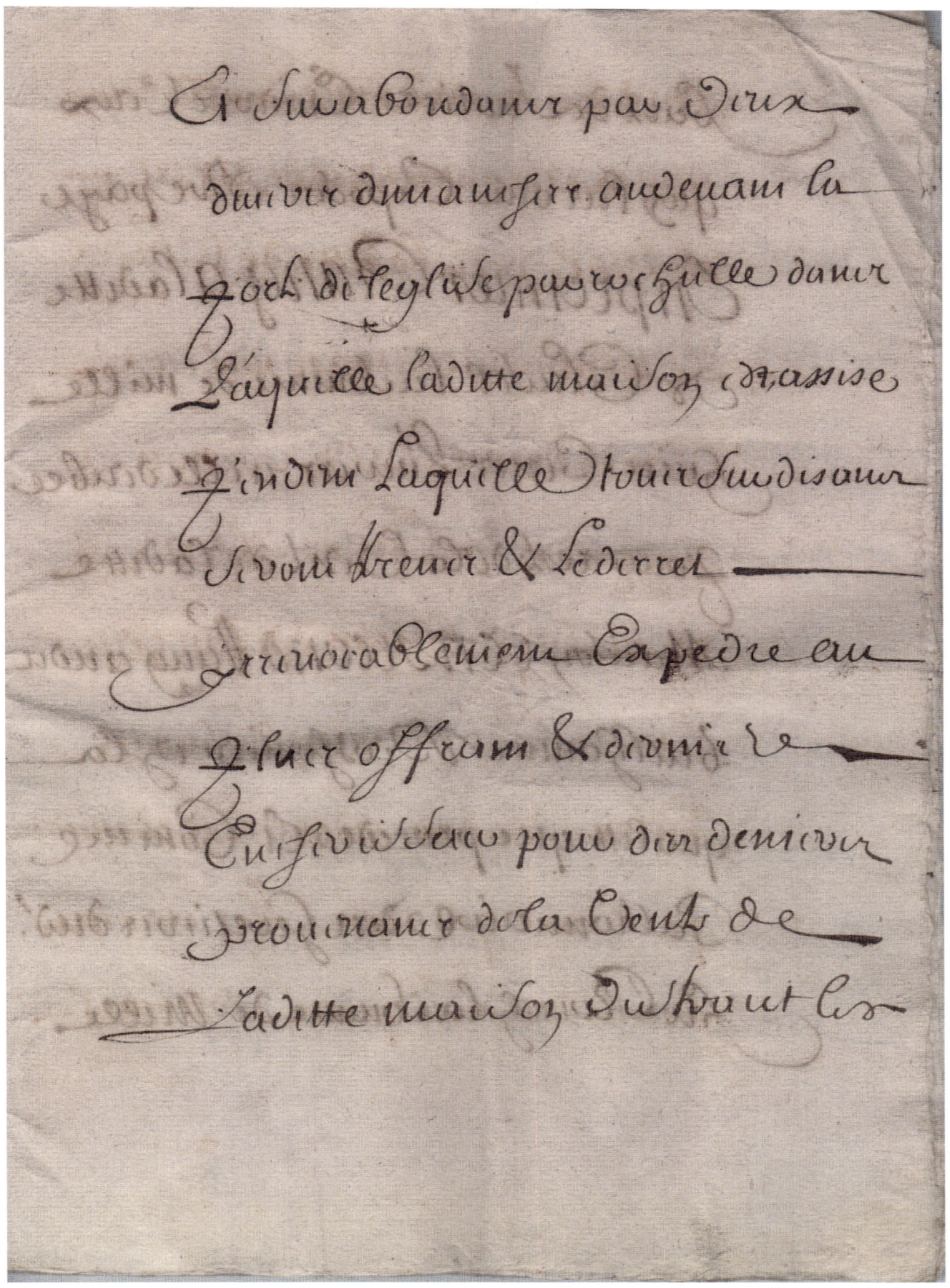

Et surabondant par Dieu
.... dumanson audenant la
.... de leglise parrochialle danv
Laquelle ladicte maison assise
.... Laquelle .... disant
.... tenur & ledirret
........ablement Expedre au
..... offrant & devoir ....
En ..... pour dix denieur
.... dela Cent de
ladicte maison dustrant ....

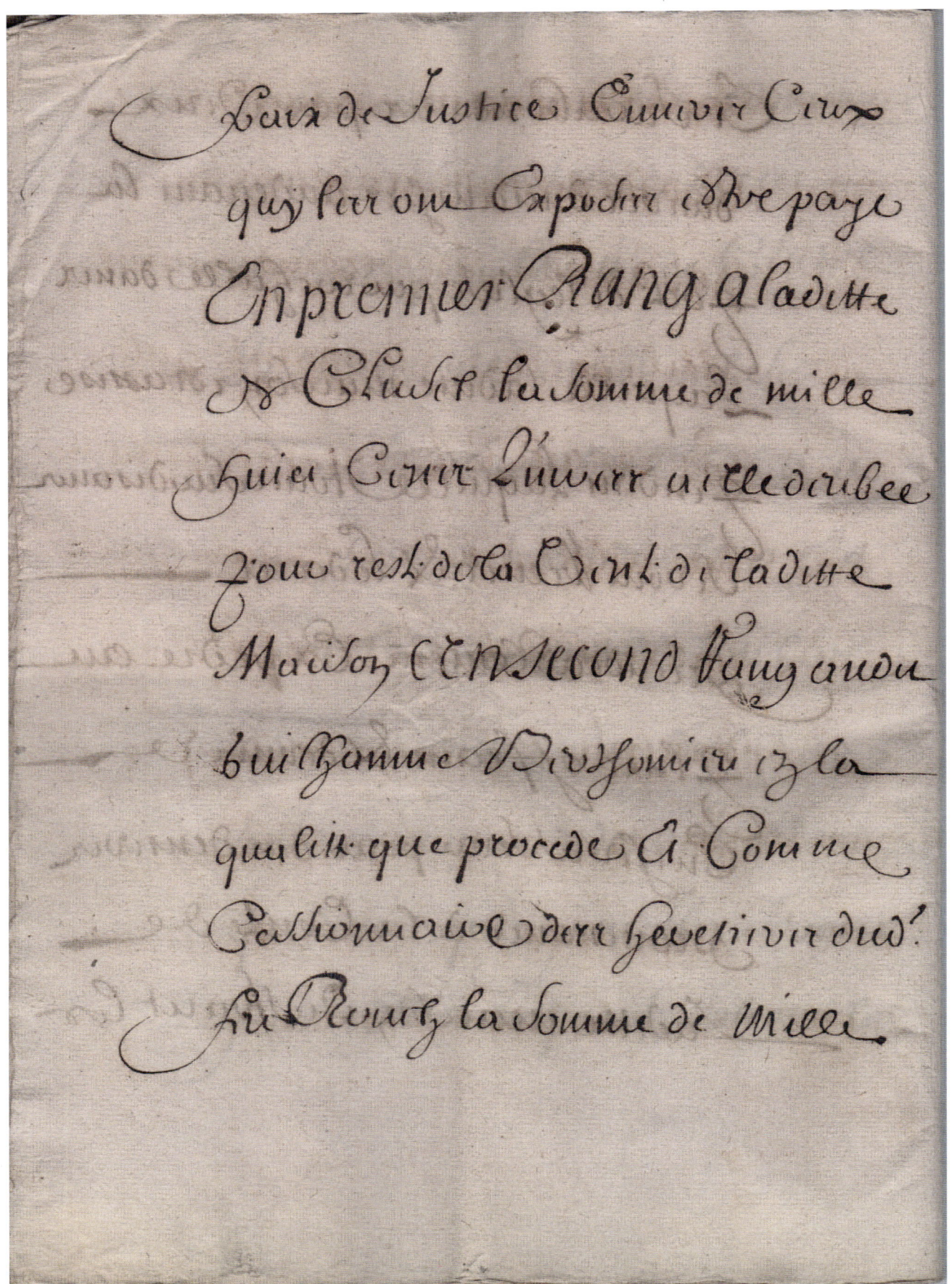

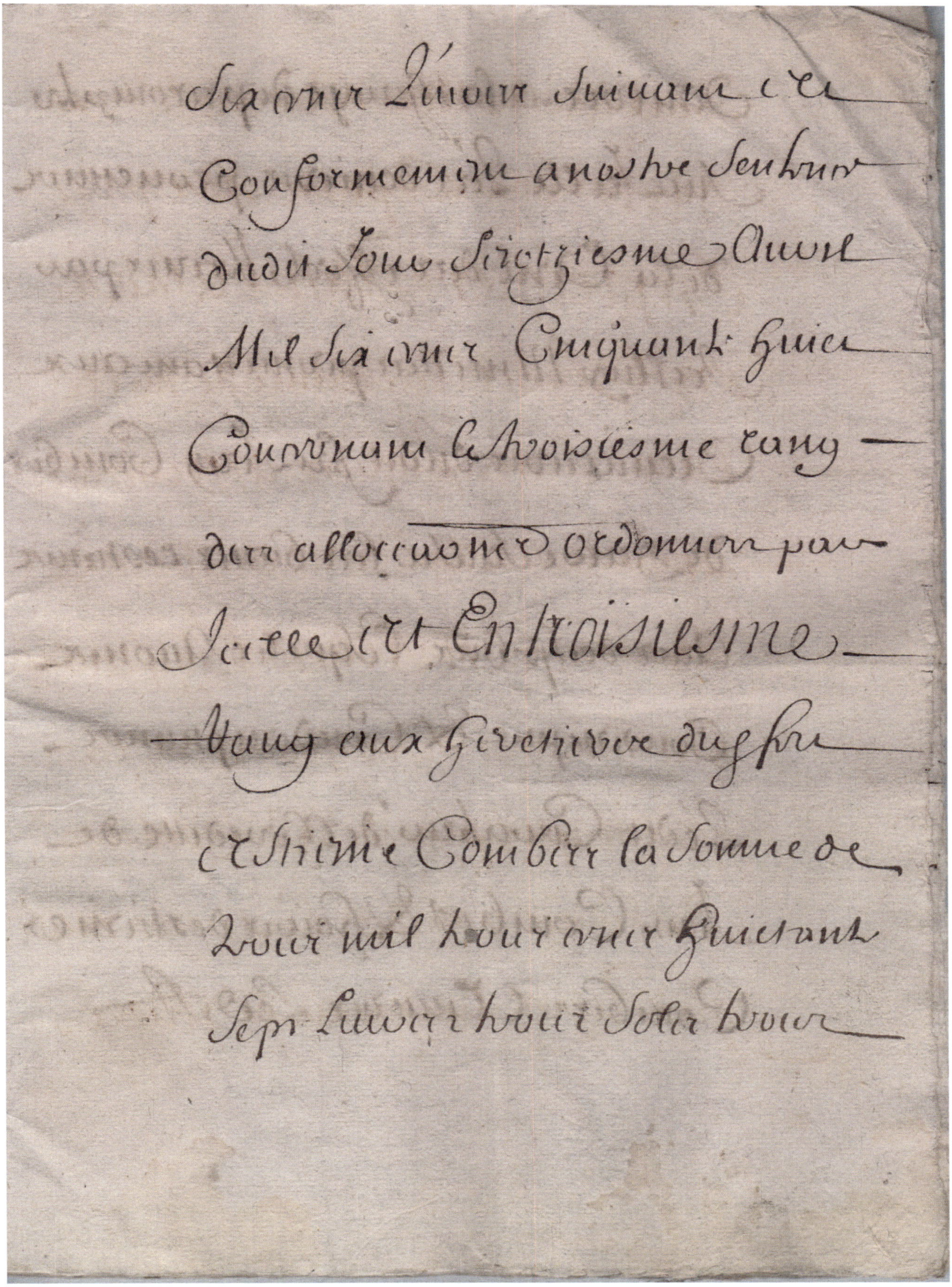

lexoure Linour Suivant et
Conformement anostre Senheur
dudit Jour Sietziesme Aunee
Mel Six cent Cinquant huict
Couvenant le troisiesme rang
dux allocations ordonner par
la ville et En troisiesme
rang aux directives dusser
et Sixieme Combien la Somme de
Louer mil Louer vint huictant
Sept Linour Louer Soler Louer

denier a la charge de prendre les
Sur icelle Lesdits denier provenans
de la vente des effects Saisis par
Icelluy Ministre permettant aux
Creanciers dudit frere leur Combes
de faire saisir leur biens restant
aux desprens desquels Avons
Condampne & Condempnons
Ledit Ministre de thevenine de
leur Combes & hoirie destienne
Combes Avons Ledit

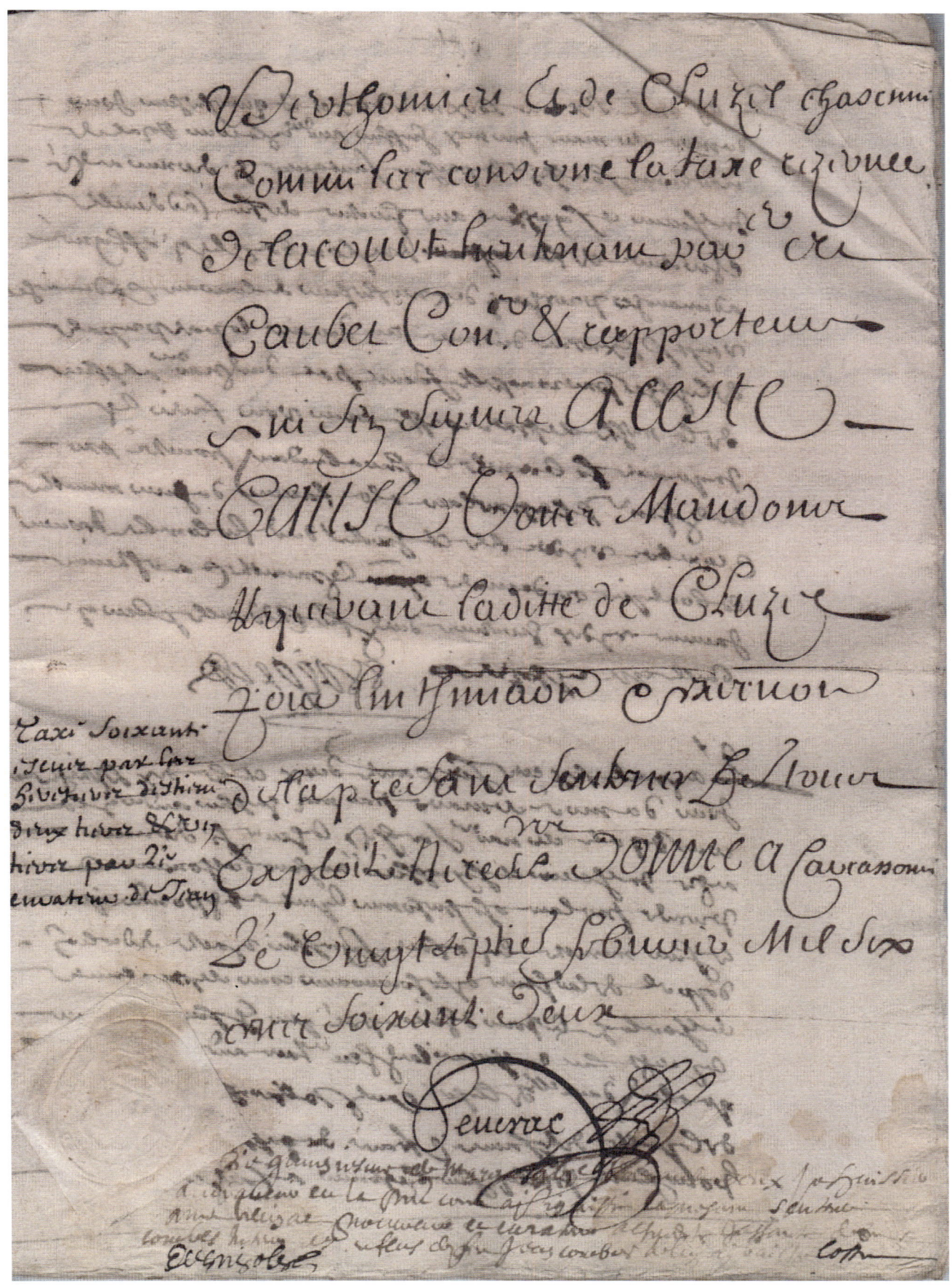

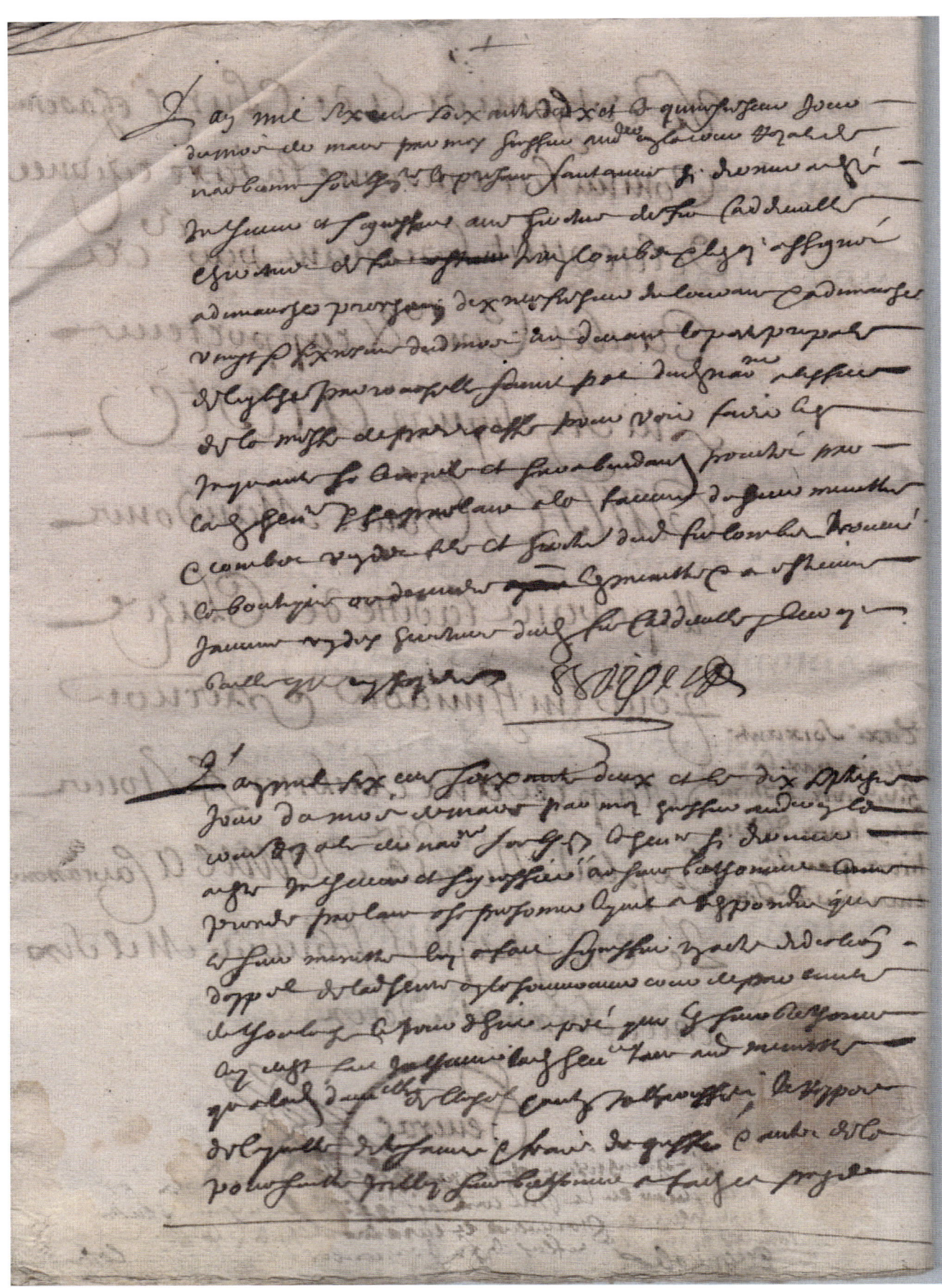

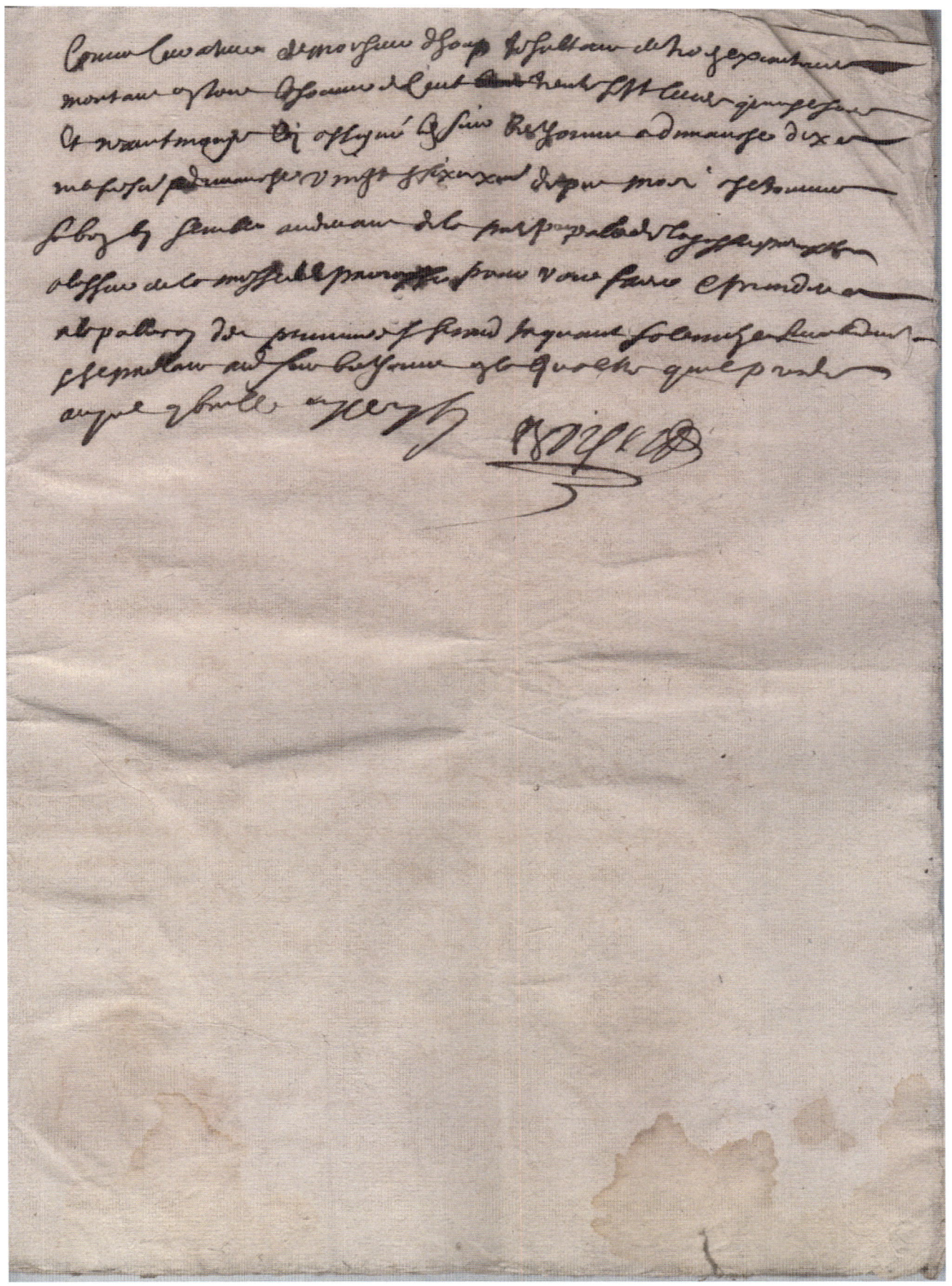

Document 99 – 27 février 1662 - Vente d'une étable à boucherie située à Narbonne, par Françoise de Cerezon au sieur Hugues Marqueyret, marchand

Lan mil sixcens soisante trois
et Le vingt septiesme Jour du mois de feurier
a narbone auant midy Regnant tres
chrestien prince Louis par la grace de Dieu
Roy de france et de nauarre par deuant
Le notaire royal dud narbone souff bas
signe a este En la persone demoiselle
franion de cerçon venue et heretiere
de feu noble Jeanpierre Dauerettes
citoyen de narbone laquelle de gred
et par vertu des presantes a fait vente
pure a Jamais Irreuocable au sieur
Jaques marqueyret mar bourges dud
narbone presant et acceptant dune table
a couper et debiter Les chairs dans La grande
boucherie de cette ville et la premiere En
Entrant en Icelle se conforntant de cers
Le sr Minuety bourgeois marin mr charles
fabre mar midy autre table dcla
boucherie apartenant a a..................
ayulon vie auec ses autres Conforntaons
Entrées Issues et serutudes aus charges a
accoustumes franche et quitte dIceus Jusques
au premier Jour de septembre dernier

depuis Lequel temps Lavente de lad° table a
coureu au profit dud S° marqueyret et Lequel en
pourra retirer payement en vertu de la p°te
vente du fermier de lad° boucherie ainsy et
comme bon Luy semblera Laquelle vente
Lad° dem°lle a fait aud S° marqueyret pour
et moyenant Leprix et somme de trois
cent Liures laquelle somme Led° sieur
marqueyret a retenu par ses mains en
payement de pareille que lad° dem°lle est
obligee deluy payer de Jour en Jour sur
La somme de onze cens quatre Liures trois
sols trois deniers quelle Luy doit par
obligai°n passee devant moyd. notaire
Le Jour d'hier et moyenant ce lad° dem°lle
sert deuestir delad° table de boucherie et
En a saisy et Inuesty Led° S° marqueyret
auquel elle a deluire Legrossoye du centract
delaquis°n que feumr m° francois cereson
cons° du Roy recevuer des deeimes au
dioceze denarbone en auoir fait denoble
hierosme de castillon seigneur de S°te
martin de toques passe devant me
Cleires not° Le XXbij° aoust 1609 fy alad
dem°lle de ne aud S° marqueyret tout droit
de plus value quelleque soit ou pourroit

estre a lavenir de lad. table de boucherie avec
promette de la luy faire paisiblem.t Jouir
et a ses Successeurs ou ayant droit et cause
et lncas detrouble lin porter toute liuiction
Indemnite et garantie Enprincipal de pans
de mayer et Interez sans preindre aud. sieur
marquey vet de la somme de huit cens quatre
Livres trois sols trois deniers de reste du
conteneu lnlad. obligaion et pour ce dessy
observer Led. parties chacune comme les
concerne ont oblige Tous et hacuns Leurs
biens presans cravenir quils ont soumis a
toutes rigueurs de Justice ainsy Lont promis
et Jure Presans m.e Jean Loreille
benef.r enleglise Collegialle St. Paul denarne
et Le s.t antoine villerage mar.d de besiers
residant aud. narbone signes avec parties
a lanotte retenue par m.e andre Rigaud
no.re royal dud. narbone dou le presant
Extrait a ete tire et collaoné par nous Esprit
mathurin Rigaud no.re royal dud. narbone aquereur
dud. office soulz. le beij.me mars ibaj

Rigaud
S. xxx secompris
les cherches le papier
et pour le clerg

Document 100 – 26 mars 1665 – Quittance de Pierre Sauret marchand bourgeois de Narbonne, à demoiselle Françoise de Cerezon, veuve de Noble Jean-Pierre Dauceresses, portant sur la somme de 3000 livres

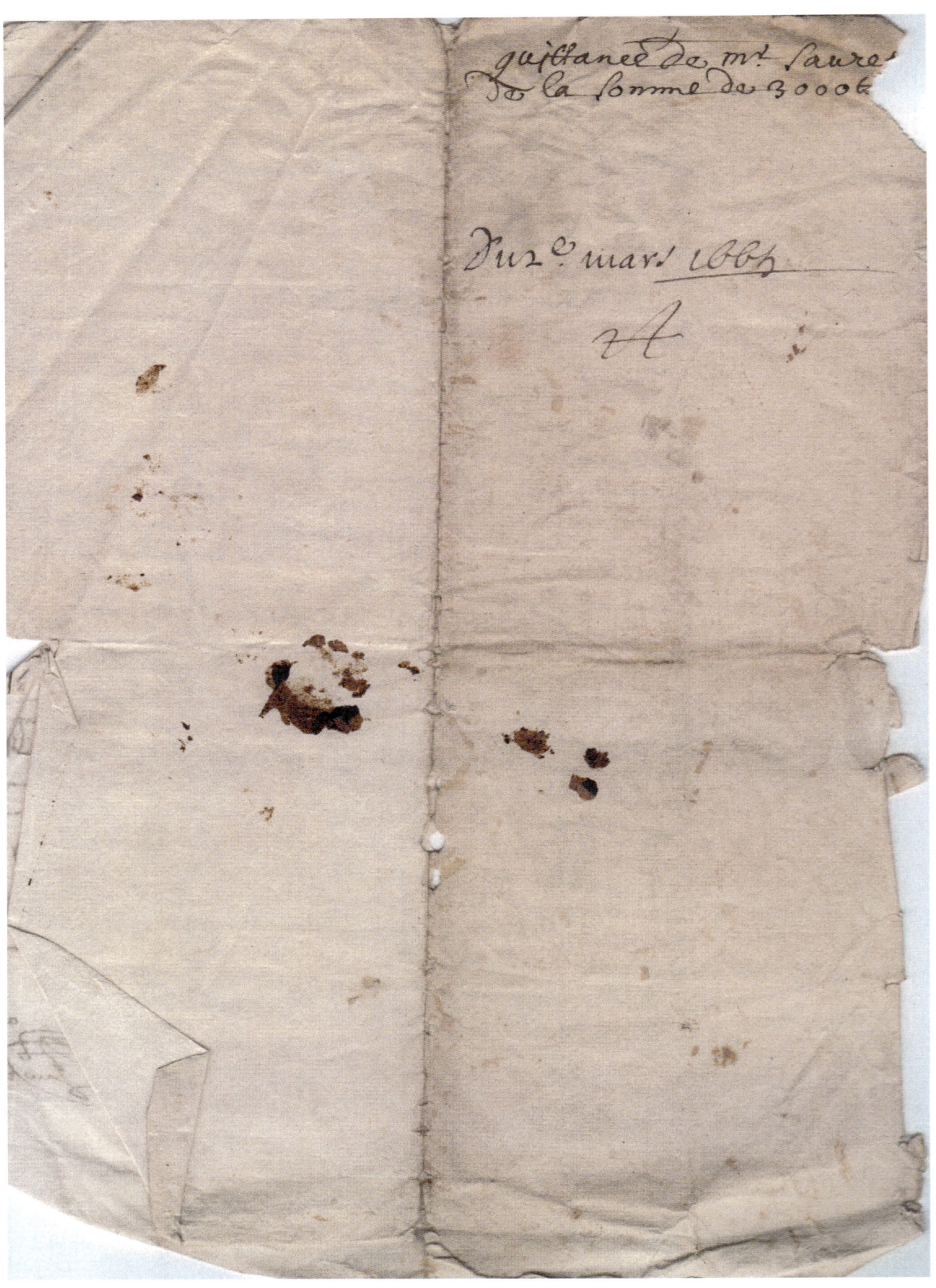

quittance de mr. Saures
de la somme de 3000ℓ

Du 2e mars 1664

A

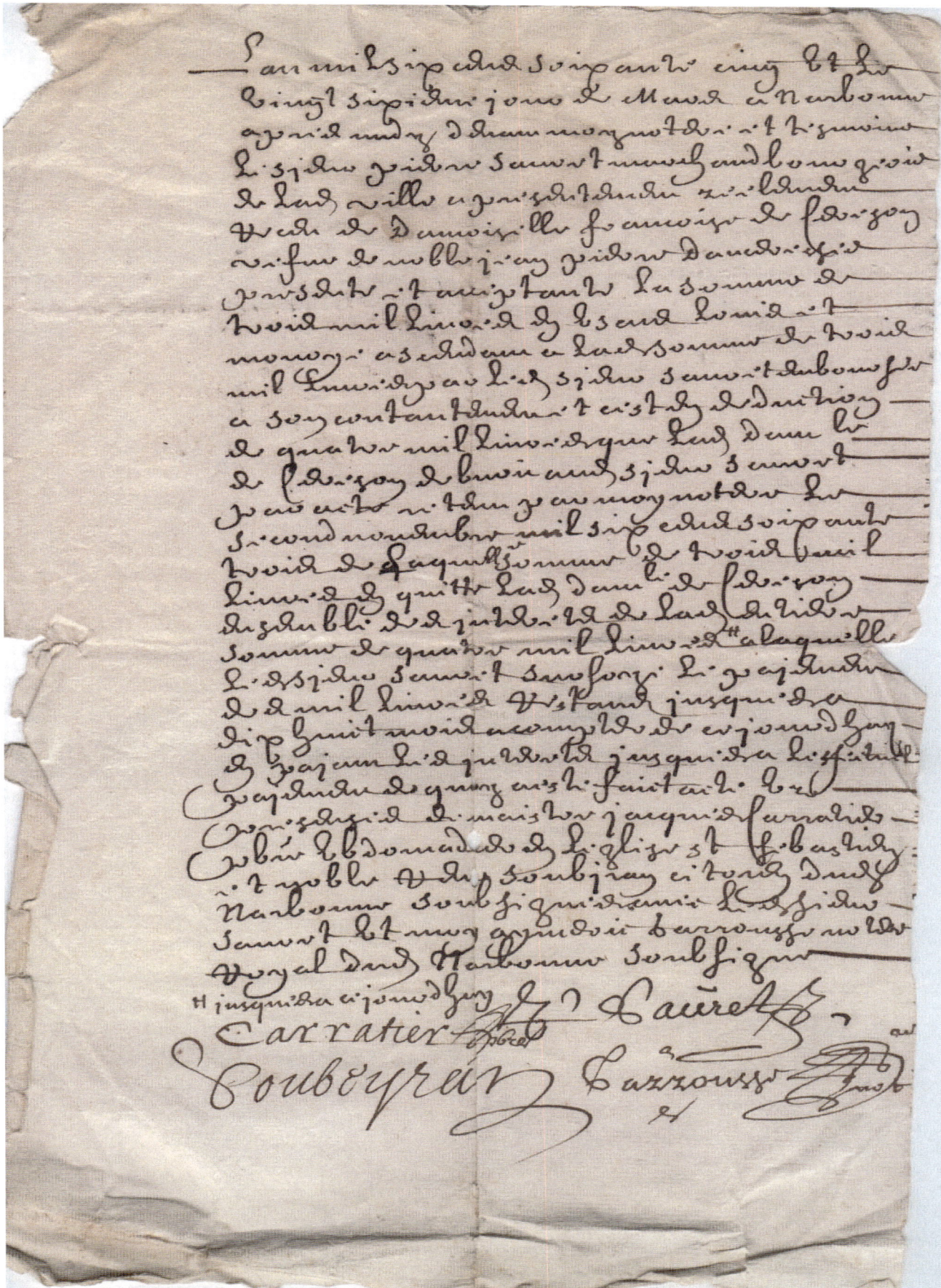

Document 101 – 5 octobre 1668 – Exécution de dépens pour Pierre Pescaire contre le sieur Angles et sa sœur

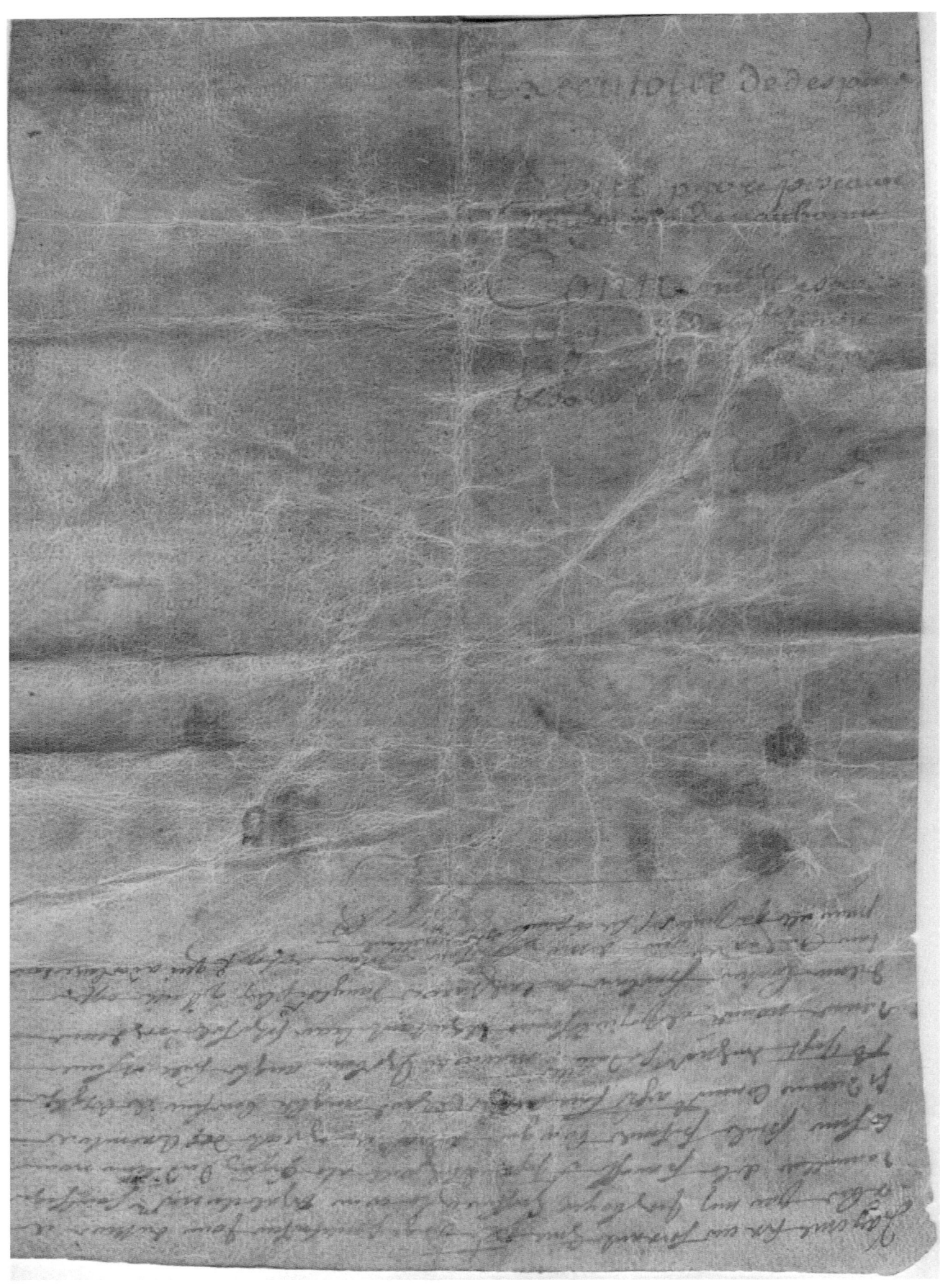

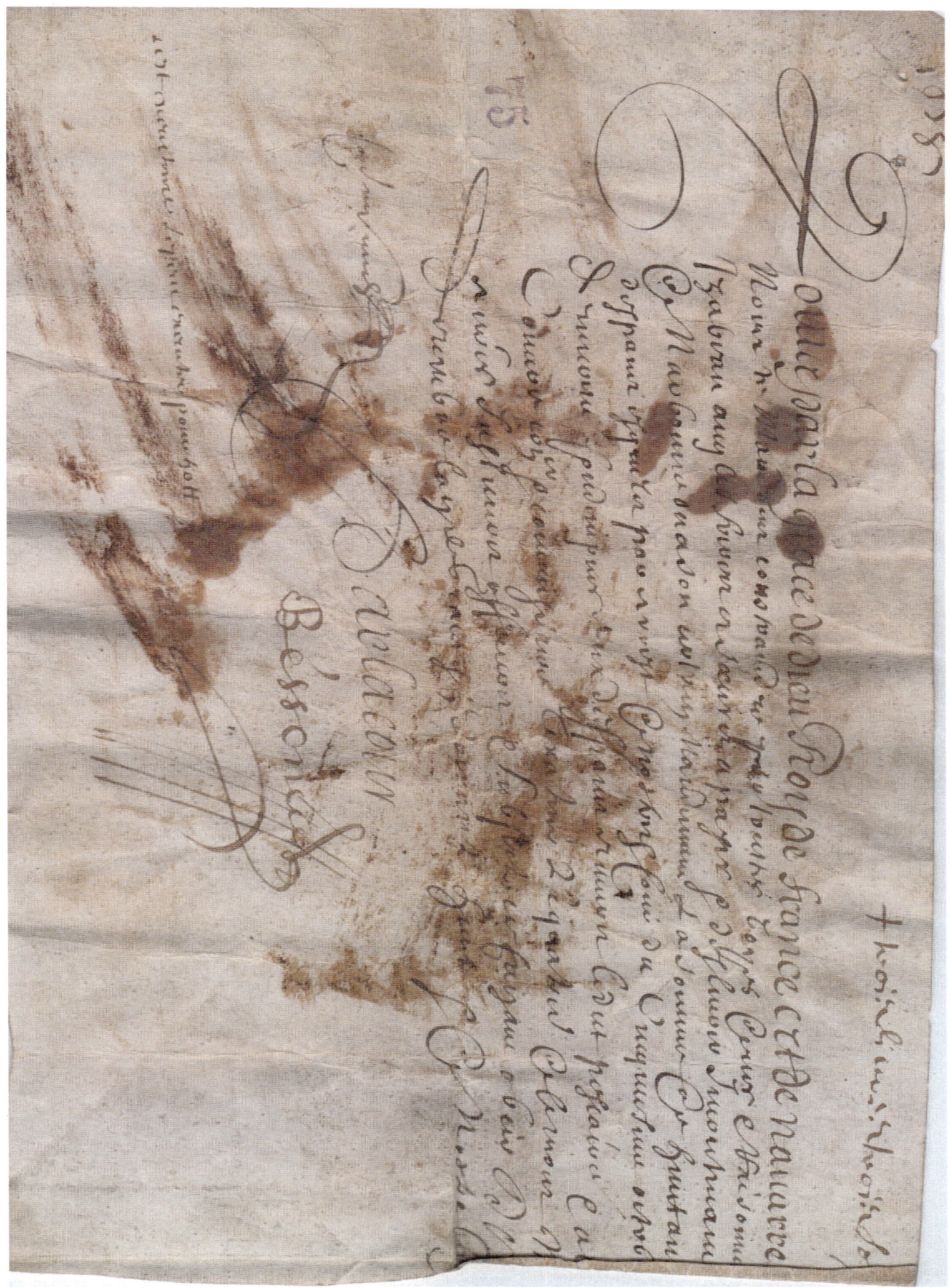

Document 102 – Avis de Maître Paucy, avocat à Toulouse, portant sur la succession de Pierre de Poitevin et sur le contrat de mariage de sa fille Philippe daté du 28 août 1613 avec Balthazar de grave seigneur de Lanet

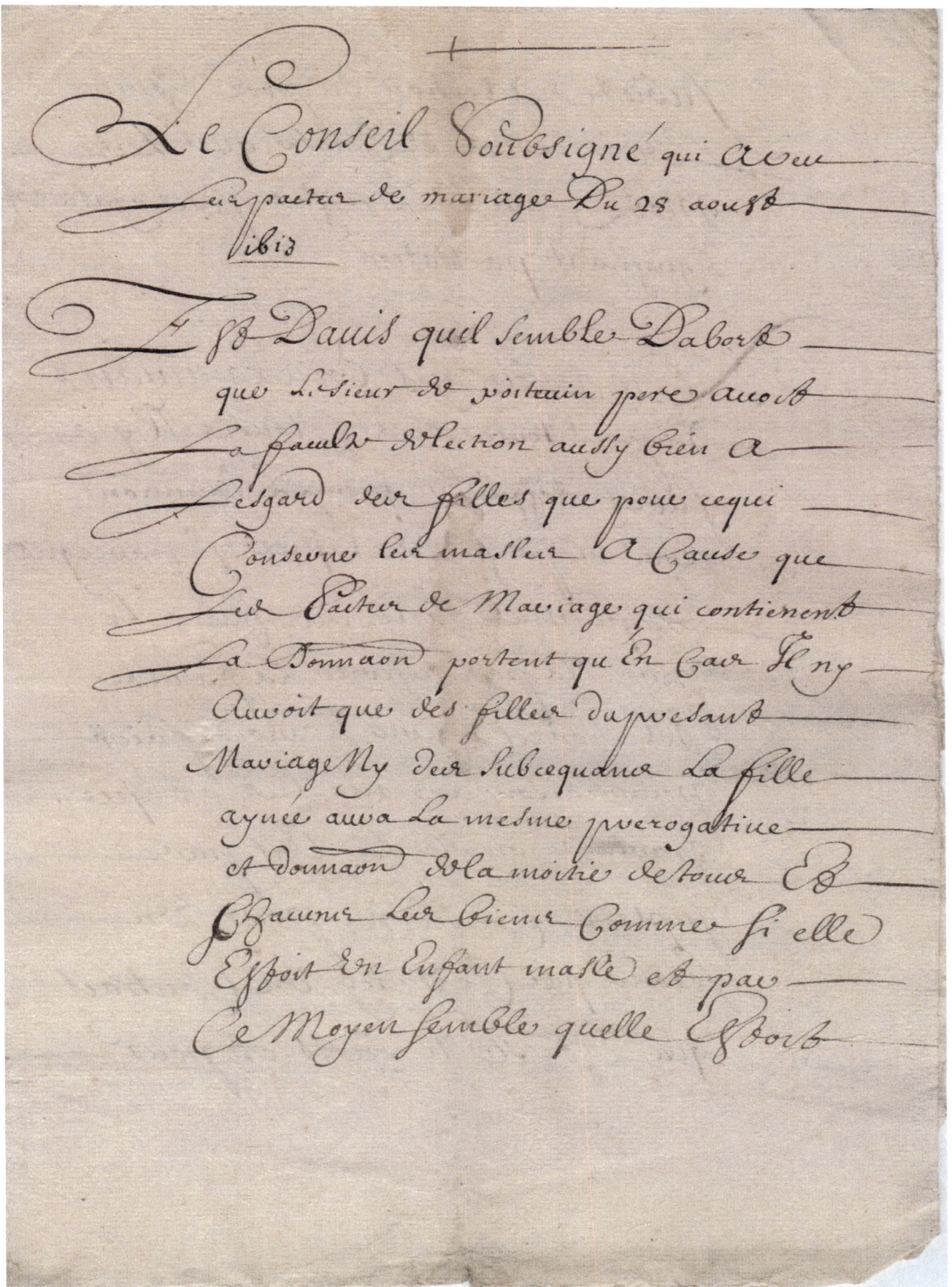

Le Conseil soubsigné qui a veu
le pacte de mariage Du 28 aoust
1613

Est Dauis quil semble Dabort
que le Sieur de vintrou pere auoit
la faculté d'election aussy bien a
l'esgard des filles que pour cequi
Consevne leur masler A cause que
led Pacte de Mariage qui contienent
la Donnaon portent que En Cas Il ny
auroit que des filles dupresant
Mariage Ny des Subsequens La fille
aynée aura La mesme prerogatiue
et donnaon dela moitié detous les
Baunies les biens Comme si elle
Estoit En Enfant masle et par
Ce Moyen semble quelle Estoit

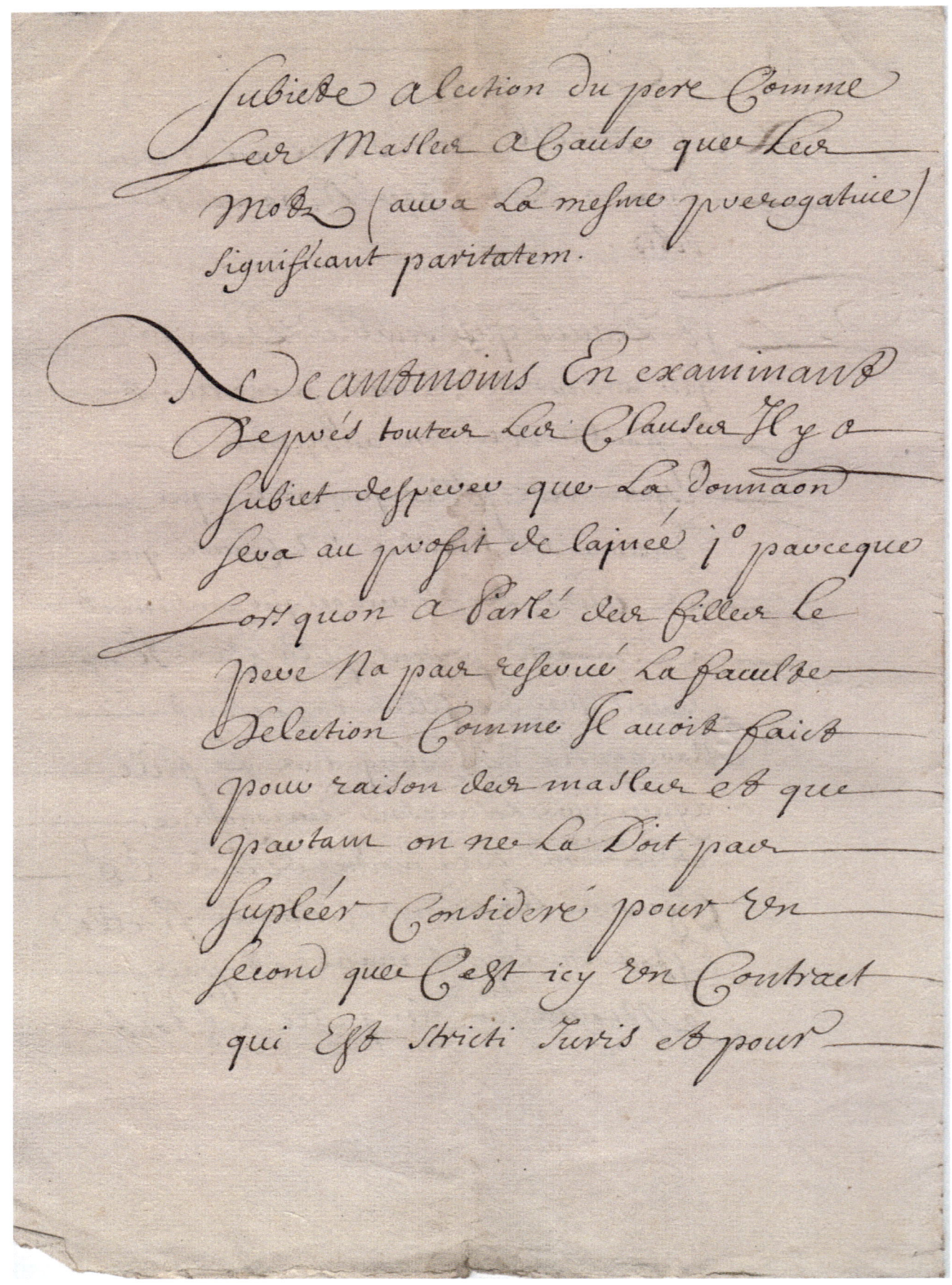

subiecte a lection du pere Comme
leur maistre a Cause que leur
mot (aura la mesme prerogatiue)
Significant paritatem.

Neantmoins En examinant
Depres toutes les Clauses Il y a
subiet desperer que la donnaon
sera au profit de lajnée 1° parceque
lorsquon a parlé des filles le
pere Na pas reserué la faculte
Delection Comme Il auoit faict
pour raison des masles Et que
partant on ne la Doit pas
Suplééer Consideré pour En
second que Cest icy En Contract
qui Est stricti Juris Et pour

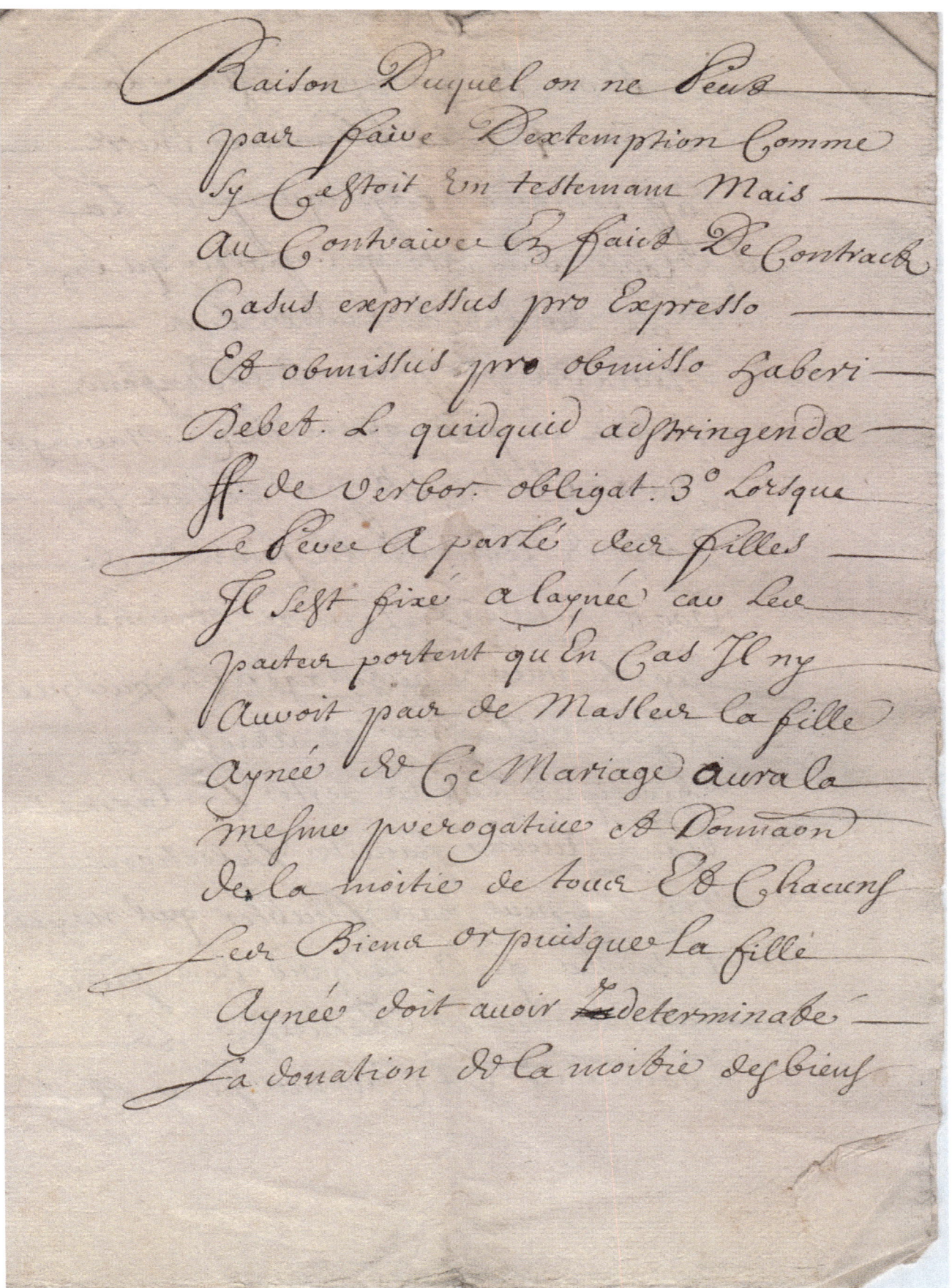

Raison Duquel on ne Peux
par faire Dexemption Comme
Sy Cestoit En testament Mais
Au Contraire En faict De Contract
Casus expressus pro Expresso
Et obmissus pro obmisso haberi
Debet. L. quidquid adstringenda
ff. de verbor. obligat. 3° Lorsque
Le Pere A parlé deux filles
Jl Sest fixé à laynée car Leur
pacte portent qu'En Cas Jl ny
Auoit pair de Masleur la fille
Aynée de Ce Mariage aura la
mesme prerogative Et Donnaon
De la moitie de tout Et Chacuns
Leur Biens or puisque La fille
Aynée doit auoir ~~in~~determinabé
La donation De la moitie desbiens

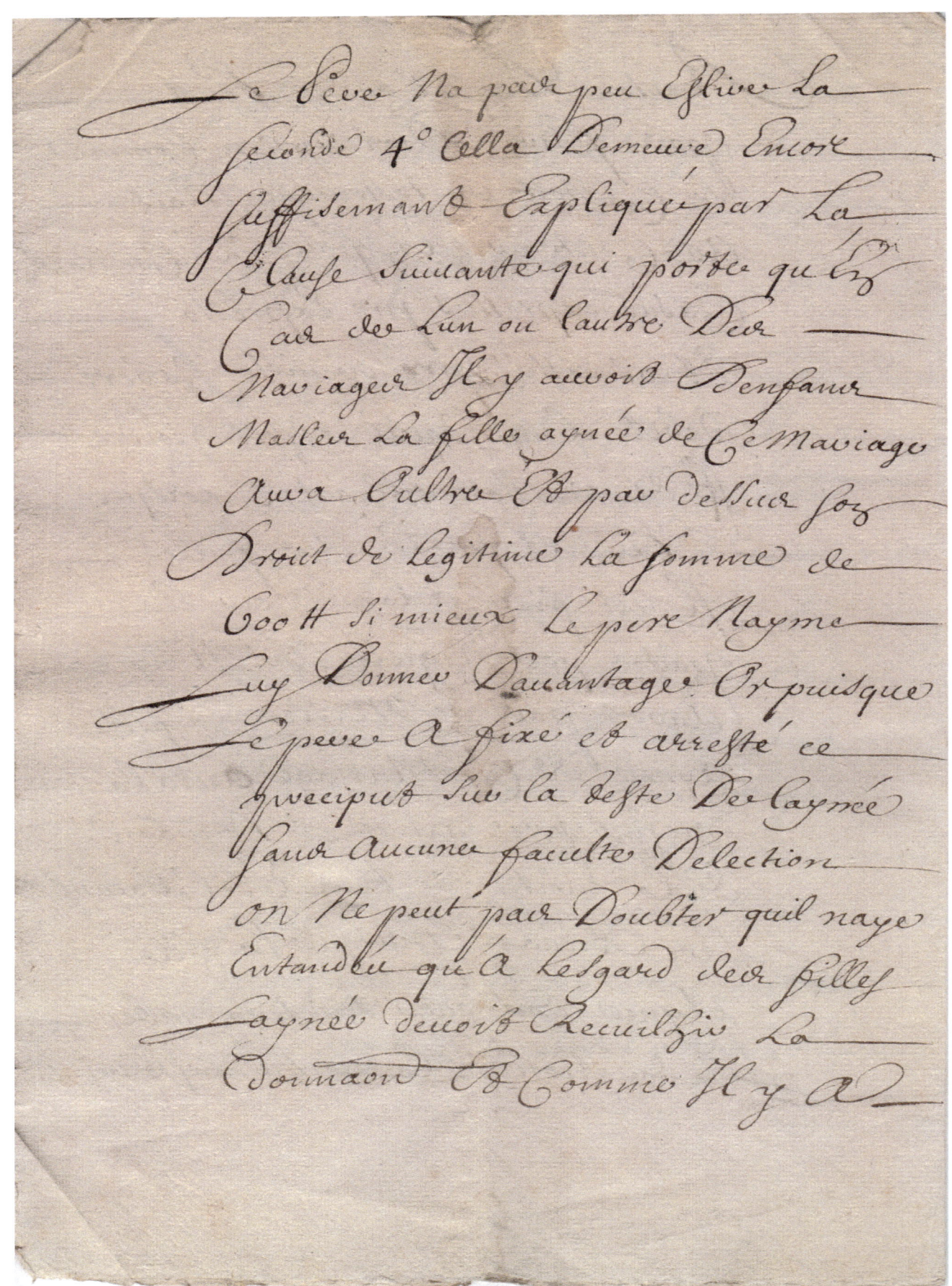

le Pere Na pas peu Estive La
seconde 4° Cella Demeure Encor
Suffisernant Expliqué par La
Clause Suivante qui porte qu'au
Cas de Lun ou l'autre Des
Mariages Il y auroit D'enfans
Masles La fille aynée de Ce Mariage
aura Outre Et par dessus son
Droit de legitime La Somme de
600 tt Si mieux Le pere N'ayme
Luy Donner D'auantage. Or puisque
Le pere A fixé et arresté ce
preciput Sur la teste De l'aynée
Sans Aucune faculte D'election
on Ne peut pas Doubter qu'il naye
Entandu qu'A Lesgard des filles
L'aynée devoit Recuilhir La
Donnaon Et Comme Il y A

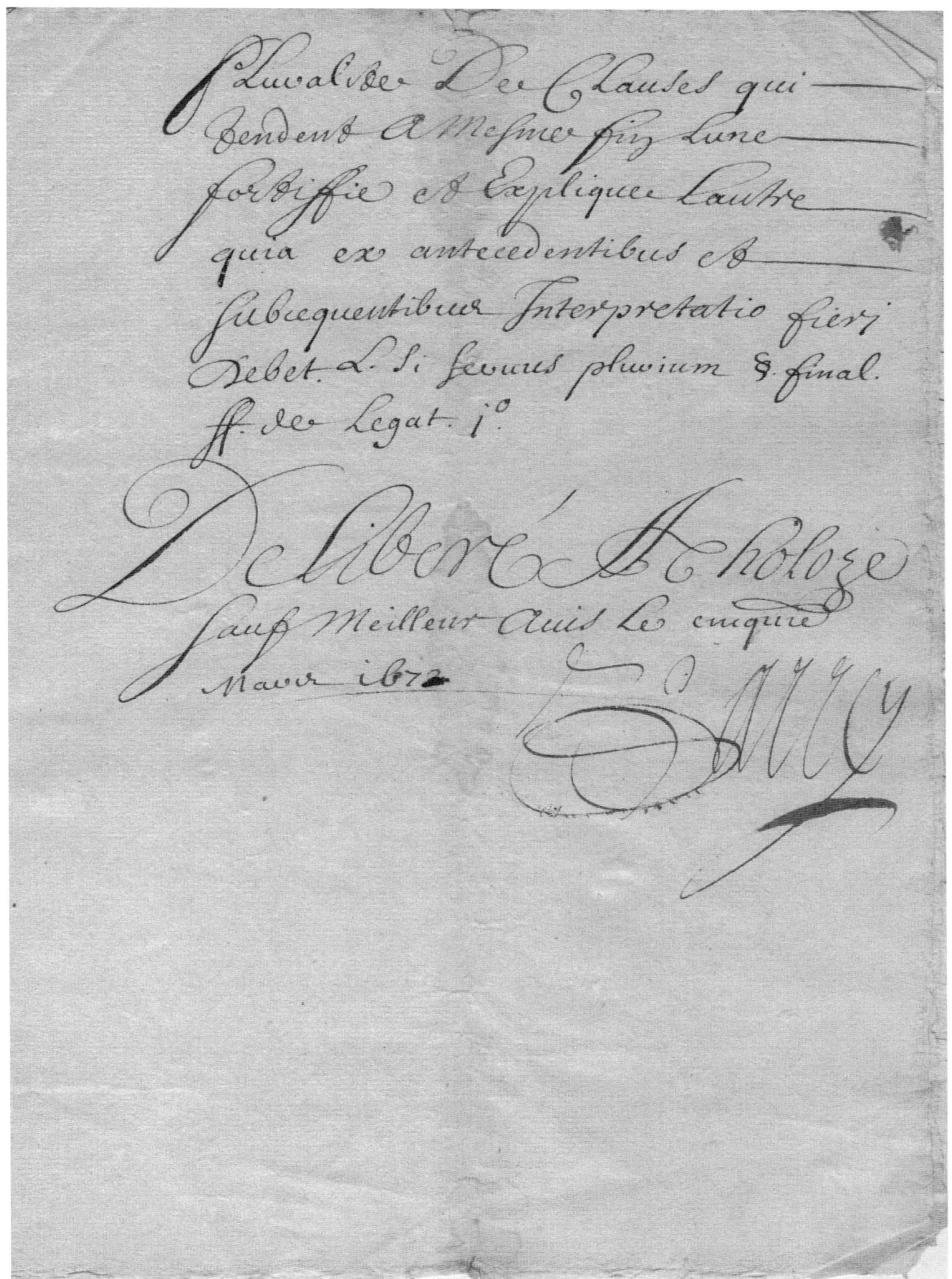

Invalide De Clauses qui
tendent A Mesme fin, Lune
fortiffie et Explique Lautre
quia ex antecedentibus et
subsequentibus Interpretatio fieri
Debet. L. Si servus pluvium §. final.
ff. de Legat. 1°

Deliberé A Tholoze
sauf Meilleur Avis Le cinquie
Mars 1672

Document 103 – 5 avril 1672 – Quittance de la somme de 1000 livres reçue par Bonaventure de Grave sieur de Montrouch, et versée par Pierre de Grave seigneur de Lanet, son frère, sur l'héritage de leur mère Philippe de Poitevin

L'an mil six cens soixante douze
et le cinquieme jour du mois d'avril avant
midj a Narbonne par devant moj no.re et tesmoingz
en personne constitué Noble Bonnaventure
de grans sieur de montroush, lequel de gré a
declaré avoir eu prceu presentement de Messire
pierre de grans seigneur de lanet son frere puisné,
acceptant la somme de mil livres quil luy a compté
en quatre vingtx pistolles d'or coing d'espaigne
et ceux blancx de monnoye faisant laid somme de
mil livres par led sieur de montroush imbourcée
au veu de moy no.re et tesmoingz en payement de
pareille somme que led sieur de lanet luy devoit
comme her.er nommé et fere damoiselle philippe
de poitevin leur mere femme a feu Noble Balthezar
de grans seigneur de lanet leur pere comme sieur
de montroush legué par laid damoiselle de
poitevin suivant son dernier et valable testam.t
receu par M.re jean mir no.re royal du lieu d'albieux
le vingtquatrieme mars gbr. soixante deux,
de laquelle somme de mil livres led sieur de
montroush a quitté et quitte led sieur de lanet
son frere et promet le faire tenir quitte envers
tous autres quil app.ra et pour ainsi l'observer
led sieur de montroush a obligé ses biens presans
advenir soubmix a toutes Rigueurs et justices
ainsi la promis et jure, fait et recité
en presence du sieur jean fabre ma.d

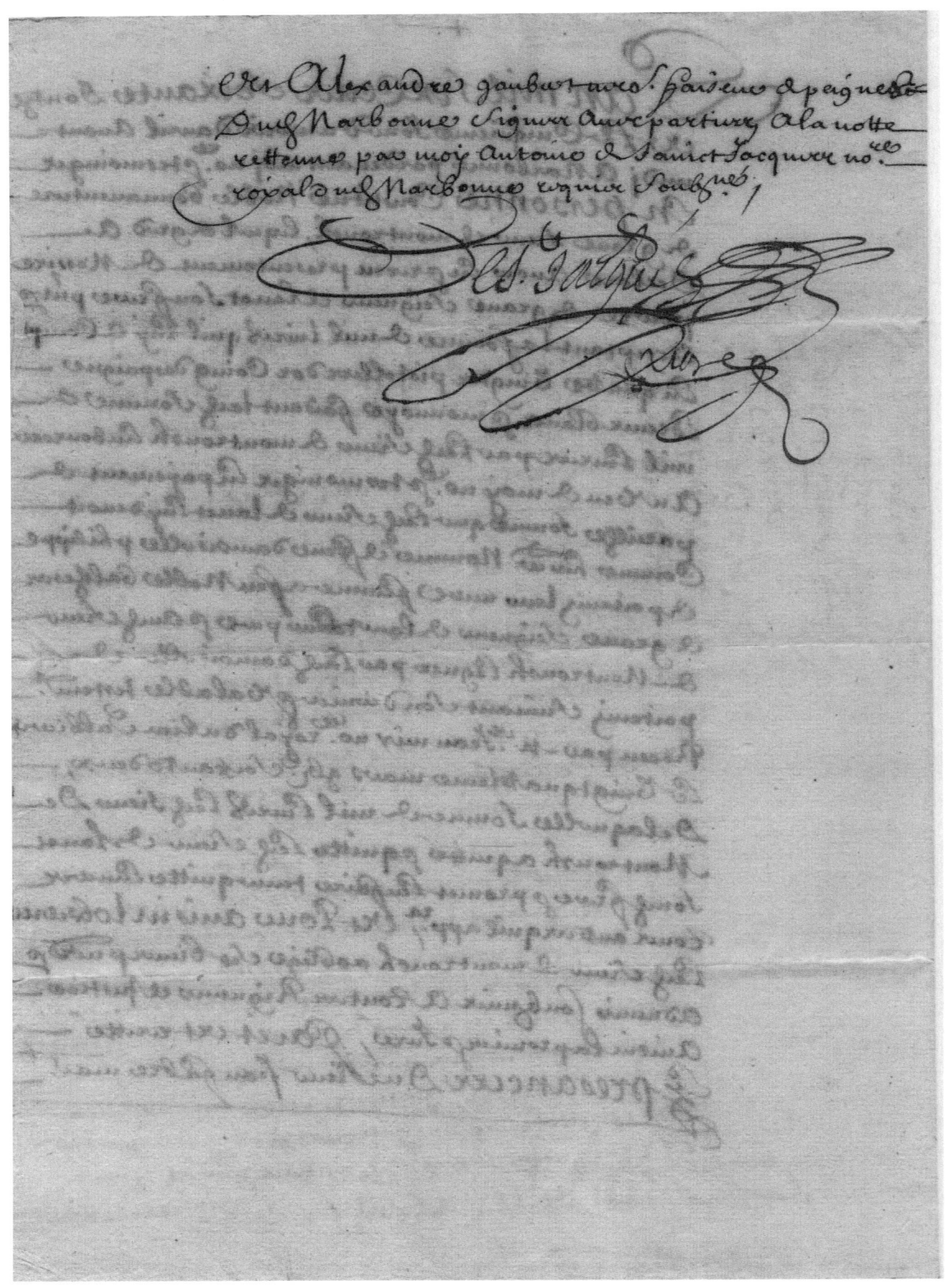

« L'an mil six cent soixante douze et le dernier jour du mois de décembre après midi à Narbonne par devant moi notaire et témoins, En personne constitué noble Bonaventure de Grave sieur de Montrouch, lequel de gré a déclaré avoir eu et présentement reçu de Messire Pierre de Grave seigneur du lieu de Lanet et autres places son frère, et acceptant, la somme de mille livres comptée en trois cent trente trois livres d'argent et trois livres chacune est vingt sols monnaie faisant ladite somme de mille livres par ledit sieur de Montrouch emboursée au vu de moi notaire et témoins, de laquelle somme il a quitté et quitte ledit sieur de Lanet, lequel pourra poursuivre le remboursement de ladite somme de mille livres sur les biens et hérédité de feu Messire Balthazar de Grave seigneur de Lanet leur père auquel effet ledit sieur de Montrouch l'a subrogé et subroge à son lieu et place, droit, action et hypothèque lui en faisant en tant que de besoin cession de ladite somme , et pour ainsi l'observer lesdites parties ont obligé leurs biens à toutes rigueurs de justices, ainsi l'ont promis et juré, sans que par cet acte ledit sieur de Montrouch prétende se faire aucun préjudice du surplus des prétentions qu'il peut avoir sur ladite hérédité dudit sieur leur père, et ledit sieur de Lanet en qualité d'héritier bénéficiaire dudit sieur son dit père sans approbation de ladite réservation et au contraire se réserve ses exceptions et défenses, fait et récité en présence du sieur Jean Fabre marchand dudit Narbonne et Louis Falous praticien de laditte ville, signé aux parties à la note retenue par moi Antoine de Saint-Jacques notaire royal dudit Narbonne requis soussigné. »

Document 104 – 29 septembre 1672 – Requête au Sénéchal de Limoux par Pierre de Grave seigneur de Lanet, afin d'éviter une saisie sur ses biens pour le règlement de la somme de 188 livres qu'il doit au seigneur de Beraigne, Gabriel de Calmès

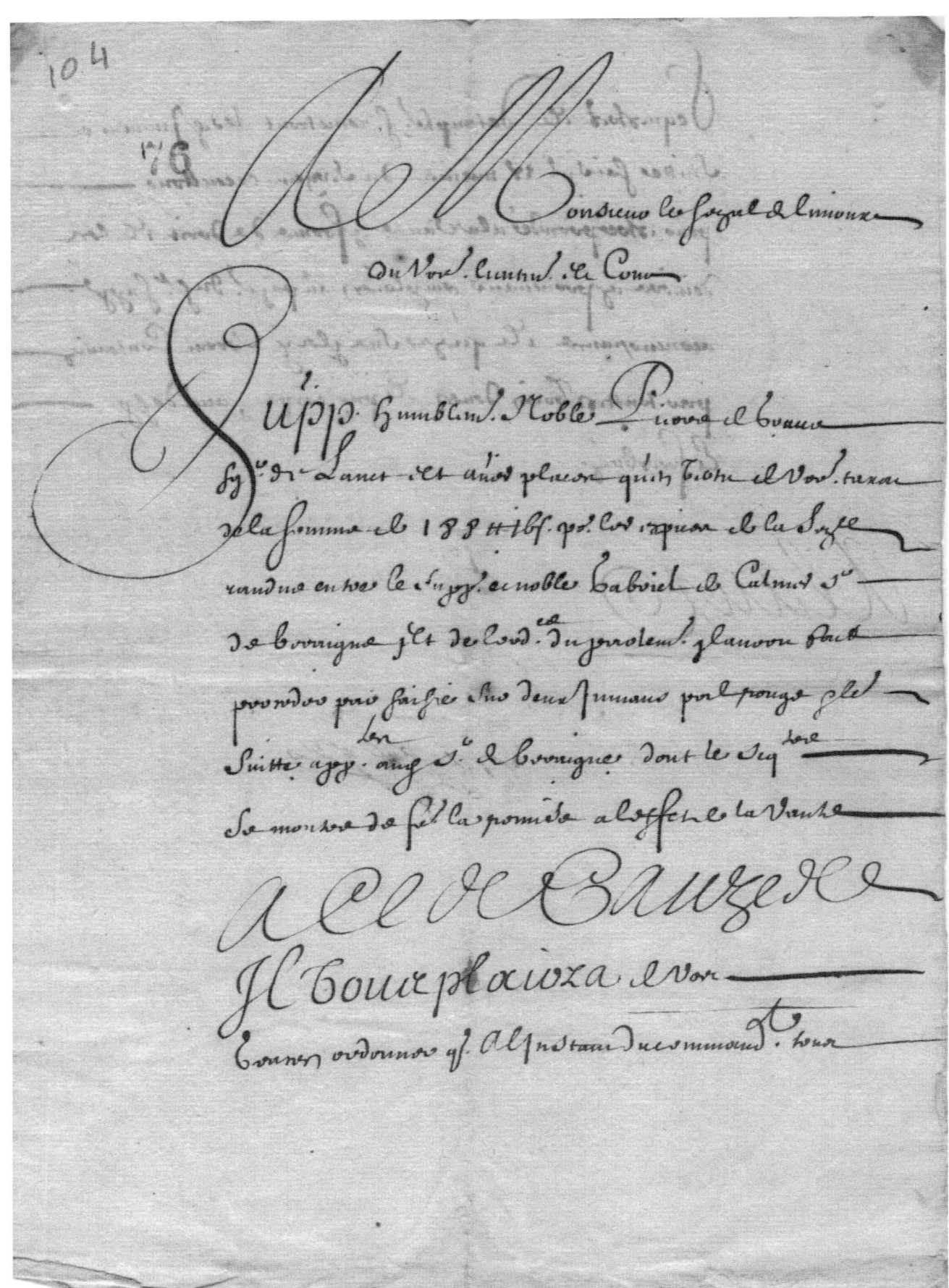

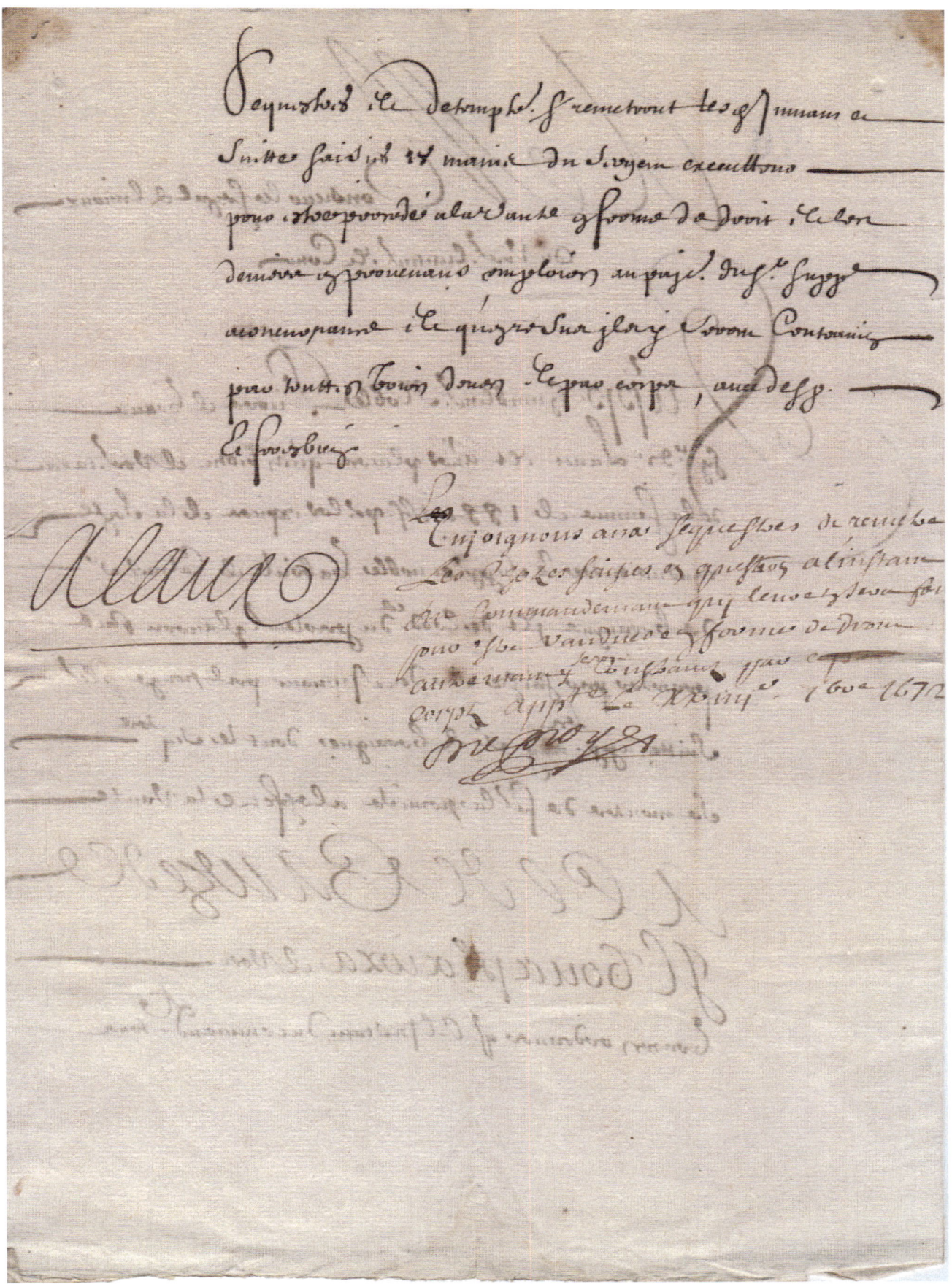

Document 105 – 2 juin 1672 - Inventaire de production par Pierre de Grave seigneur de Lanet, contre Gabriel de Calmès seigneur de Beraigne

Le procès en cours concerne l'héritage des biens de feu Pierre de Poitevin, seigneur de La Bastide, et père de Marguerite de Poitevin qui fut l'épouse de Gabriel de Calmès. Balthazar de Grave, père de Pierre de Grave, fut marié à Philippe de Poitevin, soeur de Marguerite .

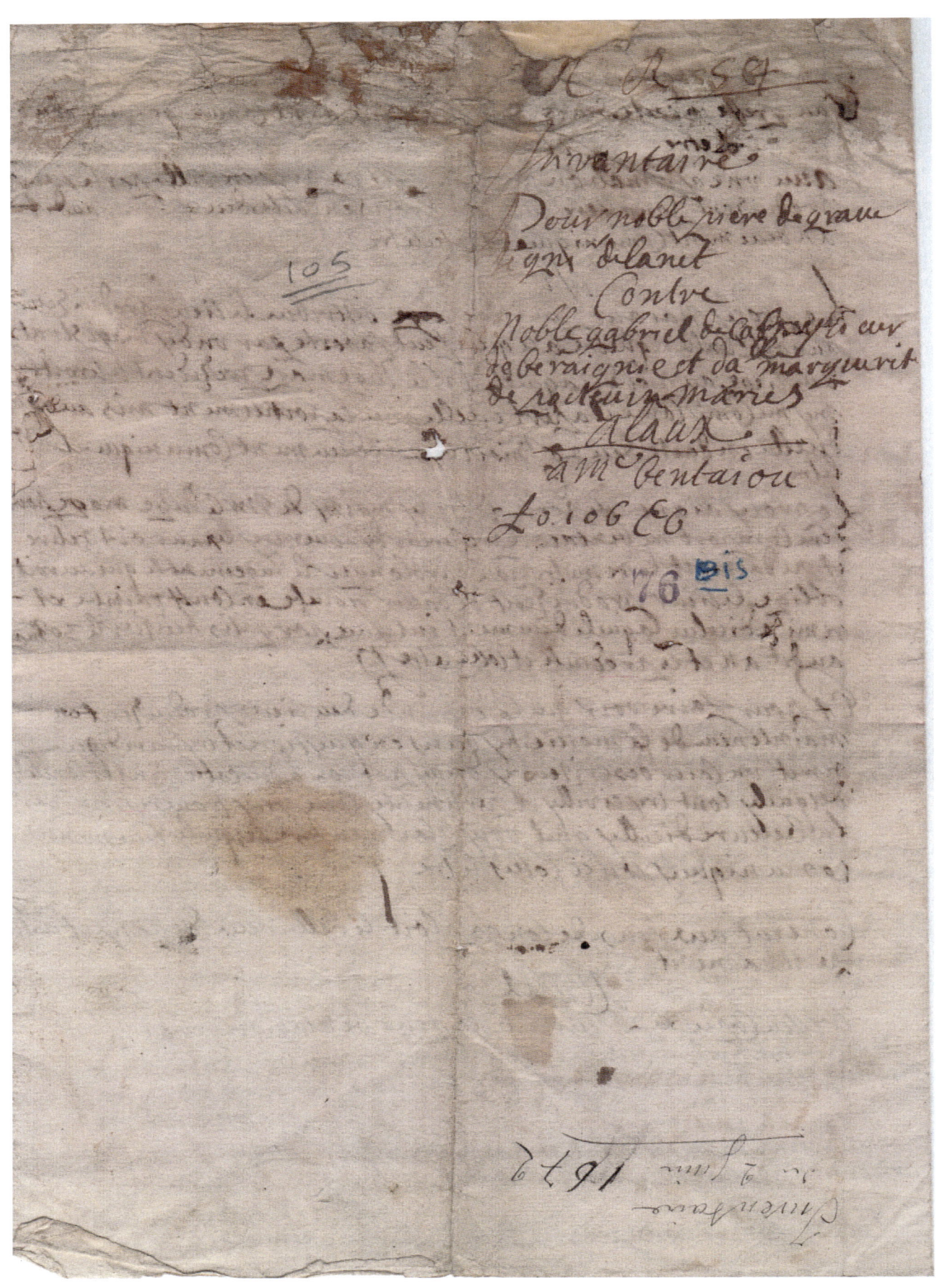

105

Inventaire

Pour noble pierre de grave
sgnr de lanet
Contre
Noble gabriel de Cassanhe eur
de beraigne et da marguerit
de racteuin mariés
Alaux
à Mr Centarou
₤o 106 ₤₆

76 BIS

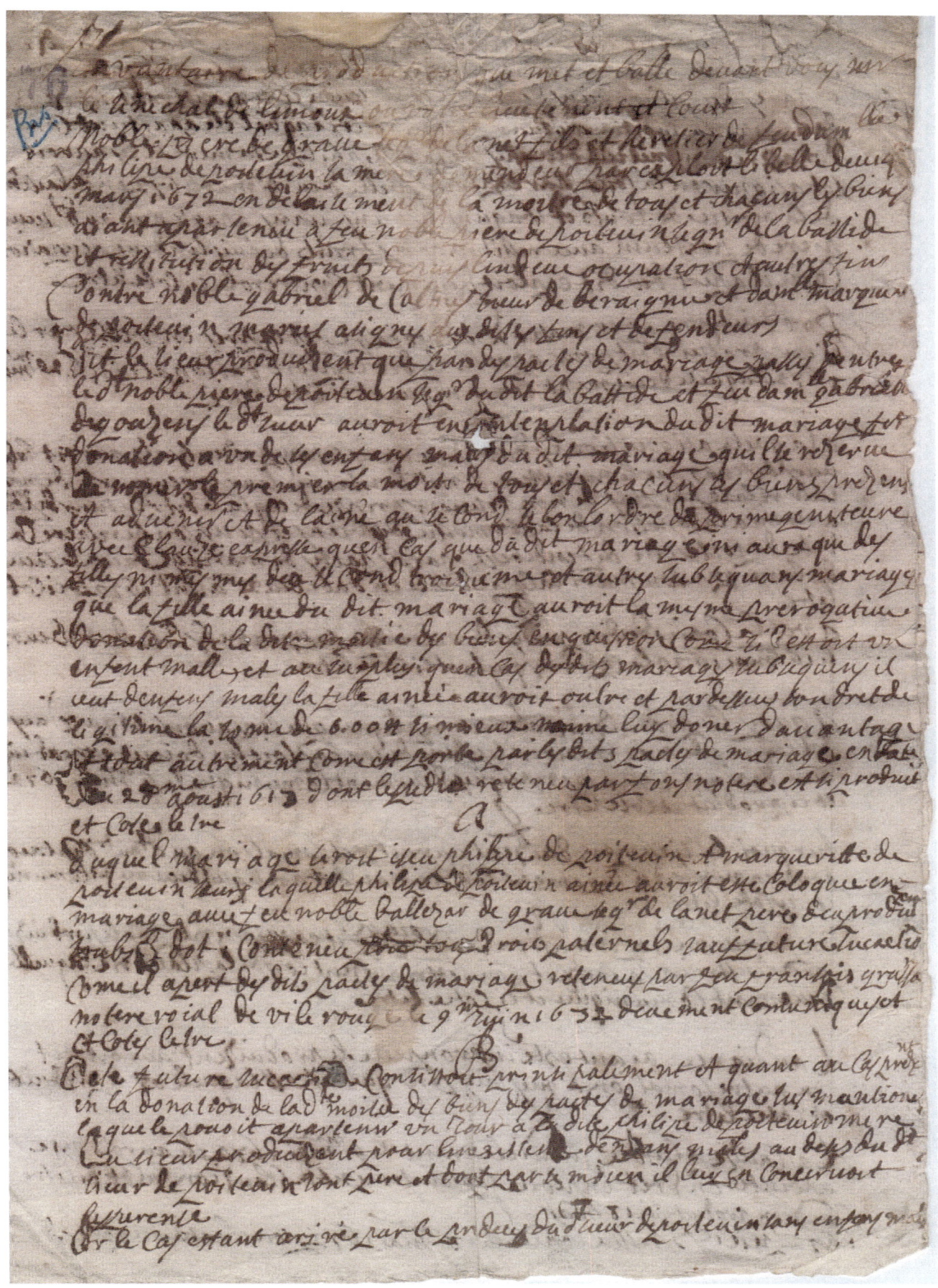

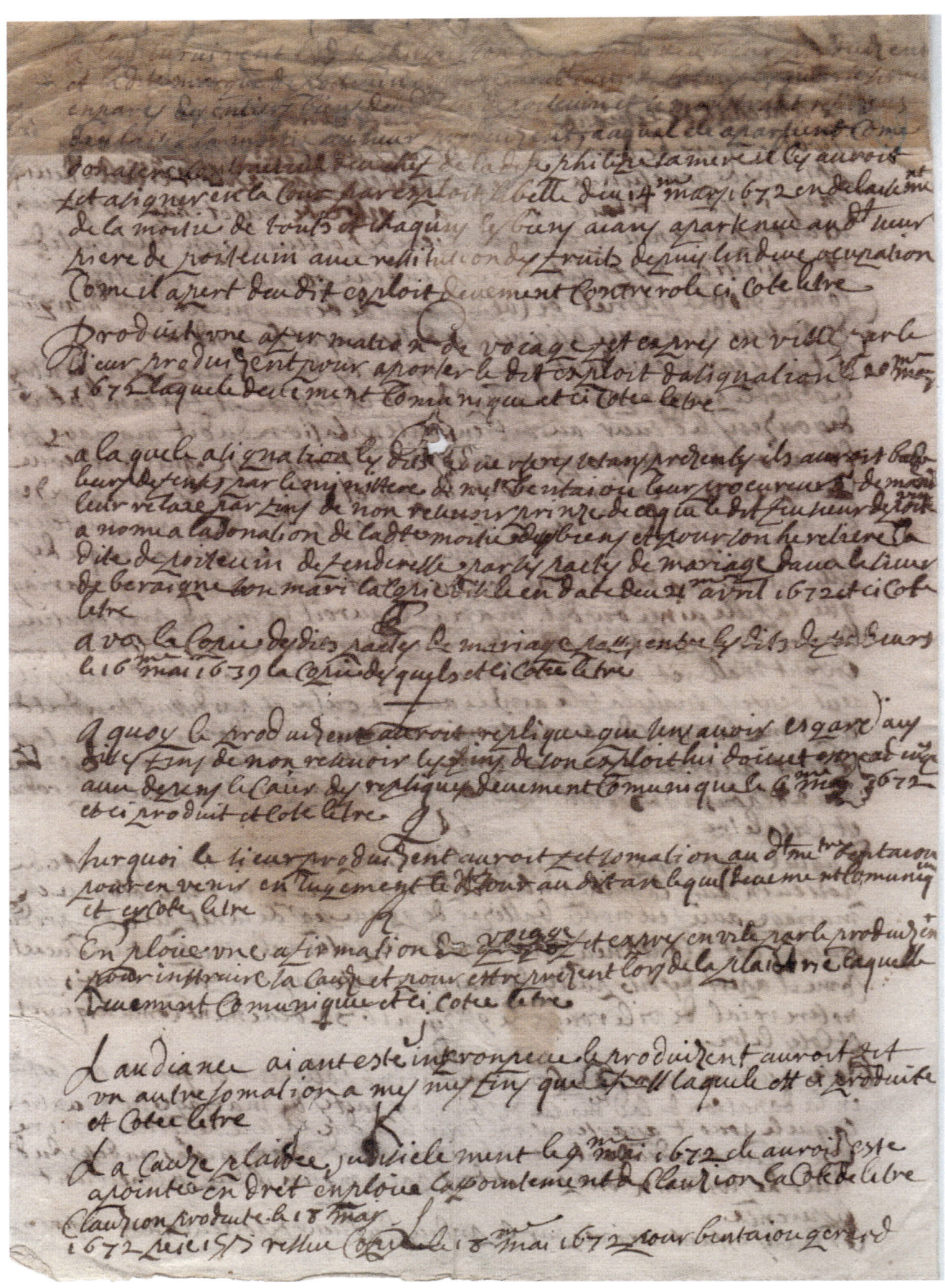

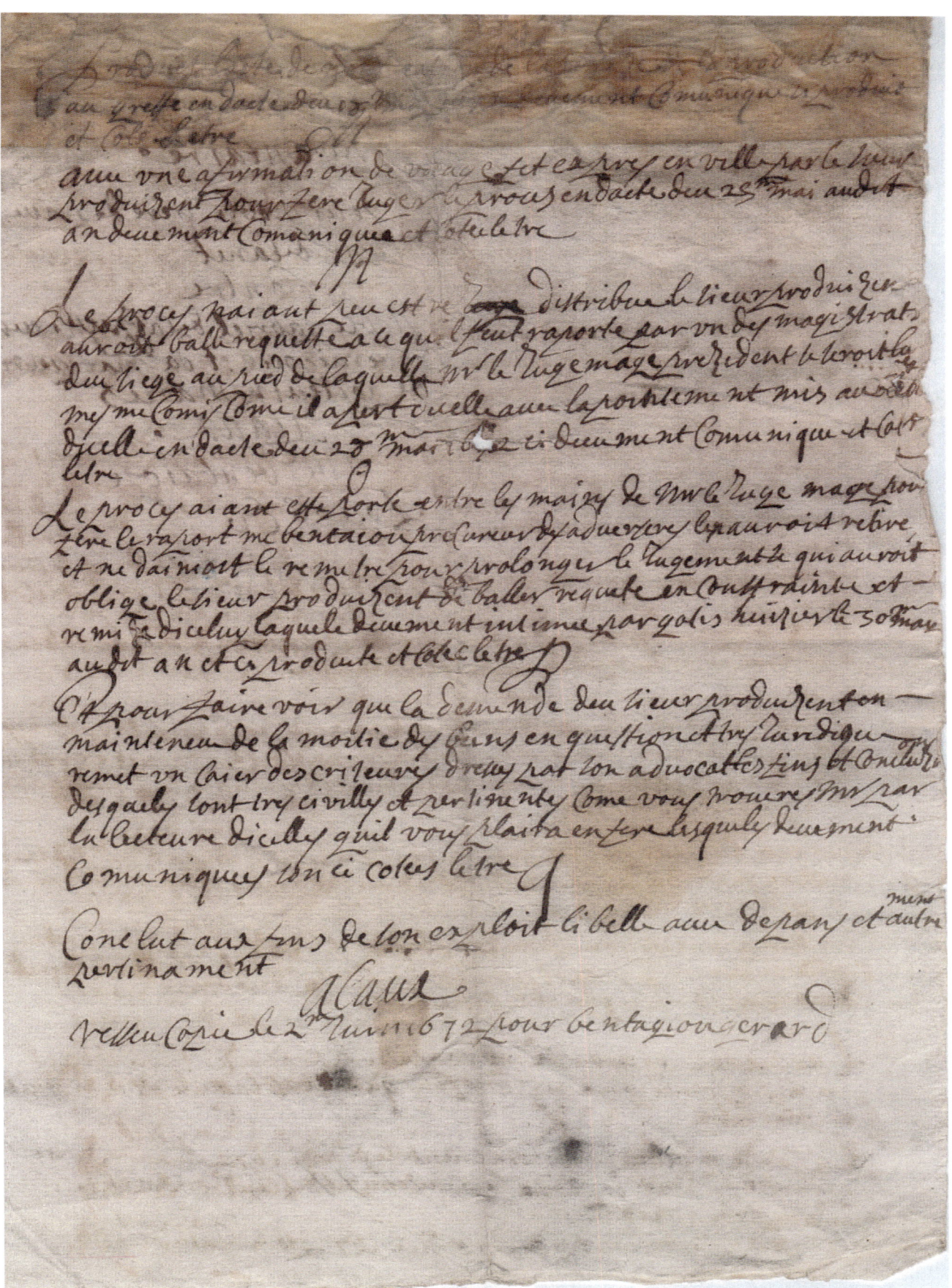

« Inventaire de production que met et baille devant vous monsieur le sénéchal de Limoux ou votre lieutenant de Cour, Noble Pierre de Grave seigneur de Lanet, fils et héritier de feu demoiselle Philippe de Poitevin sa mère, demandeur par exploit libellé d'eux le 4 mai 1672 en délaissement de la montre de tous et chacun les biens ayant appartenu à feu noble Pierre de Poitevin seigneur de la Bastide et restitution des fruits depuis l'indue occupation et autres fins contre noble Gabriel de Calmis seigneur de Beraigne et damoiselle Marguerite de Poitevin mariés assignés auxdites fins et défendeurs.

Dit le sieur produisant que par des pactes de mariage passés d'entre ledit noble Pierre de Poitevin seigneur dudit La Bastide et par damoiselle Gabrielle de Gouzens, ledit sieur aurait en contemplation dudit mariage fait donation à un de ses enfants mâles dudit mariage qu'il se réserve de nommer le premier la moitié de tous et chacun ses biens présents et à venir et de l'aîné au second selon l'ordre de primogéniture avec clause expresse qu'en cas que dudit mariage ni aura que des filles ni même du second troisième et autres subséquant mariage que la fille aînée dudit mariage aurait la même prérogative donation de ladite moitié des biens en question comme si était un enfant mâle et au surplus qu'en cas desdits mariages subséquants il n'y eut d'enfants mâles, la fille aînée aurait outre et par dessus son droit de légitime la somme de 600 livres si mieux même lui donner davantage et tout autrement comme est porté par les dits pactes de mariage d'entre eux du 28 août 1661 dont l'expédié retenu par devant moi notaire et ci produit et coté lettre A.

Duquel mariage serait issue Philippe de Poitevin et Marguerite de Poitevin sœurs, laquelle Philippe de Poitevin aînée aurait été coloquée en mariage avec feu noble Balthazar de Grave seigneur de Lanet père dudit produisant soussigné et dot i contenue pour tous droits paternels […] comme il apert des dits pactes de mariage retenu par feu François Graffanh notaire royal de Villerouge le neuvième juin 1632 duement communiqué et coté lettre B.

Cet future mariage consistait principalement et quant au cas présent en la donation de ladite moitié des biens du pacte de mariage que mentionné, laquelle pourrait appartenir un jour à ladite Philippe de Poitevin mère du sieur produisant pour défaut d'enfants mâles au décès dudit sieur de Poitevin son père et dont par le moins il lui en conservait la pérénité.

Or le cas étant arrivé par le pré décès dudit sieur de Poitevin sans enfants mâles à lui survivant, ladite Philippe son aînée mère du sieur produisant et ladite Marguerite de Poitevin épouse dudit sieur de Calmis, lesquels se seraient emparés des entiers biens dudit feu de Poitevin et montrant refusant d'en laisser la moitié au sieur produisant auquel elle appartient comme donataire contractuel du chef de ladite Philippe sa mère, il les aurait fait assigner en la cour par exploit libellé du 14 mai 1672 en délaissement de la moitié de tous et chacun les biens ayant appartenus audit sieur Pierre de Poitevin avec restitution des fruits depuis l'indue occupation comme il apert dudit exploit duement contrôlé ci coté lettre C.

Produit une affirmation de voyage fait exprès en ville par le sieur produisant pour apporter ledit exploit d'assignation du 20 mai 1672 laquelle duement communiquée et coté lettre D.

A laquelle assignation les dits adversaires étant présents ils auraient basé leur défenses par le ministère de maître Bentaiou leur procureur et demandé leur relaxe par fins de non recevoir prise de ce que ledit feu sieur de Poitevin a nomma la donation de ladite moitié desdits biens et pour son héritière ladite de Poitevin défenderesses par les pactes de mariage d'avec le sieur de Beraigne son mari la copie dicelle en date du 21 avril 1672 et ci coté lettre E.

A voir la copie desdits pactes de mariage passés entre lesdits défendeurs le 16 mai 1637 la copie desquels est ci cotée lettre F.

A quoi le produisant aurait répliqué que sans avoir égard aux dites fins de non recevoir les fins de son exploit lui doivent être caduques avec dépens [...] des répliques duement communiquées le 6 mai 1672 et ci produit et coté lettre G.

Sur quoi le sieur produisant aurait fait sommation audit maître Bentaiou pour en venir au jugement ledit jour audit an lequel duement communiqué et ci coté lettre H.

En plus une affirmation de voyage et exprès en ville par le produisant pour instruire la cause et pour représenter lors de la plaidoirie laquelle diement communiquée et ci cotée lettre J.

L'audience ayant été interrompue, le produisant aurait dit une autre sommation à mêmes fins que icelle laquelle est ci produite et cotée lettre K.

La cause plaidée judiciarement le 9 mai 1672 il aurait été appointé en droit en plus l'appointement de clausion produit le 18 mai coté lettre L.

Reçu copie le 18 mai 1672 pour Bentaiou Gérard

Produit l'acte de notification de la remise de la production au greffe en date du 18 mai 1672 duement communiquée ci produite et cotée lettre M.

Avec une affirmation de voyage fait exprès en ville par le sieur produisant pour faire juger le procès en date du 25 mai audit an duement communiqué et coté lettre N.

Le procès n'ayany pu être distribué le sieur produisant aurait baillé requête à ce qu'il fut rapporter par un des magistrats du siège au près de laquelle Mr le Juge mage président là même commis comme il apert dicelle avec l'appointement mis avec icelle en date du 28 mai 1672 duement communiqué et coté lettre O.

Le procès ayant été porté entre les mains de Mr le Juge mage pour faire le rapport me Bentaiou procureur des adversaires les aurait retiré et ne daignait le remettre pour prolonger le jugement qui aurait obligé le sieur produisant de bailler requête en contrainte et remise dicelui laquelle duement intimée par Golis huissier le 30 mai audit an et ci produite et cotée lettre P.

Ce pour faire voir que la demande du sieur produisant est maintenue de la moitié des biens en question et qu'il revendique, remet un cahier des critères dressés par son avocat les fins et conclusions desquelles sont très civiles et pertinentes comme vous pourrez voir par la lecture dicelui qu'il vous plaira en faire lesquels duement communiqués sont ci cotés lettre Q.

Conclut aux fins de son exploit libellé avec dépens et autrement pertinement.

Signé Alaux

Reçu copie le 2 juin 1672 pour Bentaiou Gérard. »

Doucment 106 – 31 décembre 1672 – Quittance et subrogation faite sur héritage, de Balthazar de Grave, pour Pierre de Grave seigneur de Lanet, par son frère Bonaventure de Grave sieur de Montrouch

L'an mil Six Cens Soixante
Douze et le douzième jour du mois de décembre
Apres midy a Narbonne pardevant moy no. roy et mon
En personne Constitué Noble Vs Bonnaventure
de grane Sieur de montroush, lequel de grane a declaré
avoir heu et presentement Recu de Messire pierre
de grane Seigneur du lieu de lanet pour or place
Soubsigné pnt et acceptant la Somme de mil livres
Comptee luy toir Cens trente louis d'argent de trois
livres Chascun et vingt Solz monnoye faisant
la d Somme de mil livres par le d sieur de
Montroush Enboursee au veu de moy no. et
tesmoingz, de laquelle Somme Il a quitté
quitte le d Sieur de lanet, lequel pourra poursuivre
le Remboursement de la d Somme de mil livres
Sur les biens et hoidité de feu Messire
Balthesar de grane Seigneur de lanet son pere
auquel offert le d Sieur de montroush la subrogé
et subroge au lieu et place droict action et
Ipotheque luy en faisant tout quil besoing
Cession de la d Somme, et pour ainsi
l'observer les d parties ont obligé leurs biens
a toutes Rigueurs de Justice ainsin l'ont pro...
et Juré, Sauf que par cet Acte le d sieur de
Montroush prétende Se faire aucun prejudice
ou surplus des pretentions quil peut Avoir
Sur la d hoidité du d sieur leur pere, et le d
Sieur de lanet En qualitté d'hor. beneficiaire
et

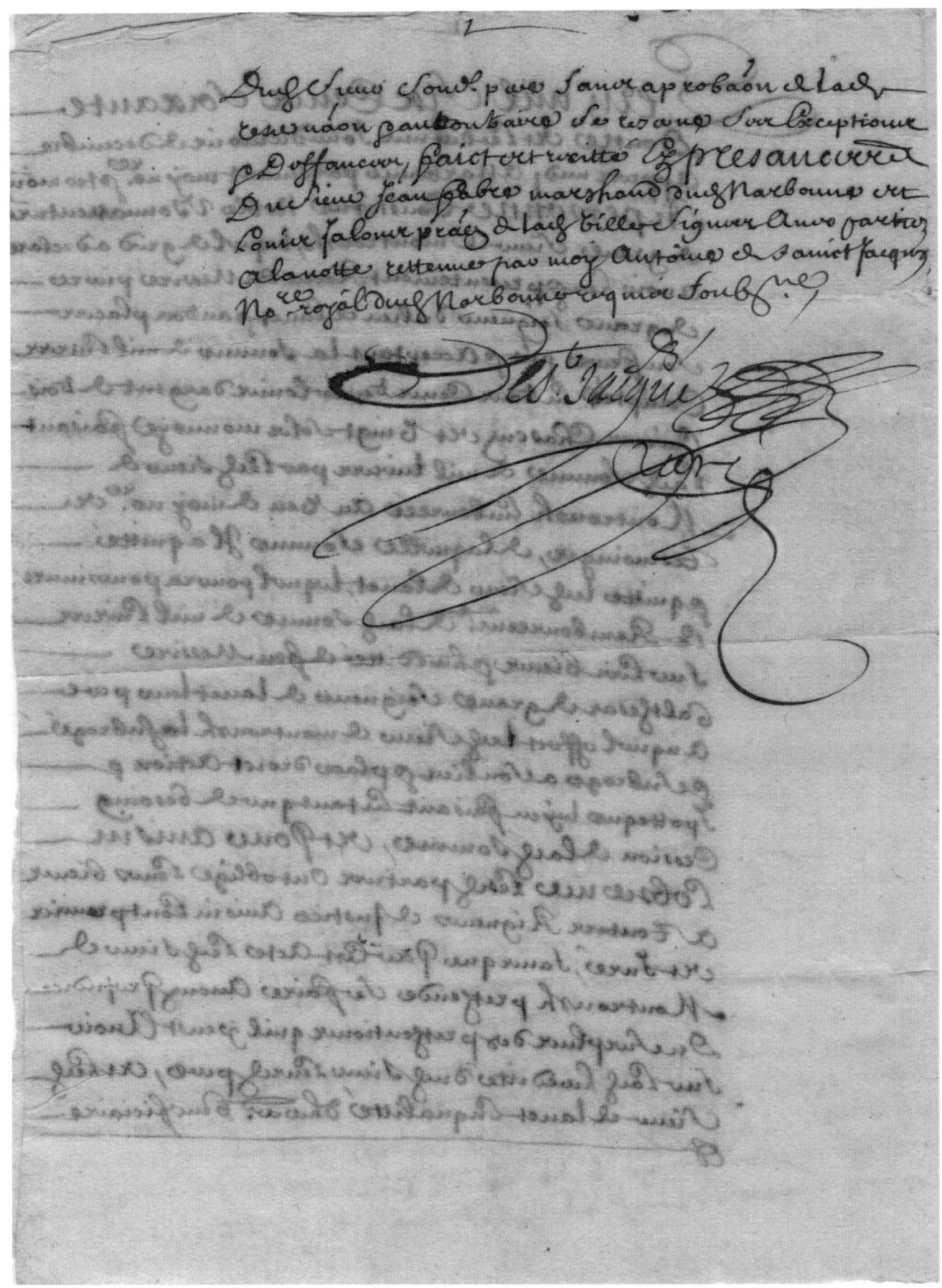

« L'an mil six cent soixante douze et le dernier jour du mois de décembre après midi à Narbonne par devant moi notaire et témoins, En personne constitué noble Bonaventure de Grave sieur de Montrouch, lequel de gré a déclaré avoir eu et présentement reçu de Messire Pierre de Grave seigneur du lieu de Lanet et autres places son frère, et acceptant, la somme de mille livres comptée en trois cent trente trois livres d'argent et trois livres chacune est vingt sols monnaie faisant ladite somme de mille livres par ledit sieur de Montrouch emboursée au vu de moi notaire et témoins, de laquelle somme il a quitté et quitte ledit sieur de Lanet, lequel pourra poursuivre le remboursement de ladite somme de mille livres sur les biens et hérédité de feu Messire Balthazar de Grave seigneur de Lanet leur père auquel effet ledit sieur de Montrouch l'a subrogé et subroge à son lieu et place, droit, action et hypothèque lui en faisant en tant que de besoin cession de ladite somme , et pour ainsi l'observer lesdites parties ont obligé leurs biens à toutes rigueurs de justices, ainsi l'ont promis et juré, sans que par cet acte ledit sieur de Montrouch prétende se faire aucun préjudice du surplus des prétentions qu'il peut avoir sur ladite hérédité dudit sieur leur père, et ledit sieur de Lanet en qualité d'héritier bénéficiaire dudit sieur son dit père sans approbation de ladite réservation et au contraire se réserve ses exceptions et défenses, fait et récité en présence du sieur Jean Fabre marchand dudit Narbonne et Louis Falous praticien de laditte ville, signé aux parties à la note retenue par moi Antoine de Saint-Jacques notaire royal dudit Narbonne requis soussigné. »

Document 107 – 4 décembre 1673 – Testament de Françoise de Cerezon, veuve de Noble Jean-Pierre Dauceresses

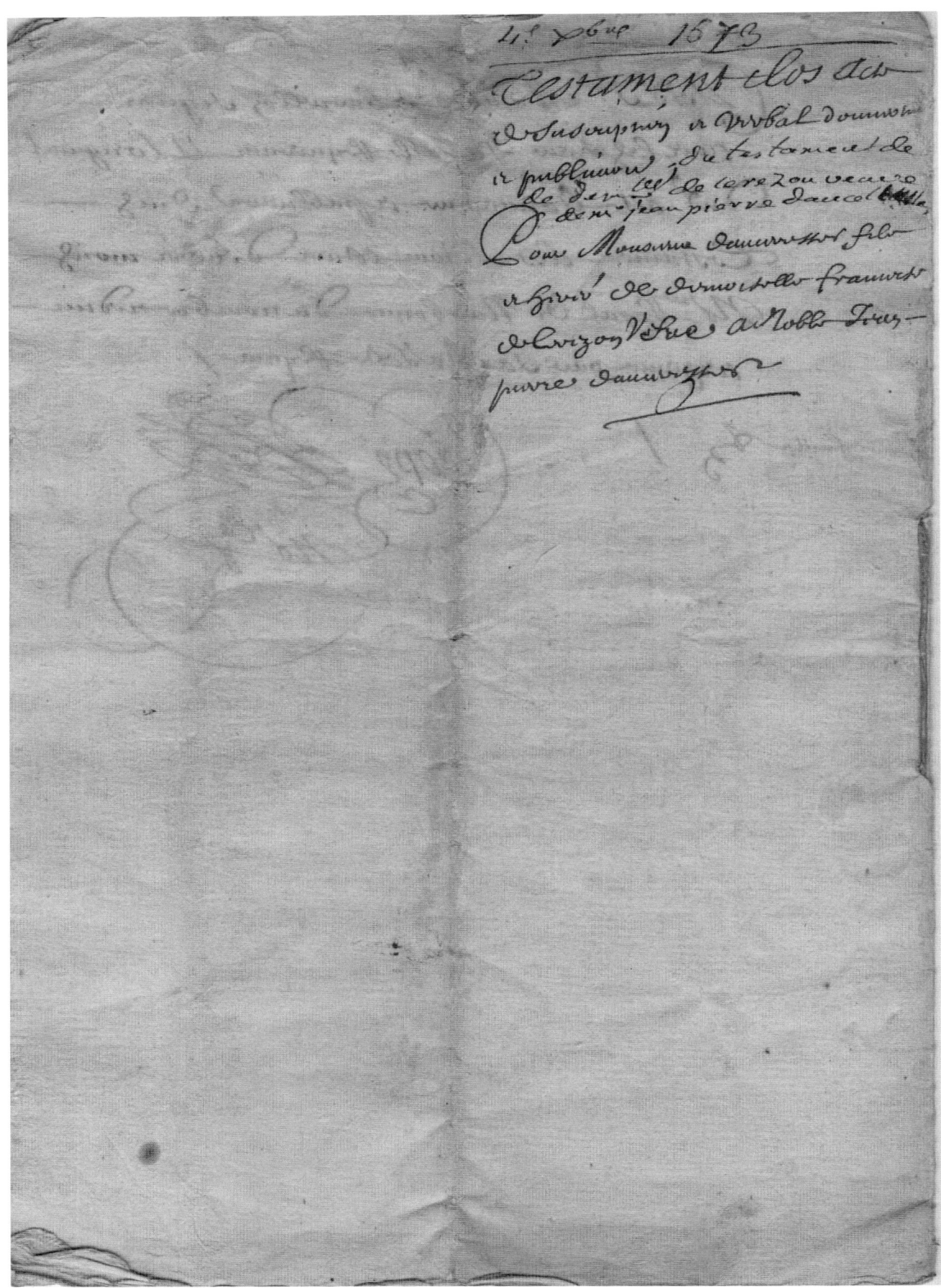

4.ᵉ Xbre 1573

Testament clos de

[...] testament de

L'an mil six cens soixante treize Et le quatrie Jour du mois de decembre sur les huict heures de Matin, a Narbonne, Regnant trespuis prince Louis par la grace de dieu Roy de France et de Navarre prandrieam moy Anthoine Chopy No[tai]re Voyal dud Narbonne du nombre viduit prinœus par sa Majesté, dans ma maison d'habitation au bourg de lad ville A COMPAREU M[aitr]e Jean Baptiste Vanaille greffier iz Cours spirituel iz temporelle de l'archeuresch dud Narbonne, lequel faisant po[ur] Noble Jez françois Dauquevirez fils a feu Noble Jez prieur demeurant usager citoien de lad ville, aucon du que[l] damoiselle Lumoise de Cuizon, Meer dud Jez françois et Dauquevirez scou dicelu pendant la Nuit dervuno, Son corps estam encore dans une chambre de sa maison, iz la Citte dud narbonne, Et d'autant que lad duny de Cuizon fist son testament clos iz solemne le vingt huitie Jour de novembre derune

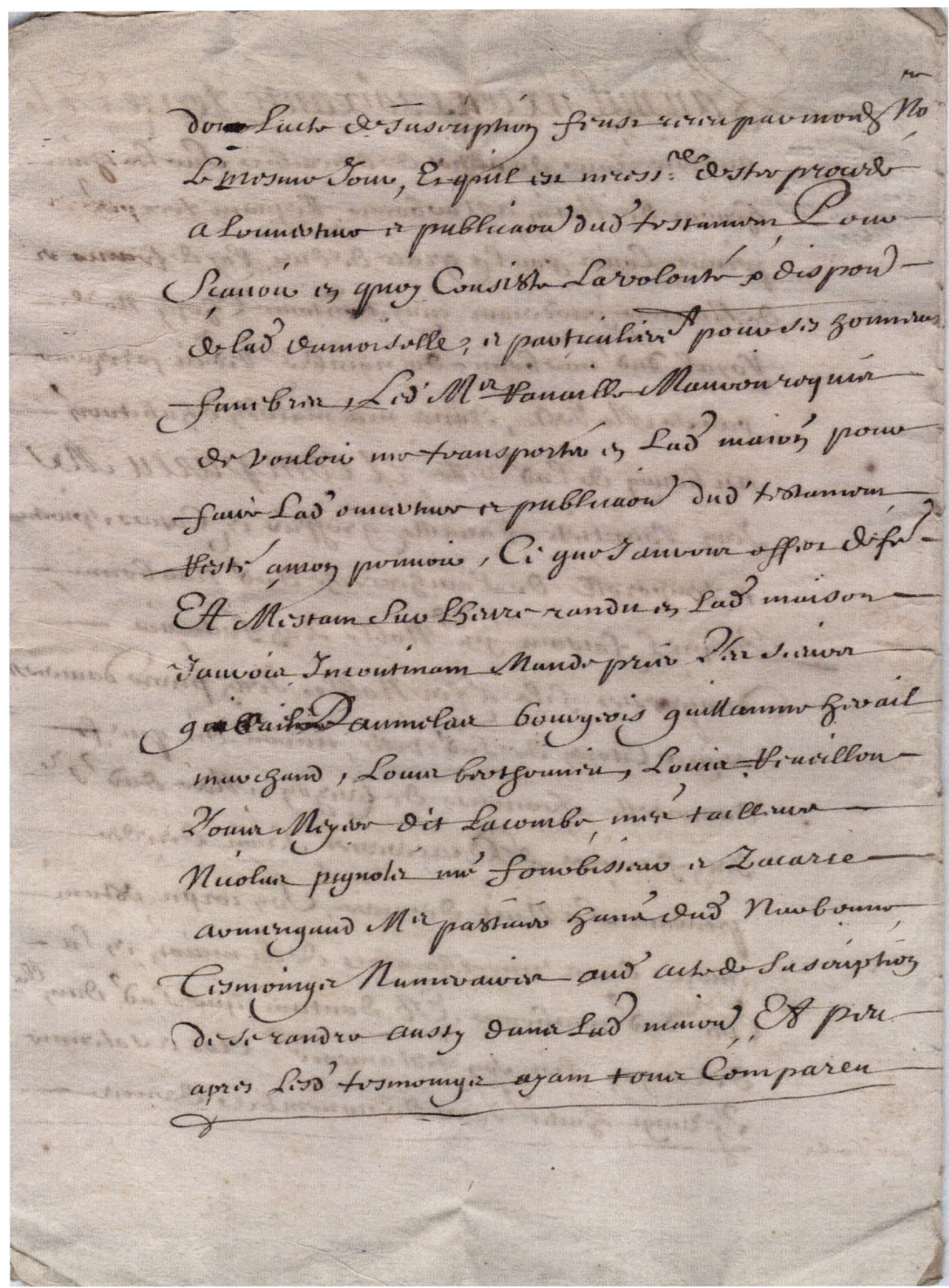

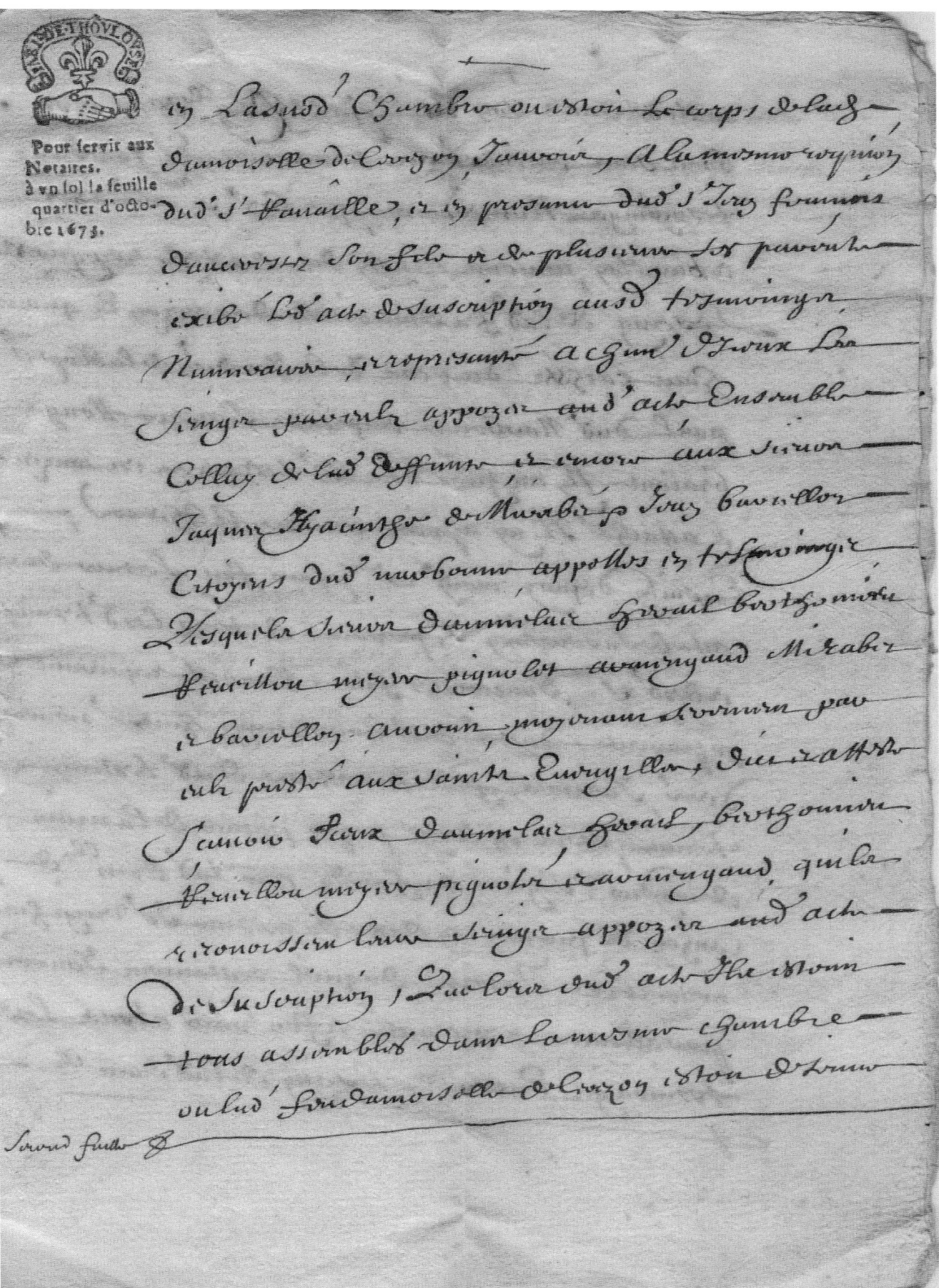

malade dans son lit, lequel de sa part
pour sont extrêmement remercie, Et fait faire
tesmoingz Numéraux, que led. s. innouble
[...] aussi du [...] recognoistre
[...] de lad. [...] demoiselle de Creyzon Et quand
[...] cachet du sean de la [...] de l'abbaye de
sainct Paul dud. Narbonne [...] [...] sur Rouge
[...] Ny au filet dont led. testament [...]
rattaché Il ny a point aucune [...],
Ensuite dequoy moy no[taire] ayant fait lecture dud.
acte de suscription es présence de tous les d. tesmoing
[...] [...] Pancrazes filz, [...] recognoissant
[...] dud. [...] [...] [...]
[...] J'auvois fait ouverture dud. testament
[...] [...] deux pages papier de la main
[...] signé aufond par lad. dam[oiselle] [...] de
Creyzon & prouvé es datte dun. an 28 vingt huit
novembre, D'au corps duquel testament J'auvois
[...] représenté a funvoir a tous les d.
tesmoingz Ensemble le siing de lad. dam. ch.

entendement et mémoire a dit et déclaré avoir
dans ses deux feuillets papier couvert et
attaché avec du filet blanc, et cacheté
du scau de la jurisdiction de l'abbaye St paul
dud Narbonne en huit endroits sur cire
rouge brulante fait son testament clos &
solemnel écrit en deux pages par laurans
de moy noere signé au fond par lad dam
reparavimous noere et datté dce Joiurd huy lequel
testament il veut estre gardé et observé
suivant sa forme et teneur, Comme estant le
coutume ou Iuelluy saqeur et dernier volonté
Cassant révoquant et annullant tous autres
testaments et Codicilles donnations et autres
mon quelle pouvroi avoir y devant faire
Her debvant Nulle et de Nulle valeur, Et a
prié et requis Les termoings cy aprés quelle a
fros baz esvoqnois et nommé estre mémoratifs
quelle ainsy sa volouté renoy no retenu acte
de la présente sadonptios Comme Sanscritto

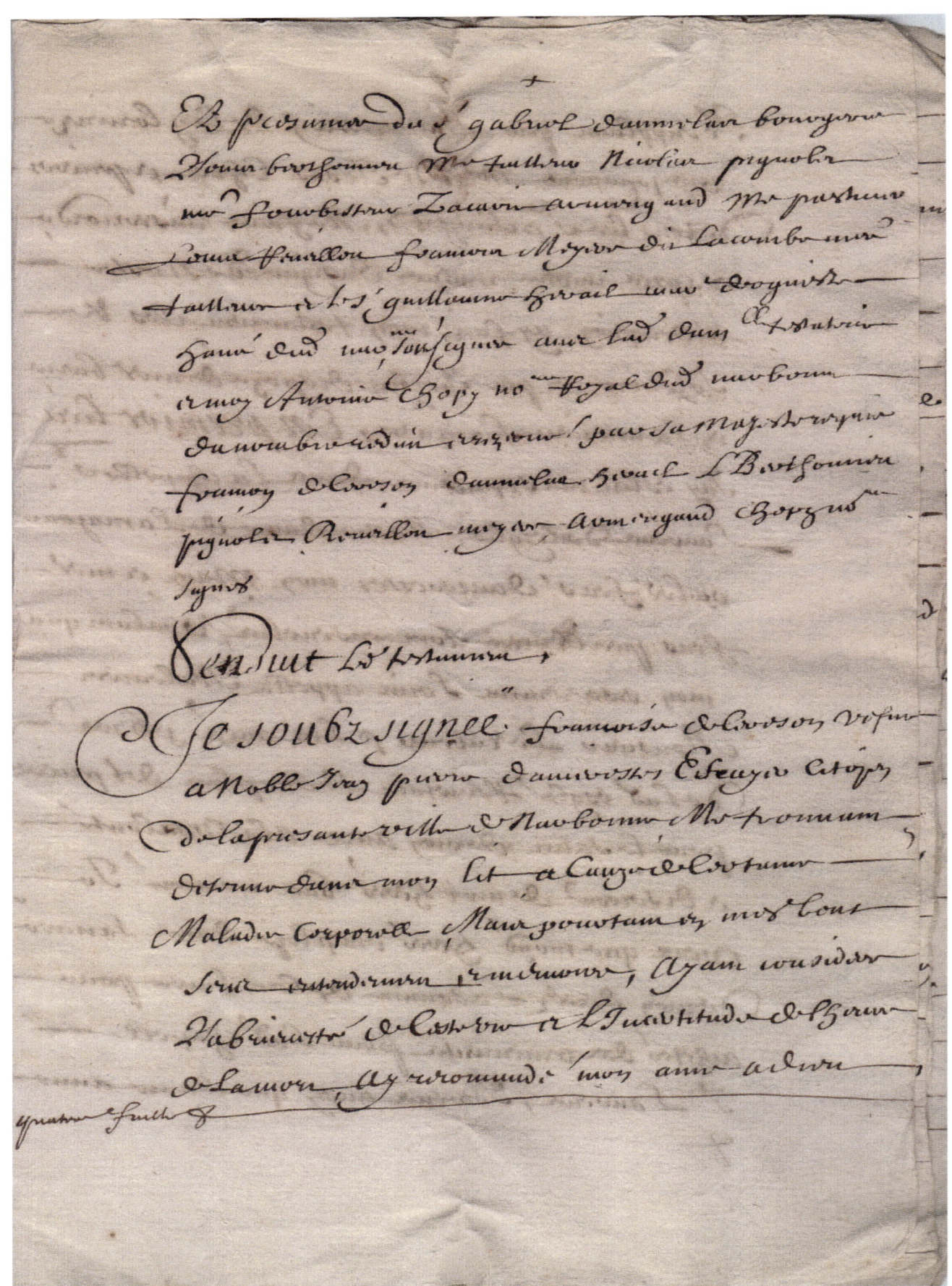

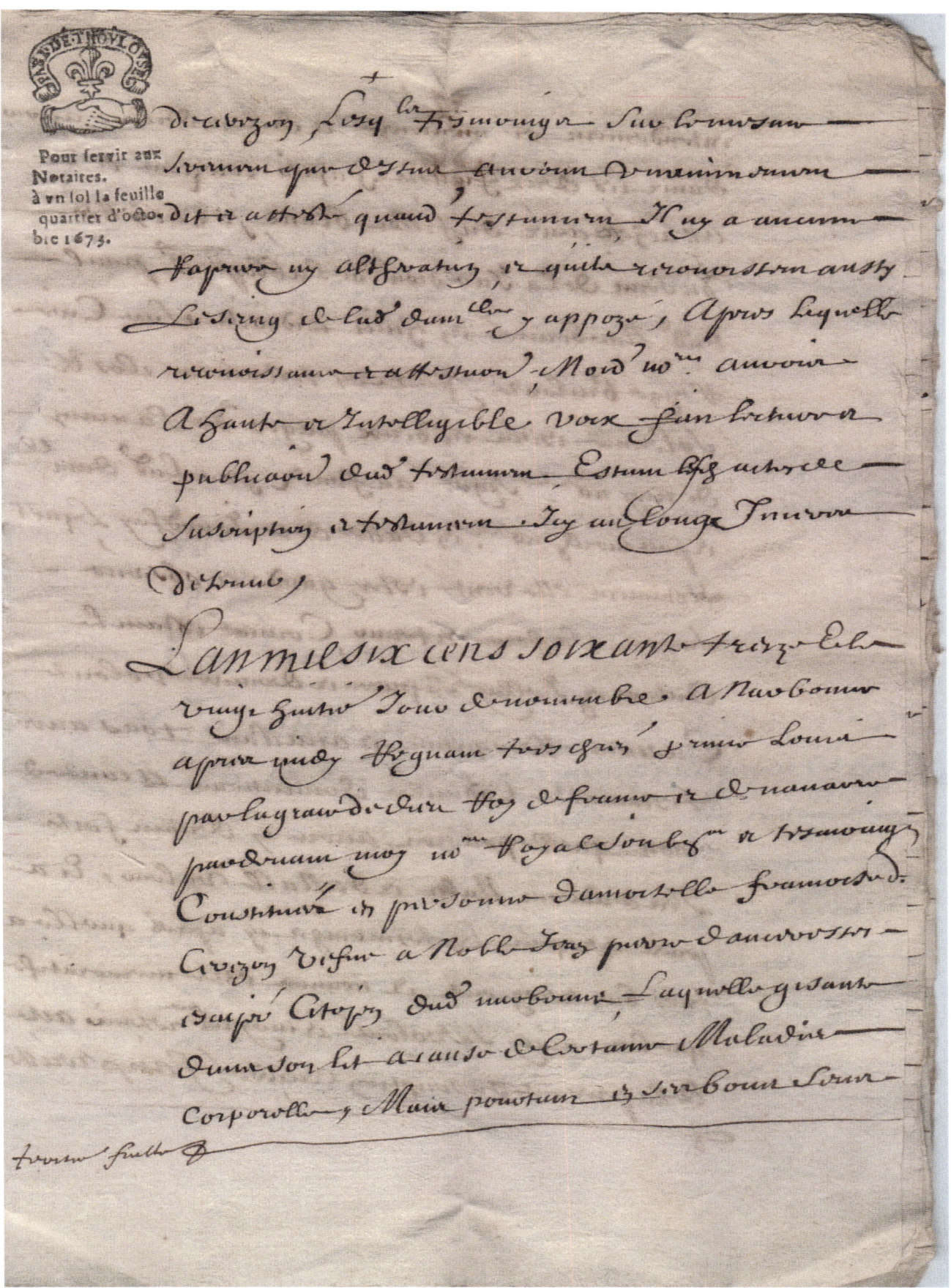

Je supplie par l'intercession de la glorieuse
vierge marie mere De Jesus Christ et prières
de tous les St et Saintes, me faire misericorde,
et après nostre ruine designé de Nostre
redemption, ay fait mon testament clos &
solonne et par Icelluy dispozé de mes biens
en La maniere Suivante, EN PREMIER LIEU
Jay esleu ma sepulture dans La chapelle
St auree de l'Eglise Nostre Dame de Lamugou
oulesfres dancestres moy Mary et mes
fils pere & mere Son ensevelir, Voulant que
moy enterrement Soin appellé sieleunun
Monsieur le curé et Lieu autre prebtre
de lad eglise hondoran le surplus des prières
pour le salut de mon ame a la volonté
et discretion de mon hier bas nommé Je
veux que mond hier employe dans lannée
de mon decez La somme de cen livres pour
acheté des ornemente pour lad chapelle
St Laurens, Je veux aussy que dans année

daumerisqu ma fille espouze a Noble Marc
Joseph de Mouraday Seigneur de Mouraborg
Sieur lieutenant de Cappus Joluy aydonné & constitu
dans lies pactes de mariage dans les sur de
Mourabieh passez devant Mr. Pigaud No.re
de Say le Tout y contenu et ce pour tout droit
de legitime Supplement Duelle et portion hérédi re
et le faire aux de mes heredes particuliers affin
quelle ne puisse aucune autre choze demander
Sur mon heredité, Je Donne & lègue A
tous mes autres parents qui pourroient prétend
quelque droit sur mes d'biens Cinq Solz
pour une seule fois payables Moyennant quoy
Je les fais aussy mes heredes particuliers
Et en tous le surplus de mes d'biens droitz
voix noms actions et successions quelconques
a moy appartenant et qui de don présent
m'apartenir tam meubles que Immeubles présent
et advenir Je fais Institue et Nomme mon
hérédé universel et general, Noble Sieur françois

cuqus ....

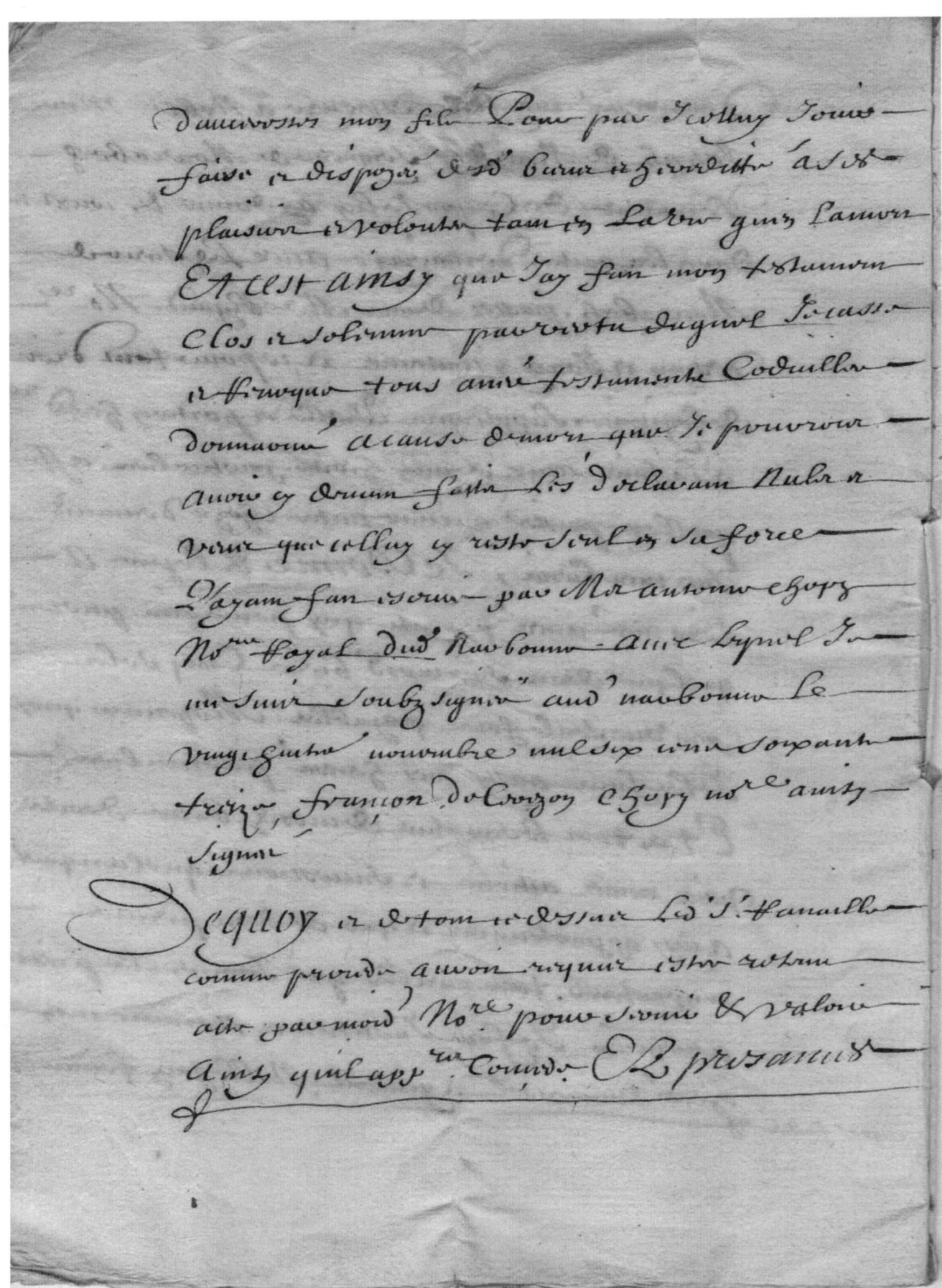

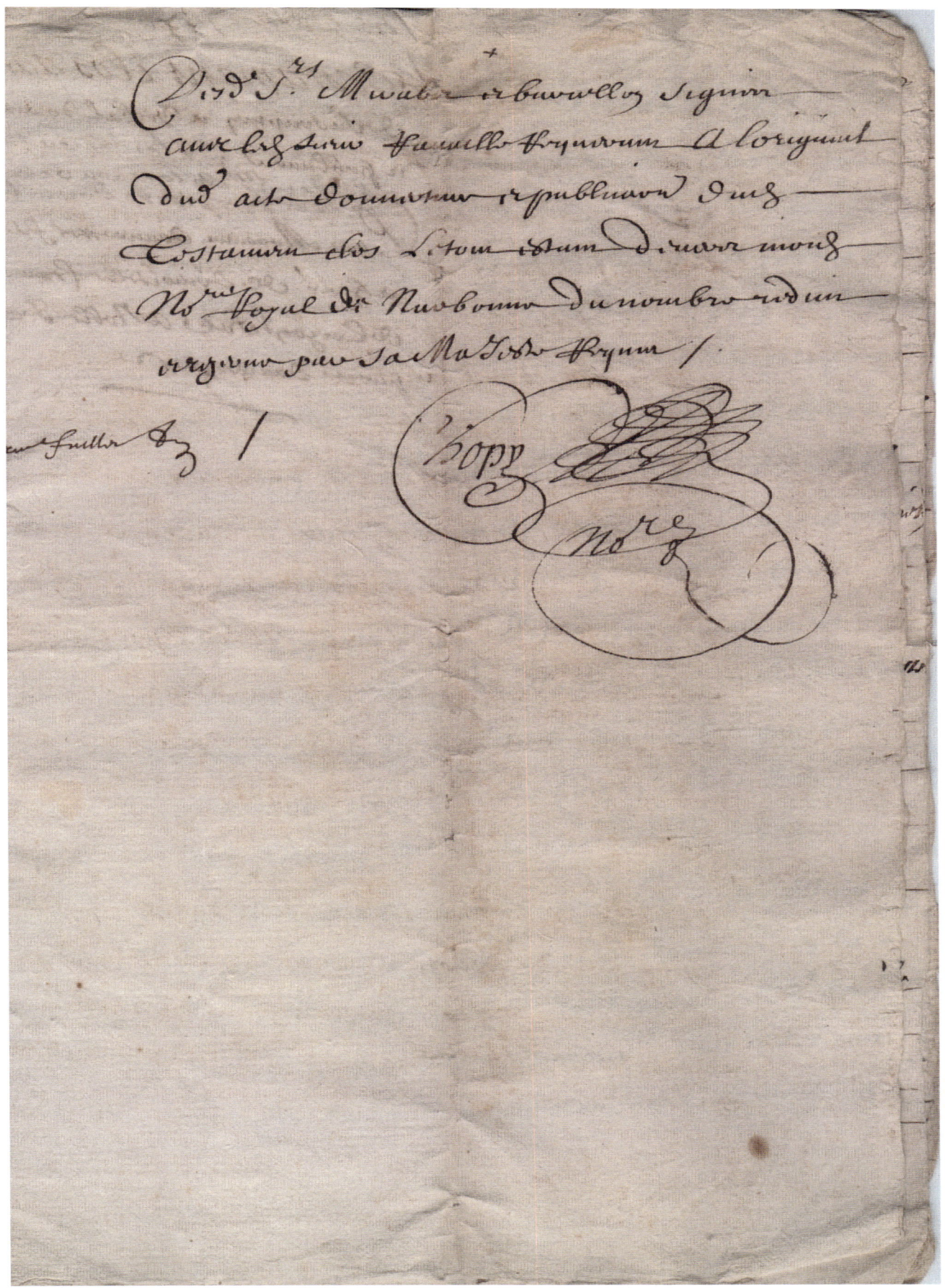

d'aucoroser mon filz Pour par icelluy Jouir
faire et disposer desd biens et heredite a son
plaisir et volonte tant en la vie qu'en la mort
Et c'est ainsy que j'ay fait mon testament
clos et solemne par vertu duquel je casse
et revoque tous autres testamens codicilles
donnations a cause de mort que je pourrois
avoir cy devant faits les declarant nuls et
vains que celluy cy reste seul en sa force
l'ayant fait escrire par Mr Antoine Chorz
Nore Royal dud Narbonne Aux lequel je
me suis soubzsigne aud Narbonne le
vingt huite novembre mil six cens soixante
treize, Francon de Crozes Chorz nore ainsy
signe

Dequoy et de tout ce dessus led sr Hanaulle
comme procureur auroit requis estre retenu
acte par moyd Nore pour servir & valoir
ainsy qu'il appartiendra. Conclu et presans

Document 108 – 25 janvier 1675 – Prestation de foi-hommage rendue au Roi par Pierre de Grave seigneur de Lanet, fils de Noble Balthazar de Grave, pour les terres de Lanet et Montrouch

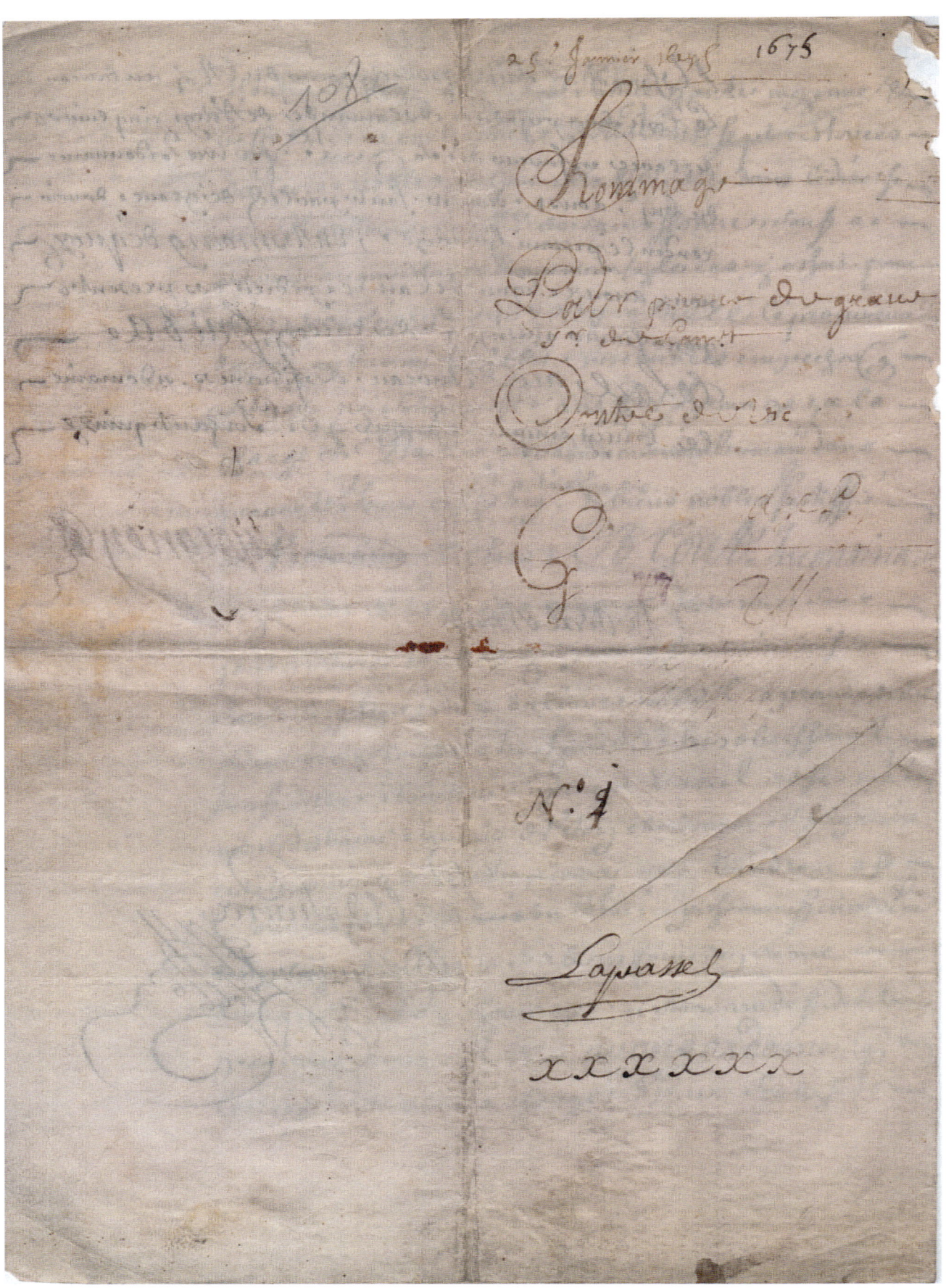

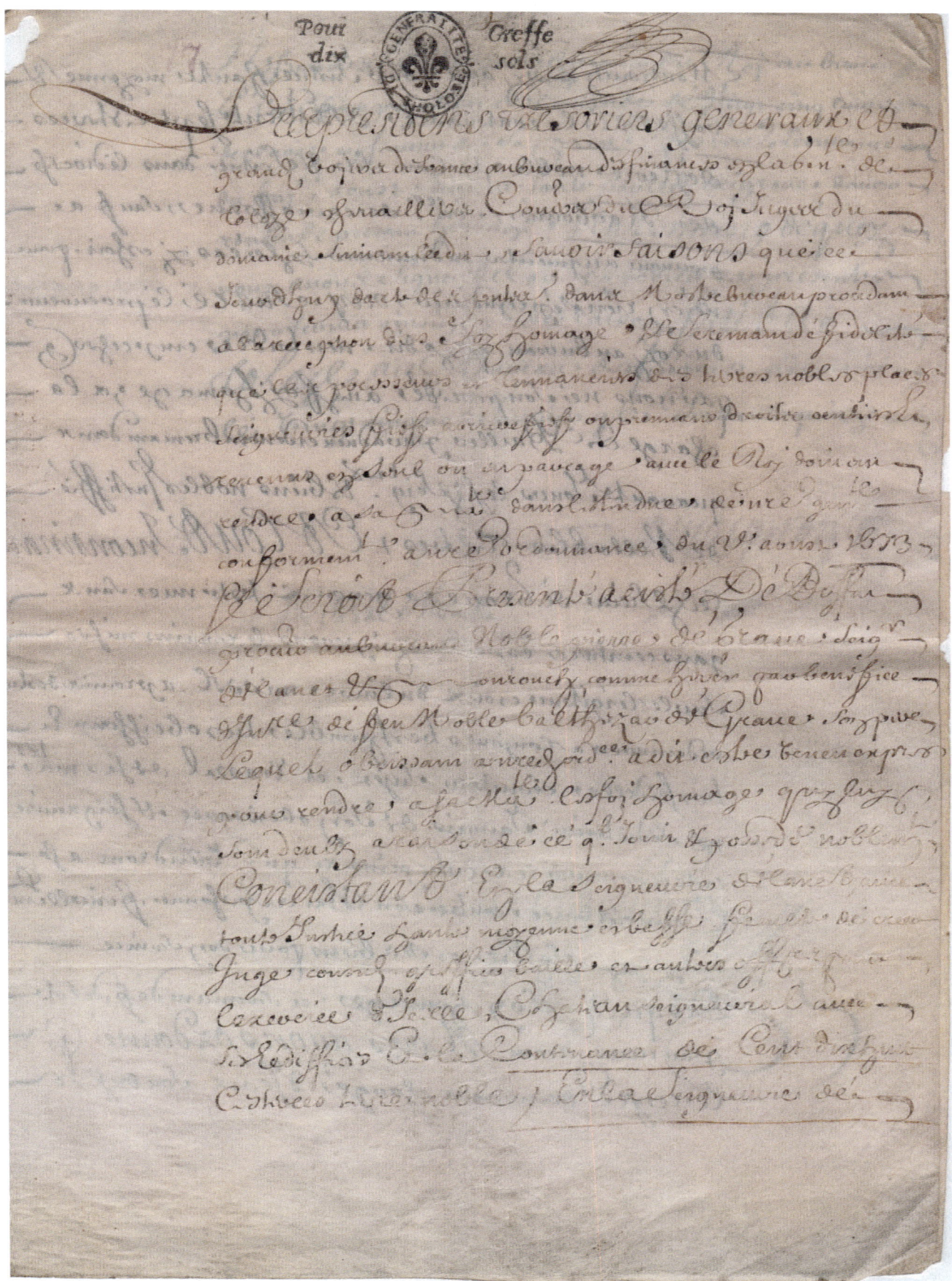

Montrouch aussy, avec toute Justice haute moyenne &
basse, Es la contenance de dixsept arcees
de terre noble, le tout sis & scitué dans le diocesse
de Narbonne, Senne de carcassonne, sauff ce
pouvoir augmenter ordinairement Et lesdicts en chacun pour
n'en y rien de prejudicier, ouy Suzee le procureur
du roy au bureau qi a dit, n'entendre en ce que
qu'a nous ne soit procedé aux foy hommage, a la
charge de Dailleur, qu'a vaduur er de nom bremer danse
qu'a vaut Sours le ssr seigr & biens nobles Justiffié
de Vallables Tiltres, EN COUR. Incontinant
ce ssr Sieur de braue a genoux teste nue sans
gans ceincture esper... zeconnu le mains miss
sur le legitime croix du liure. mis a sl. a promis desbe...
ordennuer a toujours tres humble, tres obeisshun tres
tres fidelle esconitur Sujet, er vassal et sa ma
ne seditisbaine Jamais de soy obeissance. Et seigneurie
et de sescomunis le x en ce pris... qui tiendront a se
Connoissance contre son Mai irps homme, finalement
de employer sa vie et sex biens pour son seruice
Desqu. E. Joy hommage es sermant de fidelté
qu'a nous recu Nous auons ordonné qi
le seigr demuuera chargé et sera souby...

Refunaoure faicts par le procur du Roj au bureau
le tour sans preiudice reclamandé de vingt cinq liures
de lauce en faueur de sa Maté par une ordonnance
du buq aoust derni il faute par les seigneurs dauoir
rendu le present homage. Entesmoing de quoy
nous auons signé de lair expedies ces presentes
pronosceuro ainsing q de raison. Fait a
Colaze au Bureau desfinances, et domaine
le vingt cinquie et anniil gbr soixante quinze

De Paral Meruit

Par lif Laure
Daguin

« Les présidents trésoriers généraux et grands […] de France au Bureau des finances en la généralité de Toulouse […] conseil du Roi siège du domaine suivant l'édit, Savoir faisons que ce jourd'huy a été député dans notre bureau procédanr à la réception des foi-hommage et serment de fidélité que les possesseurs et tenanciers des titres nobles places seigneuries, fiefs, arrière-fief où prenant droits censives revenus en souls ou en paréage avec le roi, doivent rendre à sa Majesté dans l'étendue de notre Généralité conformément aux ordonnances du 5 août 1673,

Se serait présenté assisté de Boffar procureur au bureau, **Noble Pierre de Grave seigneur de Lanet et Montrouch** comme héritier par bénéfice d'instance de feu Noble Balthazar de Grave son père, lequel obéissant ainsi au défunt a dit être venu expréssément pour rendre à sa majesté le foi-hommage qui lui sont dus à raison de ce qu'il jouis et possède noblement

Consistant en **la seigneurie de Lanet avec toute justice** haute, moyenne et basse, …. juge, consul, greffier, baille et autres offices pour exercer icelle, château seigneurial avec les édifices et la **contenance de cent dix huit cesterées terre noble**,

En **la seigneurie de Montrouch aussi en toute justice** haute moyenne et basse, et la contenance de **deux cent trente sept cesterées de terre noble**, le tout sis et situé dans le diocèse de Narbonne et Sénéchaussée de Carcassonne, sauf à pouvoir augmenter ou diminuer si le cas y était pour n'en rien préjudicier.

Ouy sur ce le procureur du roi au bureau qui a dit n'entendre empêché que par nous ne soit procédé audit foi-hommage, à la charge du bailleur par aveu de dénombrement dans quarante jours ces dites seigneuries et biens nobles justifier de valables titres,

Et tout incontinant **ledit sieur de Grave, à genoux tête nue sans gants ceinture épée ni éperons les mains mises sur le [...] croix du livre missel a promis d'être et demeurer à toujours les humbles, les obéissants et les fidèles serviteurs sujets et vassal de sa majesté**, ne se distraire jamais de son obéissance et seigneure (sic) et de dexcomunier (sic) les autres princes qui viendront à sa connaissance contre son état ou personne, finbalement d'employer sa vie et ses biens pour son service.

Desquels foi-hommage et serment de fidélité par nous reçu, etc … »

Document 109 – 20 décembre 1678 – Donation établie par Pierre Pescaire et demoiselle Anne de Laborie mariés, en faveur de leur gendre Noble Jean-François Dauceresses, époux de leur fille Gabrielle de Pescaire

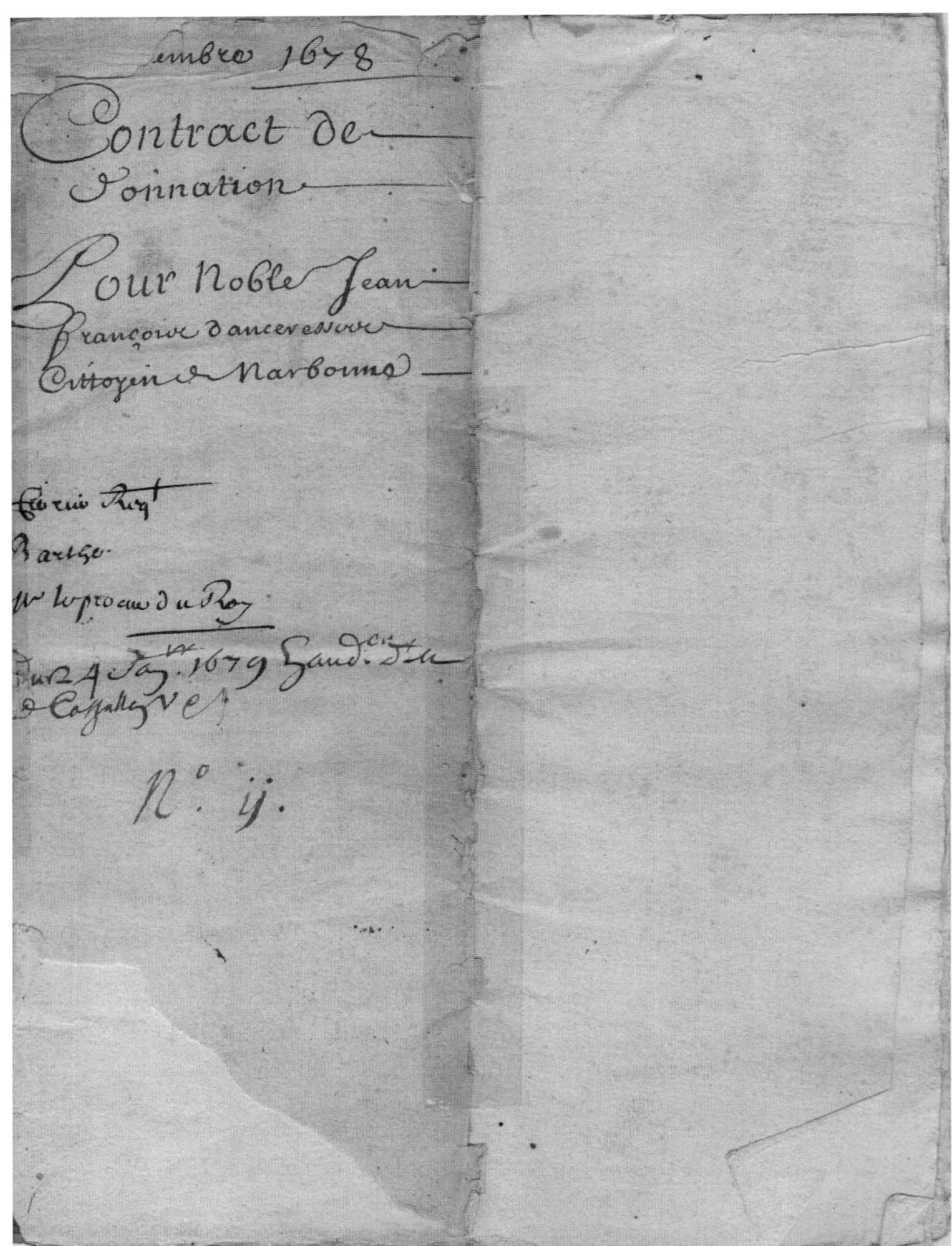

embro 1678

Contract de
Donnation

Pour Noble Jean
François d'ancerevive
Cittoyen de Narbonne

Escrio Reçt
Bartze
Mr le procu du Roy

du 24 Jar. 1679 Caud. d'la
de Cassate ve

N° ij.

An mil six Cent soixante
Dixhuict, Et le vingtseptiesme Jour du mois
De Decembre, apprez midy A Narbonne, Regnant tres
Chrestien prince loüis par lagrace de dieu Roy de France
et de Nauarre pardenant moy no.re royal du Nombre des
Reserues en lad ville et tesmoings, En personne
Constituez Le sieur piue pescaire bourgeois, et
Damoiselle Anne delaborie marine dud Narbonne, lesquelz
Ayant marié dame gabrielle De pescaire leur fille, danne
Noble Jean françois d'anceressor Cittoyen de lad ville, et
Despuis leur Mariage quy feust faict et Acomply au Comencem.t
De lannée mil six Cent soixante quatorze, Ayant steu
Ce sen ensemble et en Commun danne lamaisou dud Sieur
pescaire avize en Cité dud. Narbonne Auec toute l'union
et lamittié quy doit estre entre dux personnes sy prochez,
leur Ayant led.t Sieur d'anceressor donné touz daieurs
premues Damittié et du Respect qu'il a pour leurs personnes,
Ainsin lesd Sieur pescaire et damoiselle delaborie marine
Se sentant obligéz de recognoistre enquelque façon Cette
Singuliere amittié, asurés Comme ilz sont que led Sieur
d'ancesseror ne manquera pas A aleur Continuer A l'adnenir
Oultre que d'ailleurs Ilz se sentent asses aduancez dans
l'eage auec pouuoir pour agir pour l'Vtilité de leurs
Affaires en faict de mesnageries, quy desire en soing
vacation l'oeil et lapresance quasy Continuelle du Maistre,
pour Ces Causes et pour autres Considerations, a Ce
Les Moÿuantes, de leur bon gred et par exprinses.
Sauer Induction ny Subornaon, auccune, maix bien
De leur pur Mouuement et affection, ont faict Comme
Ilz font donnaon. pure et simple a Jamaix entre bif
Irreuocable aud Sieur d'anceressor leur beaufilz,
Scauoir est de touz et Chascunz leurs biens

De Bourg et Cité dud. Narbonne, Concistances en
deux metteryes l'une appellée la Coupe et l'autre S.t Ypoly,
avec Toutes les terres prades, vignes, ollivettes,
Champs p. autres terres labourables y fructueres
generallement quelconques dependantes p non dependantes
dosd. deux metteryes En quelle part p. lindroit dud. terroire
dud. Narbonne quelles puissent estre assizes ou Cituées
Sans Reservaon. aucune, Ensemble luy four donnaon.
De La Somme de Cinq mil boix Cens buzer livres
Pour Le prix et valleur de tout le bestail a Charrette
et de Labourage quy est d. put linployé a travailler ou
Cultiver les biens, bestail a laine et Cabaux Servant
A La bonnifficaon. d'Iceux et labouraveurs desd.
biens quy Sy trouveront estre faictes au Jour p. feste
Sainct michel prochain, Concistant les bestail en deux
paires Mulles, boix paires boeufs, leurs Charrettes
Embureaux Avec tous Fers arrous generallement
quelconques dud. bestail, ou autres outiles de menagerie,
En la quantité de Cinq Cens quatre vingt Cinq bestes
A laine, Sçavoir deux Cent dixhuict moutons ou Le
Restant en brebis ou bourretes, ou finallement En la
quantité de Cent Soixante Ens Chevres Le tout bon
Bestail du put payr, Comme Aussy four donnaon.
De Tout le Bestail a laine et rente d'Icelluy denb
Aud. Sieur pescaire par Le Sieur Braguier bignie
Du lieu de Montredon de reste d'la gasailge a luy
baillée Suivant Le Contract reen par moyd. n°. Le
Onziesme octobre 9bre Soixante neuf, Ou finallem.t
De La Somme de Sept Cens Ving trois livres quinze
Sols ou Interests d'Icelle Ans y denb par led. Sieur
Braguier par autre acte passé denant moyd. No. Le

Leig terroir dudit Narbonne tout fullement labouriée
doe Rayer acoustuniée lubonne mesnagerie ou
restou à lade semviée dont loig grainé seront bailliée
our fournier par ledit sieur pescaire dont flen faict
Ausiz Sommaon, et quy sout luteriz dance le total
de laid Somme de Cinq mil pour Cenv vnze luuver,
ensemble de tout le bestail groe et menu et autre
effecte mobiliaivue sernante alade mesnageriè, Leig
sieur danceveseur lu fouir de tout, faire et dispoer
à Soe plaisiroe et volontoe ainsi et Comme bon
luig Semblera, A Comencer laig fomissance doe
le premier sour du mois doctobre prochain lu
Lestat que losig bienz seront pour loue labouriée
Comme dit est, que lesdde sieur damoiselle de pescaire
luig delaisseront avec toue leure droicte facultoe
oe adnantagoe francoe quittoe detoutoe tailloe
Chargoe debtoe jusquoe aug terme, ou alesgard
de Ce quy sera denb de reste alaid basaillé rente
dicolle sur le Somme de sept Cenv vingtouie luure
quinze Solor ou Interitoe dicolle deubce par leig
sieur benignioe, ledig sieur danceveseur sen pourra
faire payer dou aujourdhuy Comme fl berra stoe
à faire ou tout ainsi et de mesme que leig
sieur pescaire auroit peu faire auant cest acte
Auquel effect fl amioe subrogé met subroge
leig sieur danceveseur son beaufilse a son lieu ou
place droict action fpotteque penriloge aluy acquioe
Au Moyen desde actoe dasde fourie vnziesme octobre
gbc soixante-neuf, et doutziesme Nouembre gbc
Septante, Soube la reservaon. Toutoffoire que
elle pescarie mariue se fout

Sur lesd. biens donnoir de la somme de quatre
mil livres chascun deulx, faisant entout celle de
huict mil livres quy derrir singullierrnt. De la valleur
du susd. bestail, labourancerr semenrerr et autrer
efectr mobiliarer cy desrur enoncerr, pour de lad.
somme de huict mil livres lesd. mariex chascun par
moittié en faire et disposer lorr de leur deceurr ainsir
quilx jugeront aproporr, mesmerr soubez certe
reseruaon. Encore de la pention annuelle sur tourr
lesd. biens donnoirr de la somme de Neuf cenrr livrerr
payable annuellement ausd. sieur pescaire et dame
De l'aborie marirerr et a chascun par moitié en deuxr
diuerserr payerr legallerr de quatr cenr cinquante
livrerr chascunrr quy est denx cenr vingt cinq livrerr
chascunrr payé pour chascun desd. marirr de six lu
six mois et a la fin diceux dont la premierr paye
sera le premierr jonr du mois dauril de lannee g.H.P.
quatr trigt, la seconde a pareil jonr premierr
octobre siuiuant, mesmes annee er ainsir consecutiv
Sanr accumulaon de payerr, laquelle pentior annuelle
de Neuf cenr livrerr, cessera er demeurera estente
Jmediatterr apprer le decerr desd. mariex ou par
moittié en carr er predecerr de lun deulx et ne sera
auy carr er predecerr payé au suruiuant desd
marier qu la somme de quatr cenr cinquante
livrerr de lad. pention durant sa vie ainsir quil est
Dit cy desrur, Icy presant lesd. noble jean
francoire Danceveserr, lequel de son bon gred apprer
la lecteure a luy faicte de lad. donaon la acceptee
er accepte promier promit de lexecuter er obserue
en tourr lerr clansror er condiror. Dicollr

pention Annuelle de Neuf Cent livres aux termes
et en la maniere portée par lad. donnation, et qu'ils
puissent disposer Chascun par moittié de lad. Somme
de huict mil livres par eux reservée en tous ainsin
et Comme bon leur Semblera, de laquelle Donnation
ainsin faicte ledit Sieur d'ancervesous en a remercié
lesd. Sieur pescaire et damaisolle de laborie Sou...
beau pere et collemere, et parce que ledit Sieur
d'ancervesous dans Son Contract de mariage dans
lad. dame gabriolle de pescaire Son Espouse reçu
par Me rigaud no... de... narbonne le vingt neufiesme
Janvier gb... Septante quatre, a faict donnation pure
et Simple entre vifs à jamais Irrevocable, de la
Moittié de tous et Chascuns Ses biens presens et advenir
à un des enfans masles a naistre dud. mariage
à Nommer par luy et a Son doffant par lad. dame
Son Espouse, et que Sur lesd. biens presentement
donnex Il a esté reservé lad. Somme de huict mil
livres, Ainsin ledit Sieur d'ancervesous pour mieux
Regler leur prettentions dud. Enfant masle a Nommer
en Subject de lad. moittié de Ses d. biens donnée
dans led. Contract de mariage, et eviter toute
Sorte de difficultés et differentes qu'y ne Survienent
que trop entre enfans pour la Composion et partage
des biens patrimoniaux, ainsin leur Espargner des
grands frays, et les entretenir en paix et en amittié
Comme led. Sieur d'ancervesous desire à l'esgard des
Sieurs, par ce Seul motif et a Cette Sulle Consideration
en Ratiffiant entant que de besoing Sond. Contract
de Mariage en tous Ses Chefs dud. Nom...

Et neufiesme Janvier 16e septante quatre, et
singulierement en ce quy concerne lad donation par luy
faicte de la moittié de tous et chascungs sesd biens
pour padvenir aug enfant masle leur anaistre dud
mariage a nommer par luy et acondoffant par lad
Dame de pescaire son epouse quoy que faicte dans
la minorité et avant davoir attaint pour leur beage
de vingt cinq ans, quil veust et consent que led
Contract de mariage sorte en son plain et entier effect,
Icelluy sieur d'anceressur a voulu declarer comme il declare
par cet acte, quune pour lad somme de huict mil livres
de lad reservation activement payée ainsin quil y demeure
obligé, quil veust et entend que tous lesd biens en fonds
semenceux bestiaux, cabaux et effects mobiliaires de
mesnagerie a luy donner par le pnt acte apretier et extimer
lesd cabaux et effects a lad somme de cinq mil trois cens
onze livres, a lexclusion tant seullement de tout ce quy
est deub par lesd sieur briguier dont lesd sieur d'anceressur
son reservé den disposer et sen faire payer ainsin et
comme bon luy semblera, tiennent lieu de lad donation
par luy faicte dans sond contract de mariage de lad
moittié de sesd biens pour padvenir aug enfant masle
provenu onquy proviendra de sond mariage dans lad
Dame de pescaire a nommer par lesd sieur d'anceressur
et acondoffant par lad Dame son epouse, et
quainsin led enfant masle a nommer et representaon
de lad moittié desd biens donner par led contract de
Mariage du chef dud sieur d'anceressur, flaura et
luy appartiendra lesd deux mitteryaux biens en fonds
Bestiaux cabaux et autres effects mobiliaires de
mesnagerie presentem donner soub lad reservaon
de ce quy est deub par lesd sieur briguier, et parce moyen
lad donaon faicte dans lesd contract de mariage

à Nommer prétendre en veu et en considéraon d'icelle
que les d. deux mettayeux, biens en fonds bestiaux Cabaux
Labouranciers, semenceux et autres effectz mobiliaires &
Mesnagerie cy dessus quy tiennent destre donnez par sd.
acte aud. Sieur donataire, lad. reservaon. Toujours
faicte de Ce quy est deub par led. Sieur benignier, comme aussy
les d. deux mettayeux et biens donnez, resteront jndivisibles
Caballes? comme fournies des bestiaux Cabaux semenceux
et autres effectz mobiliaires Apreciez à lad. Somme
aud. enfant masle à nommer, Sauf que led. enfant
masle à nommer lors quil viendra à jouir de l'affect de
la pnte donnaon faicte en veu et en consideraon
de la colle enoncée aud. Contract de mariage, les d. bestiaux
Cabaux et autres effectz mobiliaires & Mesnagerie quy
seront pour lors aud. deux mettayeux, et les d. bestiaux
Employez à la culture et travail à faire aud. biens
comme bonnificaon d'iceux, estant d'une plus grande ou plus
petite valleur que la Somme à laquelle sont demeurés
Apreciez et estimez par cet acte, Il obeisse sur ce faire
ny luy estre faict Aucune demande, voulant quil luy
Appartienne aud. Enfant masle à nommer ou quil
Lui jouisse en l'estat et valleur sy bon luy semble de
lad. Somme de Cinq mil soix cens livres l'univers
et a l'effect de ce faire jnsignne et enregistre le
pnt acte, et donnaon. ainsin faictes en la Cour royalle
d'ung Narbonne led. Sieur pescarie, et damoiselle
Laborie Donnateurs, et led. Sieur donataire aussy e
Donnateur et Donnataire, y ont constituer leurs
Procureurs, scavoir led. Donnateurs Mr. pierre
Antoine farine, et led. Sieur donataire aussy e
Mr. Jean barthe procureur en Cour d'ung narbonne
autres presentes requises, pour & au Nom des d.

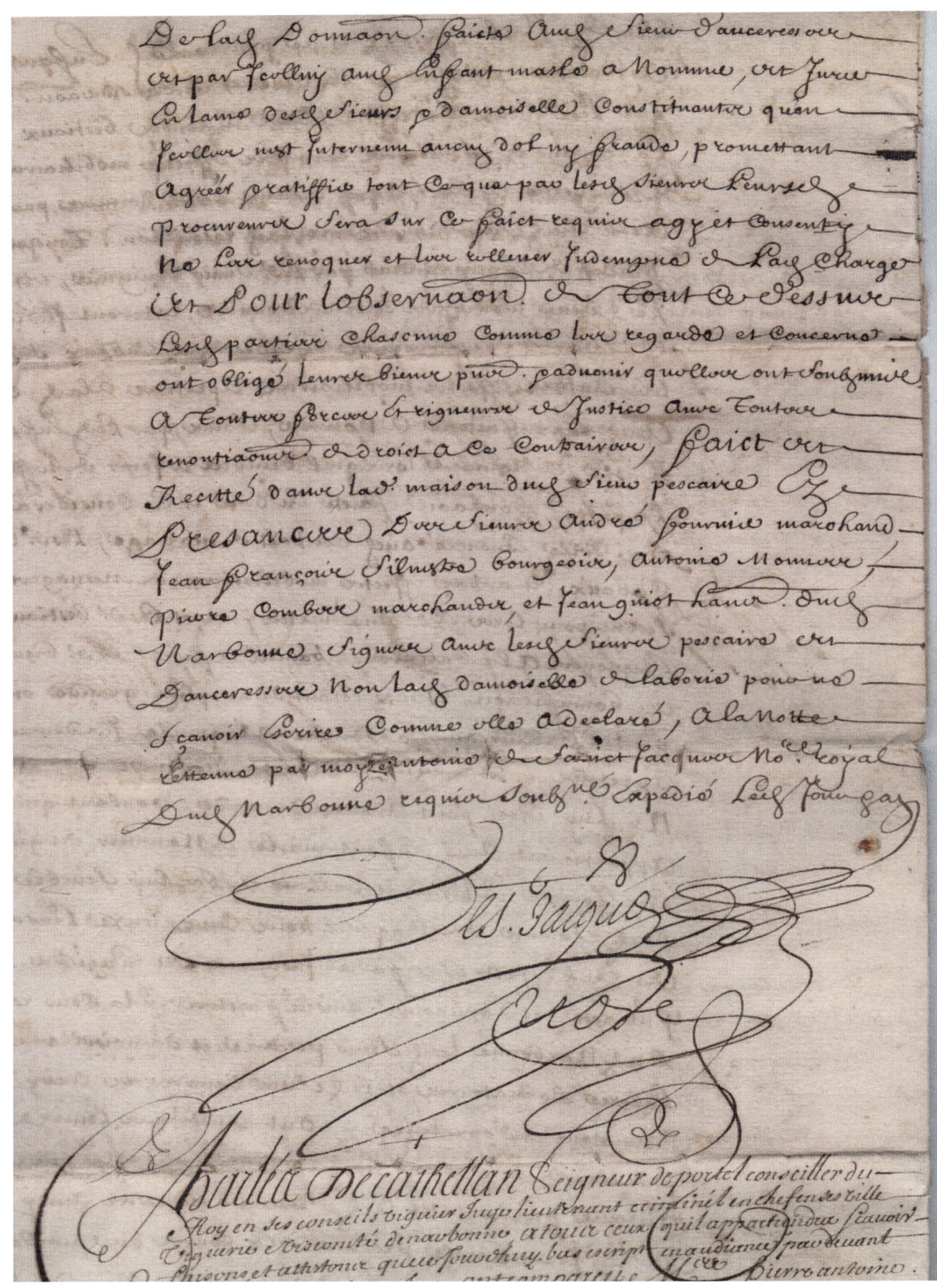

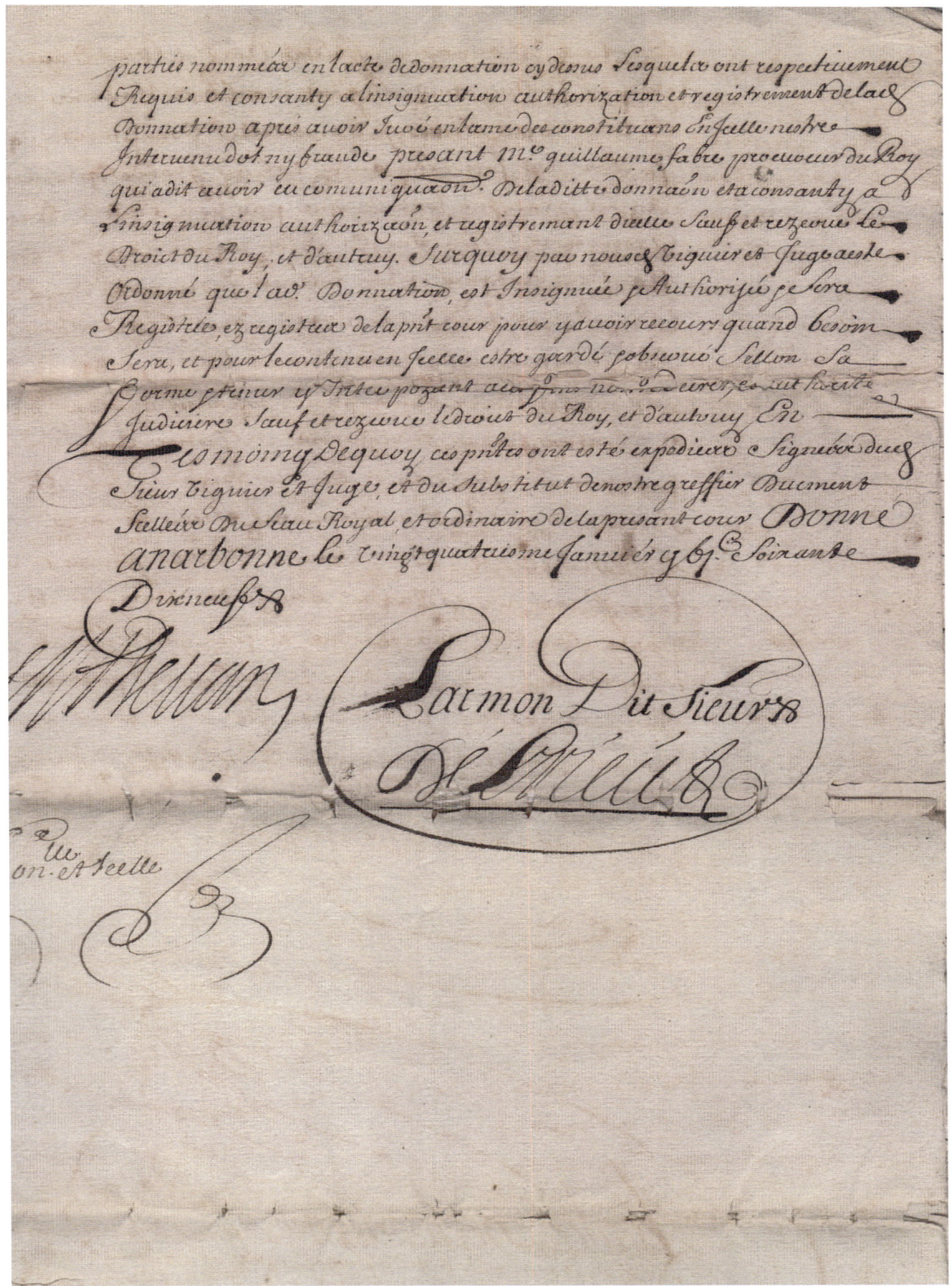

partie nommées en lacte dedonnation cy dessus scequelec ont respectiuement
Requis et consanty alinsignuaction authorization et registrement delad
Donnation apres auoir Juré entame des constituans Enfalle nostre
Jntervenu dol ny fraude presant Me guillaume fabre procureur du Roy
qui adit auoir eu comuniquaon delad itte donnaon et a consanty a
linsignuation authoirzaon, et registremant dicelle Sauf et rezervé le
Droict du Roy, et dautruy. Surquoy par nous Biguier et Juge a esté
Ordonné que lad Donnation est Insigniée et Authorizée se Sera
Regiotrée ez registres dela pnt cour pour y auoir recours quand besoin
Sera, et pour lecontenu en icelle estre gardé jobseruo Sellon Sa
forme et teneur et Teste pozent au fins no. deurer, es ait faicte
Judiciere Sauf et rezervé le droict du Roy, et dautruy En
tesmoing dequoy ces pntes ont esté expedieus Signeez dud
Sieur Biguier et Juge, et du Substitut denostre greffier Ducment
Scelleez Dusceau Royal, et ordinaire delapresant cour Donne
anarbonne le vingtquatriesme Januier y bj.C Soixante
Dixneuf 78

Larmon Dit Sieur 78

Document 110 – 24 mai 1678 – Donation à Bonaventure de Grave sieur de Montrouch, par son frère Pierre de Grave seigneur de Lanet

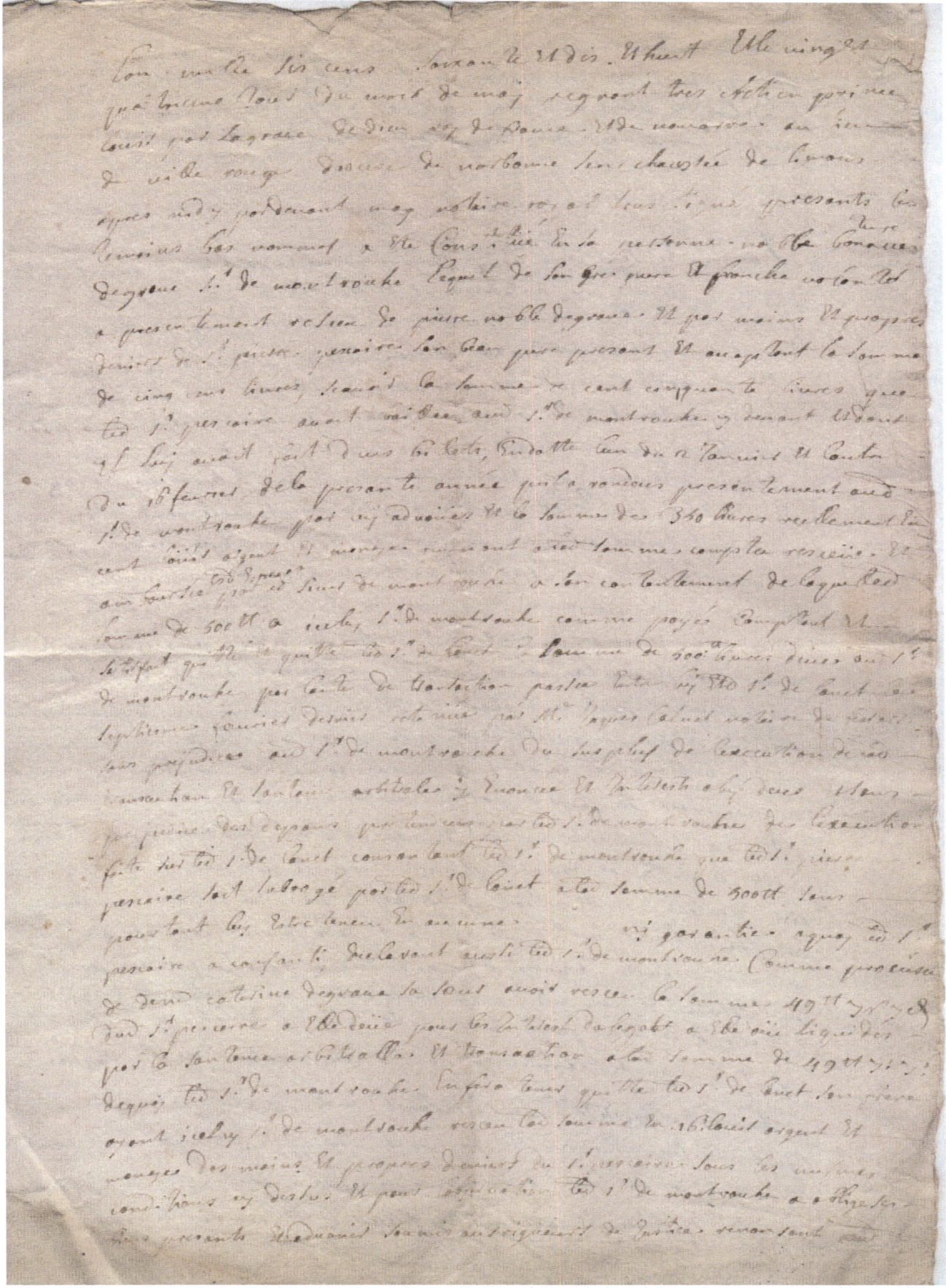

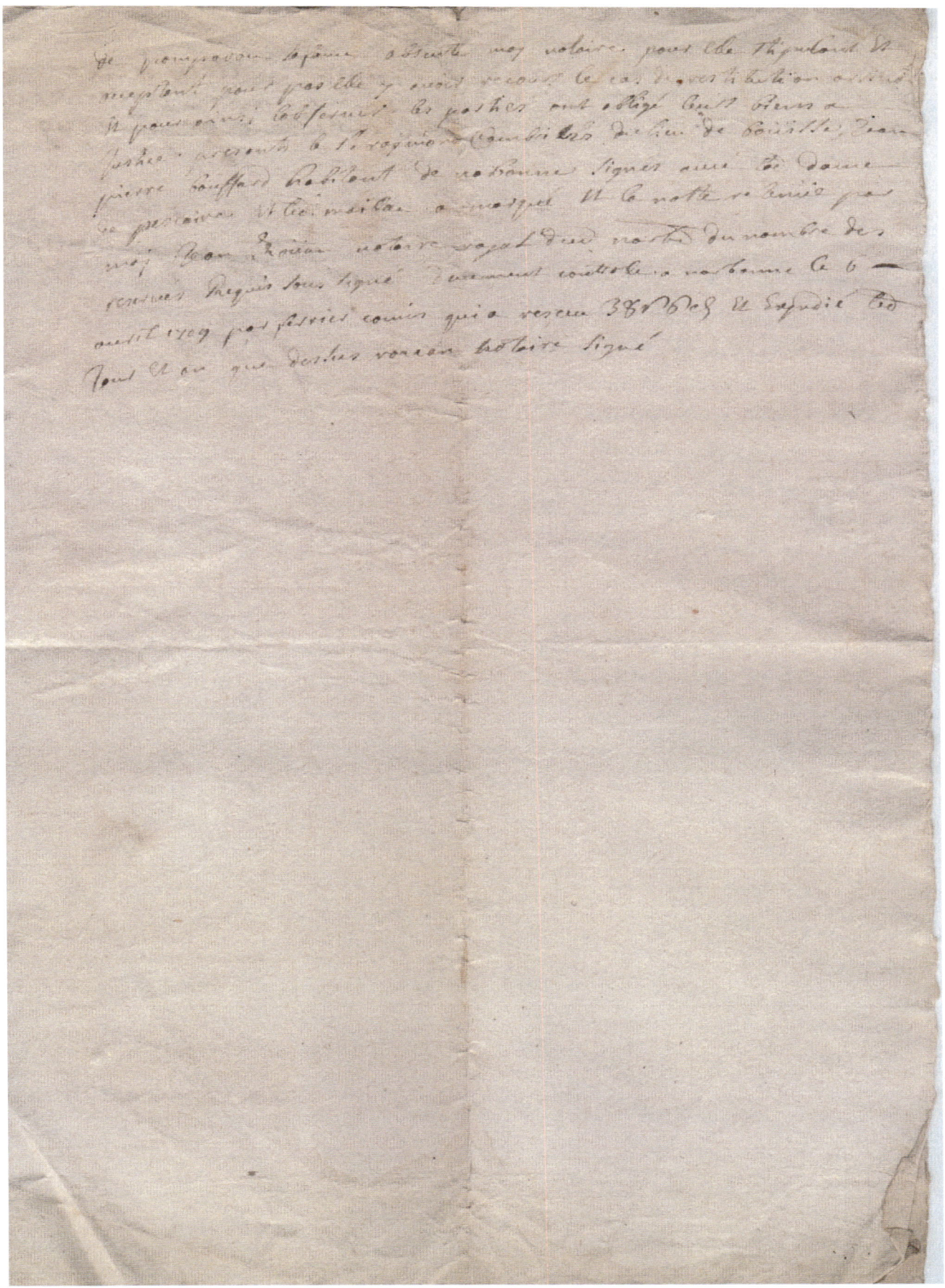

Document 111 – 16 mars 1674 – Articles et promesse de mariage entre le sieur Charles Chambellain et demoiselle Marie-Anne Mabille

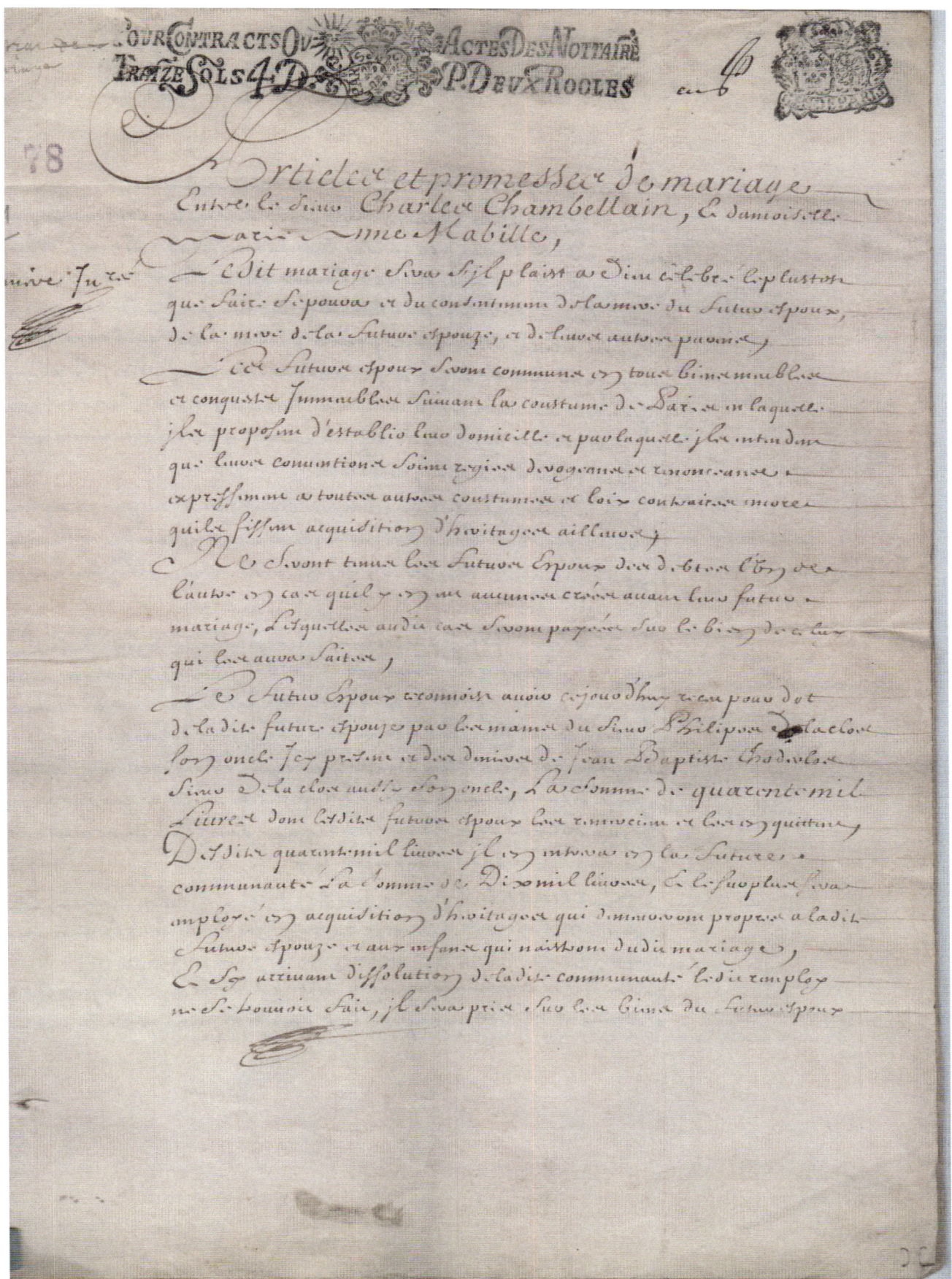

Articles et promesses de mariage
Entre le sieur Charles Chambellain, et damoiselle
... Anne Mabille,

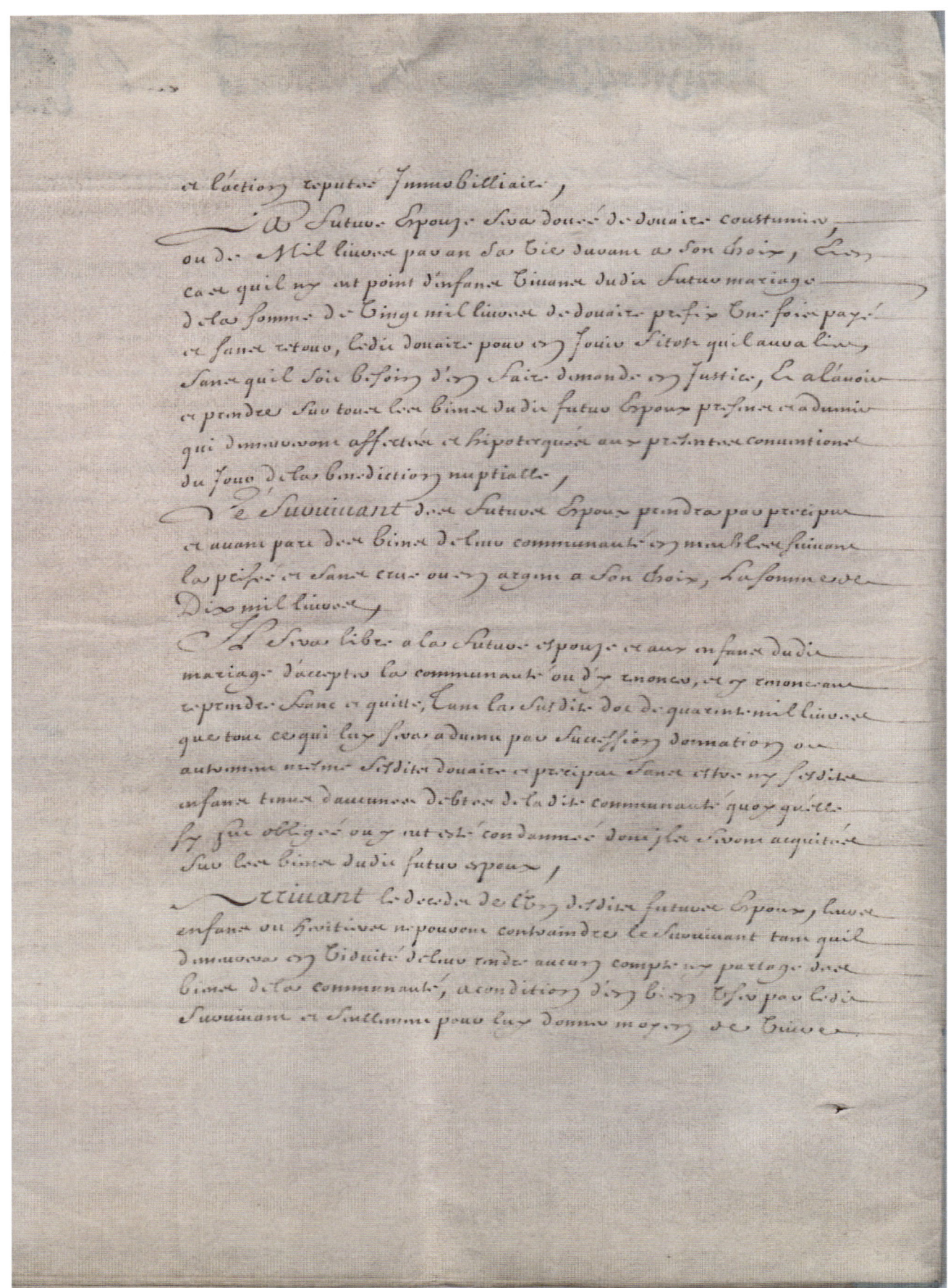

et l'action reputée Immobilliaire,

La Future Epouse Sera douée de douaire coustumier
ou de Mil livres par an Sa vie durant à Son choix, Et
cas qu'il n'y ait point d'enfans vivans dudit Futur mariage
de la Somme de Cinq mil livres de douaire prefix Une fois payé
et Sans retour, ledit douaire pour en jouir Sitot qu'il aura lieu,
Sans qu'il Soit besoin d'en faire demande en justice, et à l'avoir
et prendre Sur tous les biens dudit futur Epoux presens et avenir
qui demeureront affectés et hipotequés aux presentes conventions
du jour de la benediction nuptialle,

Le Survivant des Futurs Epoux prendra par precipu
et avant part des biens de leur communauté en meubles Suivant
la prisée et Sans crue ou en argent à Son choix, la Somme de
Dix mil livres,

Et Sera libre à la Future Epouse et aux enfans dudit
mariage d'accepter la communauté ou d'y renoncer, et en renonceant
reprendre franc et quitte, tant la Susdite dot de quarante mil livres
que tout ce qui lui Sera advenu par Succession donation ou
autrement entre Sesdits douaire et precipu Sans retour, ny Sesdits
enfans tenus d'aucunes debtes de ladite communauté quoy qu'elle
Sy fut obligé ou y eut eté condannée dont ils seront acquittés
Sur les biens dudit futur Epoux,

Survivant le deceds de l'un desdits futurs Epoux, leurs
enfans ou heritiers ne pourront contraindre le Survivant tant qu'il
demeura en viduité de leur rendre aucun compte ny partage des
biens de la communauté, à condition d'en bien User par ledit
Survivant et Suffisamment pour lui donner moyen de vivre

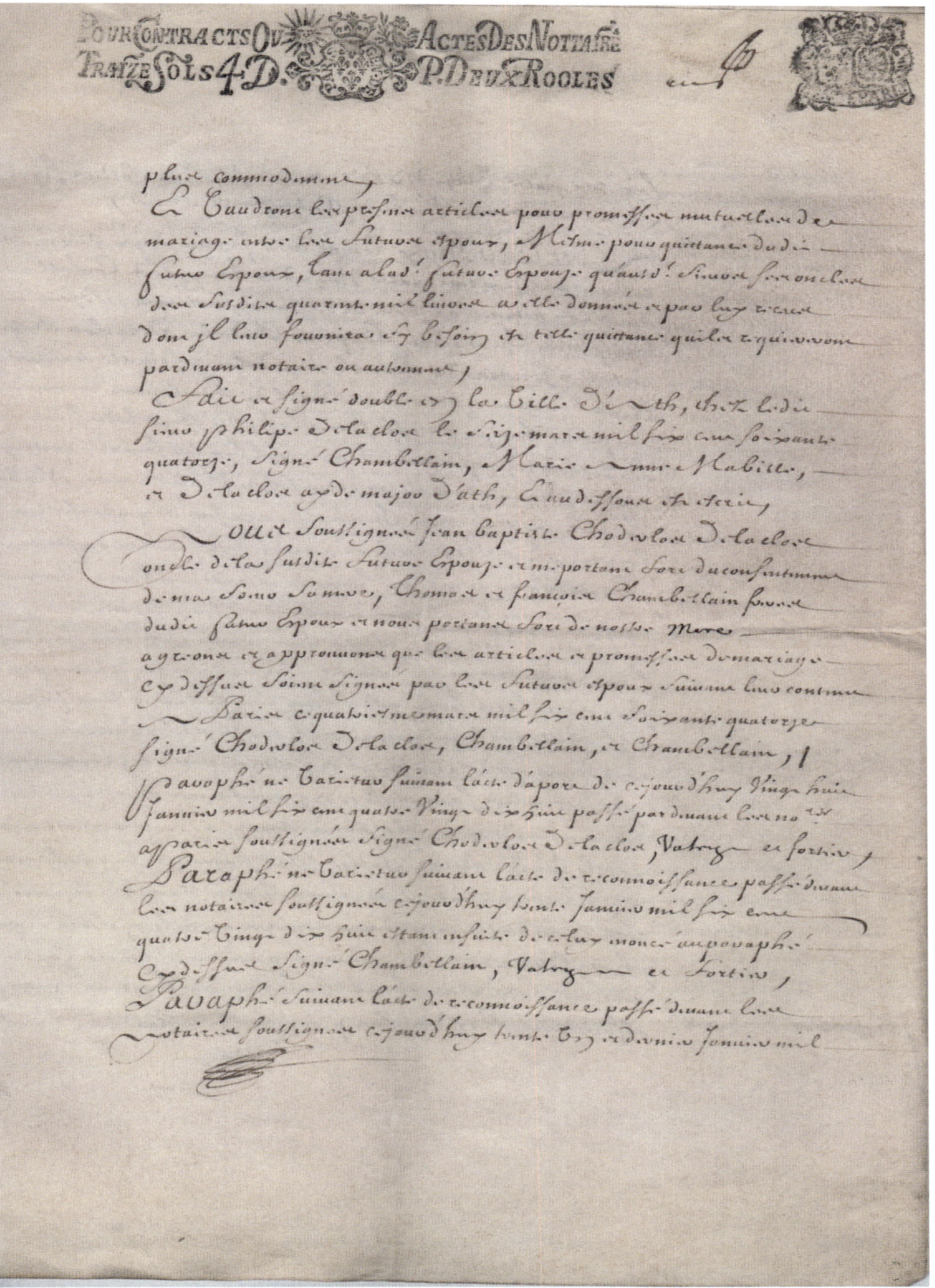

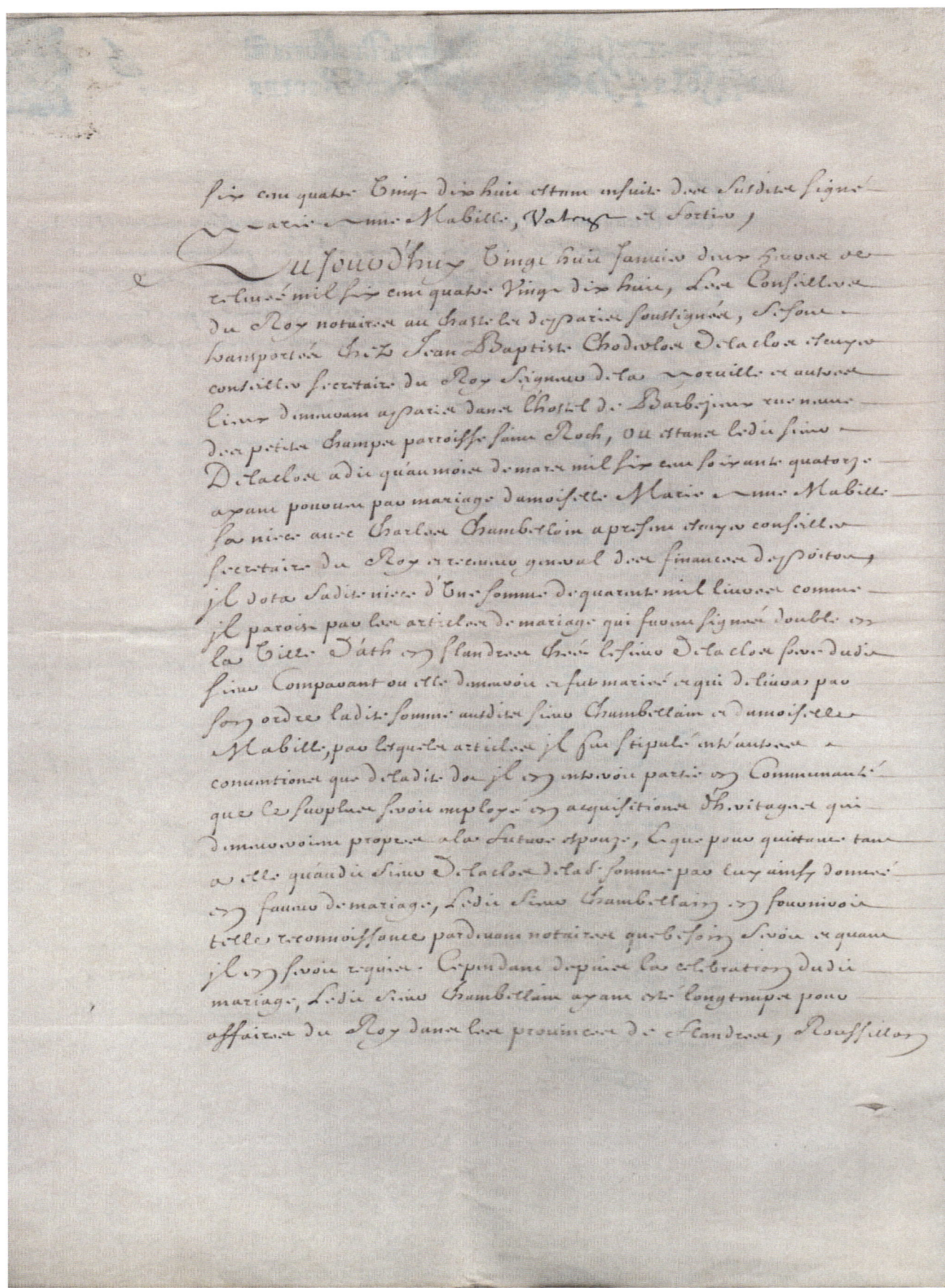

François Comté, et autres, avant que de fixer avec ladite Spouse
leur résidence appartie ou se présentement étably leur domicille,
il a toujours negligé de faire le susdit employ stipulé, et de
donner audit Sieur comparant la reconnoissance promise d'icelle qu'icelle
de dot et articles de mariage insert que ledit Sieur de la Clavorie
ayant pardevers luy que le double Souscription prins qui de ce loen
fut delivré a et th audit Sieur de la Clave sont chers, il a très
notable interest pour l'execution des stipulations y contenues
et la conservation des droits et conventions de ladite dame sa mere
d'epremier et autres les inconveniens qui pouvoient s'en ensuivre
a l'advenir pourquoy a youe sur ce prins advise et ayant esté conseillé
de deposer ledit double d'articles de mariage et quittance de dot, et obliger
par les voies de droit ledit Sieur Chambellam a les reconnoistre a
pardevant notaires, il les a fait Sommer à cet effet par exploit de
Comtuoirs huissier au Chastelet du jour d'huy de se trouver au Sieur lieu
deux heures de relevée envers ledit Sieur comparant pour faire ladite
reconnoissance et en th expedie acte en bonne forme luy ayant
declaré que faute d'y satisfaire il deposera ledit double d'articles
et quittance et y feras proceder tant en presence qu'absence avec protestations
d'se pouvoir contre ledit Sieur Chambellam par justice et ainsy qu'il
advisera. Et d'autant qu'après avoir attendu depuis ladite heure de
deux heures de relevée jusqu'à quatre, ledit Sieur Chambellain n'
est comparu, ledit Sieur de la Clave a requis Sortir l'exp. d'l'Sieur no et
soussigné de recevoir et mettre ledit double d'articles et quittance de
dot du quatre et Sixje mars mil six cent soixante quatorze, aurainy de
son ministere pour y avoir recours et valloir audit Sieur Comparant a ladite
dame Sa mere ou autres qu'il y appartiendra en temps et lieu et que
de raison, dont et de tout ce que dessus il a demandé l'y present acte qui
luy a esté accordé par ledit notaire, après que ledit double d'articles

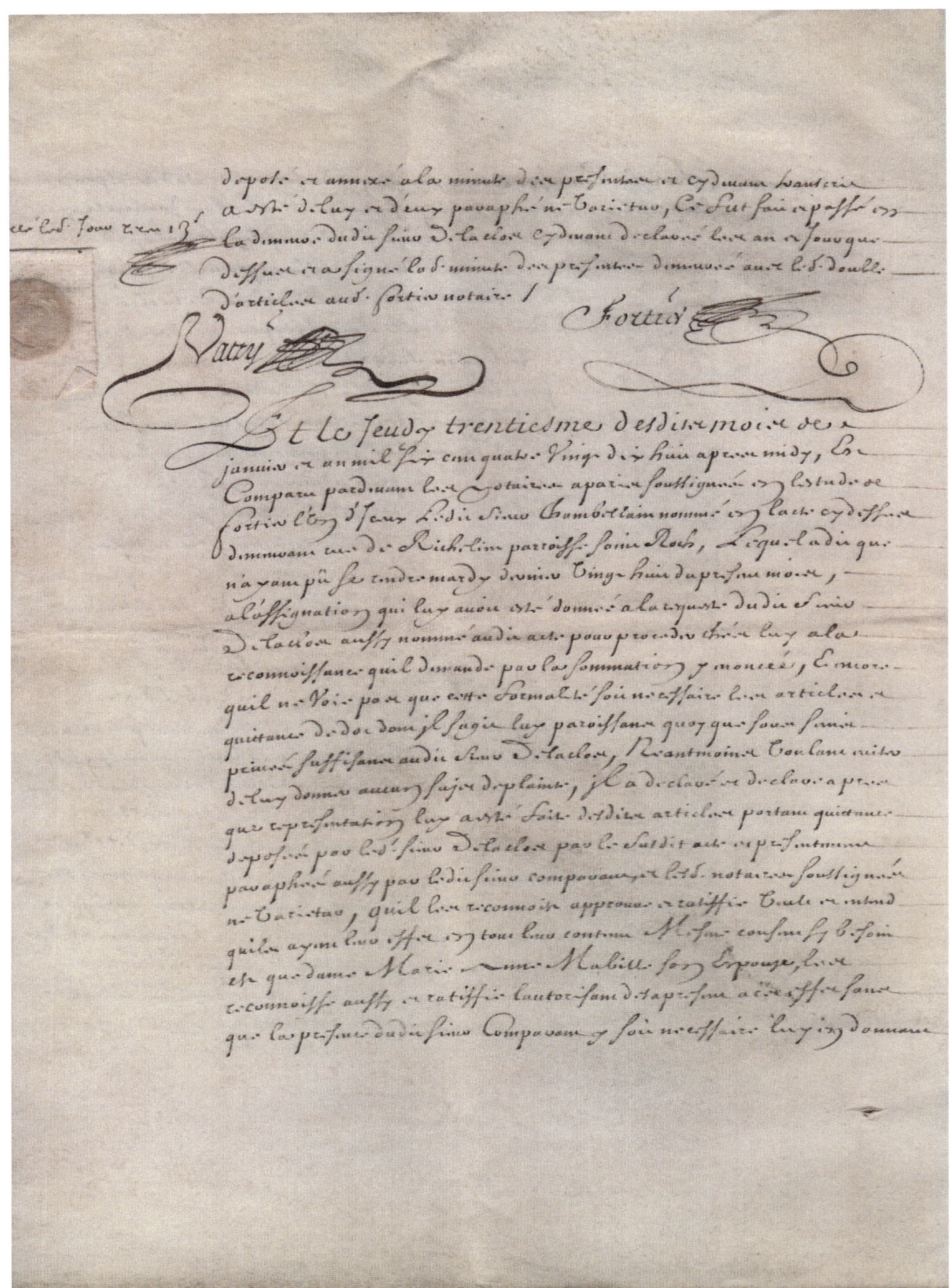

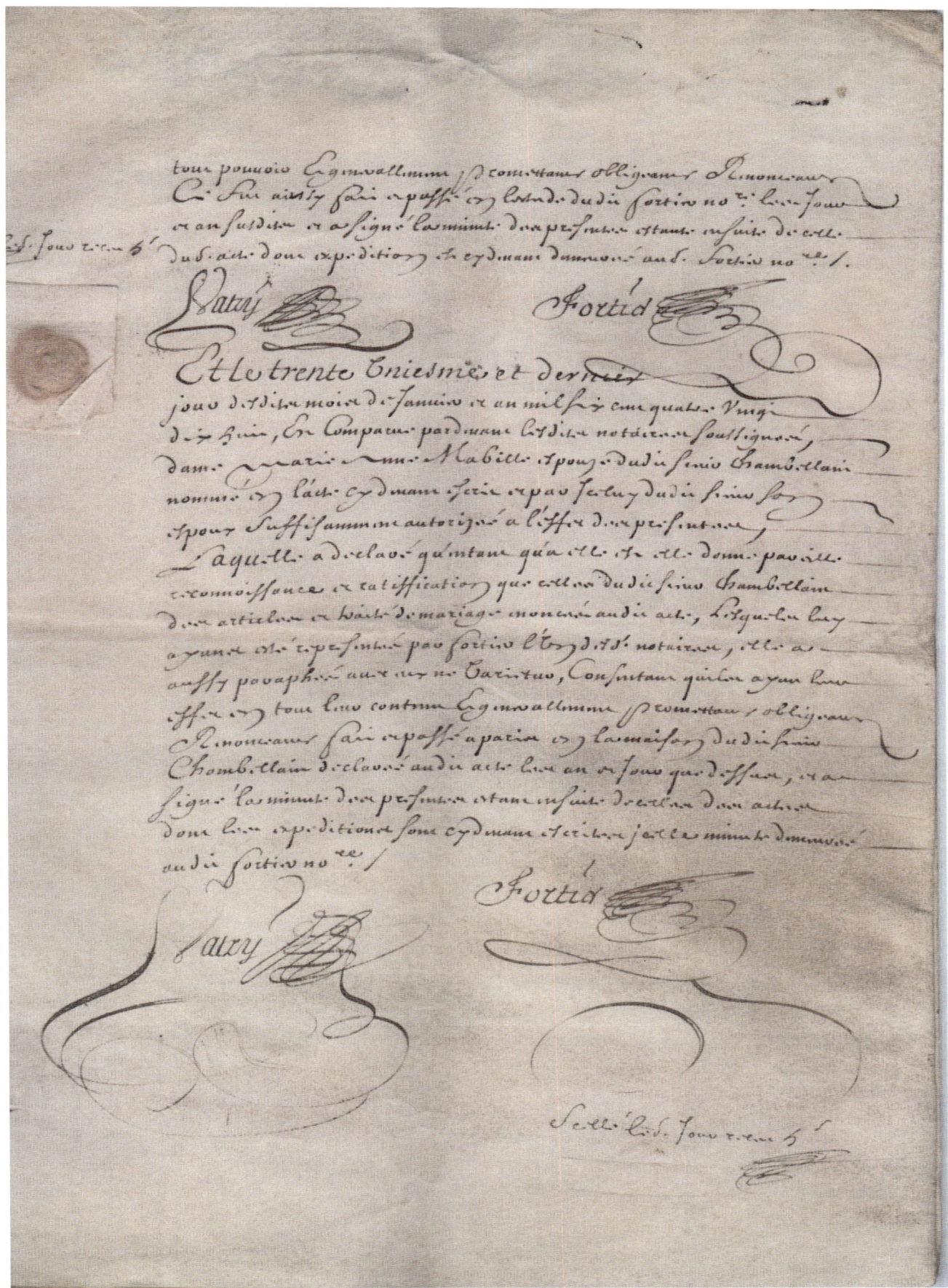

" Articles et promesse de mariage entre le sieur Charles Chambellain et damoiselle Marie Anne Mabille.

Ledit mariage sera s'il plaît à Dieu célébré le plustôt que faire se pourra et du consentement de la mère du futur époux, de la mère de la future épouse et de l'avis des autres parents.

Les futurs époux feront communauté de tous biens meubles et conquêtes immobilières suivant la coutume de Paris en laquelle ils proposent d'établir leur domicile et par laquelle ils entendront que leurs conventions soient régies dérogeant et renonçant expressément à toutes autres coutumes et lois contraires encore qu'ils fissent acquisition d'héritages ailleurs.

Ne seront tenus les futurs époux des débiteurs l'un de l'autre en cas qu'il y en est aucun créés avant leur futur mariage, lesquels audit cas seront payés sur les biens de celui qui les aura faites.

Le futur époux reconnoit avoir auhourd'huy reçu pour dot de la future épouse par la main de sieur Philippe Delaclos son oncle icy présent et des deniers de Jean Baptiste Choderlos Sieur de Laclos aussy son oncle, la somme de quarante mille livres dont les dits futurs époux les remercient et les ont quittés.

Des dits quarante mille livres, il en investira en la future communauté la somme de dix mille livres et le surplus sera employé en acquisitions d'héritage qui demeureront propres à ladite future épouse et aux enfants qui naîtront dudit mariage, et sy arrivait dissolution de ladite communauté ledit remploy ne s'y trouvait fait, il sera prit sur les biens du futur époux et l'action réputée immobilière.

La future épouse sera dottée de douaires costumières ou de mille livres par an sa vie durant à son choix, en cas qu'il n'y est point d'enfant vivant dudit futur mariage de la somme de vingt mille livres de douaires pour en jouir sitôt qu'il aura lieu sans qu'il soit besoin d'en faire demande en justice, et à l'avoir et prendre sur tout les biens dudit futur époux présents et advenirs qui demeureront affectés ou hypotéqués aux présentes conventions du jour de la bénédiction nuptiale.

Le survivant des futurs époux prendra par préciput et avance par des biens de leur communauté ou meubles suivant la préférence ou en argent à son choix, la somme de dix mille livres.

Il sera libre à la future épouse et aux enfants du dit mariage d'accepter la communauté ou d'y renoncer ou y renonçant reprendre francs et quitte; Sur la susdite dot de quarante mille livres que tous ce que luy sera advenu par succession donation ou autrement nommés sesdits douaires et préciput sans être uni ses dits enfants tenus demeureront débiteurs de ladite communauté quoy qu'elle s'y fut obligée ou y ait été condamnée dont ils seront acquités sur les biens dudit futur époux.

Arrivant le décès de l'un desdits futurs époux, leurs enfants ou héritiers ne pourront contraindre le survivant tant qu'il demeurera en viduité de leur rendre aucun comptes ny partage des biens de la communauté, à condition d'un bien utilisé par le survivant et seulement pour luy donner moyen de vivre plus commodément.

En foy de quoi les présents articles pour promesse mutuelle de mariage entre les futurs époux, remis pour quittance dudit futur époux tant à ladite future épouse ..

Fait et signé en double en la ville d'Ath chez ledit sieur Philippe Delaclos le 20 mars 1674, signé Chambellain, Marie Anne Mabille et Delaclos aide major d'Ath; et au-dessous est écrit, pour soussigné Jean Baptiste Choderlos Delaclos oncle de la susdite future épouse et se portant fort du consentement donné sans sa mère, Thomas et François Chambellain frère dudit futur époux et nous portant fort de notre mère agréons et approuvons que les articles et promesses de mariage cy dessus soient signés par les futurs époux suivant leur coutume...."

Document 111 bis – 16 février 1682 – Arrêt de la Cour du Parlement de Toulouse portant règlement des pacages

1682

coppie davist pour le
paignage

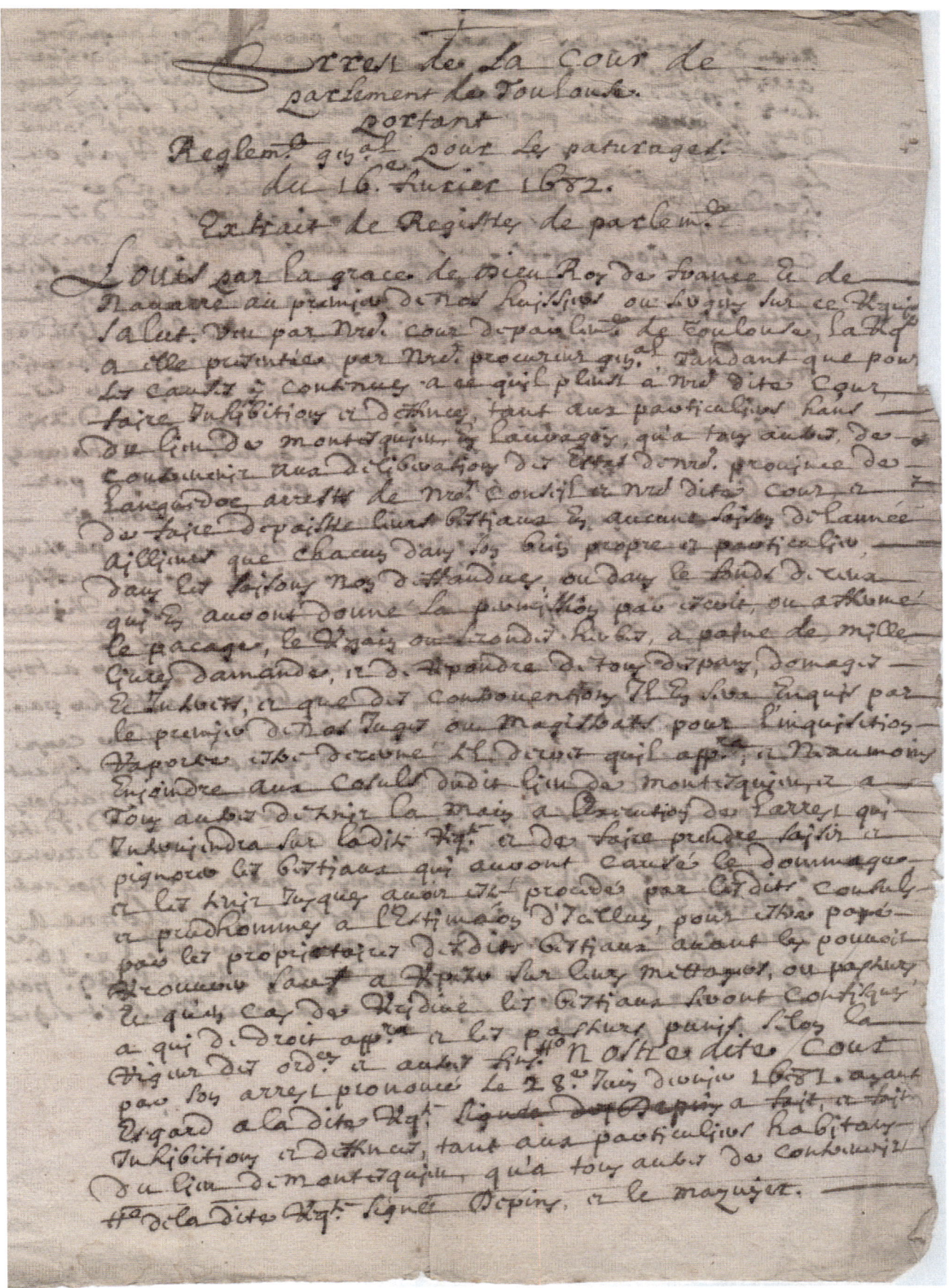

Arrest de la Cour de
parlement de Toulouse.
portant
Reglement qu'il a pour les paturages.
du 16. Juillet 1682.
Extrait de Registre de parlement

Louis par la grace de dieu Roy de france et de
Navarre au premier de nos huissiers ou sergens sur ce requis
Salut. Veu par Nostre cour de parlement de toulouse, la Req[ueste]
a elle presentée par Nostre procureur gen[er]al tendant que pour
les causes et contenues a ce qu'il pleust à Nre dite Cour
faire Inhibition et deffences, tant aux particuliers habitans
du lieu de montsegur et lauragez, qu'à tous autres, de
contrevenir aux deliberation des Estatz de nre provinces de
Languedoc arresté le nre conseil et nre dite cour et
de faire doresnavant leurs bestiaux en aucune saison de l'année
ailleurs que chacun dans son bien propre et particulier,
dans les saisons Roy detenduz, ou dans le fonds d'autruy
qui en auront donné la permission par escrit, ou acheté
le pacage, le tout au dessoudit hiver, a peine de mille
livres d'amende, 12. d. d'amende de tous dommages
et Interestz, et que dit contravention il en sera enquis par
le premier des nos juges ou magistrats pour l'inquisition
rapportée estre ordonné et il soit qu'il app[artiendra], et neantmoins
Enjoindre aux Consuls dudit lieu de montsegur, et a
tous autres detenir la main a l'execution des arretz qui
s'enjoindra sur ladit Req[ueste] et de faire prendre saisir et
pignorer les bestiaux qui auront causé le dommage
et les tenir Jusques avoir esté procedé par lesditz Consuls
et prudhommes a l'estimation d'iceluy, pour estre payé
par les proprietaires desditz bestiaux avant les pouvoir
retrouver sauf a repeter sur leurs metayers, ou pasteurs
et qu'au cas de Refus les bestiaux seront confisquez
a qui de droit app[artiendra] et les pasteurs punis. Veu la
requeste dite ord[onnan]ce et autres fins. Nostre dite Cour
par son arrest prononcé le 28e juin dernier 1681. ayant
Esgard a ladite Req[ueste] signé Pepin a fait, et fait
Inhibition et deffences, tant aux particuliers habitans
du lieu de montsegur, qu'à tous autres de contrevenir
et[c.] de ladite Req[ueste] signé Pepin, et le magistrat.

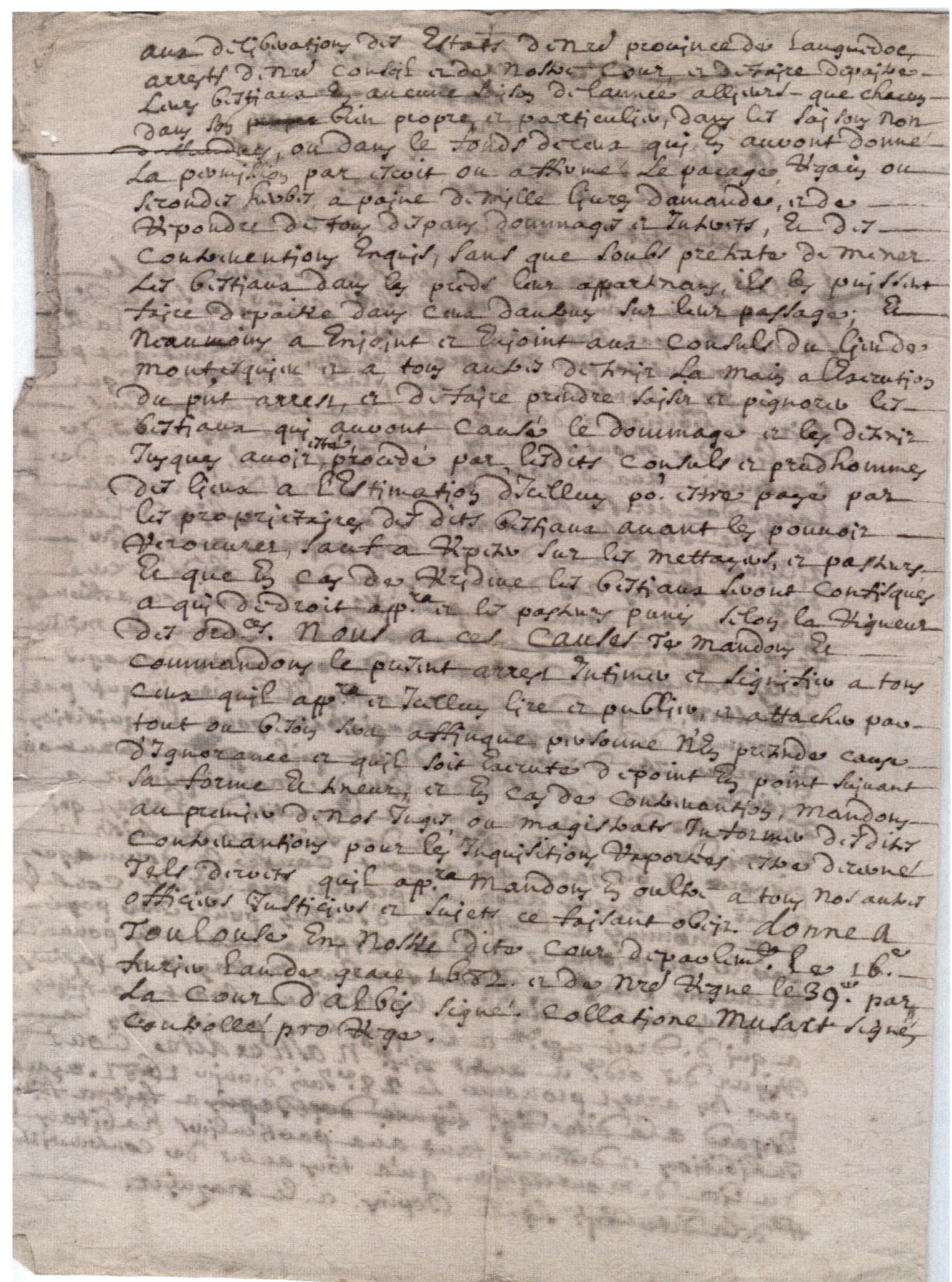

Document 112 – 24 avril 1682 – Requête de Jean-François Dauceresses contre le syndic du chapitre Saint-Paul de Narbonne

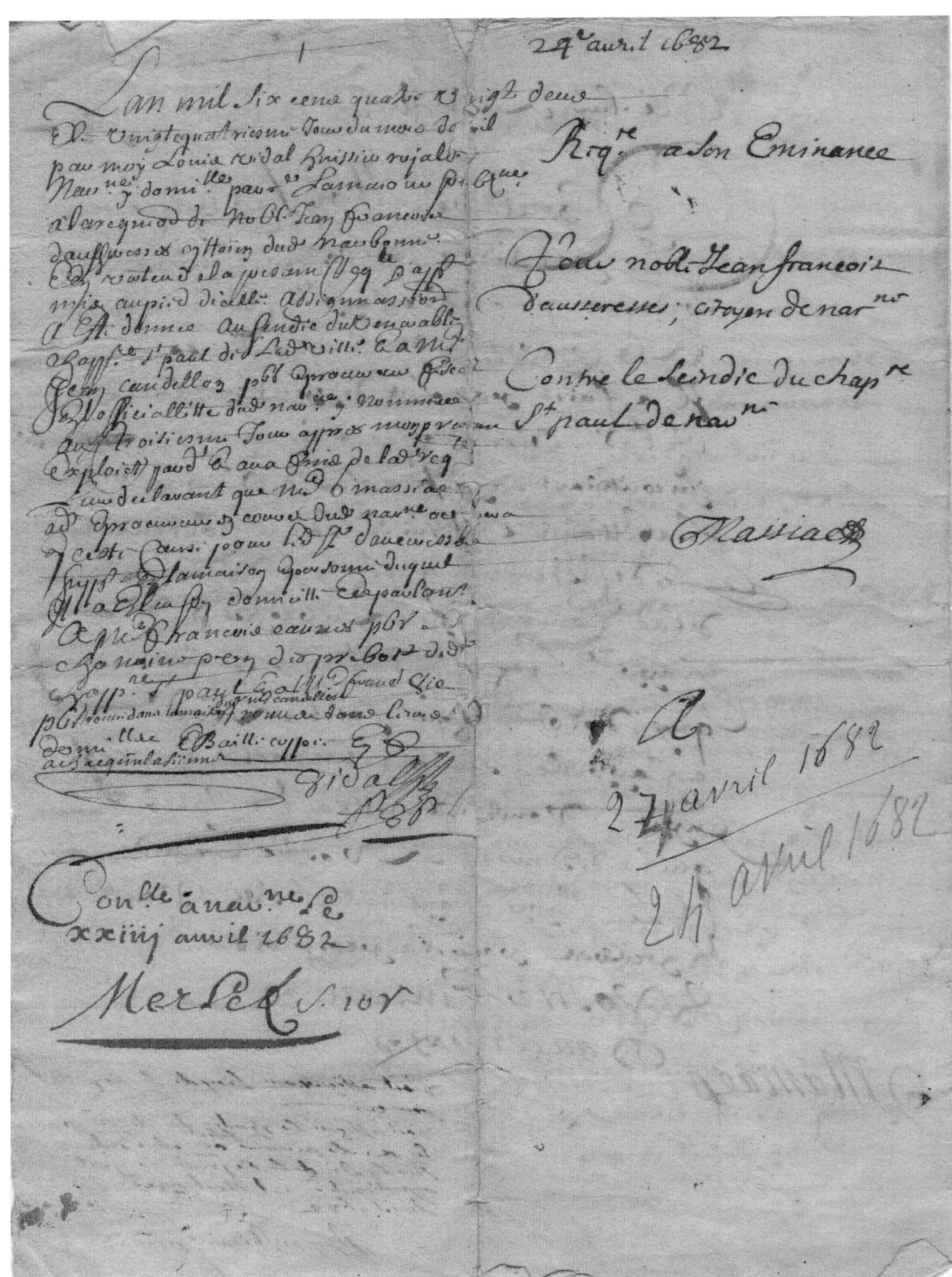

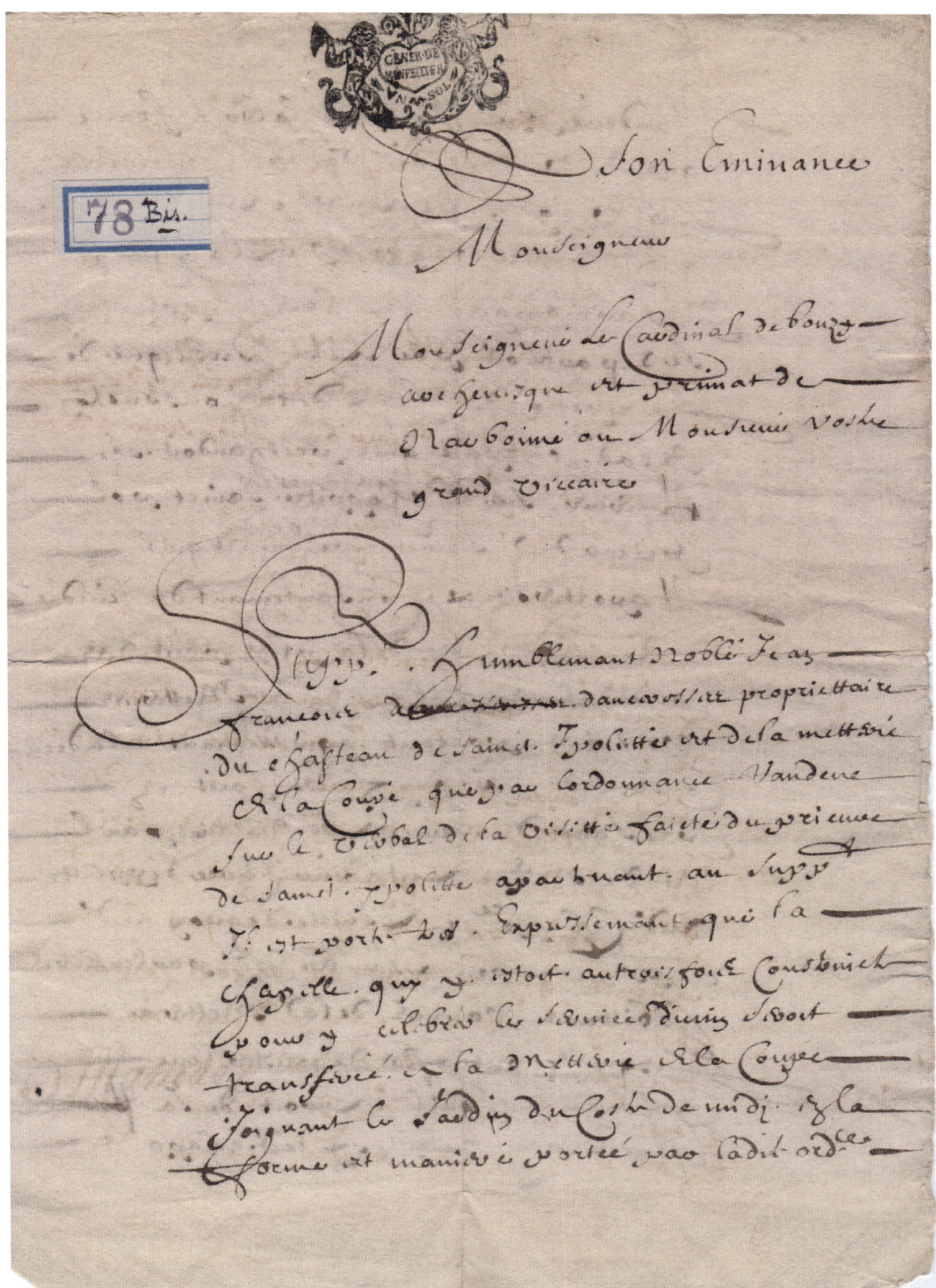

Son Eminence

Monseigneur

Monseigneur le Cardinal de Bonzy
archevesque et primat de
Narbonne ou Monsieur vostre
grand vicaire

Suppe. Humblement Noble Jean
françois ... d'anevostre propriettaire
du chasteau de Sainct Ipolitte et de la mettérie
de la Coupe que par l'ordonnance rendue
sur le verbal de la visitte faicte du prieuré
de Sainct Ipolitte apartenant au supp.
il est porté ... Expressemént que la
chapelle quy y estoit autresfois construicte
pour y celebrer le service divin doit
transferée en la mettérie de la Coupe
joignant le jardin du costé de midi y la
forme et maniere portée par ladit ord.

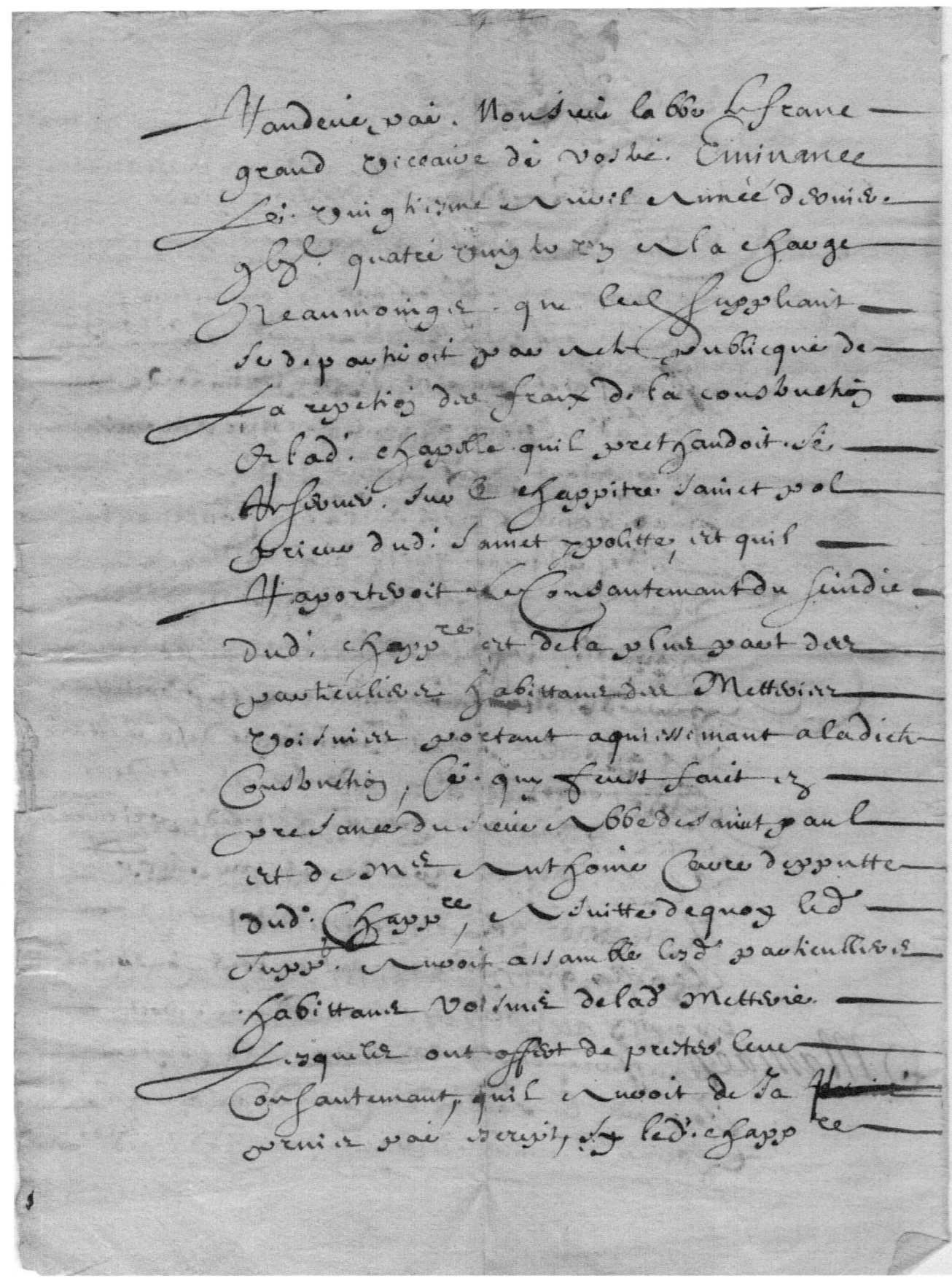

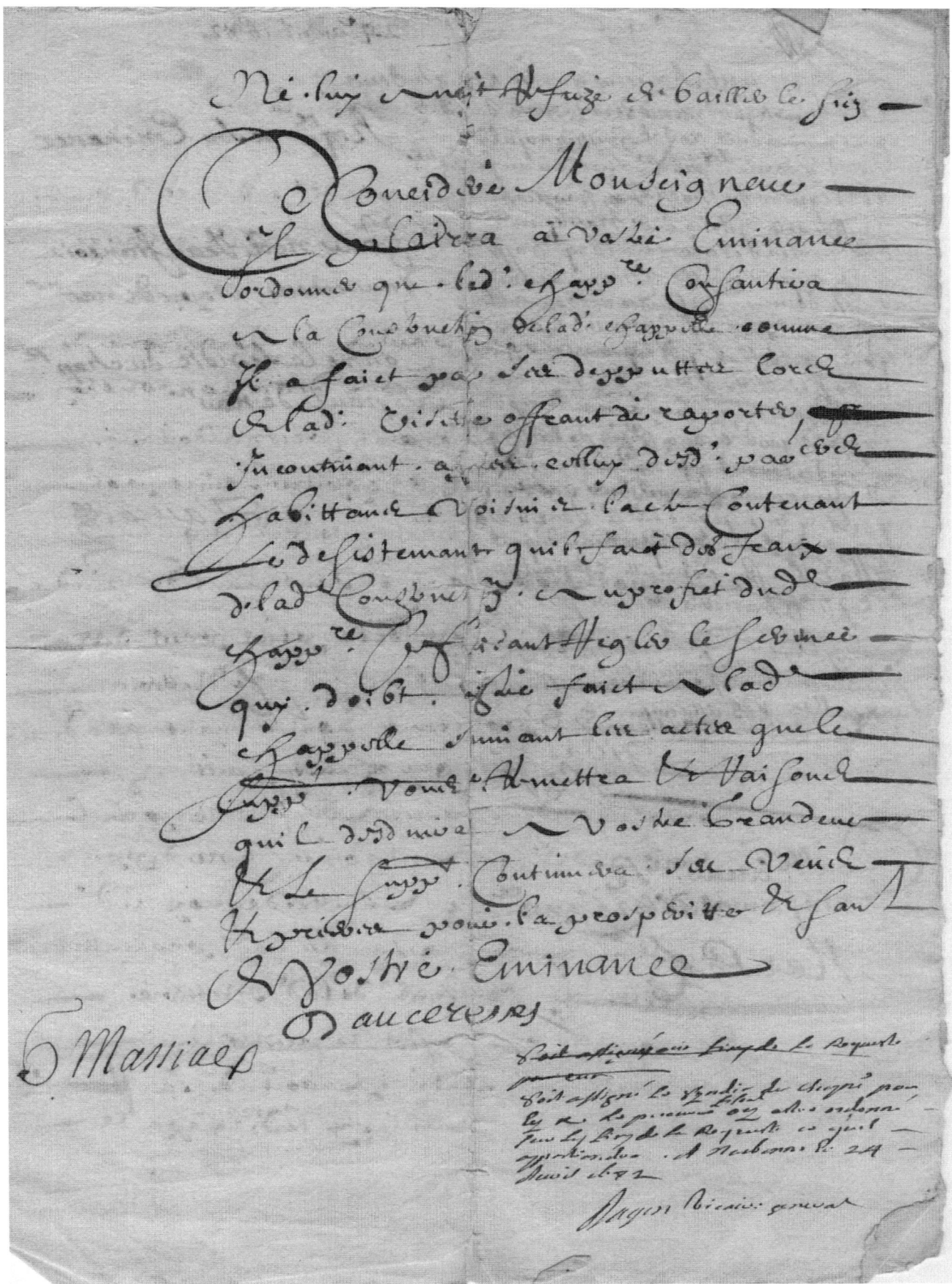

Document 113 – 29 novembre 1684 – Donation faite par Anne de Laborie, veuve de pierre Pescaire, au profit de noble Jean-François Dauceresses son gendre

donation de la maison de
chercalle de poriol

L'an mil six cent suivante quatre ... ... le ... jour du mois de novembre ... ... Roy de France et ... ...

[texte manuscrit ancien, en grande partie illisible]

... 1648 ...

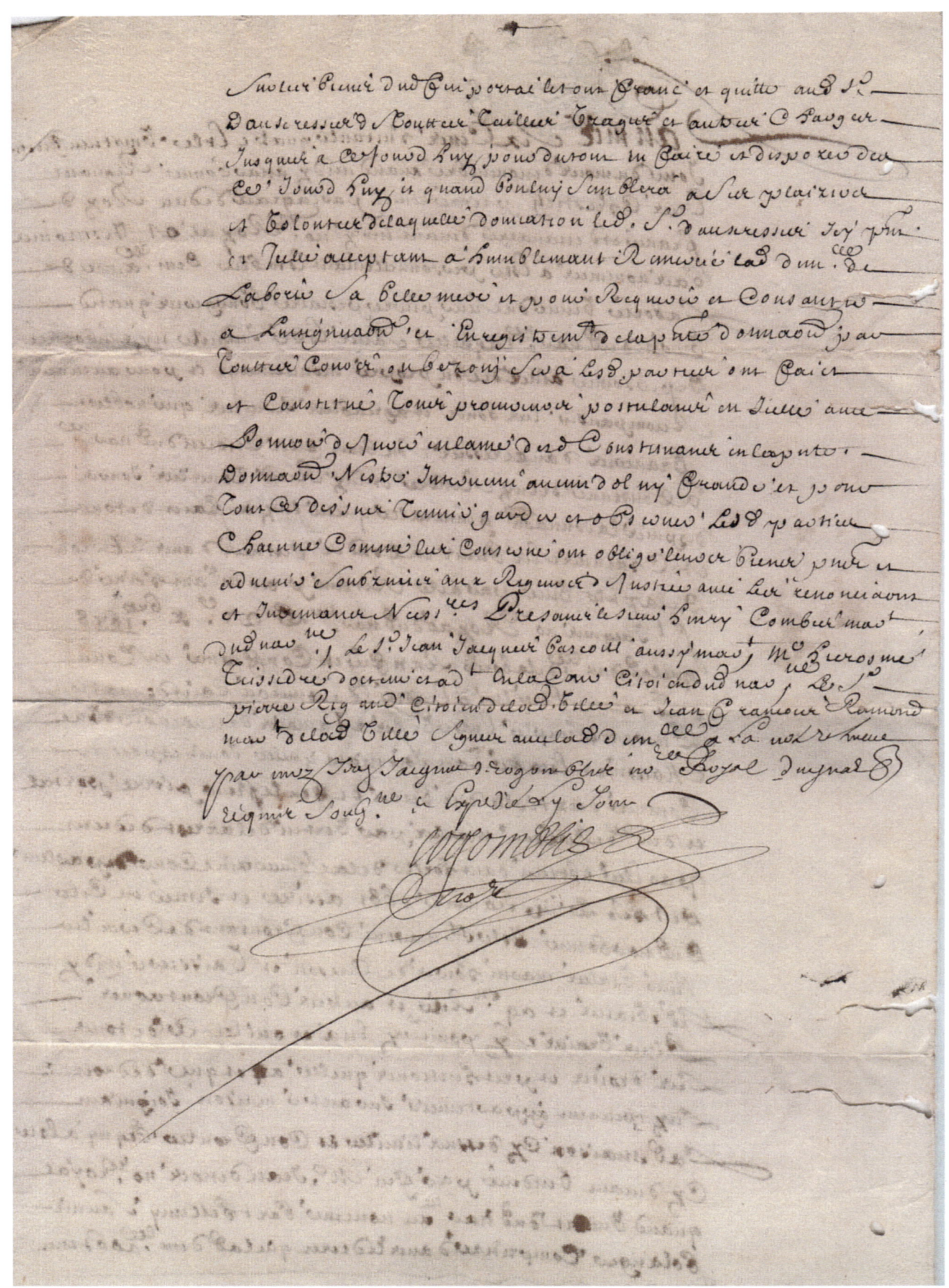

Document 114 – 18 janvier 1687 – Condamnation de Pierre de Grave seigneur de Lanet dans une affaire l'opposant au seigneur de Padern Hercule de Vic

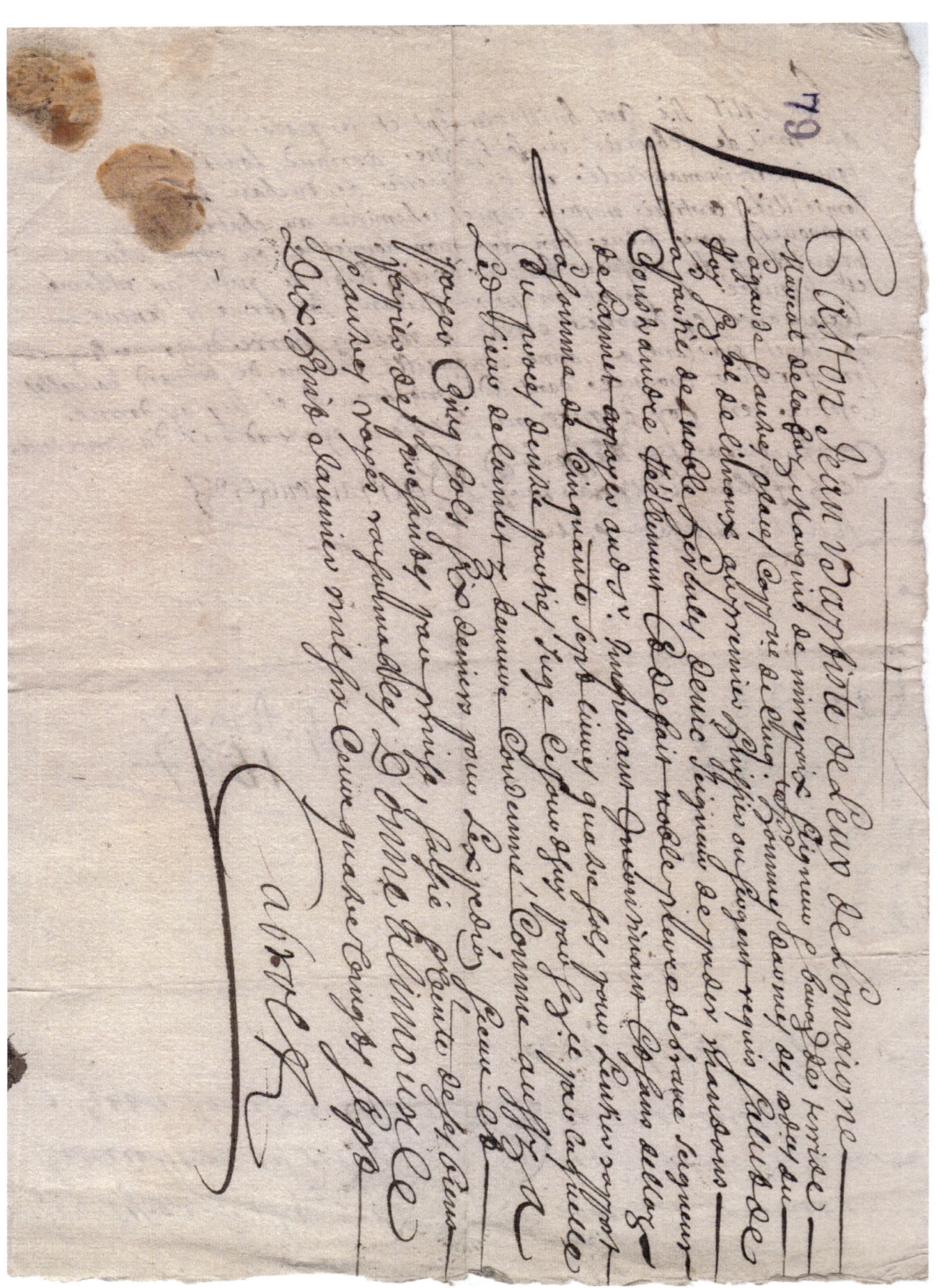

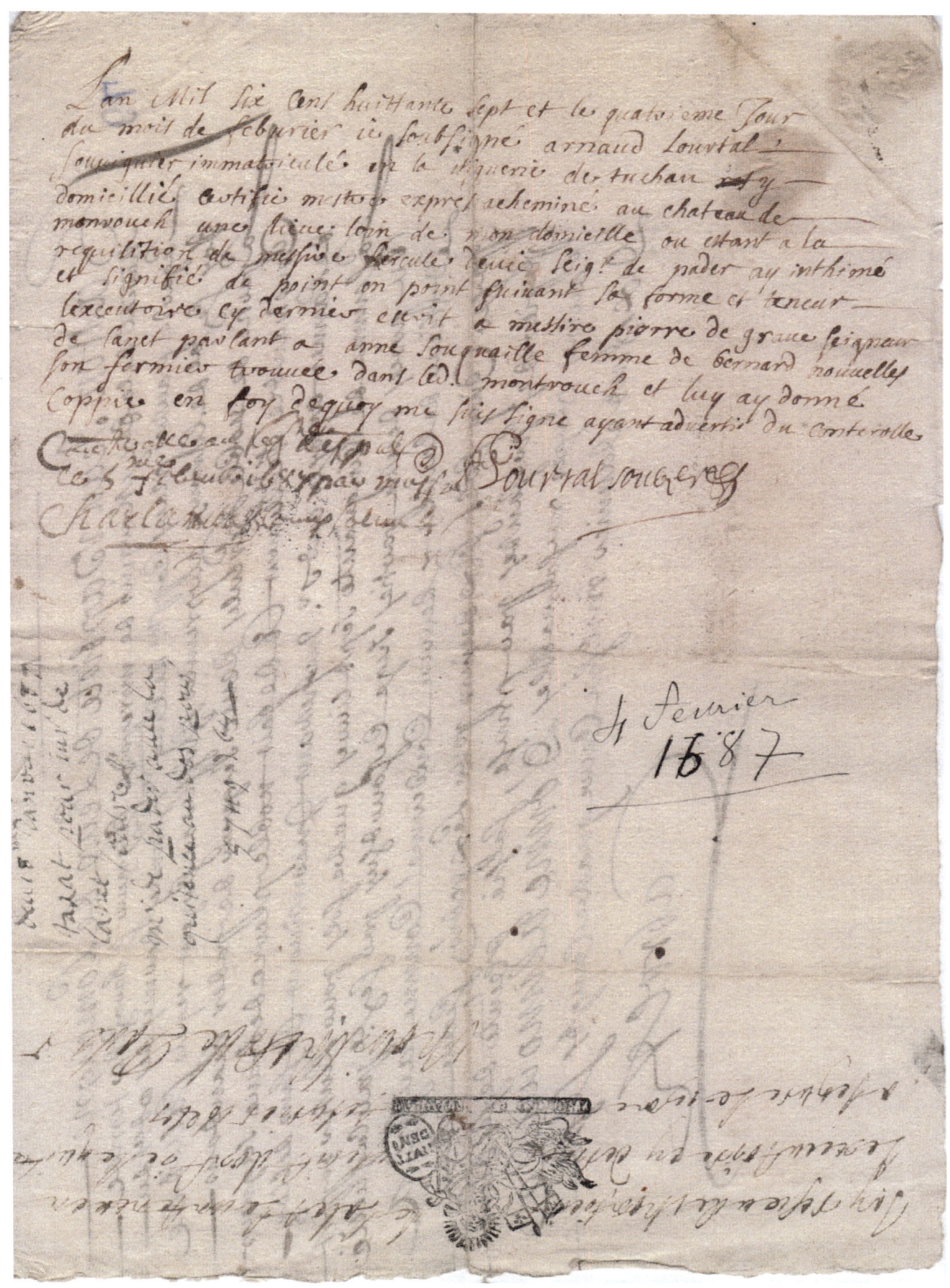

L'an Mil six Cent huittante sept et le quatriesme Jour
du moit de febvrier ie soubsigné arnaud Lourtal
sorviguier immatriculé en la viquerie de tuchan et y
domicillié certifie mettre exprés acheminé au chateau de
monrouch une lieue loin de mon domicille ou estant a la
requisition de messire hercule Bruié seig.r de nader ay inthimé
et signifié de point en point suivant sa forme et teneur
lexecutoire cy dernier escrit a messire pierre de grave seigneur
de lanet parlant a anne Sougnaille femme de bernard nouuelles
son fermier trouuée dans led. montrouch et luy ay donné
Coppie en foy dequoy me suis signé ayant aduertit du contenu

Lourtal sorviguier

4 fevrier
1687

« Gaston Jean Baptiste de Levy de Lomaigne, Maréchal de la foy, Marquis de Mirepoix, Seigneur et baron de Terride, Lagarde et autres places, Capitaine de cinquante hommes d'armes des armées du roy, Sénéchal de Limoux au premier huissier ou sergent requis Salut – De la partie de noble Hercule de Vic seigneur de Padern mandons contraindre réellement ce de fait noble Pierre de Grave seigneur de Lanet à payer audit suppliant impétant incontinant ce sans délai la somme de cinquante sept livres quatre sols pour l'entier rapport du procès d'entre parties jugé ce jourd'hui par sentence par laquelle ledit sieur de Lanet y demeure condamné comme aussi à payer cinq sols six deniers pour l'expédition [...] et papier des présentes par mise, saisie et vente de ses biens et autres voies raisonnables.

Donné à Limoux le dix huit janvier mil six cent quatre vingt sept.

Signé Cabrol. »

« L'an mil six cent huitante sept et le quatrième jour du mois de février ci soussigné Arnaud Lourtal sous-viguier immatriculé en la viguerie de Tuchan y domicilié, certifie m'être exprès acheminé au château de Montrouch une lieue loin de mon domicile où étant à la réquisition de messire Hercule de Vic seigneur de Padern ai intimé et signifié de point en point suivant la forme et teneur l'éxécutoire cy derrière écrit à messire Pierre de Grave seigneur de Lanet, parlant à Anne Soucailhe femme de Bernard Nouvelles son fermier trouvée dans ledit Montrouch et lui ai donné copie en foi de quoi me suis signé ayant averti du contrôle.

Signé. Lourtal. »

« Louis par la grâce de dieu roi de France et de Navarre au premier (nre) huissier et sergent sur ce requis comme nostre ami Pierre de Grave seigneur de Lanet ou procureur pour lui a dit bien et duement avoir appelé comme par ces présentes appelle à nous et notre cour de parlement d'être de certaine nulle et abusive sentence rendue par nostre sénéchal de Limoux le 18ème janvier dernier et fausse et indue poursuite de Hercule de Vic seigneur de Padern et d'autres [...] plus à plain à déduire et déclarer en temps et lieu Pour ce est je que nous mandons et requérant l'appelant adjourner l'appel et avec quelque appointement à joint certain et compétant par devant nous et notre cour pour voir procéder audit appel comme de raison lui faisant cependant Ensemble à notre sénéchal de rine faire ni attenter au préjudice dudit appel sur certaines et grandes peines à nus expliquées et de ce que fait aurait sur ce certifié notre cour par les exploits à laquelle mandons et enjoignons aux parties ouir et administrer bonne et bienfaite justice. Car tel est notre plaisir donné à Tholoze le huit jour du mois de mars l'an de grâce mil six cent quatre vingt sept et de notre règne le xxxxiiii. »

Document 115 – 18 janvier 1687 – Copie d'une lettre du roi acceptant un appel fait par Pierre de Grave seigneur de Lanet dans le procès qui l'oppose à Hercule de Vic

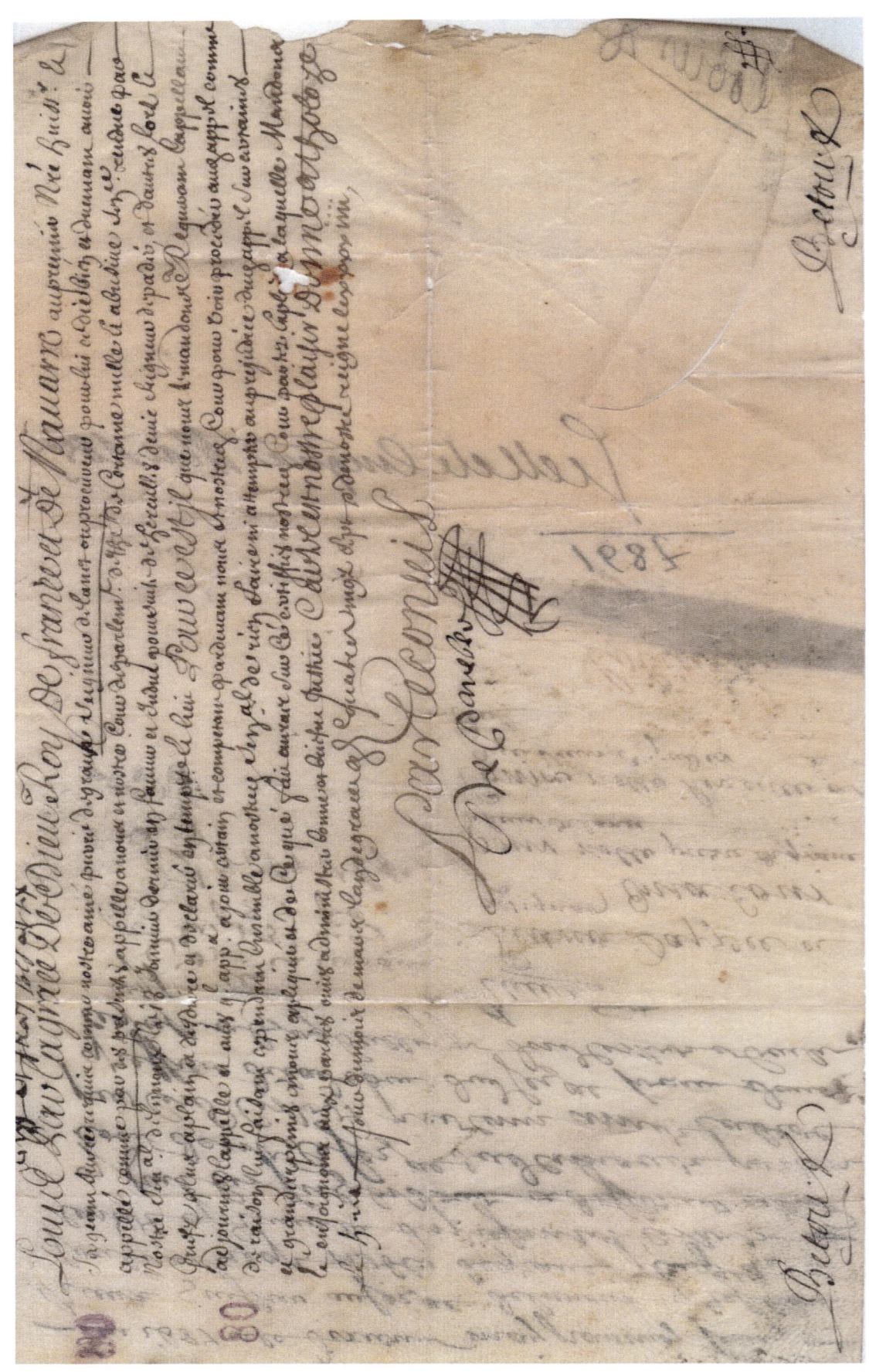

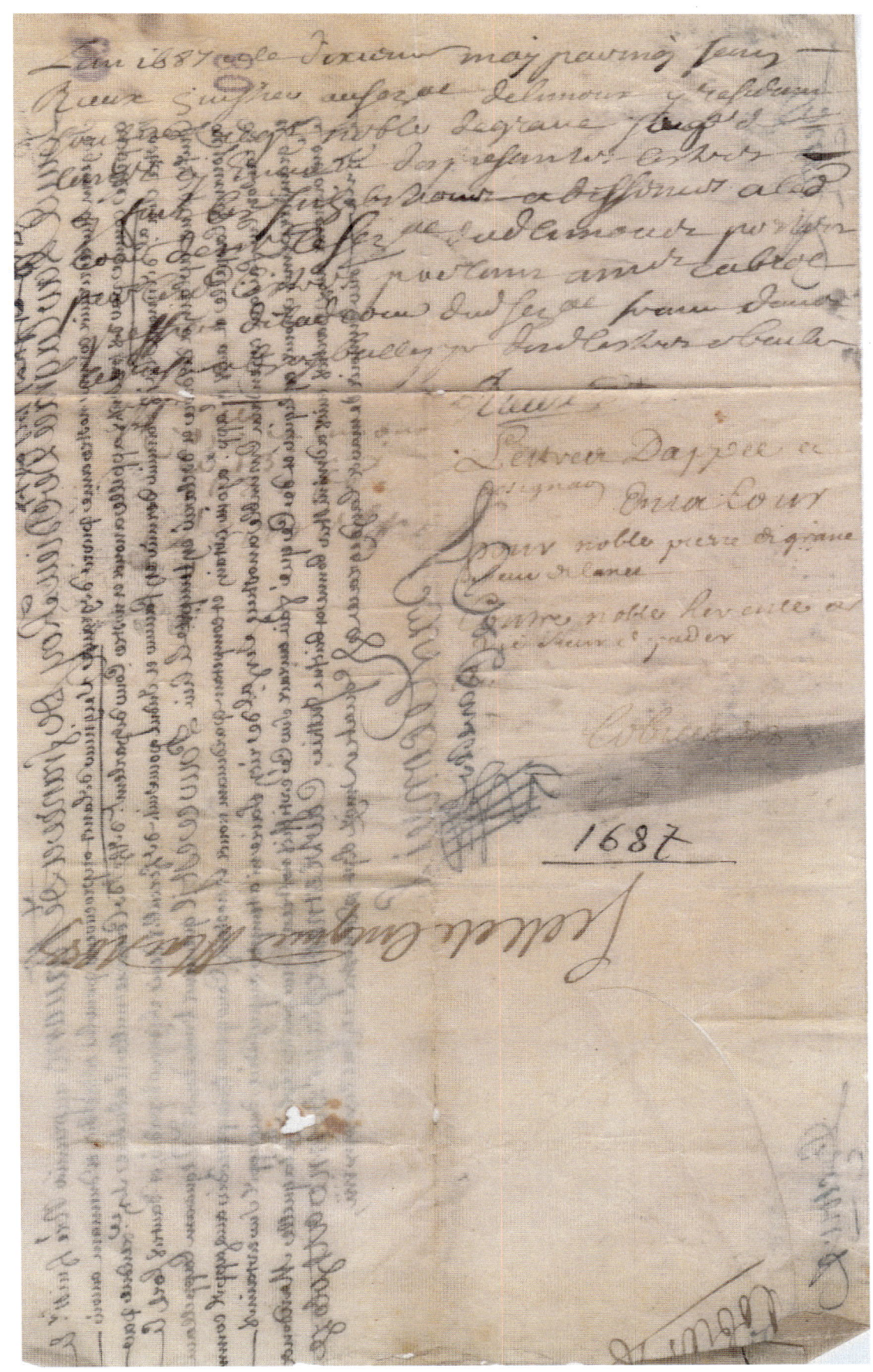

Document 116 – 13 mars 1687 – Brevet de maîtrise de chirurgien barbier attribué à Limoux au sieur Jean-Joseph Rousset

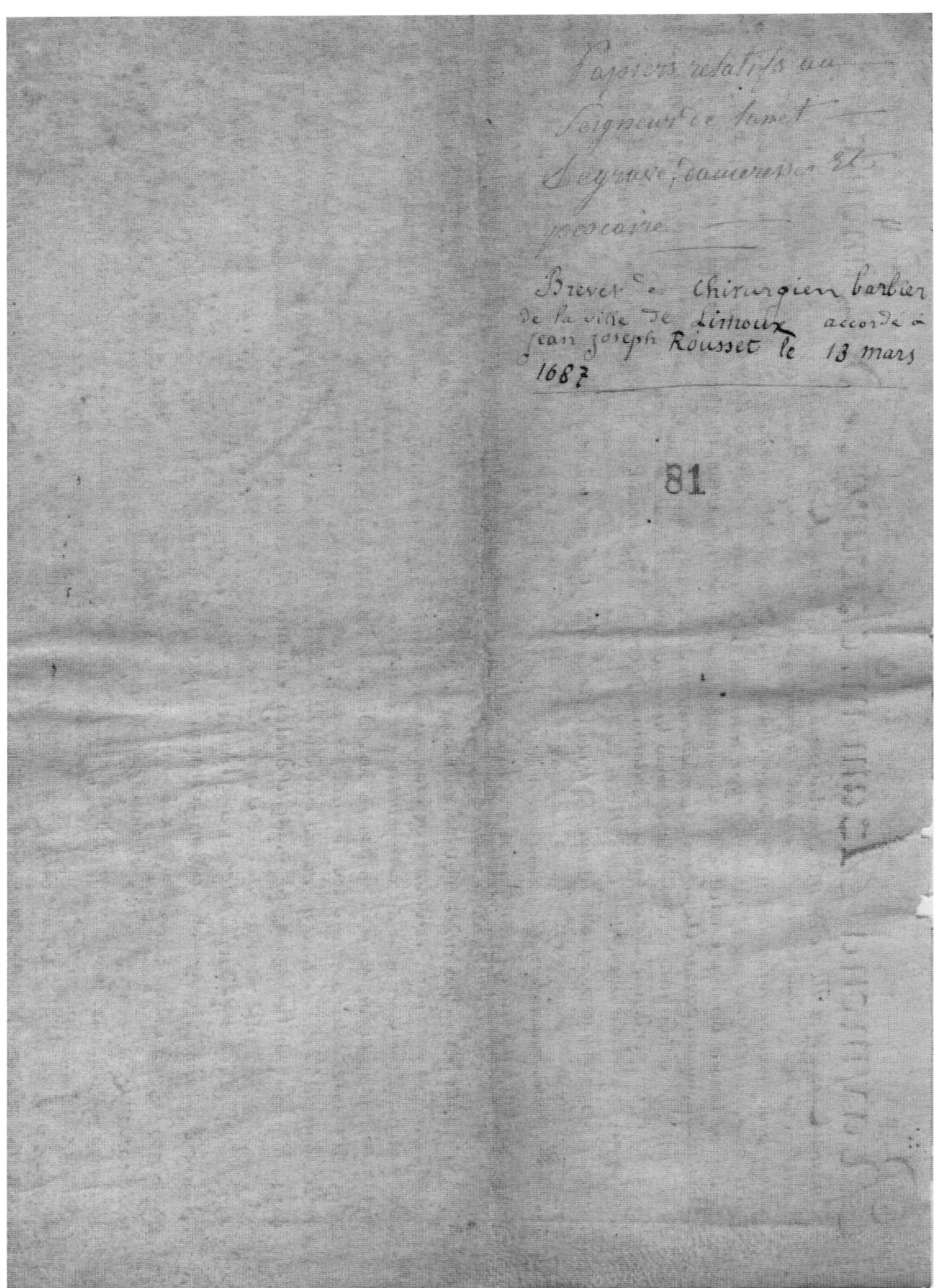

Papiers relatifs au
Seigneurie de lanet
Segrave, camerona et
procaire

Brevet de chirurgien barbier
de la ville de Limoux accordé à
Jean joseph Rousset le 13 mars
1687

81

Raymond Azan m. chirurgien de Limoux

Lieutenant en chef de Monsieur m.e Charles françois felix conseiller et Premier chirurgien du Roy pour tout cequi concern l'art et estat de chirurgie barbierie dans la ville et seneschaulcé de Limoux, et Premier commis de Mad.e le premier medecin du Roy pour faire privativement a tous autres chirurgiens de ladite ville et ressort dicelle, les Bieties des Corps morts fuez, blessez et autres qui s'ordonnent par authorité de Justice en ladite ville et ressort à tous ceux qui ces presentes lettres verront Salut Scauoir faisons, que sur les requisitions a nous faites par led.r Jean Joseph Rousset chirurgien barbier Aspirant a la maistrise en chirurgie pour la maistrise de chirurgien barbier, apres la coy parfaite quil nous a donné de Sa personne vie, et mœurs et declaration de son m. d'apprentissage et des certificats d'anciens Sieurs les m. chirurgiens, et a nous ceste chirurgien Maior dans le regiment des dragons de ceste prouince ainsi quil nous en ap.t apparoistre par les certificats de Mons.r le conte de Garge coronel dudit regiment, et d'autres certificats de Mons.r Dupuy St Pierre Capitaine et maior du mesme regiment. Nous auorons ledit S.r Jean Joseph Rousset admis a ses examens et chef d'annee en diuerses Seances par nous examiné et questionné, et par les Sieurs Jean Savre et Claude Sourras Juves et bayles d'élection pour la presente Année en ce et acristance de Mons.rd Jean delpoy et Henry lemoyne docteurs en Medecine habitans et residans en la p. Ville de Limoux et des aues m. chirurgiens dudit limoux qui ont boulu arister apres Sommation a eux faites Scauoir d'hier pos. ce trouuer presents et acristans audit examen Suiuant les estatuts gyrau dudit art, et demesme quil y a esté procedé aux examens faits par cy deuant des S.rs fauroux Sert et bataillié dernie recu a ladite maistrise, lequel Rousset aurions deuement examiné et fait examiner par les dits st Savre et fauroux Bayles Juves d'élection dans les formalites requises et portées par les Ordonnances royaux. Des priuilleges de la chirurgie et fait plusieurs questions sur diuerses parties de la chirurgie pour les operations chiruugicales et deue corps humain par l'anatomie des malades dicelluy Suiette a la chirurgie tant theorique que pratique et coq. du administration dicelle, Comme aussi des medicamens neces. pour la curation desdites maladies et a Jcelluy rousset fait operer pr son chef d'annee Suiuant l'article 7.e des dits statuts L'Operation du Trepan fait plusieurs et Diuerses questions sur la due administration, apareil, circonstance et dependance de ladite Operation Suiuant en conformement aux Ordonnances royaux, statuts priuilleges accordez par les royx a leurs premier chirurgien et a les lieutenant et commis et aues chirurgiens de ce royaume Suu ledit art De chirurgie et barberie le tout en pre. et acristance desdits S.rs Jean delpoy et henry le moyne docteurs en medecine sus nommez, et desdits bayles et dudit Bataillié m.e chirurgien et les aues m. absens Suiuant le 6.e article susdit desdits statuts et anciens des autres m. N'estant pas voulu venir arister audits examens apres sommation a eux faites a l'effet dy venir ainsi quil appert du verbal desdits examens et chef d'annee. Pour ces causes et autres bonnes considerations Nous dit lieutenant

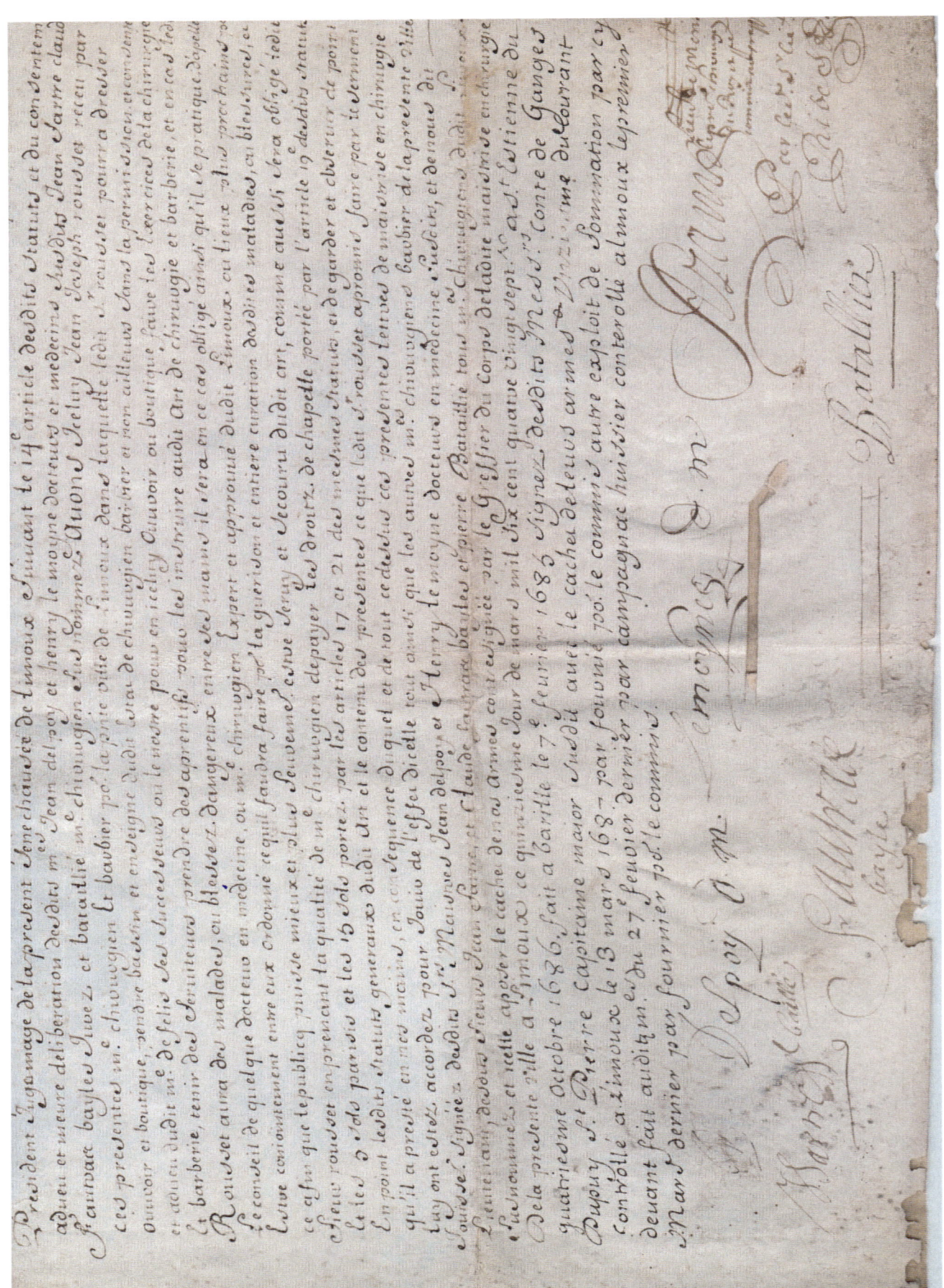

Document 117 – 14 mai 1689 – Confirmation en appel d'un jugement de la Cour du Présidial de Limoux dans une affaire opposant Pierre de Grave seigneur de Lanet et François Saury

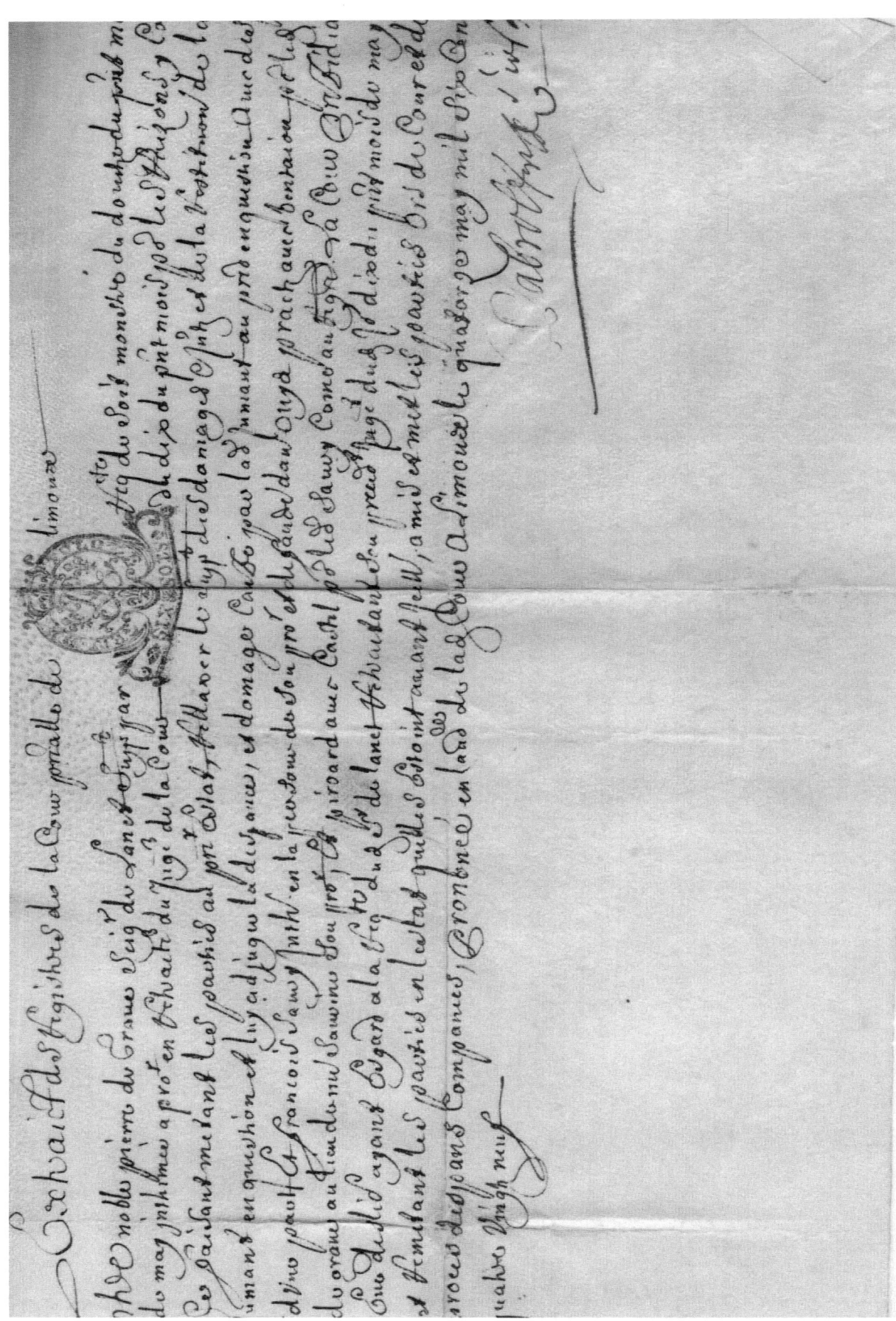

14 mai 1689

« Entre Noble Pierre de Grave seigneur de Lanet suppliant par requête sois monstré du douze du présent mois de mai intimé à produire en retrait du jugement de la Cour du dix du présent mois pour les raisons y contenues, ce faisant mettant les parties au présent état, relaxer le suppliant des dommages et intérêts et de la restitution de la jument en question et lui adjuger les dépens et dommages causés par ladite jument au pred en question avec dépens d'une part, et François Saury instruit en la présence de son procureur et défendant Louis Pratz avec Bentaiou pour ledit seigneur de Grave au lieu de Me Saurine son procureur, et Piroard avec Castel pour ledit Saury. La Cour présidialle eut deslis ayant égard à la requête du seigneur de Lanet retractant son précédent jugement dudit dix du présent mois de mai, et remettant les parties en l'état qu'elles étaient avant icelle, a mis et met les parties ors de Cour et de procès dépens compensés – Prononcé en l'audience de ladite Cour à Limoux le quatorze mai mil six cent quatre vingt neuf. »

Document 118 – 10 août 1691 – Acte notarié établi au nom de Jean-François Dauceresses à l'encontre de Antoine Satge tisserand de Narbonne, et signifiant l'expulsion de ce dernier de la maison qu'il occupe et du vignoble attenant pour défaut de paiement de rente pendant quatre années

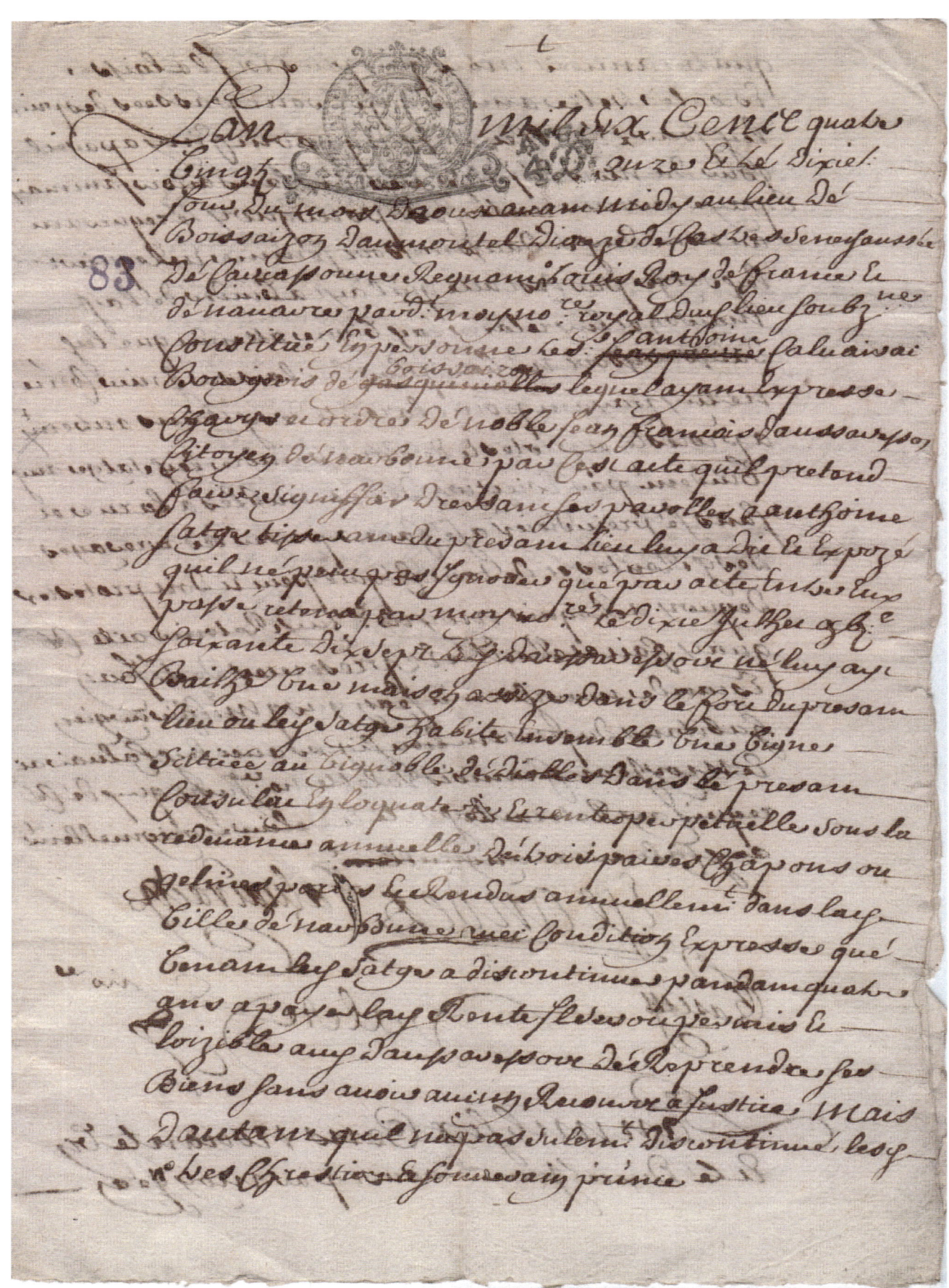

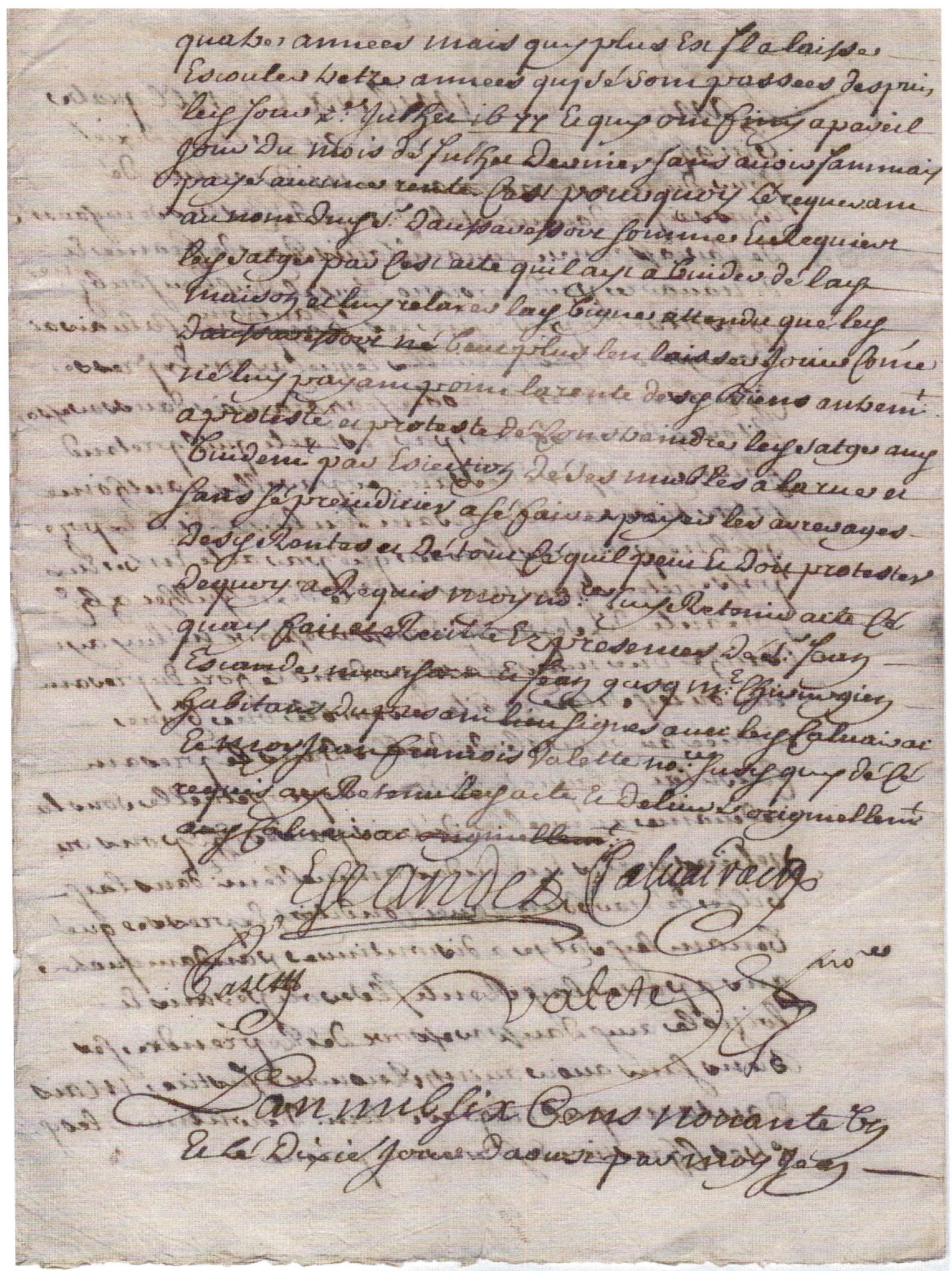

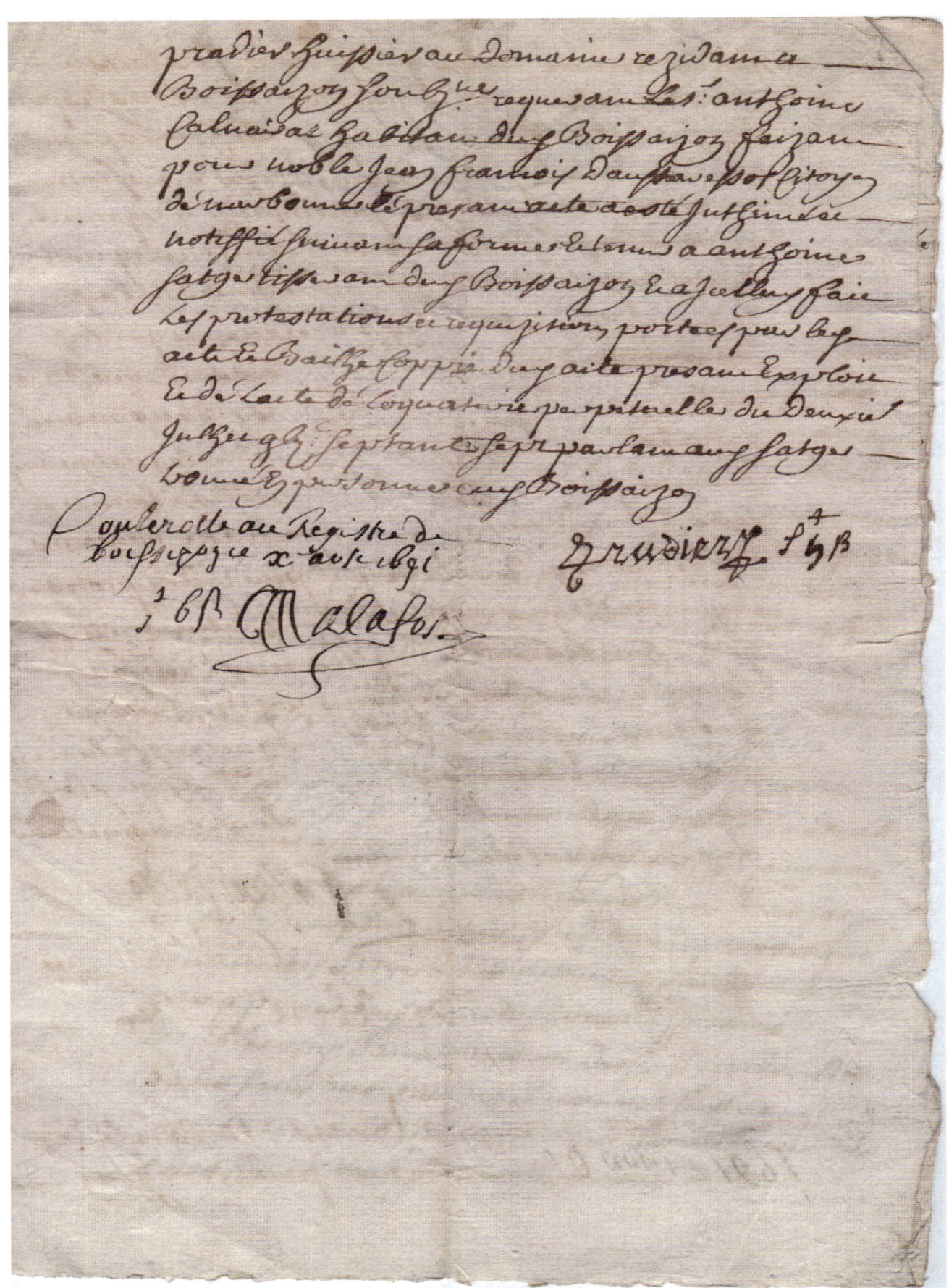

pradier huissier au Domaine rezidant a
Boissaizon souigne requis par les[?] antoine
Calvet dit habitan dud Boissaizon faizan
pour noble Jean francois Dauphin[?] poss[?] citoyen
de Narbonne le prezant acte a esté Jnthimé et
notiffié suivant sa forme et teneur a antoine
fabre tisserand dud Boissaizon et a Jcelluy fait
les protestations et requisitions portees par led
acte baille coppie dud acte prezant Exploict
Et deliberé de lempativie[?] perpetuelle du Deuxié
Juillet Mil Septante sept parlant aud fabre
bonnet[?] et personne auds Boissaizon

P apterolle au Registre de
boissezesse[?] x aoust 1691
s 6s Malafos

brudier[?] 8 s B

Document 119 – 13 février 1694 – Quittance de la taille pour l'année 1693 délivrée à Jean-François Dauceresses

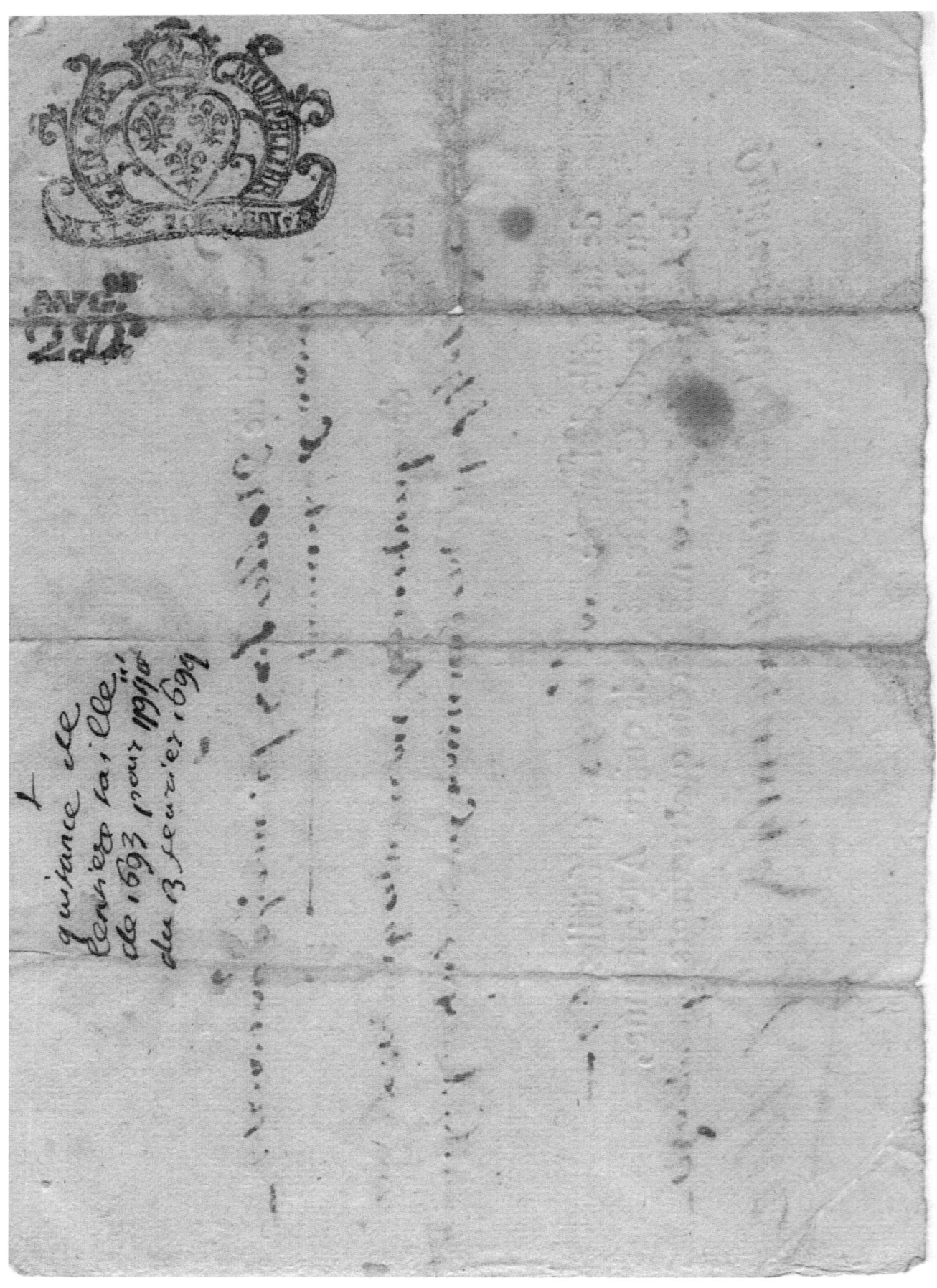

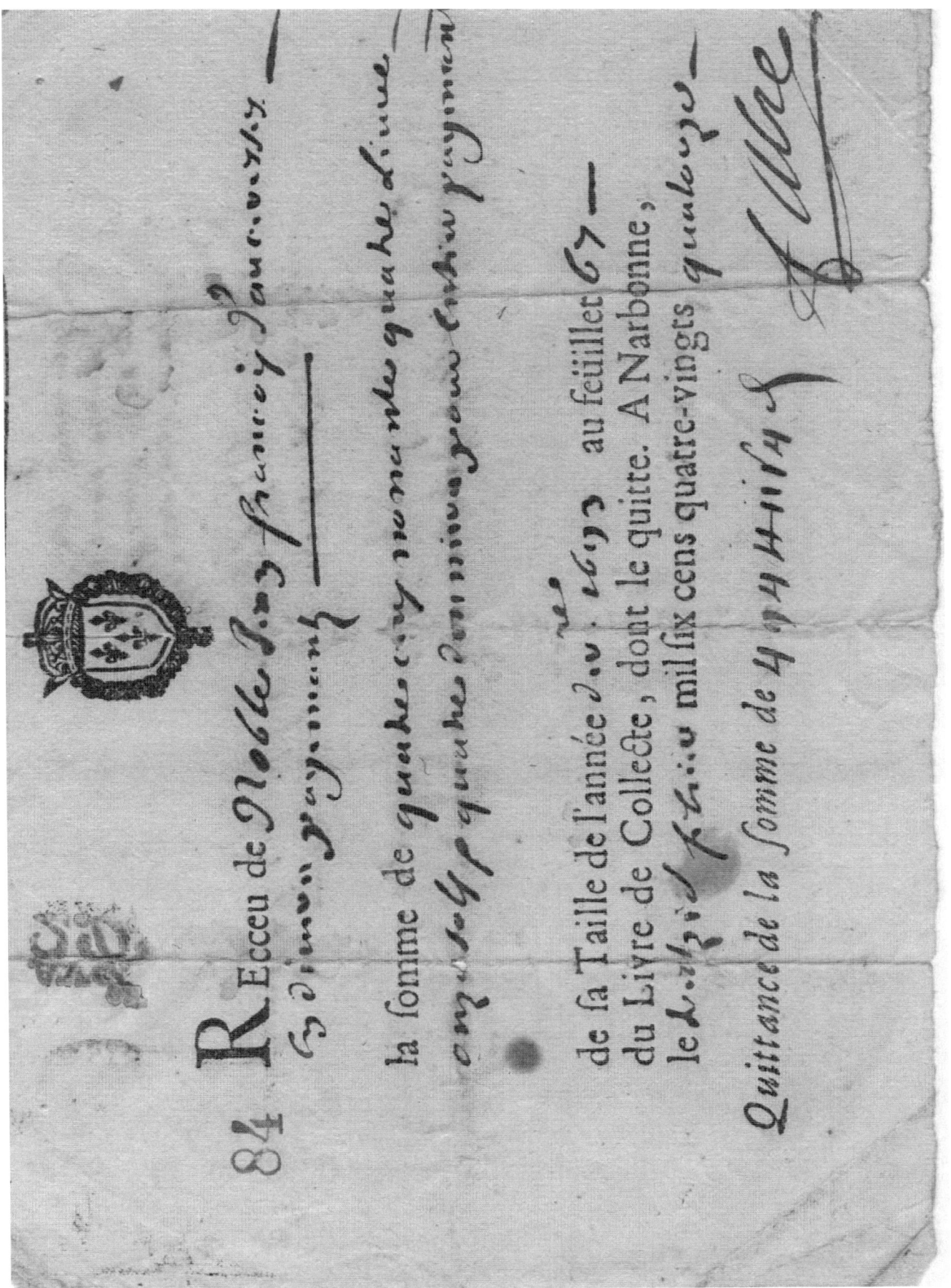

84

Receu de Noble Jean François Janvier
Carmen payement

la somme de quatre vingt trente quatre livre
onze sols quatre derniers pour entier payement

de la Taille de l'année du 1693 au feüillet 67 —
du Livre de Collecte, dont le quitte. A Narbonne,
le huit aoust mil six cens quatre-vingts quatorze

Quittance de la somme de 94 # 11 # 4 f

Document 120 – 12 juillet 1697 - brevet d'enregistrement des armoiries de Jean-François Dauceresses par Charles d'Hozier

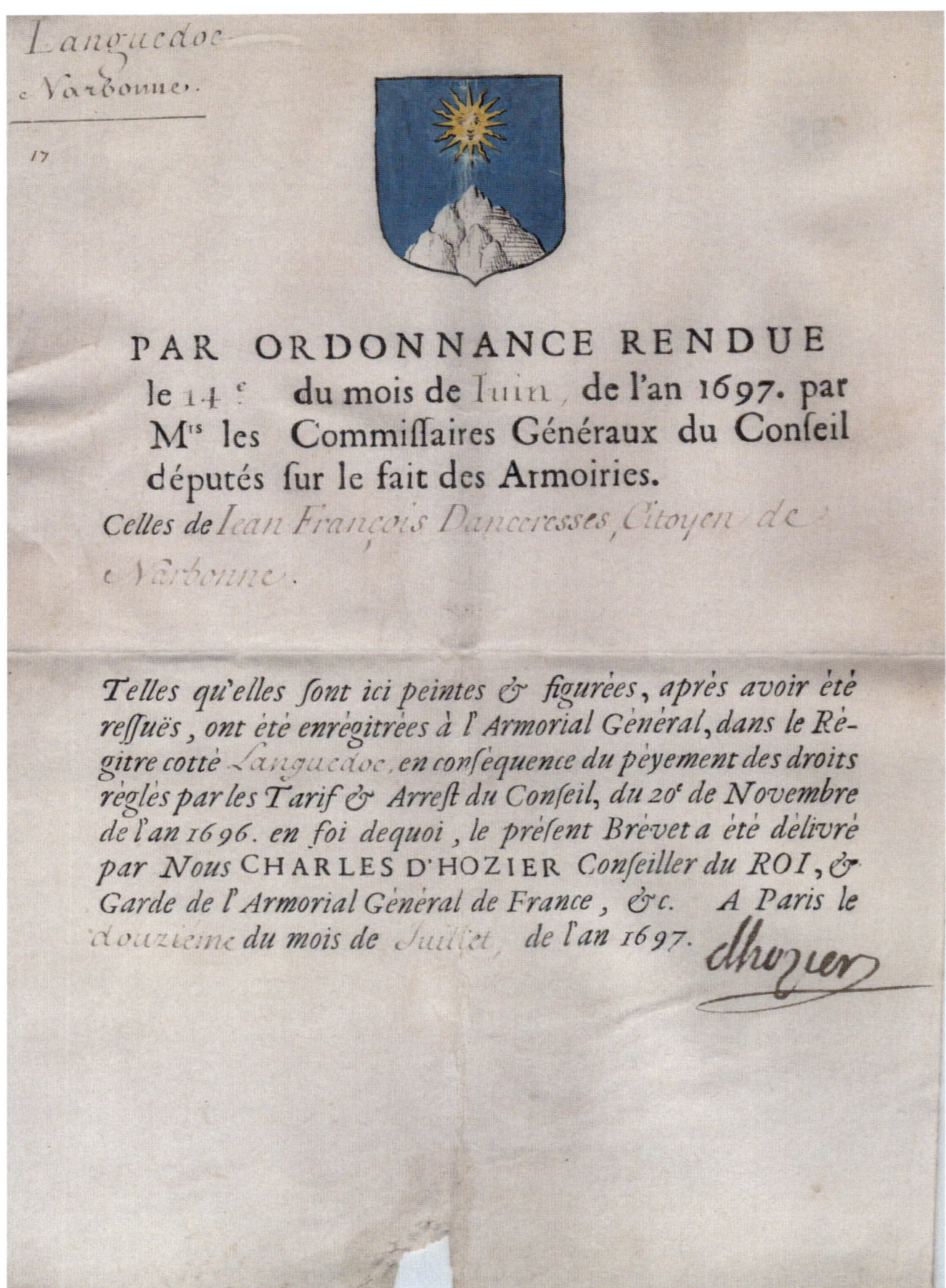

Languedoc
Narbonne.

17

PAR ORDONNANCE RENDUE

le 14ᵉ du mois de Iuin, de l'an 1697. par Mᵗˢ les Commissaires Généraux du Conseil députés fur le fait des Armoiries.

Celles de Iean François Danceresses, Citoyen de Narbonne.

Telles qu'elles font ici peintes & figurées, après avoir été ressuës, ont été enrégitrées à l'Armorial Général, dans le Régitre cotté Languedoc, en conséquence du péyement des droits réglés par les Tarif & Arrest du Conseil, du 20ᵉ de Novembre de l'an 1696. en foi dequoi, le préfent Brevet a été délivré par Nous CHARLES D'HOZIER Conseiller du ROI, & Garde de l'Armorial Général de France, &c. A Paris le douzième du mois de Iuillet, de l'an 1697.   dhozier

Document 121 – 9 décembre 1700 – Testament de demoiselle Anne de Laborie, veuve de Pierre Pescaire bourgeois de Narbonne

testament de Mlle de pescaire.

Aug^{te} X^{e} 1500.

Testament de feu
... Anne de la
Borie. Vefve a feu
Le Sieur pierre-pesquayr
Bourgeois de Narbonne

Lan Mil Sept Cens 40 Le Neufieme Jour du
mois de decembre apres midy a Narbonne Regnant tres
Chrestien prince louis par la grace de dieu Roy, de
france et de Navarre pardevant moy Nottaire Royal
du Nombre des Reserues en lad. Ville et tesmoings En
personne dem.lle Anne delaborie Vefue a feu le Sieur
pierre pesquayre bourgeois de Narbonne, laquelle Estant
En parfaicte Santé en Ces bons Sens memoire et Entendt
Considerant que Cest Vne Necessité de mourir et que
lhure est Incertaine, Elle atrouué apropos de faire
la dispon. de Ces biens afin quapres Son deces Il ny
Est point de proces Intre Ceux qui pourroit pretendre
En Sa Succession et Comme bonne Chrestienne Cest
Munie du Signe dela S.te Croix Recomande Son Ame
adieu et Supplié treshumblet Sa divine majesté de
lui pardonner Ses pechés par le meritte de Jesus Christ
et de lintercession dela glorieuze Vierge marie Et
de tous les Sains etsaintes deparadis afin quapres
Son deces Il lui plaise de placer Son Ame dans le
Rang des bien hureux, Veut et Entend lad. testatrixe
quapres Son deces Son Corps Soit Enseuely dans
lesglize des Reuerens peres Agustins de Ceste Ville
Et dans la Chapelle ou Son le Sieur pesquayré

Son mary a Esté Ensevely laissant le Surplus de ces
honeurs ffunebres a la discretion p Vollonté de Son
heretiere bas a Nommee. Veut et Entent ladditte
Testatrixe quapres son deces et dans lan dicelluy Son
heretiere luy ffasse dire et Celebrer la quantité de
quatre Cens messes bassses de Requiem pour le Sallut
de Son Ame et a Son Intention, Sachant lad. dem^{lle}
Testatrixe Avoir lors du mariage de dame mariame
de pesquayre Sa filhe Aynee Avec Noble pierre
degraue Seigneur delanet Constitué de Son Chef
La Somme de Six mille livres alad. dame mariame
de pesquayre Sa filhe Ainsy quil est porté par
Le Contrat de mariage passé deuant m^e anthoine
S. Jacques Nottaire Royal dudit Nar^{nes}. le Septieme
Janvier mil Six Cens Septente et quil luy est permis
de Substituer de Cette Somme de Six mille livres
Céquelle peut avoir donné et Constitué au della
De Céquil pourroit Competter aladitte dame mariame
de pesquayre pour sa legitime telle que de droit
peut Apartenir alad. dame mariame de pesquayré
Lad. dem^{lle} Testatrixe Veut et Entent queladitte
Somme de Six mille livres Revienne Apres le deces

delad. dame mariame de pescayre Sa filhe a Soy
hebe bas a Nommee Auquel Effet Elle luy Substitue
Sadtte heretiere Voulant et Entendant lad. demlle
Testatrix quelad. dame de pescayre Sa filhe ne
puisse disposer Sur Ceste Somme de Six mille luires
que de ce qui luy pourra Competer de Rigeur de droit
pour Soy droit o legitime tant Seuleme. Sans quelle
puisse Auoir ny pretendre Autre dispon. de quaete
ny Autre pour quel pretexte que ce Soit et quelle
luy proibe par Expres Donne et legue lad. demlle
Testatrixe atous et Chascuns Ces parens et Autres
pretthendens droit Sur Ces biens Cinq Sol Apartager
Et divize Entre Eux moyenant quoy les fait Ces
hebet. particuliers affin quils ne puissent Autre
Chose prethendre ny demander Sur Cesd. biens
Et Estont Cesdit biens mubles Inmubles Voix
Droit Nox Actions et Substiond quelsconques quil
Luy Appartienet et luy pourront Apartenir alauenir
Elle a Institeuie et de Sa propre bouche Nommee pour
Soy heretiere Vniuersselle et generalle dame
quabrielle de pescayre Sa filhe et dud. fen Sieur
pescayre Son mary Espouse de Noble Jean francois
dauarettes Eeuyer dud. Nov. pour par Elle apres

Son deces, faire Jouir et disposer desd. biens et Entiere
heredité tant En la Vie. quen la mort, Cest Son
Testament et derniere Volonté quelle Veut quil Soit
Executé en tous Ces Chef Voulant quil Vailhe Comme
Testement Codicil donnation a Cause de mort ou telle
Autre forme ou maniere de droit quil pourra Vallou,
Cassant Revoquant et Annulant tous Autres testemens
Codicilles et donnaon a Cause de mort quelle pourroit
Avoir cy devant faict et principalement Ceux Retenues
par Mes Reuel et Campy Nottaires Les trezieme mars
mil Six Cens huitante huit, Vingt Cinquieme Janvier
Mil Six Cens Nonante trois Vingt deusieme feurier
Mil Six Cens Nonante Six que Autres Actes faich
Et passes en Consequence par lad. deme testatrix
Lesquelz Elle Revoque Aussy par Expres et ce
Nonobstant toutes Clauses derrogatoires qui pourroit
y Estre Inserees Lesquelz Elle Repeteroint Sy Elle sen
Souvenoit, comme aussy lad. deme testatrix Revoque
par Expres toute Sorte de leguatz pies qui pourroit
Aussy Estre Enonces desquelz Elle fairoint pareilhement
Mention Sy Elle en Estoint memorative Voulant que
Le present testement Reste Seul et Valable Comme
Estant Sa derniere Volonté Ayant prié et Requis les
Tesmoins quelle a faictz Apeller et tres bien Reconnus
Et Nommes Estre memoratif de Sa derniere Volonté

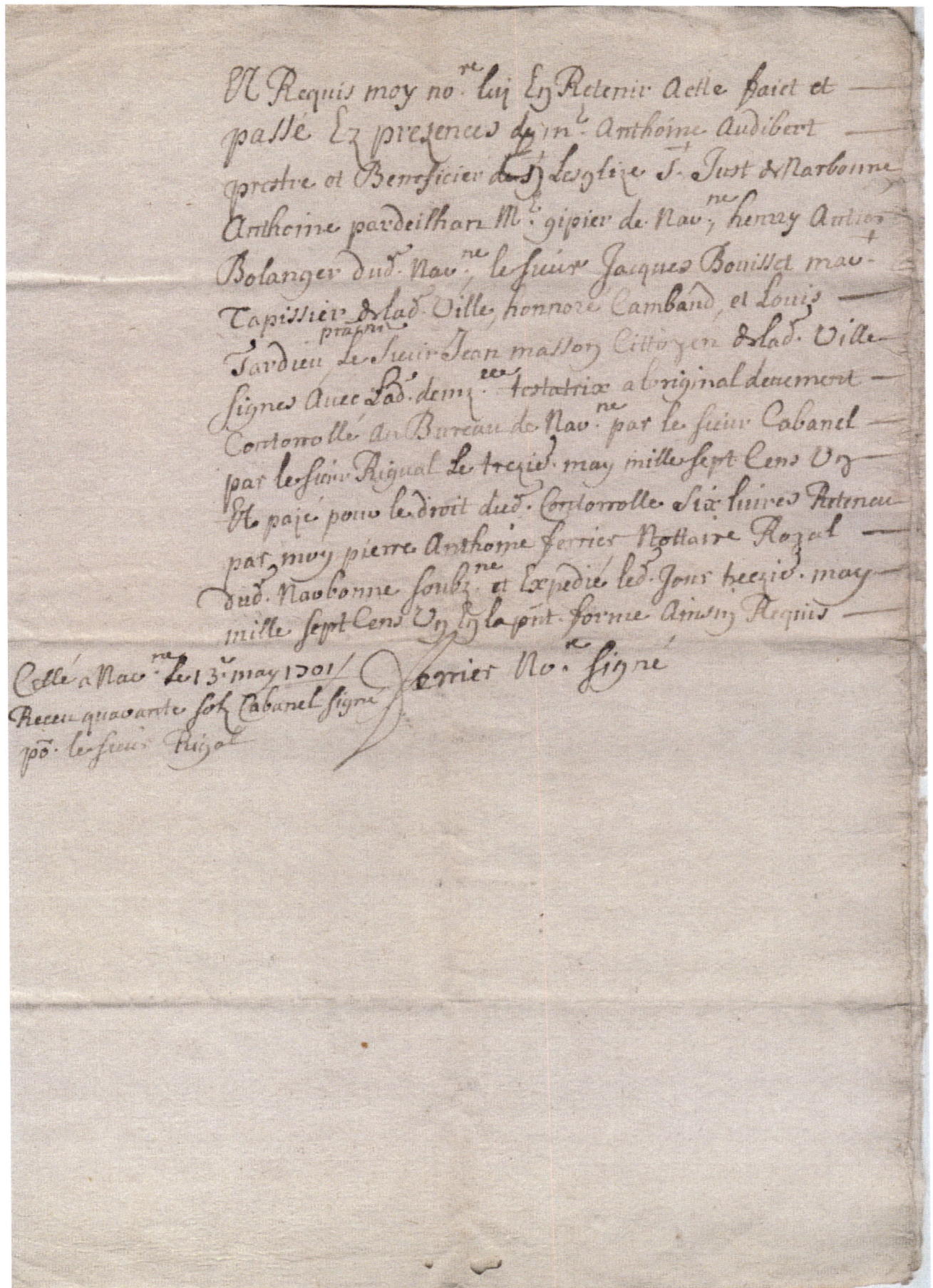

Et Requis moy no.re luy Et Retenir Actte haict et ——
passé Ez presences d'in.e Anthoine Audibert ——
prestre et Beneficier de S.t Leglize S. Just de Narbonne
Anthoine pardeilhan M.e gissier de Nau.ne henry Autier
Bolanger dud. Nau.ne le sieur Jacques Bouillet mac.
Tapissier de lad. Ville, honnore Camband, et Louis ——
Tardieu Le sieur Jean masson Cittozen de lad. Ville
Signes Auec lad. dem.lle testatrix a briginal deuement ——
Controollé Au Bureau de Nau.ne par le sieur Cabanel
par le sieur Riqual Le trezie. may mille sept Cens Vn ——
Et paje pour le droit dud. Controolle Six liures Reteneu
par moy pierre Anthoine ferrier Nottaire Rozel ——
dud. Narbonne soubz.ne et Expedié led. Jour trezie. may
mille sept Cens Vn En la p.nt forme Ainsy Requis ——

Colle a Nau.ra le 13.e may 1701   ferrier No.re Signé
Receu quavarete soh Cabanel signe
p̃o. le sieur Riqal

Document 122 – 31 juillet 1706 – testament de Noble Pierre de Grave seigneur de Lanet et Montrouch

Du 31.me Juillet 1706 —

Testament clos de mons.r de
Lanet —

31.e Juillet 1706 et 9.e février 1707

Extrait de testament de m.re
s.gr de lanet et verbal d'ouverture
d'iceluy par m.e cambriel no.re
de tuchevouge —

Pour madame de lanet

Contre le curateur a l'heredie
vacant et vacans

Saurmes

N.o 4

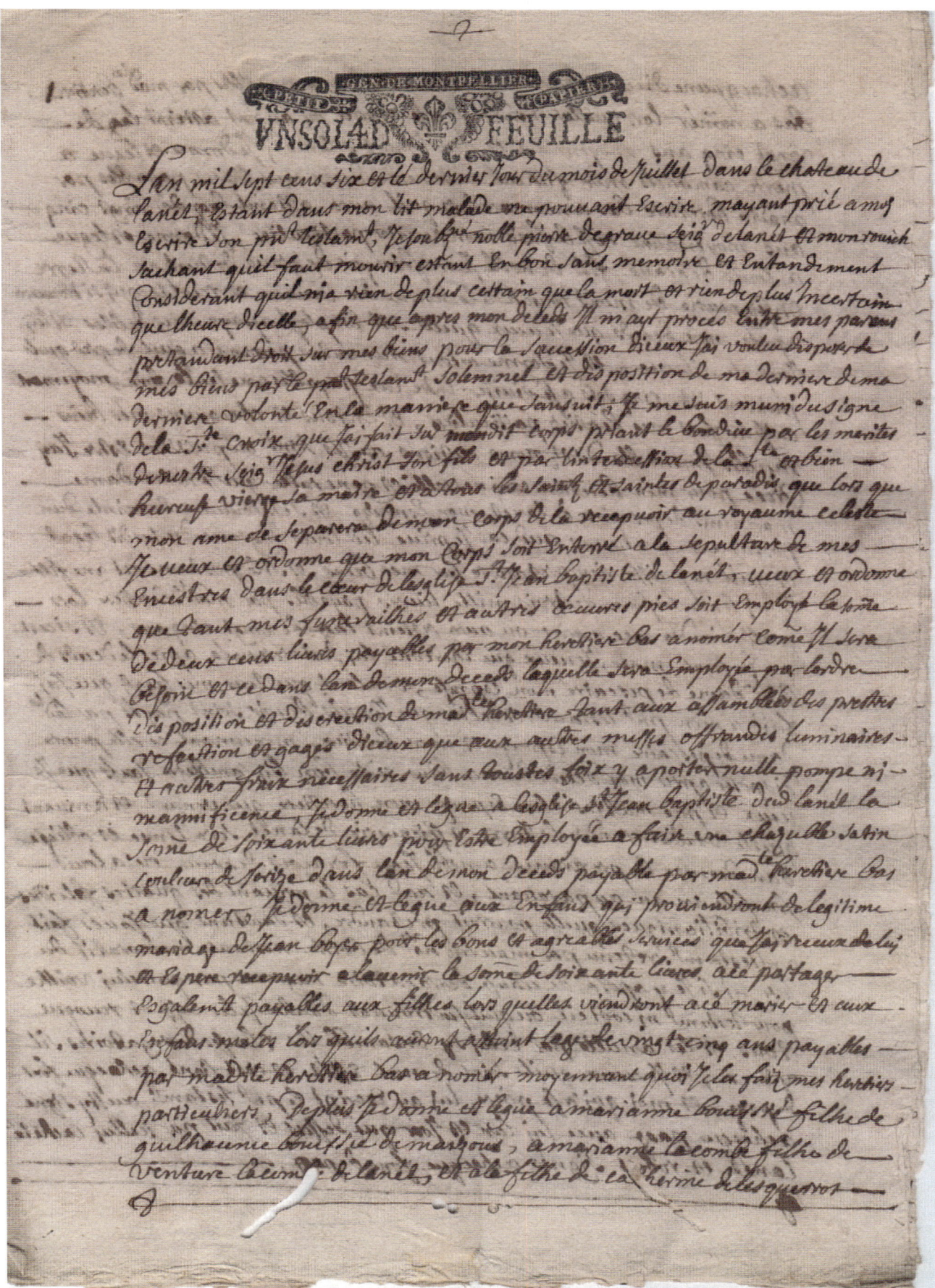

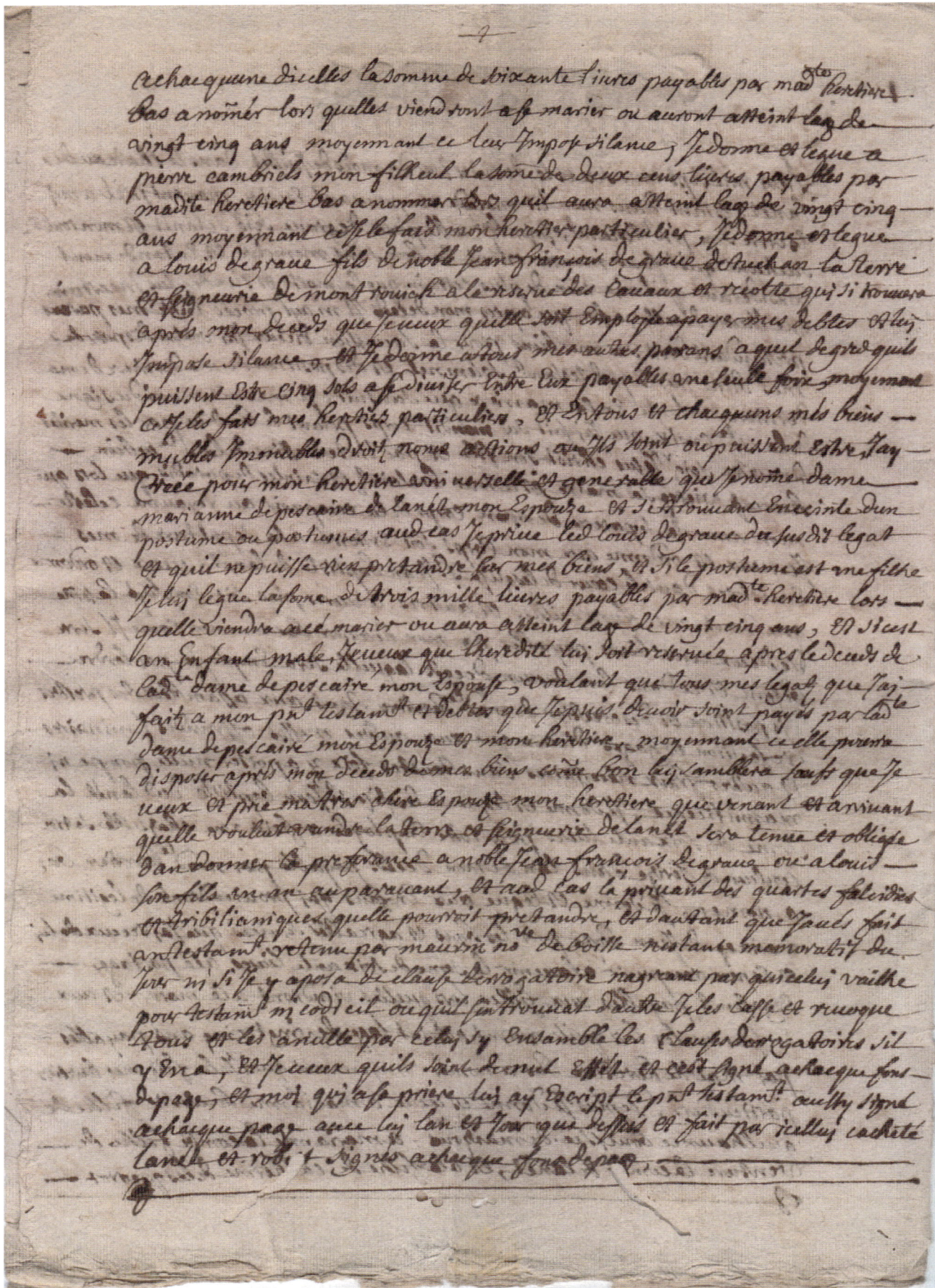

a chacqune d'icelles la somme de soixante livres payables par mad[ite] heritiere
bas a nomer lors quelles viendront a se marier ou auront atteint l'aage de
vingt cinq ans moyennant ce leur Impose silance ; Je donne et legue a
pierre cambriels mon filleul la some de deux cens livres payables par
madite heritiere bas a nommer lors quil aura atteint l'aage de vingt cinq
ans moyennant cela le faid mon heritier particulier, Je donne et legue
a louis de graue fils de noble Jean francois de graue de Nuch en la Terre
et seigneurie de mont rouch a l'exclurion des Couaux et recolte qui si trouvera
apres mon deceds que je veux quill soit Employee a payer mes debtes et leu
Impose silance ; Et Je donne a tous mes autres parans a quel degré quils
puissent estre cinq sols a se diviser Entre eux payables une seule fois moyennant
ce je les faid mes heritiers particuliers, Et Entous et chaquens mes biens
meubles Immeubles droits noms actions en tel soint ou puissent estre, Jay
créée pour mon heritiere uni verselle et generalle que je nomme dame
mari anne de pescaire de lanet mon Espouze Et si ell' trouvant Enceinte d'un
posthume ou posthumes aud cas Je prive led louis de graue du sus d[it] legat
et quil ne puisse rien pretandre sur mes biens, Et Si le posthume est une fille
Je luy legue la some de trois mille livres payables par mad[it]e heritiere lors
quelle viendra à se marier ou aura atteint l'aage de vingt cinq ans, Et si c'est
un Enfant male, Je veux que l'heredité luy soit reservée apres le deceds de
lad dame de pescaire mon Espouse, voulant que tous mes legas que j'ay
faid a mon p[remie]r testament et debtes que je dois soient payés par lad[it]e
dame de pescaire mon Espouze Et mon heritiere, moyennant ce elle pourra
disposer apres mon deceds de mes biens ainsi bon luy semblera juste que Je
veux Et prie ma tres chere Espouse mon heritiere que venant Et arrivant
qu'elle voulut vendre la terre et seigneurie de lanet sera tenue et obligée
d'an donner la preference a noble Jean francois de graue ou a louis
son fils en an au paravant, Et n'ou las la prevant des quartes falcidies
ou tribulianiques quelle pourroit pretandre, Et d'autant que j'ay faid
an testament retenu par maurin n[otai]re de Boitte nistant memoratif du
jre n'y si je y apose de clauze derogatoire n'ayrant par qu' celuy vaille
pour testam[ent] n' codicil ou quil s'en trouvat d'autre je les casse et revoque
tous et les anulle par celuy cy Ensamble les clauses derogatoires s'il
y en a ; Et Je veux quils soient de nul Effet, Et cecy signé a chacque fons
de page ; et moy qui a sa priere luy ay escript le p[rese]nt testam[ent] aussy signé
a chacque page avec luy l'an et jour que dessus Et fait par icelluy cacheté
lanet Et roué : signé a chacque fons de page

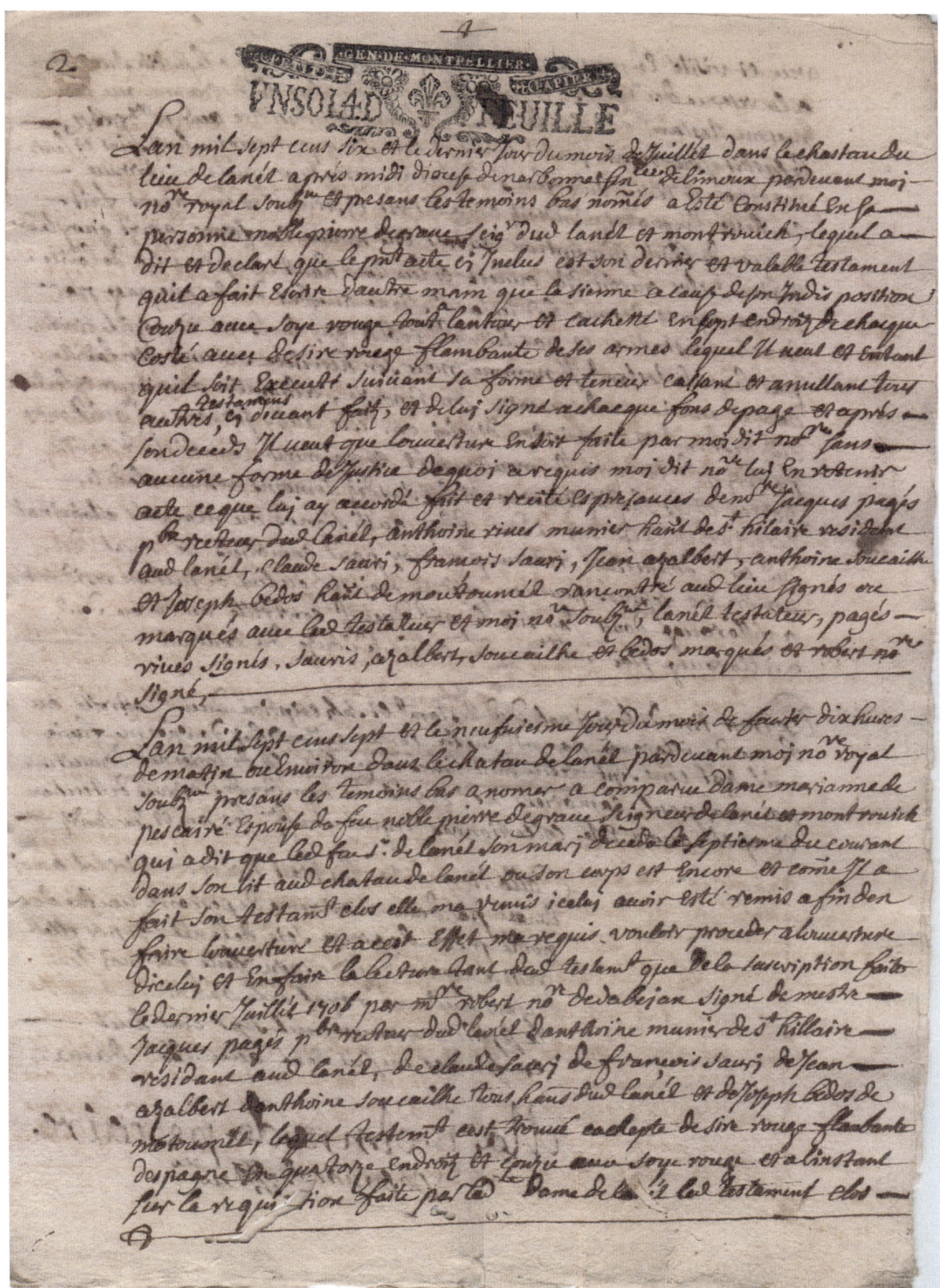

L'an mil sept cens six et le dernier jour du mois de Juillet dans le chasteau du
lieu de Lanél après midi dix heures borne sur ... de Limoux par devant moj
no.re royal soub.ée et presans les temoins bas només a esté constitué en sa
personne no.tre pierre de grane seig.r dud. Lanél et mont touteth, lequel a
dit et declaré que le p.nt acte ci inclus est son dernier et valable testament
qu'il a fait escrire d'autre main que la sienne à cause de son indisposition
cocu.ée avec soye rouge tout l'autour et cachetté en sept endroit de chaque
costé avec de sire rouge flambante de ses armes lequel il veut et entend
qu'il soit executé suivant sa forme et teneur cassant et annullant tous
autres testament, en deceant fait, et de luj signé à chaque fons de page et après
son deceds il veut que l'ouverture en soit faite par moj dit no.re sans
aucune forme de justice dequoj a requis moj dit no.re luj en retenir
acte ce que luj ay accordé fait et recité ce presances de.nt Jacques pagés
p.re recteur dud. Lanél, anthoine rives munier hab.t de S.t hilaire résidant
aud. Lanél, Claude Saurj, francois Saurj, Jean agalbert, anthoine soucailhe
et Joseph Cedos hab.t de montrouvél dan... té aud. lieu signés ore
marqués avec led. testateur et moj no.re soub.ée, Lanél testateur, pagés
rives signés, Saurj, agalbert, soucailhe et Cedos marqués et robert no.re
signé.

L'an mil sept cens sept et le neufuiesme jour du mois de feuvrier dix heures
de matin ou enuiron dans le chatau de Lanél par devant moj no.re royal
soub.ée presans les temoins bas a nomer a comparu dame mariame de
pescaire L'épouze de feu no.tre pierre de grane seigneur de Lanét et mont touteth
qui a dit que led. feu s.r de Lanél son marj décédé le septiesme du courant
dans son lit aud. chatau de Lanél ou son corps est encore et come il a
fait son testant clos elle m'a remis icelaj avoir esté remis a fin d'en
faire l'ouverture et accord Effet m'a requis vouloir proceder a l'ouverture
d'icelaj et en faire la lecture tant dud. testant que de la suscription faite
le dernier juillet 1706 par m.re robert no.re de dabejan signé de nostre
Jacques pagés p.re recteur dud. Lanél d'anthoine munier de S.t hillaire
résidant aud. Lanét, de claude sacarj de francois Saurj de Jean
agalbert d'anthoine soucailhe tous hab.t dud. Lanél et de Joseph Cedos de
montrouvél, lequel testant est trouvé cachetté de sire rouge flambante
des pierre en quatorze endroit et couvte avec soye rouge et a l'instant
sur la requisition faite par la.d Dame de la ... led. testament clos

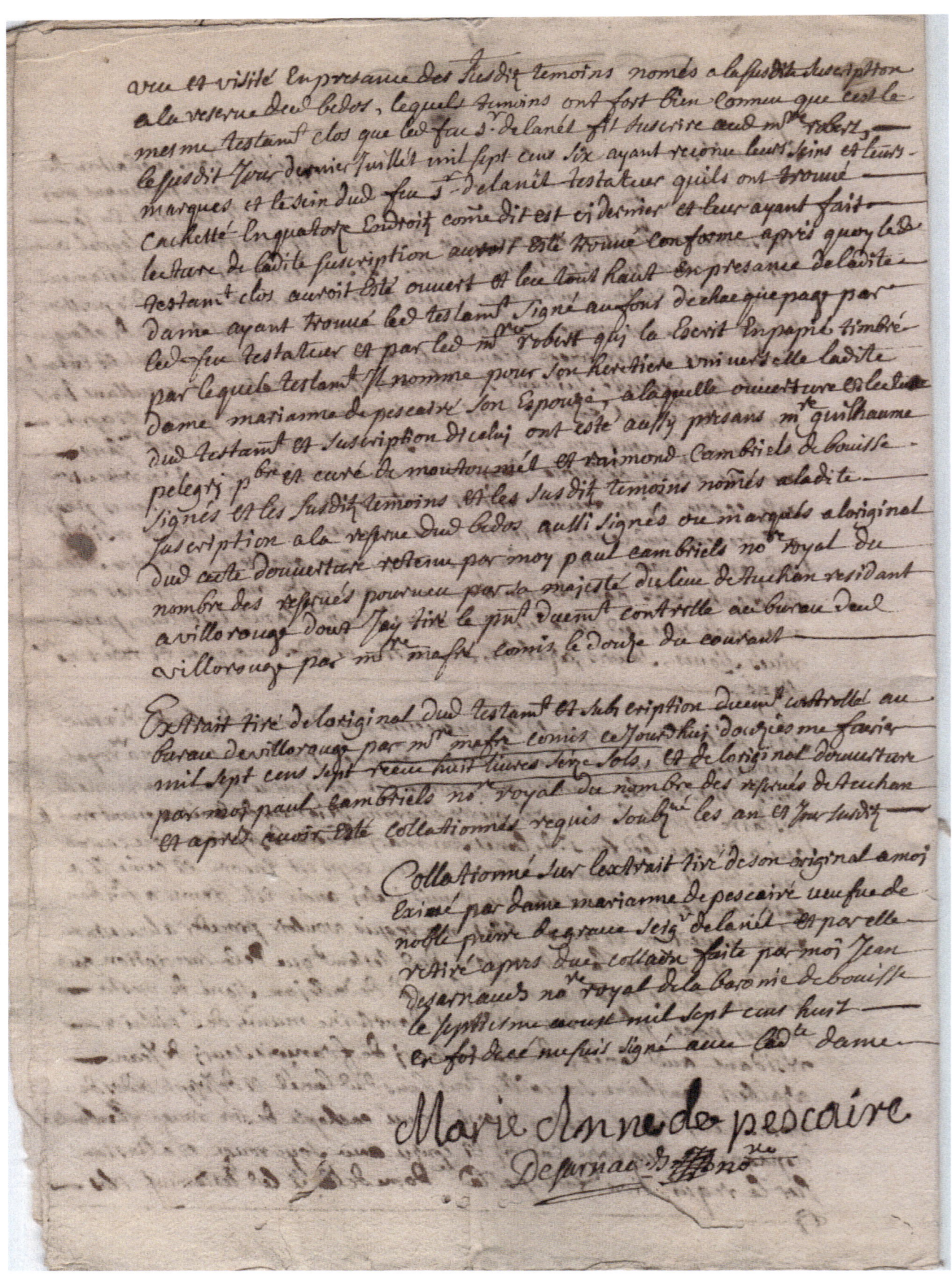

veu et visité en presence des susdit temoins només a la susdite susception
a la reserve dud bedos, lequels temoins ont fort bien connu que c'est le
mesme testament clos que led feu s' delanet fit souscrire aud m'tre robert,
le susdit jour dernier juillet mil sept cens six ayant reconu leurs seins et leurs
marques et le sein dud feu s' delanet testateur qu'ils ont trouvé
cachetté en quatorze endroits come dit est cy devant et leur ayant fait
lecture de ladite susscription auroit esté trouvé conforme apres quoy led
testament clos auroit esté ouvert et leu tout haut en presence de ladite
dame ayant trouvé led testament signé au front de chaque page par
led feu testateur et par led m'tre robert qui la escrit en papier timbré
par lequel testament est nommé pour son heritiere universelle ladite
dame marianne de pescaire son espouze, à laquelle ouverture et lecture
dud testament et susscription d'iceluj ont esté aussy presans m'tre guilhaume
pelegry p'bre es carré de moutoumel et raimond cambriels de bouisse
signés et les susdit temoins et les susdit temoins només à ladite
susscription a la reserve dud bedos aussi signés ou marqués a l'original
dud cette ouverture retenu par moy paul cambriels no' royal du
nombre des reserués pourveu par sa majesté du lieu d'Auchan residant
a villerouge dont j'ay tiré le p'nt duement controllé au bureau dud
villerouge par m'tre masse comis le douze du courant

Extrait tiré de l'original dud testament et susscription duem' controllé au
bureau de villerouge par m'tre masse comis ce jourduhui douzièsme fevrier
mil sept cens sept receu huit livres seize sols, et de l'original d'ouuerture
par moy paul cambriels no' royal du nombre des reserués d'Auchan
et apres avoir esté collationnés requis soub'é les an et jour susdit

Collationné sur l'extrait tiré de son original à moj
exiné par dame marianne de pescaire veufue de
noble p'erre de grace seig' delanet et par elle
retiré apres dué collation faite par moj Jean
desarnaud no' royal de la baronie de bouisse
le septiesme aoust mil sept cens huit
en foj dece neus'is signé auec led'te dame

Marie Anne de pescaire
Desarnaud no're

« L'an mil six cent six et le dernier jour du mois de juillet dans le château de Lanet, étant dans mon lit malade ne pouvant écrire, m'ayant prié à moi écrire son présent testament, Je soussigné noble Pierre de Grave seigneur de Lanet et Montrouch sachant qu'il faut mourir étant en bon sens mémoire et entendement considérant qu''l ni a rien de plus certain que la mort et rien de plus incertain que l'heure dicelle, afin que après mon décès il ni ait procès entre mes parents prétendant droit sur mes biens pour la sucession diceux, j'ai voulu disposer de mes biens par le présent testament solennel et disposition de ma dernière volonté en la manière qui s'ensuit.

Je me suis muni du signe de la Sainte Croix que j'ai fait sur mon dit corps priant le bon dieu par les mérites de notre Seigneur Jésus Christ son fils et par l'intermédiaire de la Sainte et bienheureuse vierge sa mère et à tous les saints et saintes du paradis que lorsque mon âme se séparera de mon corps de la recevoir au royaume céleste.

Je veux et j'ordonne que mon corps soit enterré à la sépulture de mes ancêtres dans le cœur de l'église Saint-Jean Baptiste de Lanet, veut et ordonne que tant mes funérailles et autres œuvres priées soient employée la somme de deux cent livres payables par mon héritier bas nommé comme il sera selon et ce dans l'an de mon décès, laquelle sera employée par lesdites dispositions et discrétions de madite héritière tant aux assemblées des prêtres, réfection et gages diceux que aux autres messes offrandes luminaires et autres frais necéssaires sans toutefois y apporter nulle pompe ni magnificence.

Je donne et lègue à l'église Saint-Jean Baptiste de Lanet la somme de 60 livres pour être employée à faire une chapelle satin couleur de noire dans l'an de mon décès payable par madite héritière bas à nommer.

Je donne et lègue aux enfants qui proviendraient de légitime mariage de Jean Boyer pour les bons et agréables services que j'ai reçu de lui et espère recevoir à l'avenir la somme de 60 livres à se partager également payables aux filles lesquelles viendront à se marier et aux enfants mâles lorsqu'ils auront atteint l'âge de 25 ans, payables par madite héritières bas à nommer moyennant quoi je les fais mes héritiers particuliers.

De plus je donne et lègue à Marianne Bouissié fille de Guillaume Bouissié de Maisons, à Marianne Lacombe fille de Venture Lacombe de Lanet, et à la fille de Catherine Delesquerrot, à chacune dicelles la somme de 60 livres payable par madite héritière bas à nommer lorsqu'elles viendront à se marier ou auront atteint l'âge de 25 ans moyennant ce leur impose silence.

Je donne et lègue à Pierre Cambriels mon filleul la somme de 200 livres payables par madite héritière bas à nommer lorsqu'il aura atteint l'âge de 25 ans moyennant ce je le fais mon héritier particulier

Je donne et lègue à Louis de Grave fils de noble Jean-François de Grave de Tuchan, la terre et seigneurie de Montrouch à la réserve des cavaux et récolte qui si trouvera après mon décès que je veux qu'elle soit employée à payer mes dettes et lui impose silence

Et je donne à tous mes autres parents à quel degré qu'ils puissent être 5 sols à se diviser entre eux payables en une seule fois, moyenant ce je les fais mes héritiers particuliers.

Et en tous et chacun mes biens meubles, immeubles droits, noms, actions où ils sont ou puissent être, j'ai créé pour mon héritière universelle et générale que je nomme Dame Mariane de Pescaire de Lanet, mon épouse, et se trouvant enceinte d'un posthume ou posthumes, audit cas, je prive ledit Louis de Grave du susdit légat et qu'il ne puisse ruien prétendre sur mes biens, et si le posthume est une fille je lui lègue la somme de 3000 livres payables par madite héritière lors qu'elle viendra à se marier ou aura atteint l'âge de 25 ans, et si c'est un enfant mâle je veux que l'hérédité lui soit réservée après le décès de ladite dame de Pescaire mon épouse, voulant que tous mes légats que j'ai fait à mon présent testament et dettes que je puis devoir soient payés par ladite dame de Pescaire mon épouse et mon héritière, moyennant ce elle pourra disposer après mon décès de mes biens comme bon lui semblera sauf que je veux et prie ma très chère épouse mon héritière que venant et arrivant qu'elle voulait vendre la terre et seigneurie de Lanet, sera tenue et obligée d'en donner la préférence à Noble Jean-François de Grave ou à Louis son fils un an auparavant, et auquel cas la privant des *quartes falcidies* et *tribiliamiques* qu'elle pourrait prétendre, et d'autant que j'en ai fait un testament retenu mar Maury notaire de Bouisse n'étant mémoratif du jour ni si je y apposa de clause dérogatoire n'agréant pas que celui qui vaille pour testament ni codicile où qu'il se trouva d'autre je les casse et révoque tous et les annule par celui ci ensemble les clauses dérogatoires s'il y en a, et je veux qu'ils soient de nul effet et c'est signé à chaque fond de page, et moi qui à la prière lui ai écrit le présent testament aussi signé à chaque page avec lui l'an et jour que dessus et fait par icellui cacheté – Lanet et Robert signés à chaque fond de page. »

« L'an mil six cent six et le dernier jour du mois de juillet dans le château du lieu de Lanet après midi, diocèse de Narbonne et sénéchaussée de Limoux, par devant moi notaire royal soussigné et présents les témoins bas nommés a été constitué en sa personne Noble Pierre de Grave seigneur dudit Lanet et Montrouch lequel a dit et déclaré que le présent acte ci inclus est son dernier et valable testament qu'il a fait écrire d'autre main que la sienne à cause de son indisposition, cousu avec soie rouge tout alentour et ccheté en sept endroits de chaque côtés avec de cire rouge flambante de ses armes lequel il veut et entend qu'il soit éxécuté suivant la forme et teneur, cassant et annulant tous autres testaments ci devant faits, et de lui signé à chaque fond de page et après son décès il veut que l'ouverture en soit faite par moi dit notaire sans aucune forme de justice de quoi a requis moi dit notaire lui en retenir acte ce que lui ai accordé fait et récité en présence des sieurs Jacques Pagès prêtre recteur dudit Lanet, Antoine Rives meunier habitant de Saint-Hilaire résidant audit Lanet, Claude Saury, François Saury, Jean Azalbert, Antoine Soucailhe et Joseph Bedos habitant de Mouthoumet rencontré audit lieu, signés et marqués avec ledit testateur, et moi notaire soussigné – Lanet testateur, Pagès, Rives signés, Saury, Azalbert, Soucailhe et Bedos marqués et Robert notaire signé. »

Document 122 bis – 12 mai 1707 – Lettre de Michel Chemillard, secrétaire d'état à la guerre, à Marc-Joseph Dauceresses

A Marly ce 12.e May 1707.

Monsieur

J'ay receu la lettre que vous
avez pris la peine de m'escrire
le 26.e du mois passé, Mons.r
de Cilly a rendu au Roy un
compte si avantageux de la
conduite que vous avez tenüe
a la bataille d'Almansa, que
vous devez regarder comme
un grand bonheur de vous
estre trouué dans une ocasion
qui fait parler de vous avec
beaucoup de distinction, et je ne
doute point que sa M.té ne

S'en souvienne dans la suite,
lorsqu'elle fera la distribution
de ses graces, je suis

Monsieur

Vrè tres humble et tres aff.né
Serviteur   Chamillart

248

Document 122 ter – 30 mai 1703 – testament de Joseph Vaquer (canonnier au château) de Salses

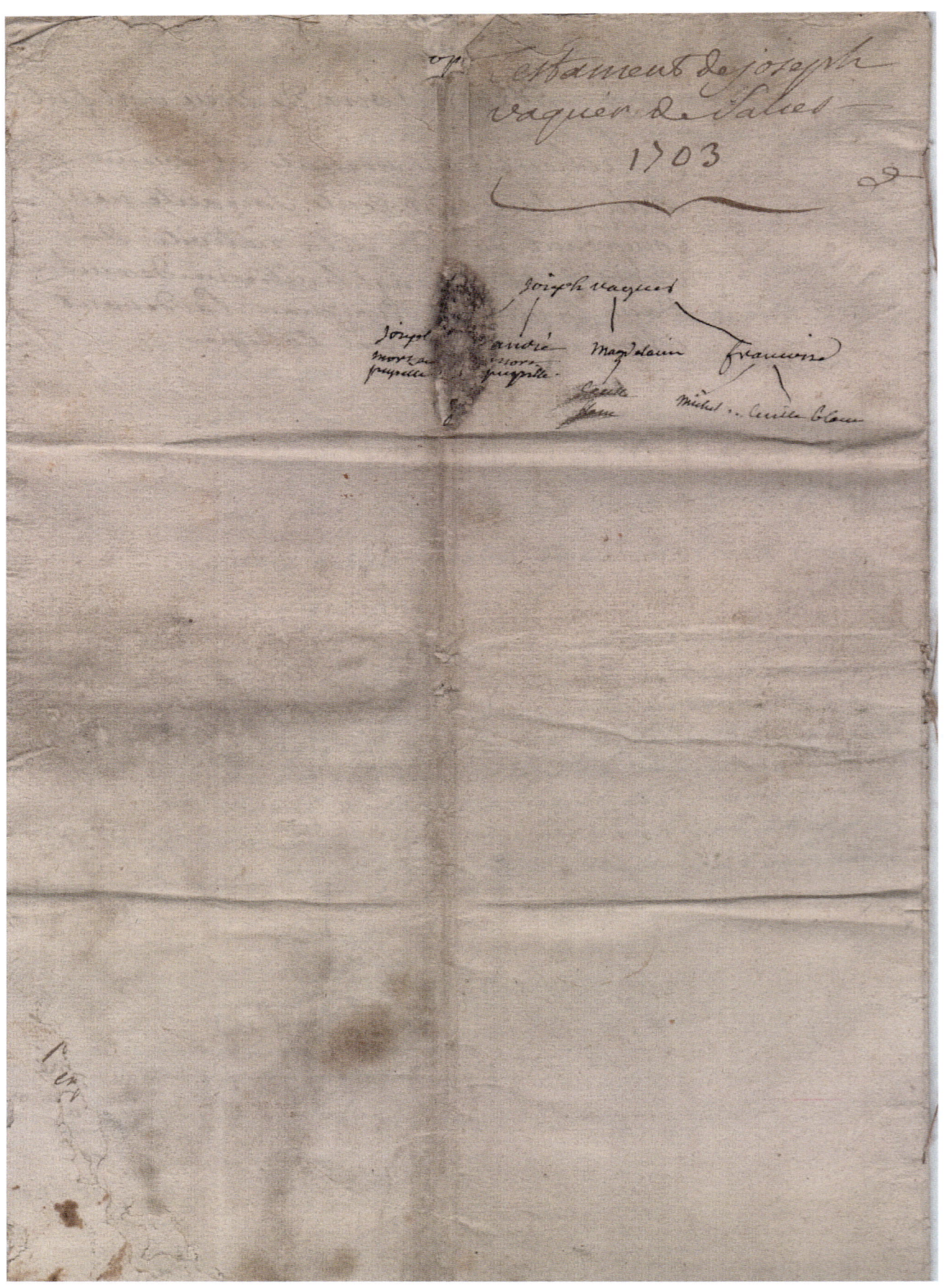

N° 1

Au nom de Dieu soit comme
toute personne vivante a la mort naturelle
et corporelle soit sujete je joseph vaqué
pages de la ville de Salses diocere delne quoique
malade de mon corps en plene santé, de mon
ame étant plein jugement et entier discours
ayant fait et ordonné le present mon dernier
nuncupatif testament revocant touts autres
jusques a present et autres especes de derniere
volonté par moy faits et faites par devant
notaire ou autrement le present toutes foix et
tout ce que sy trouvera contenu en sa forse
et valeur restant aperpetuité

Et premerement ofrant mon ame a Dieu
tout puissant qui la crée veux et ordonne
mon corps etre enseueli au cimetiere de
leglise parroissielle de ditte ville de Salses au
lieu que je y ay marqué et sont enseuelis mes
antessesseurs

jtem veux et ordone que mon enterrement
assistent trois pretres compris le curé de dit
lieu comme aussy dans un an et demie me
soint faites les honeurs funebres avec la
meme assistance de trois pretres et avec telles
solemnités charités ofrandes et ceremonies
acostumees et que bien semblera a mes
manumisseurs le tout payables de mes biens
ensuite fais et nomme mes manumisseurs

et executeurs de mon present testament a

Michel vaquer et joseph vaquer fraires mes

cosins du lieu de gairius auxquels je acorde et

donne tout le pouvoir a ce requis et necessaire

leur en chargeant ses consiences

jtem veux que ensuitte de mon enterrament

me soine dittes la novena de messas avec les

ofrandes acostumès en ditte eglise de Salses

jtem veux et ordone que pour Salut de mon ame

et Remision de mes pechés dans vn an apres ma

mort soine dittes et Celebrees dix Petitas messes

Sauoir Sinch a la ditte eglise de Salses et las

restantes Sinch ou voudra ma femme bas

nommée de la charité de dix Sols acostomee

jtem pour le bon amour Conjugal que

je tiens a Cecilia vaquer et Mascarus ma

chere epouse et pour les bons et agreables

Seruices quelle ma rendus et que je espere quelle

me Rendra luy laisse et donne le plein et

entier usufruit vtilité profit et dominacion

de touts mes biens presents et auenir durant

le temps de quinze annees et quinze entieres

recoltes prochenes apres ma mort et Cela tant

etant veuue que setant remariee duquel usufruit

soit obligee ditte ma femme donner et Contribuer

a mes fils et filles tant du present precedent que

du present mon mariage les aliments de

Manger et boure chauser et habiller et autres a la

humena ire necessaires Suiuant mon etat
et posibilité de mes biens ches moy treballant
eux en ce que pourront et leur Sera permis
a profit de dit usufruit et paijant touts les mals
et charges annuelles et ordinaires de mes biens
la reita toutes fois prelés les dits aliments et
paijés les dits mals et charges annuelles puisse
la ditte ma femme emploïer et conuertir a Ses
profits et utilités Sans etre obligee en donner
compte ni raison a personne et passees les
dittes quinze annees le dit leg d'usufruit Soit
extinct et fini consolidé a la proprieté et Si
passées les dittes quinze annees la ditte Cecilia
mon epouse n'aura point conuolé en Secundes
noptios et Se tournera encore veuue pour Ses
aliments et Subsistance luij legat veux luij
etre donné de mes biens vne pension annuelle
de trois charges blet trois charges de vin
vn Durch d'huille demi mesure Sel Six liures
france et pour Son habitation la maison
entierement que j'aij auec Ses dependances en
ditte ville de Salses et cella durant Sa vie _____
naturelle et viduuelté portant et conseruant mon
nom et Sa vie finee au remariant la
ditte pension Soit extincte et finie et consoldee
a la proprieté _____
  jtem pour le bon amour que j'aij et _____

aporte a madalena vaquer ma fille et de marie
feue ma femme comune legitime et _____
naturelle et a francisca vaquer ma fille et
de ladite Ceciia ma femme presente comune
legitime et naturelle etaux autres fils et filles
que dieu me donnera et que le jour de ma mort
se trouveront nés ou apres de ma mort _____
naitront legitimes et naturelles pour les bons
et agreables services quils mauront rendus et
jespere quils me rendront et en satisfaction et
et recompense de touts les droits tant de legitima
paternela institution et suplement dicelle que
autres quelconques droits quils pourront _____
pretandre demander et auoir sur mes biens par
quelques titres et raisons que se soit laise et
legue et veux etre doné de mes biens a chacun
de dits mes fils et filles excepté les deux mes
heritiers bas nommes douze louis dor a raison
dome liures franié piesse et un abillement _____
entier decence et raisonable suiuant ma calitté
a eux et chacun deux paijables sauoir _____
labillement le jour de la collocation de leur
mariage respective les dix louis dor de dit _____
jour de leur mariage a un an et les restantes
six de dit mariage a deux ans acondition que
si quelquun ou plusieurs de dits mes fils et
filles mourront en pupilavage ou apres en

quelque temps le soit dans enfants legitimes
et naturels ou auec tels que ne paruiendront
a legitime age de faire testament en tels cas et
chacun deux ne puissent disposer de dittes douze
louis Dor au contraire eles soint enterement
Rendues a mes heritiers bas nommés et aux
siens et en atendant quils atendront a etre
colloqués a mariage veus leur etre donnés
les alimens necessaires de mes biens comme
dessus est dit et especifié

En touts les autres destants mes biens et
droits noms voix et actions miennes
vniuersels meubles et immeubles preesens et
auenir fais nomme et justitue mes heritiers
vniuersels a joseph vaquer impuber mon
fils et de la ditte maria feue ma premiere
femme comune legitime et naturel et a
andre vaquer enfant mon fils et de la ditte
cecilia ma presante femme comun legitime
et naturel et aux siens daners liberos quils
auront laises egalement et par egales parts
et portions les soubstituant a eux et aux
siens de l'un a l'autre reciproquement
vulguerement pupillerement et par fidei
en stirpes et non en chefs et defalle
les dits deux mes fils et les siens sa

enfants legitimes et naturels ou aucu ceux qui

ne parviendront a legitime age de faire

testament en tel cas et chacun deux a dit

dernier ainsy defallant substitue et institue

et nomme mes heritiers les autres fils mascles

le jour de ma mort nés ou a naitre et les

siens sauoir vn seul et non ensemble procedant

les majeurs au mineurs en age et lordre de

primogeniture entre eux semé les substituant

des vns aux autres comme dessus vulgairement

pupillairement et par fideicomis fideicomis et

au Dernier ainsi defallant soubstitue et

institue et nomme mes heritieres las dittes

madalena et francoise vaquer mas filles et

les siens egalement et par egales parts et

portions les soubstituant de lune a lautre et

les siens ad inuicem et reciproquement

vulgairement pupillairement et par fideicomis

lesquelles et les siens defallants comme des

dits joseph et andré dessus est dit au dernier

ainsy defallant soubstitue et institue et nomme

mes heritieres les autres mes filles le jour de

ma mort nées ou anaitre legitimes et

naturelles sauoir vne seule et non ensemble

procedant la majeur enage a la mineur et

lordre de primogeniture entre elles semé les

soubstituant de l'une a l'autre vulgairement
pupillairement et par fideicommis en estirpis et
non en chefs et dafallant toutes les dits mes fils et
filles et les siens comme dessus est dit au dernier
defallant soubstitue et institue mon heritiere a
la ditte Cecilia vaquer mon epouse si par toux viura
durant sa vie naturelle et non devantage, a laquelle
en mourant et sa vie finie soubstitue et
institue mes heritiers à dit michel vaquer mon
cosin et il premort aux siens pour en jouir
et disposer a ses plaisirs et volontés ordonant
que de dits mes biens soint payés toutes mes
deptes a quoy paroitra je etre obligé le jour
de ma mort

et celuici et mon dernier testament ma
derniere volonté lequel veux et ordonne valoir
par voije de testament nuncupatif ou
codicille ou par telle espece de derniere volonté
que plus de fait et de droit valoir puisse et
doive priant les tesmoins bas nommes que du
present testament et tout ce qui est contenu me
soint temoins et rendent temoinage

lequel testament a été fait et publié et par
le dit joseph vaquer testateur loué et confirmé
en la ditté delne apres midy le dixneuf aes
mil sept cent soixante trois, regnant tres
chretien et tres glorieux et tres victorieux
prince Louis catorsieme par la grace de dieu
de france et de navarre etant nanmmoins

temoins par propre bouche dedit testateur
priés et ceapellés les sieurs melcion Denis pages
et saille Michel oliver, hieronme erirat, Michel
erirat, jean espeirquet tous pages. françois
fafont chirurgien lucas prinera laboreur tous
habitants de la ditte citté delne et moy jean
baptiste delavis notaire roijal de la ditte citté
delna qui le present testament aÿ passé en
etant requis et prié

Controllé au Bureau etabli a elne le trente
maÿ Mil Sept cent Sept Regitre trois follio
quime article quatre Recen une livre treie
sols Signé jonqueras f. S.

Et afin quau testament cÿ dessus
foÿ Soit ajoutée en jugement et hors
jcellui je françois Serra notaire Royal
college de Perpignau possedant la pratique
dudit Mr jean baptiste delavis notaire
Royal a elue par lequel le dit testament a
ete Retenue me Suis Soussigné et aÿ
jcÿ mis et apposé mon acoutume et ordinaire
Sig + ne /

Recen de jean Blanch pour cette
expedition quatre livres

Au Nom de Dieu soit fait.

Sachent tous presents et avenir que
L'an Mil Sept cents Soixante neuf
Comptant du jour de la nativité du
Sauveur et le vingt huitieme decembre
Dans la ville de Perpignan Pardevant
Moy notaire Royal Collegie

mes
ies

mes biens

Document 123 – 20 décembre 1708 – extrait de subrogation au profit de Noble Jean-François de Grave, sieur de Saint-Cristol, par Jean Mailhac et son épouse Marguerite de Pompadour, et demoiselle Paule de Pompadour veuve de Barthélémy Mailhac et sœur de Marguerite. Subrogation effectuée sur les héritages de Balthazar de Grave et son épouse Philippe de poitevin, père et mère de Marguerite de Grave épouse de François de Pompadour

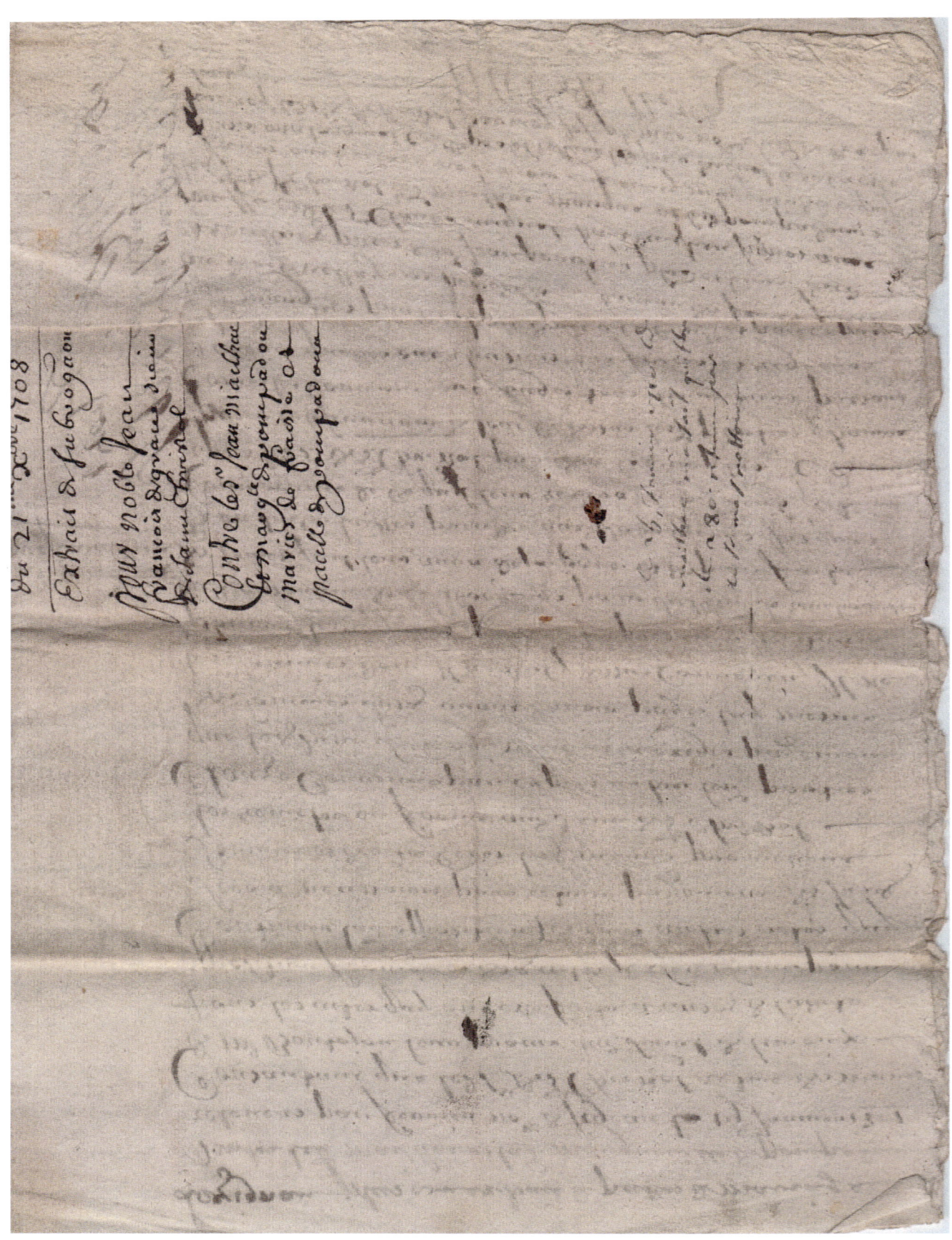

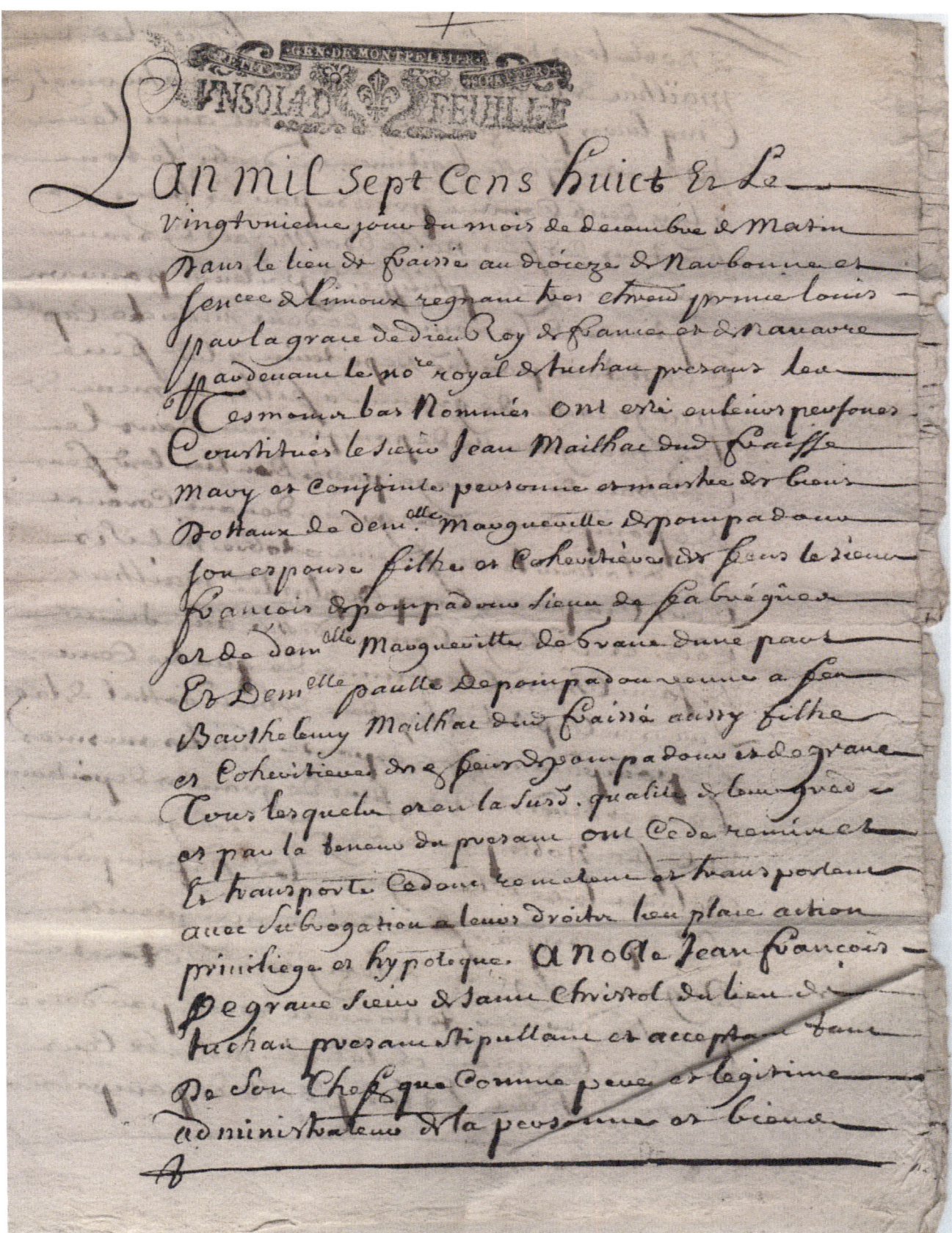

L an mil Sept Cens huict Et le
vingt vnieme jour du mois de decembre d Matin
dans le lieu de fraissé au diocize de Narbonne et
generce d limoux regnant tres chreud prince louis
par la grace de dieu Roy de france et de Navarre
par devant le no.re royal d tuchan presans les
Tesmoins bas Nommés Ont este enleurs persones
Constituès le sieur Jean Mailhac dud fraisse
mary et Conjointe personne et maistre des biens
Dottaux de dem.elle Margueritte d pompadour
son espouse fille et Cohevitieres des feus le sieur
François d pompadour sieur de fa brequea
et de dem.elle Margueritte de brane dune part
Et Dem.elle paulle de pompadour ... a feu
Bartholemy Mailhac dud fraissa aussy fille
et Cohevitieres de q. feurs d pompadour et de brane
Tous lesquels orau la Sur.d. qualite de leur gred
et par la teneur du presant Ont Ce de remis et
Et transporte Cedonc remettent et transportent
avec Subrogation a leurs droictes lieu place action
privilieges et hypoteque A noble Jean François
De brane sieur d Saint Christol du lieu de
tuchan presant stipullant et acceptant tant
De Son Chef que Comme pere et legitime
administrateur d la persoune et biens

&Noble louis de graue son fils scauoir ladit
mailhac de la somme de deux cens quatrevingt
Cinq liuves quinze sols en Capital auec leur
fructs heuertu d'icelle legitimement denby le bou
a luy deub Comme procede pau les biens et
heuritiers des feus noble Balthezard de braue
et de damoizelle philippe dpoiteuin pour un
Septieme de la somme de deux mille de Cap.al
Constituee pau lad depoiteuin a lad feue
marguerite de graue sa fille et meue de
lad marguerite de pompadour Daus le
Contrau de mariaga passé Dautre lord feu
Depompadour et de graue donaue Couvonal
no.e de latour le neufuieme octobre mil six
Cens Cinquante Cinq De plus led mailhac
Cede et subvoga Comme dessus aud sieur
de sainct Christol la somme de quatre Cens
Liuvas en Capital a luy deue de bien dottal dlag
Depompadour son espouse suv les mesmes
biens et heuedites des feus de graue et dpoiteuin
et de feu noble pierre de graue seigneur
Delanet leur fils leguee a lad Depompadour
Sad espouse pau feue Dame marguerite
Degraue religieuze delezignau sa tante
pau son derniev testament receu pau dauve
no.e redud, lezignan en lannee mil six Cens
Soixante huict, Et lad paulle depompadour

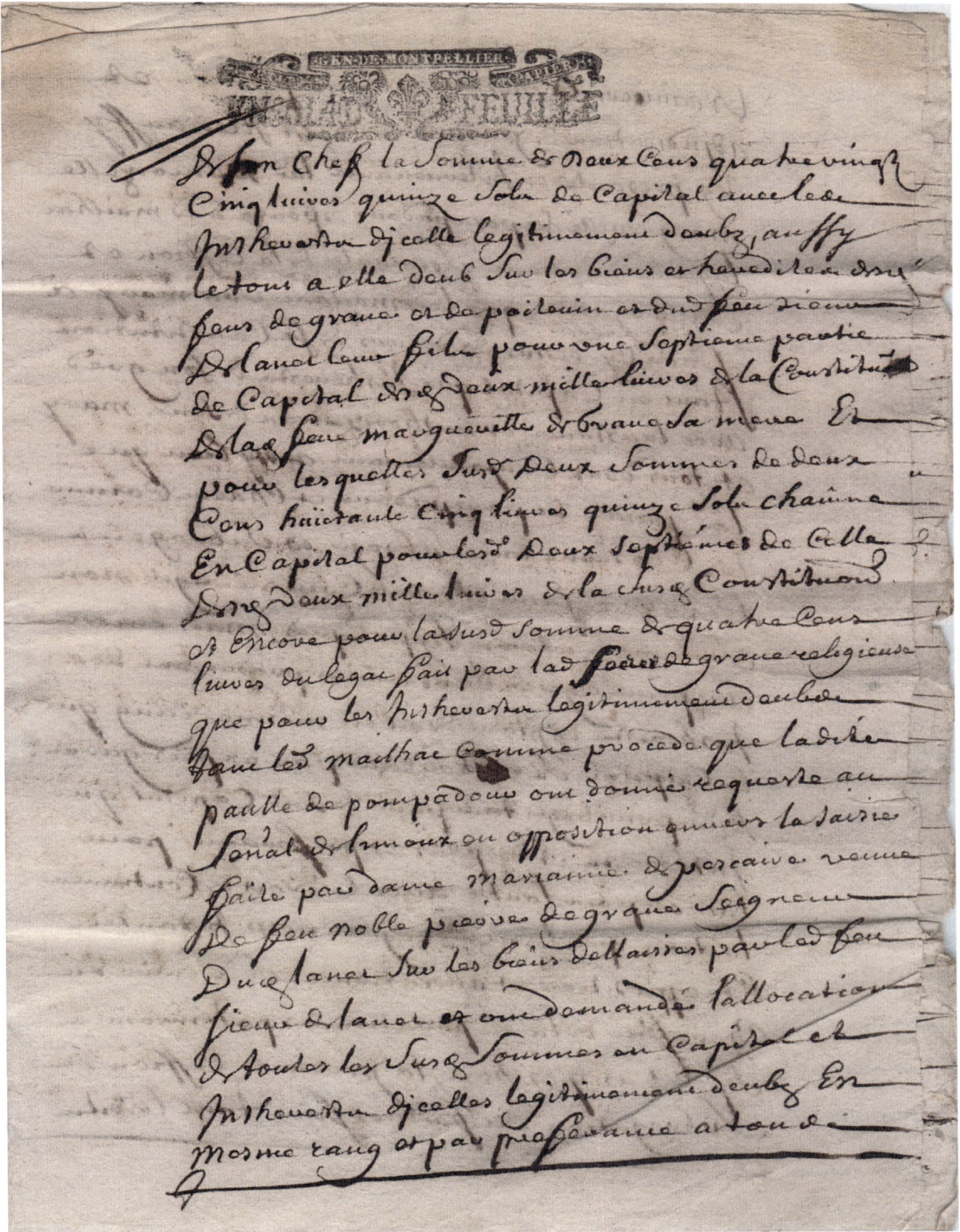

De son Chef la Somme de Deux Cens quatrevingt
Cinq livres quinze Sols de Capital avec les
Intherestz dicelle legitimement doubz, aussy
le tout a elle deub sur les biens et heredités du sr
feu de grane et de poitevin ou du feu sieur
de Lanet leur filz pour une septiema partie
de Capital des Deux mille livres de la Constitu-
de lad feue marguerite de grane sa mere Et
pour les quelles sur deux Sommes de deux
Cens haictante Cinq livres quinze Sols chacune
En Capital pour lesd Deux septiemes de Celle
Des Deux mille livres de la dite Constituon
Et encore pour ladud Somme de quatre Cens
livres du legat fait par lad soeur de grane religieuse
que pour les Intherestz legitimement deubz
Dans les maintac comme procede que ladite
Dame de pompadour ont donné requeste au
Senal de Limoux en opposition envers la Saisie
faite par dame marianne de percaina veuve
De feu noble pieore de grane Seigneur
Duc Lanet sur les biens delaissés par led feu
sieur de Lanet et ont demandé l'allocation
d'aouter les sus sommes au Capital et
Intherestz dicelles legitimement deubz En
mesme rang et par preference a tous &

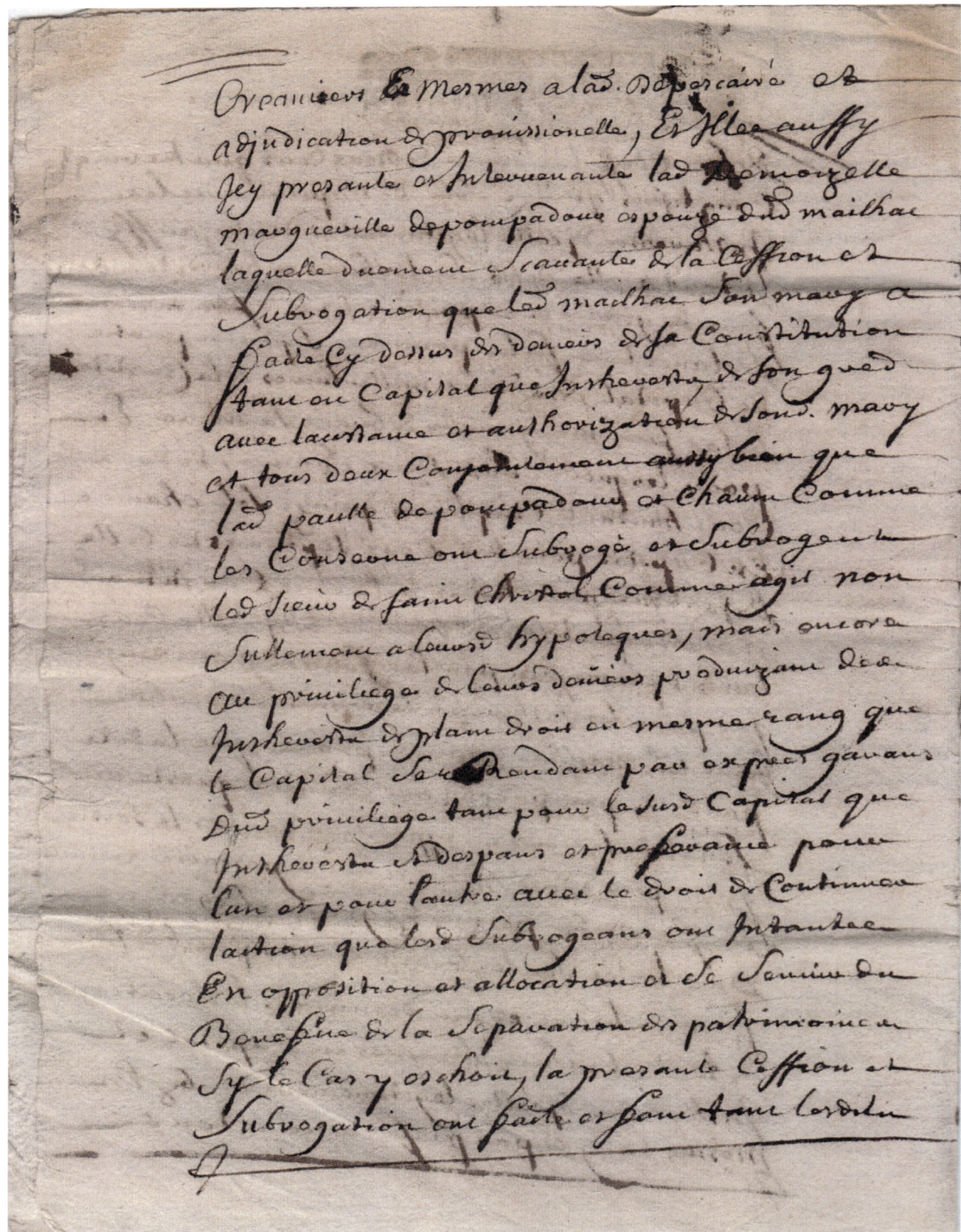

Creanciers Et Mesmes a lad. Decorcaire et
adjudication provisionnelle, Et Elle aussy
Jey presante et Intervenante lad. Demoizelle
marqueville depompadour espouze dud mailhac
laquelle duoumou Scauante de la Cession et
Subrogation que led mailhac Son mary a
Cade Cy dessus derdenoirs desa Constitution
Stam ou Capital que Juskeverte desongred
auce lauthoritee et authorization desond. mary
et tous deux Conjoitlamau aussy bien que
led paulte depompadour et Chaim Comme
les Creanciers ou Subroge, et Subrogent
led Sieur defaim Christol Comme agir non
Sullemam a leursi hypoteques, mais oncora
au priuiliege de leurs douiers produizant Den
Juskeverte deplam droit en mesme rang que
le Capital Ser Rendam pau arpred gauant
Dud priuiliege tam pour le dud Capital que
Juskeverte dospans et professauau pour
lun et pour lautre auce le droit de Continuar
laction que led Subrogeans ou Intantee
En opposition et allocation et de Semine du
Bonofine de la Separation des patimoine au
Sy le Cas y eschoir, la prezante Cession et
Subrogation out faite et faim Arme lordru

maithac et pompadour mariés que lad. paulle
depompadour En Capital justheuert et despans
aud sieur dsaint Christol, scauoir ledt. maithac
et pompadour mariés pour la somme de six
cens quatre vingt liures peyables scauoir
deux cens quatre vingt liures au mois dmay
prochain et les quatre cent liures restans ledit
sieur dsaint Christol les paygera aussy come
promes aud. mariés dans deux ans après ledit
mois de may et sans justheuert et lhors que les
maithac receura les sieurs payemens jl seua tenu
Come promes dreconnoistre la sierd somme
d six cens quatre vingt liures en faueur dlad.
femme lui tous et Chacun des biens presans et
auenir pour estre repetée le Cas auenant, Et
lad. paulle depompadour pour la somme
de deux Cens quatre vingt liures delaquelle
led sieur dsaint Christol luy en a payé dou
presantement Colle dvingt quatre liures quelle
a receue et Embourssée a son Contantement
dont la quitte Et les deux Cens Cinquante six
liures restans led sieur dsaint [...] jpromes
et sobliege luy payer scauoir Cinquante six
liures le jour et feste dsaint michel dumois
dseptembre prochain et les deux Cent liures
Restans dans deux ans après anée

d'Inthenort a Camanou de Couvis led pour d'haine
michel Et Mayennau quoy tant led. maithai
et pompadour maries que lad paulle de pompadour
promettont et S'obligent faire bouvallou ladite
presante Cession et subrogation aud s. de S. christol
et d'icelle luy en pourter bonne et nettion de garantie
tant en Capital Inthenort que dix pour
tant en jugement que dhors, Cousantant
En outre led. mariès et lad paulle de pompadou
que led. sieur de Sain christol se passe payer des
Entiers droites quy leur sont deubz en Capital
Inthenort et depour sans aucune diminution
Comme luy ayant Cedé leur est lautre a sou
Seul proffit et non dautres pour son lauvir
et en retrour lautier payement auec le mesme
privilliège Comme les subrogeans auroint peu
faire auant lad presante Cession et subrogation
ayant led. mariès remise aud sieur de S christol
pour la justiffication des Sommes et droitz a luy Cedes
l'extrait des pattes de mariage dentre led. sieur
frere de fabreguer et lad Dam elle margueritte
de pramaud par le Courau de d ichi
la Dou ledjour 9me 8bre, 1655 plus un extrait
Collationne du testau de Sœur margueritte de grave
religieuze dans le monastere de lezignan retenu
par dauer no re de lezignan le dix aoust 1668
et Collationne par pierre dauer aussy no re due

Lezignan plus unerchait de pattes de mariage
Denta led maithac orlad. marguerille de pompadour
releveus pau feoviée no.re de fizeau le 19 Janvier 1701
Couranbant que led sr drs Chirrol retire desmains
de mr Boutajou leur procur aud sonal de limoux
tous les actes qui ont este faite araizoy deladite
opposition formée et drg ordes il sen servie pour
Coutinuer lad opposition et tous autres actes qey
seront necessaires pour retirer payement després
Sommes et droite Ceder long maoies promettent
les remetra en forme aud sieun drs Chirrol
Clauze Convenue pau expres outre lord parties
que ledsieur Subrogé venant a exigés payement
des Sommes surg auant danois payé ley mesme
les Sommes dont il a esté Cy dessus Convenen, il ne
pourra les recevoir qu'avec la presente autaine
ou Couranteu drdg Subrogeaus pour Suttent se rembourseo
des somes quil leur aura deja payé et despau faute
se entraile laisseo prendre aud subrageaus Jusques
a Counouvance de Ce quil leur restea encore daub et
apres ledsr drs Chirrol prendra le surplus
pour lobservaon de tout Ce dessus lord parties channa
Come les Conceuue ont obliger tous leurs biens presaus
et aveuir quelles ont Soumis aux forces eueigueus
et drois renoncant a tout droit a Ce Coutre et pau expres
lord mariz et jou
au droit vellageun subvoduir ou pauei
et receille en prees de mr Jean pouvriés plus et lune dud
fraisse ordled sr Claude miguel haudusfien pprier ausa
legs drs Chirrol led maithac marqua et led pompadours
tivein ont declaca ne scauoir signeury marquez deloroquiéy
diuein ont alorginal Controllepas led roltand led jour duquel la put acte
livevo reg ted drs s Chirrol par moy Joseph mas no.re Suns de Ce requis
soubgne   Mas   No.rce

Document 124 – 18 mars 1709 – Donation de Marie-Anne de Pescaire, veuve de Pierre de Grave seigneur de Lanet, à sa sœur Gabrielle de Pescaire, épouse de Jean-François Dauceresses

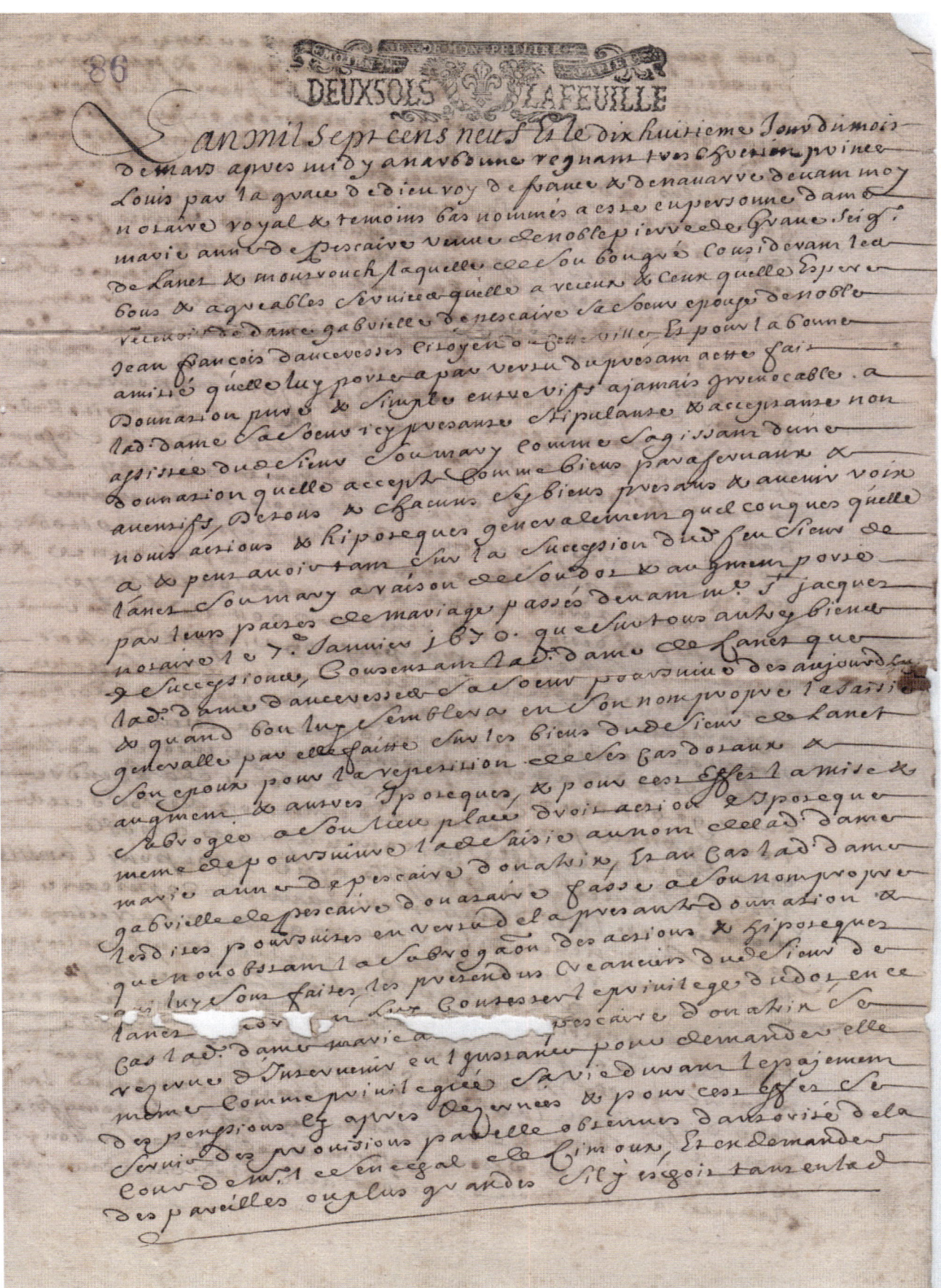

Cour que pardevant toutes autres cours ou cette affaire
pourroit estre evocquée ou portée par appel & par exprés
a réservé que la presente donation ne pourra luy porter
aucun obstacle ny prejudicer Ces penssions ou provissions
luy demeurant servir de subsistance & d'aliments, fais au
surplus la d. dame marie anne de pescaire aux
conditions suivantes premierement elle reservé sur
les biens donnés la somme de quatre mille livres pour
pouvoir disposer en faveur de qui & comme elle le
trouvera apropos, de laquelle somme la d. dame sa
soeur donataire luy payera la rente sa vie durant
a raison du denier vingt revenant a la somme de
deux cens livres par an & aprés son deces a ceux en
faveur de qui elle en aura disposé. Sans pourtant
que ces personnes puissent jamais l'argent & capital de
4000 ll qu'elle veut rester es mains de lad. dame sa soeur
consistuée payable la d. rente de 200 ll a lad.
dame de Lanet de six en six mois & par avance
dont le premier payement sera fait le premier octobre
prochain & ainsy en sera ue année par année &
de revenu en revenu sans accumulation de paye
outre & par dessus lad. rente de 200 ll lad. dame
donatrice se reserve une penssion viagere de trois
cens livres payable de six en six mois a leur lceance
a commencer au premier octobre prochain & ladite
penssion de trois cens livres demeurera esteinte au
deces de lad. dame de pescaire charge encore lad.
dame gabrielle de pescaire sa soeur de Rendre
tous les biens pres aussi ment donnés lors des noud ceci
ou plus tost s'il et trouve apropos a noble
joseph D'auceresses sous fils aisné & ce pour l'amitié
que la d. dame marie anne de pescaire a
pour led. neveu & les services qu'elle en a receus &
espere s'en recevoir, & au cas que led. jos. gz dauceresses
vint a mourir avant lad. dame sa mere, elle sera
dans l'obligation [...] les biens donnés a tel ou
tels de ses enfans qu'elle a ouvra & soit à la
maniere qu'elle trouvera apropos, Et comme par
cette disposition la d. dame de Lanet y comprend lad.
dame sa soeur & ses enfans en la forme toutesfois
& en la maniere cy dessus exprimée elle a dec soubgré
renonce a tous droict virevor au cas lad. dame d'auceresses

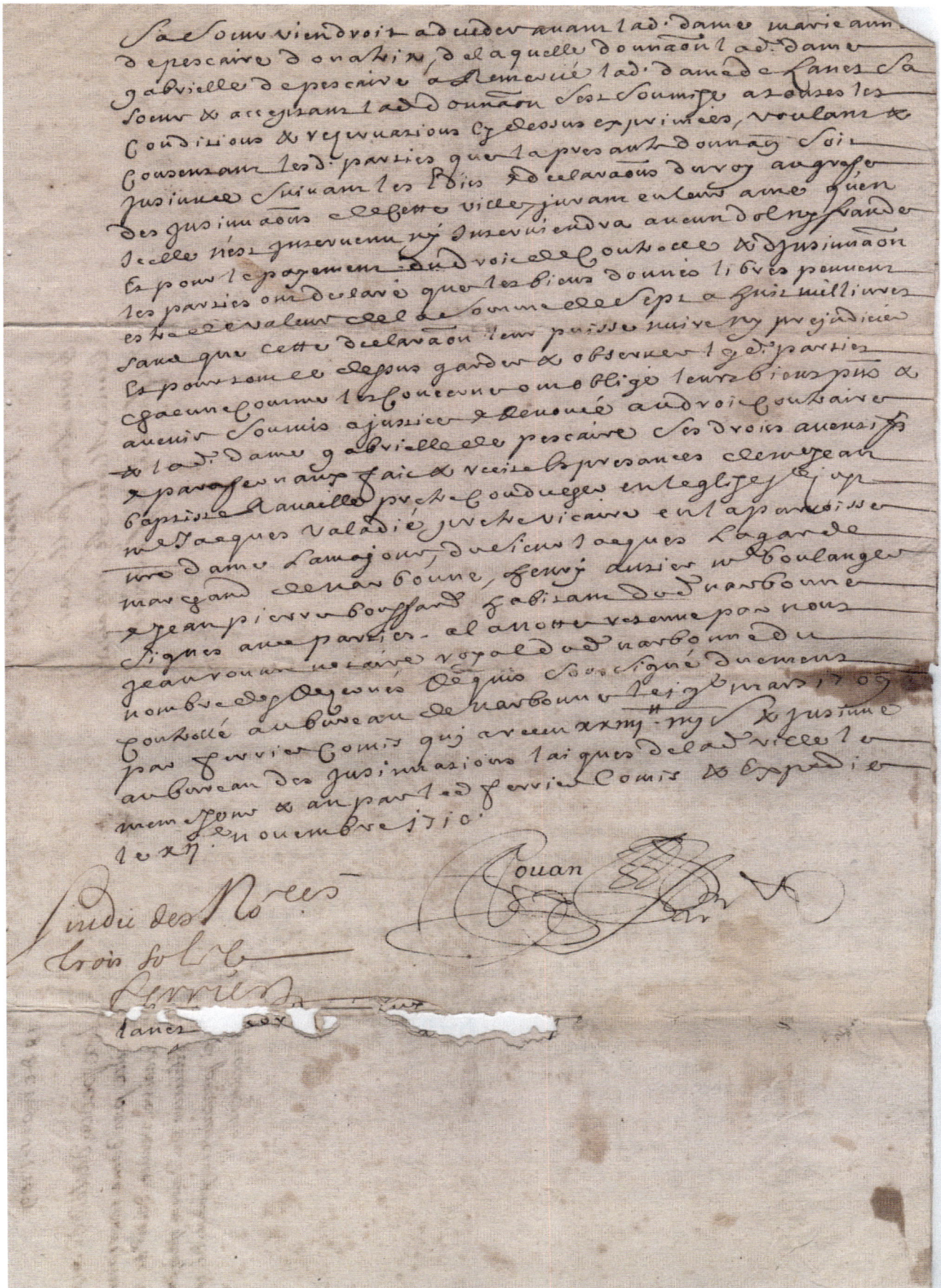

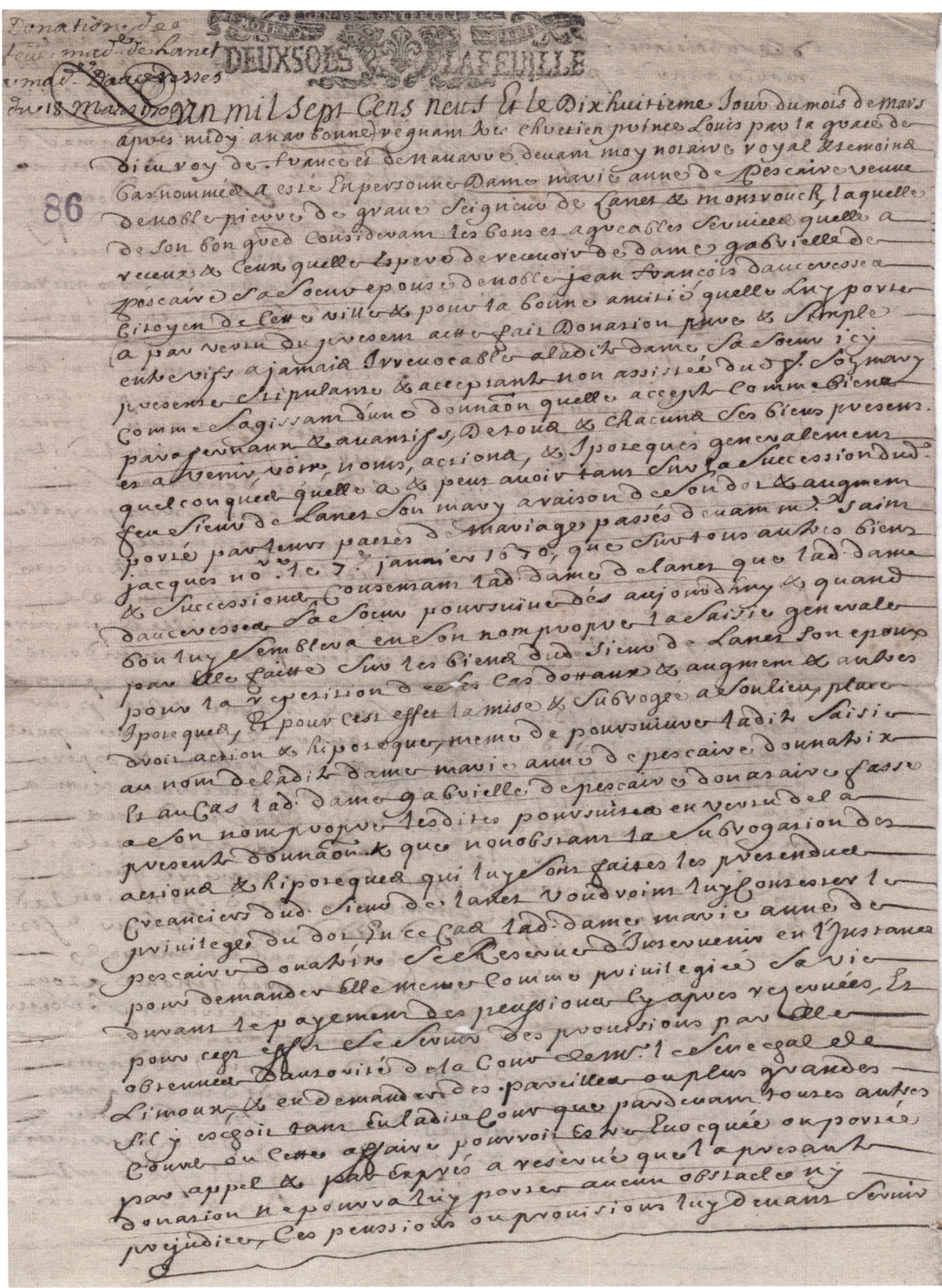

Donation des
Leurs mad. de Lanet
Duc desses
du 18 Mars 1709

86

L'an mil sept Cens neuf Et le Dixhuitieme Jour du mois de mars
apres midy a narbonne regnant tres chretien prince Louis par la grace de
dieu roy de france et de navarre devant moy notaire royal et temoins
bas nommés a esté En personne Dame marie anne de pescaire veuve
de noble pierre de grane Seigneur de Lanet & monsrouch, Laquelle
de son bon gred considerant les bons et agreables Services quelle a
receus & Ceux quelle Espere de recevoir de dame gabrielle de
pescaire sa Soeur epouse de noble jean francois d'auceressa
citoyen de cette ville & pour la bonne amitié quelle Luy porte
a par devant ce present acte fait Donation pure & Simple
entre vifs a jamais Irrevocable aladite dame sa Soeur icy
presente stipulante & acceptante non assistée dud. S. d'auceressa
Comme sagissant d'une donaon quelle accepte Comme biens
para pervenaux & avantifs, De tous & chacuns ses biens presens.
et a venir, voir, noms, actions, & hypoteques generalement
quelconques quelle a & peut avoir tant Sur La Succession dud.
feu Sieur de Lanet Son mary a raison de son dot & augmen
porté par leurs passés de mariage passés devant me. Saint
jacques no. 1 e 7. Janvier 1670, que Sur tous autres biens
& Successions Consernant lad. dame de Lanet que lad. dame
d'auceressa Sa Soeur poursuivre dès aujourdhuy & quand
bon luy semblera en son nom propre La Saisie generale
pour elle faire Sur les biens dud. Sieur de Lanet Son epoux
pour la repetision de sed. Cas donaux & augmen & autres
hypoteques, & pour cet effet la mise & Subrogée & soulieu place
avoir action & hipoteque, meme de poursuivre Ladite Saisie
au nom deladite dame marie anne de pescaire donatrix
Et au Cas lad. dame gabrielle de pescaire donataire fasse
a son nom propre lesdites poursuites en vertu de la
presente donaon & que nonobstant la subrogasion des
actions & hipoteques qui luy sont faites les presendues
Creanciers dud. Sieur de Lanet voudroient Luy consester le
privileges du dot Qu'en ce Cas lad. dame marie anne de
pescaire donatrix Se Reserve & reservent en l'Instance
pour demander elle meme Comme privilegiée Sa vie
durant le payement des pensions Ci apres reservées, Et
pour cet effet Se Servir des provisions par elle
obtenues D'autorité de la Cour de mr. l Senegal de
Limoux, & en demander des pareilles ou plus grandes
Si l j eschoit dans Eu ladite Cour que pardevant toutes autres
Cour ou Cette affaire pourroit Estre Evoquée ou portée
par appel & plus expres a reservé que la presente
donation ne pourra Luy porter aucun obstacle ny
prejudicier, Ces pensions ou provisions Luy devant Servir

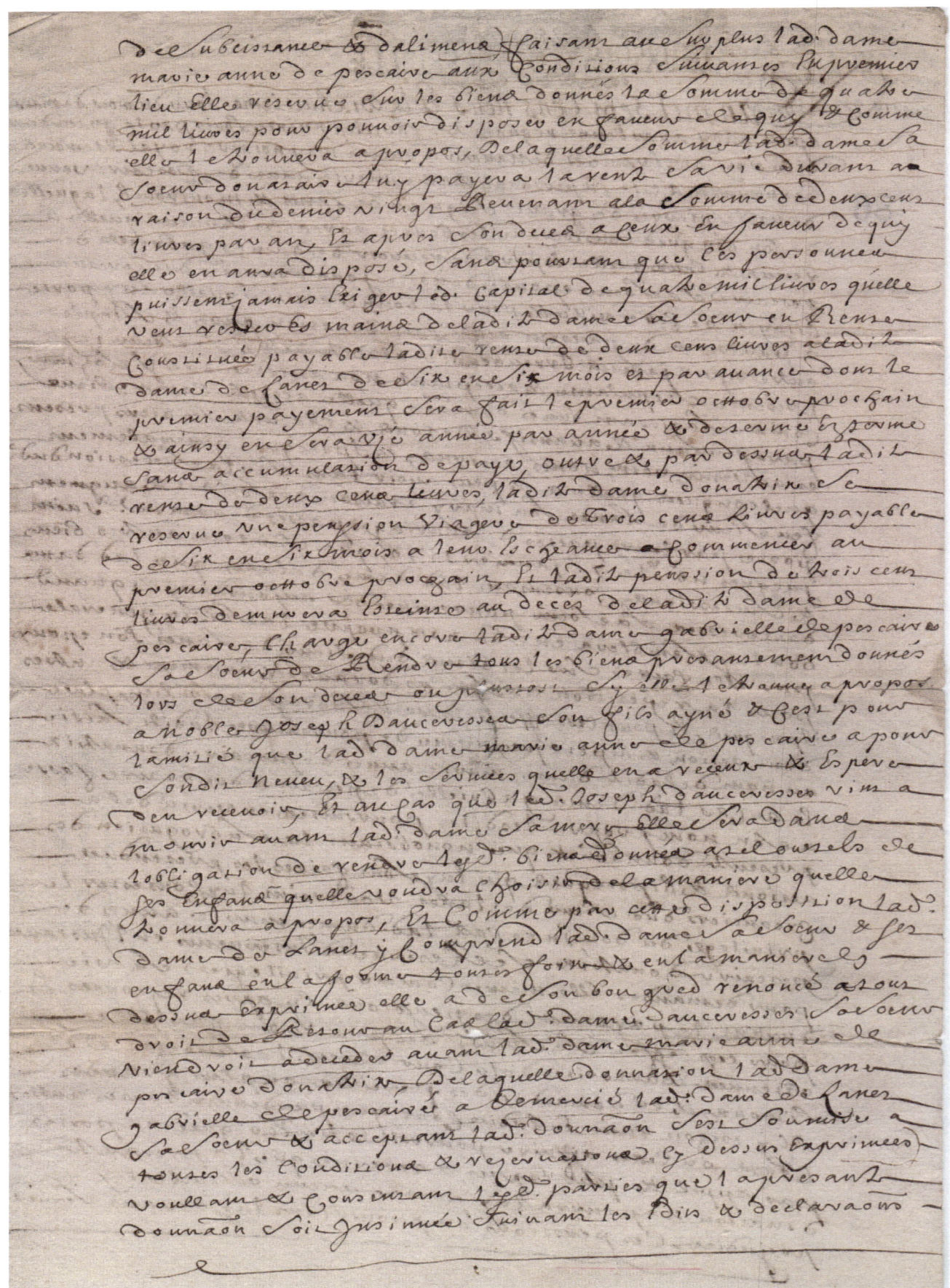

de subsistance et dalimens, faisant que luy plus lad. dame
marie anne de pescaire aux Conditions Suivantes Premiers
lieu elle reserve sur les biens donnés la Somme de quatre
mil livres pour pouvoir disposer en faveur de qui et comme
elle le trouvera apropos, De laquelle Somme lad. dame et
Soeur donaraix Auy payera la rente savoir durant sa
raison du denier vingt Revenant a la Somme de deux cens
livres par an, Et apres Son decés a ceux en faveur de qui
elle en aura disposé, Sans pourtant que les personnes
puissent jamais exiger led. Capital de quatre mil livres quelle
veut rester es mains de ladit. dame sa Soeur en Rente
Constituée payable ladite rente de deux cens livres à ladit.
dame de Lanet de Six en Six mois et par avance dont le
premier payement Sera fait le premier octobre prochain
Et ainsy en sera vie annee par annee et desormais et sans
Sans accumulation de payer outre et par dessus ladit.
rente de deux cens livres, ladit. dame Donatrix Se
reserve une pension viagere de trois cens livres payable
de Six en Six mois a tenir les echeances a commencer au
premier octobre prochain, Et ladit. pension de trois cens
livres demurera Eteinte au decés de ladit. dame de
pescaire, Charge encore ladit. dame gabrielle de pescaire
Sa Soeur de Rendre tous les biens presantement donnés
tous celle Son decés ou pourra Si m. l. trouve apropos
a noble Joseph Dauceviessa Son fils ayné et ceci pour
l'amitié que lad. dame marie anne de pescaire a pour
Son dit Nemeu, et les Services quelle en a receu et espere
en recevoir, Et au cas que led. Joseph Dauceviessa vim a
mourir avant lad. dame Samere, elle Sera dans
l'obligation de rendre lesd. biens donnés a si lousels de
Ses enfans quelle voudra choisir et de la maniere quelle
trouvera apropos, Et Comme par cette disposition lad.
dame de Lanet y Comprend lad. dame Sa Soeur et Ses
enfans en la forme tousis formes en la maniere les
dessus Exprimees elle a de Son bon gred renoncé a tous
droit de Retour au Cas lad. dame Dauceviessa Sa Soeur
Viendroit a deceder avant lad. dame marie anne de
pescaire Donatrix, De laquelle donnation lad. dame
gabrielle de pescaire a Remercié lad. dame de Lanet
Sa Soeur et acceptant lad. donnaon Sest Soumise a
toutes les Conditions et reservations cy Dessus Exprimees)
voulant et Consentant lesd. parties que l'apresent
donnaon Soit Insinuée Suivant les Edits et declaraons

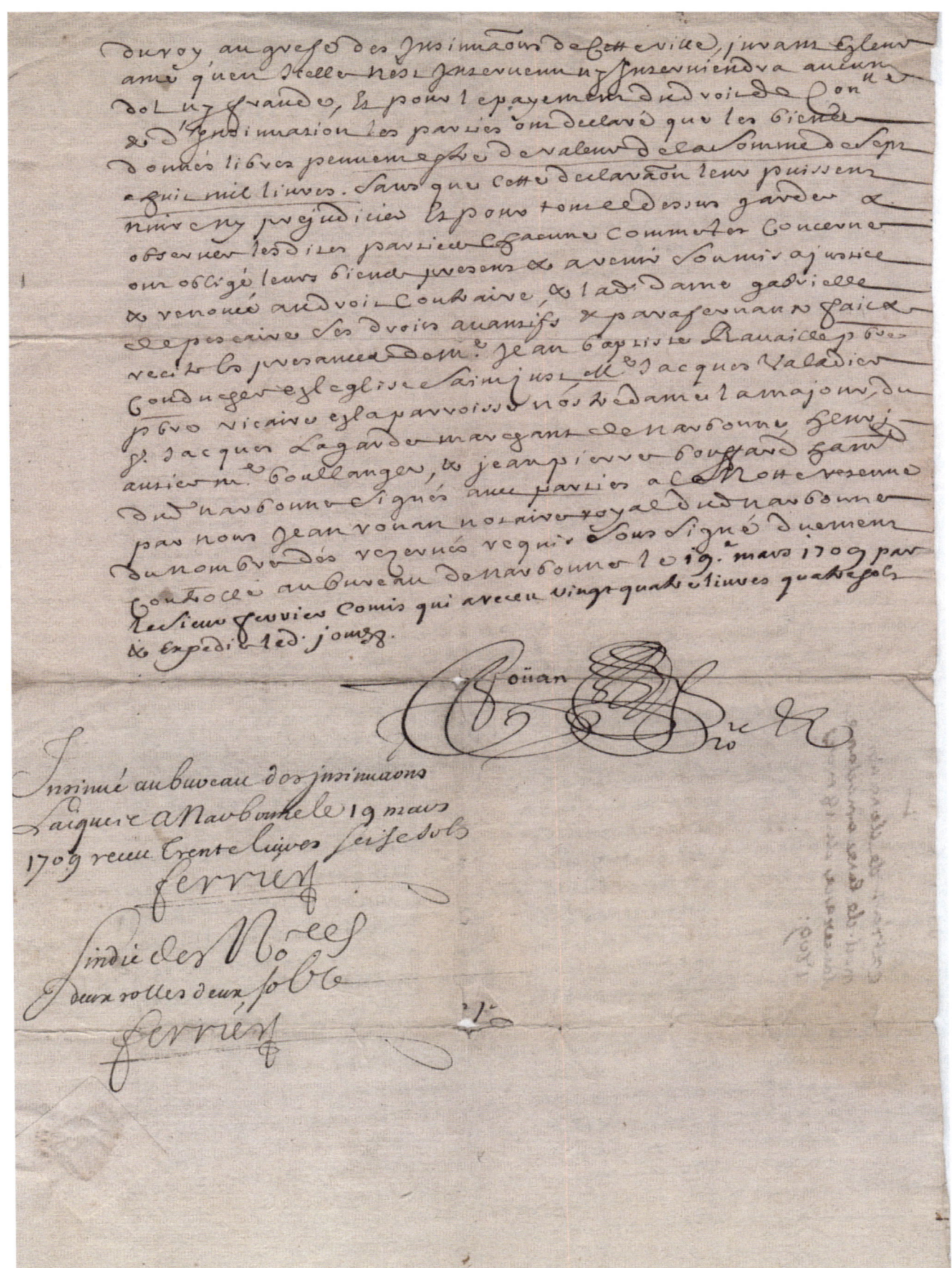

Document 125 – 27 septembre 1709 – Sentence rendue par la Cour de Limoux, dans une affaire concernant les successions de Balthazar de Grave et son fils Pierre de Grave, tous deux seigneurs de Lanet et Montrouch, contre Jean-François de Grave seigneur de Saint-Cristol avec Jean Mailhac et Marguerite de Pompadour

Cahier de 30 folios.

La sentence rendue par Gabriel Guillaume de Siran, Chevalier et marquis de Cavannac, seigneur et baron de Leuc et sénéchal de Limoux, intervient le 27 septembre 1709, en la Chambre du Conseil.

Sont ordonnés dans cet acte, outre le fait pour Jean-François de Grave de se voir débouté de ses requêtes, la séparation des patrimoines de Balthazar de Grave et de son épouse Philippe de Poitevin, d'avec celui de leur fils Pierre de Grave. La vente séparée de ces deux patrimoines est ordonnée. Le paiement des divers créanciers de Pierre de Grave seigneur de Lanet, se fera selon leur rang qui est défini par la sentence comme suit :

Créanciers de premier rang

- Jean Mailhac et son épouse Marguerite de Pompadour recevront la somme de 290 livres sur la portion des droits auxquels Marguerite de Grave pouvait prétendre sur le patrimoine de son frère Balthazar de Grave, augmentée de 488 livres au titre des intérêts.

- Paule de Pompadour veuve de Barthélémy Mailhac et soeur de Marguerite recevra au même titre la somme de 290 livres augmentées des intérêts pour 488 livres.

- Gabrielle de Pescaire, soeur de Marianne de Pescaire et épouse de Jean-François Dauceresses, recevra la somme de 250 livres augmentée de 419 livres d'intérêts pour ce qu'elle avait payé à Vincent Mailhac, mari de Constance de Pompadour.

Elle recevra de plus 250 livres plus 419 livres d'intérêts pour la somme payée à Jean de Pompadour.

- Marguerite de Pompadour sera payée de la somme de 400 livres augmentée de 16 livres au titre des intérêts à raison du leg qui lui a été fait dans le testament de sa tante Marguerite de Grave religieuse en date du 6 avril 1668.

Créanciers du second rang

- 300 livres seront versées à Marianne de Pescaire pour ses habits de deuil, pris sur la vente des patrimoines de Balthazar de Grave et Philippe de Poitevin, et sur celui de Pierre de Grave.

Créanciers de troisième rang

- Marianne de Pescaire recevra de plus la somme de 16.000 livres au titre de sa dot et des augments qui lui sont dus.

Créanciers de quatrième rang

- Jean-François de Grave seigneur de Saint Cristol recevra enfin la somme de 79 livres au titre des deux billets émis en sa faveur par Pierre de Grave seigneur de Lanet de son vivant.

Pour finir, Jean-François de Grave se voit condamné aux dépens contre Marianne de Pescaire, alors que Jean Saurine curateur à l'hérédité de Pierre de Grave est condamné lui aux dépens envers les autres créanciers.

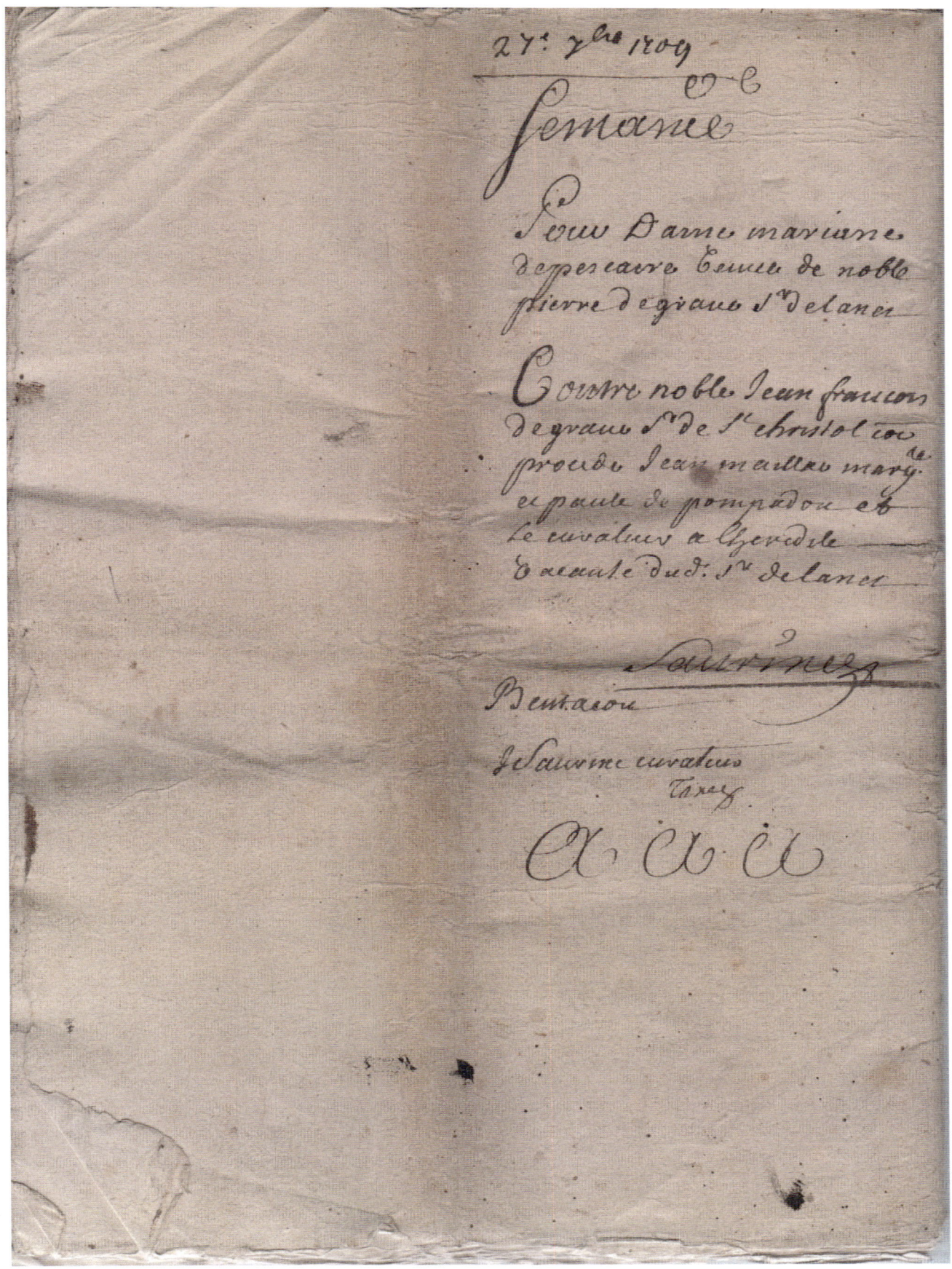

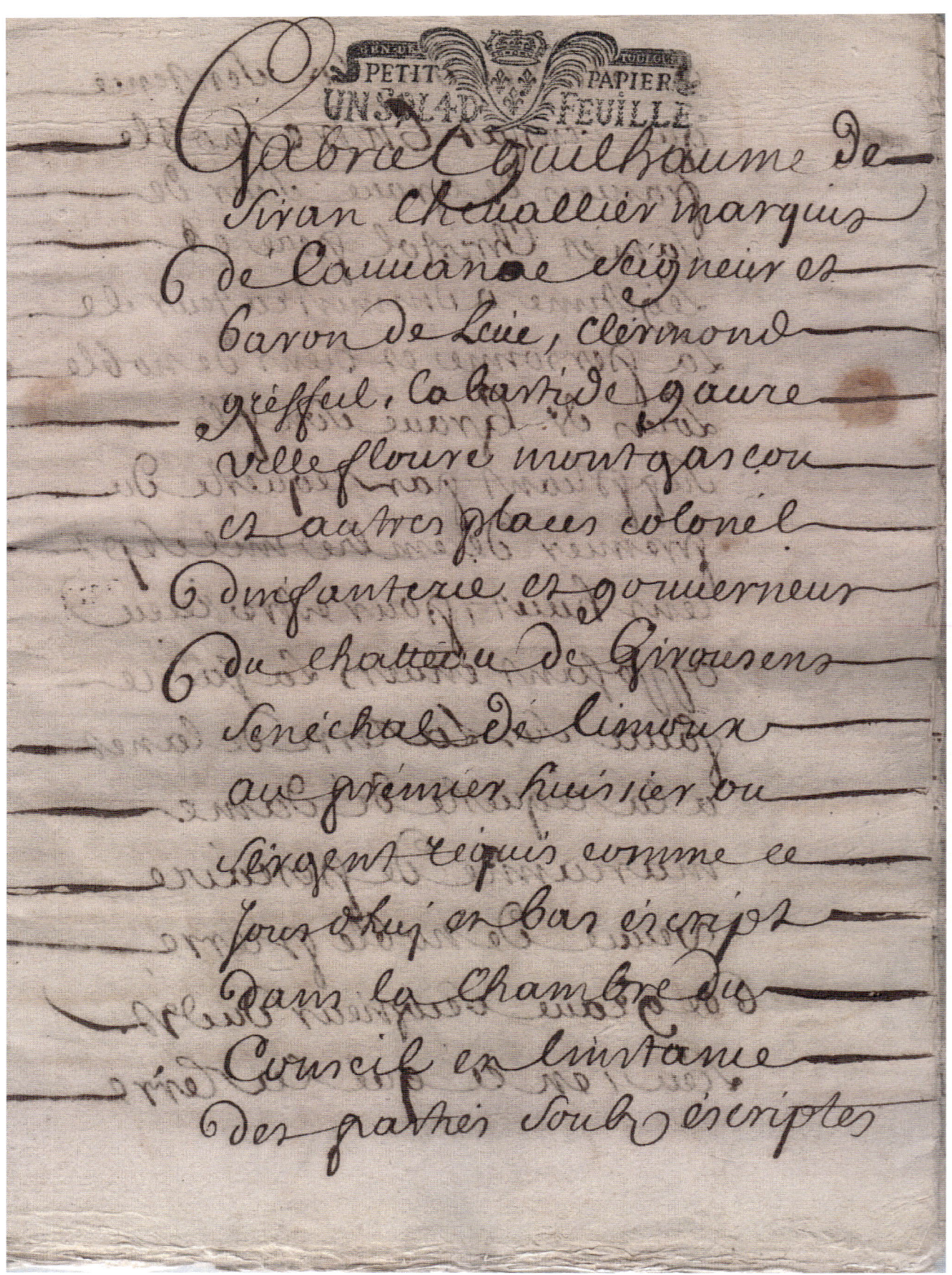

Gabra Guilhaume de
Tiran chevallier marquis
de Cauuanac seigneur et
baron de Leuc, Clermond
greffeil, Cabastide gaure
villefloure montgascou
et autres places colonel
d'infanterie et gouuerneur
du chatteau de Girousens
seneschal de limoux
au premier huissier ou
sergent requis comme ce
jour d'huy en bas escript
dans la chambre du
Councif en l'instance
des parties soubz escriptes

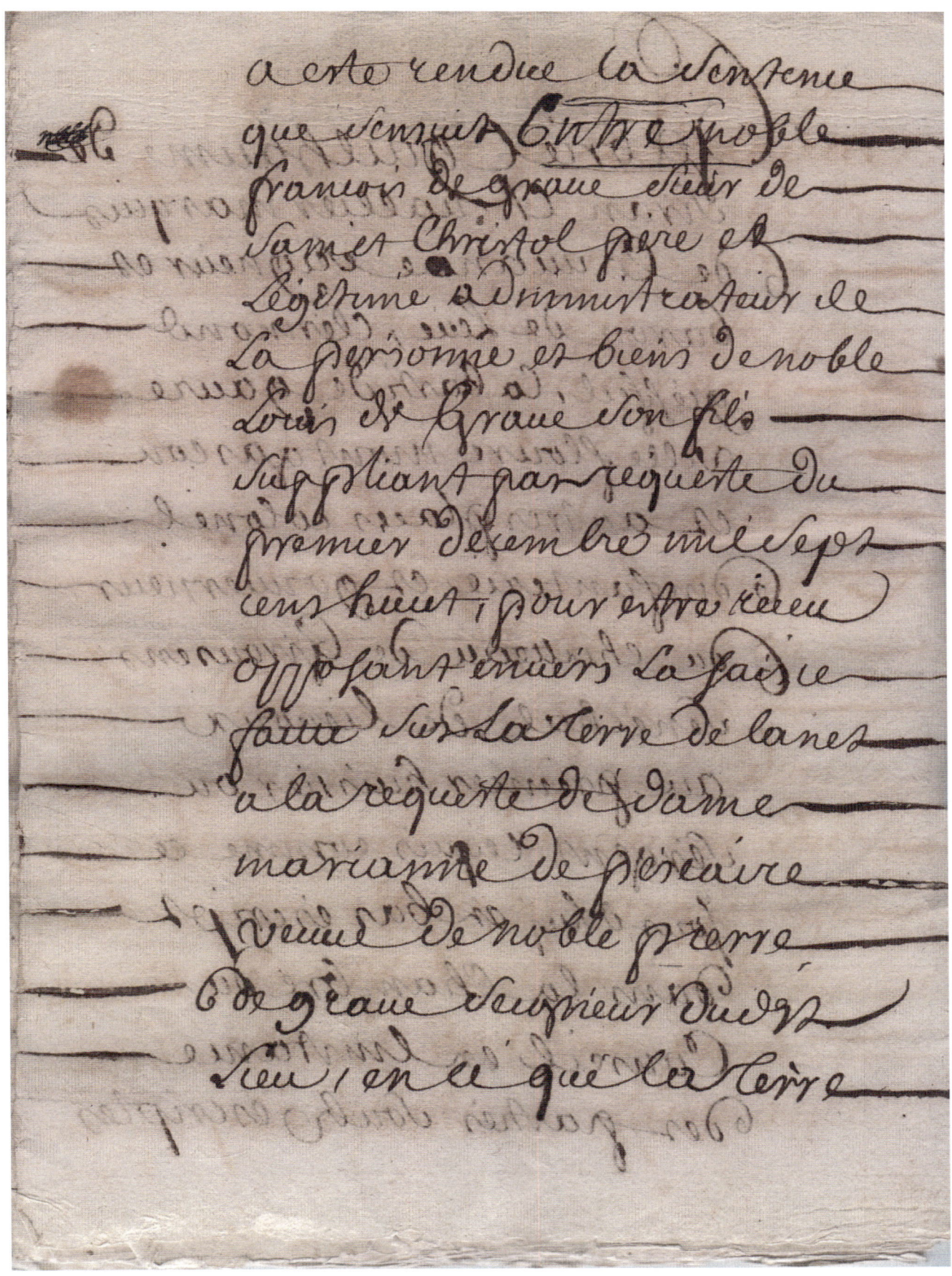

a esté rendue la sentence
que s'ensuit Entre noble
francois de graue sieur de
Sainct Christol pere et
Legitime administrateur de
La personne et biens de noble
Louis de graue son fils
Suppliant par requête du
premier decembre mil sept
cens huict, pour estre receu
opposant enuers La faict
faitte sur La terre de Lanet
à la requête de dame
marianne de percaire
Veufue de noble pierre
de graue Seigneur dudit
lieu, en ce que La terre

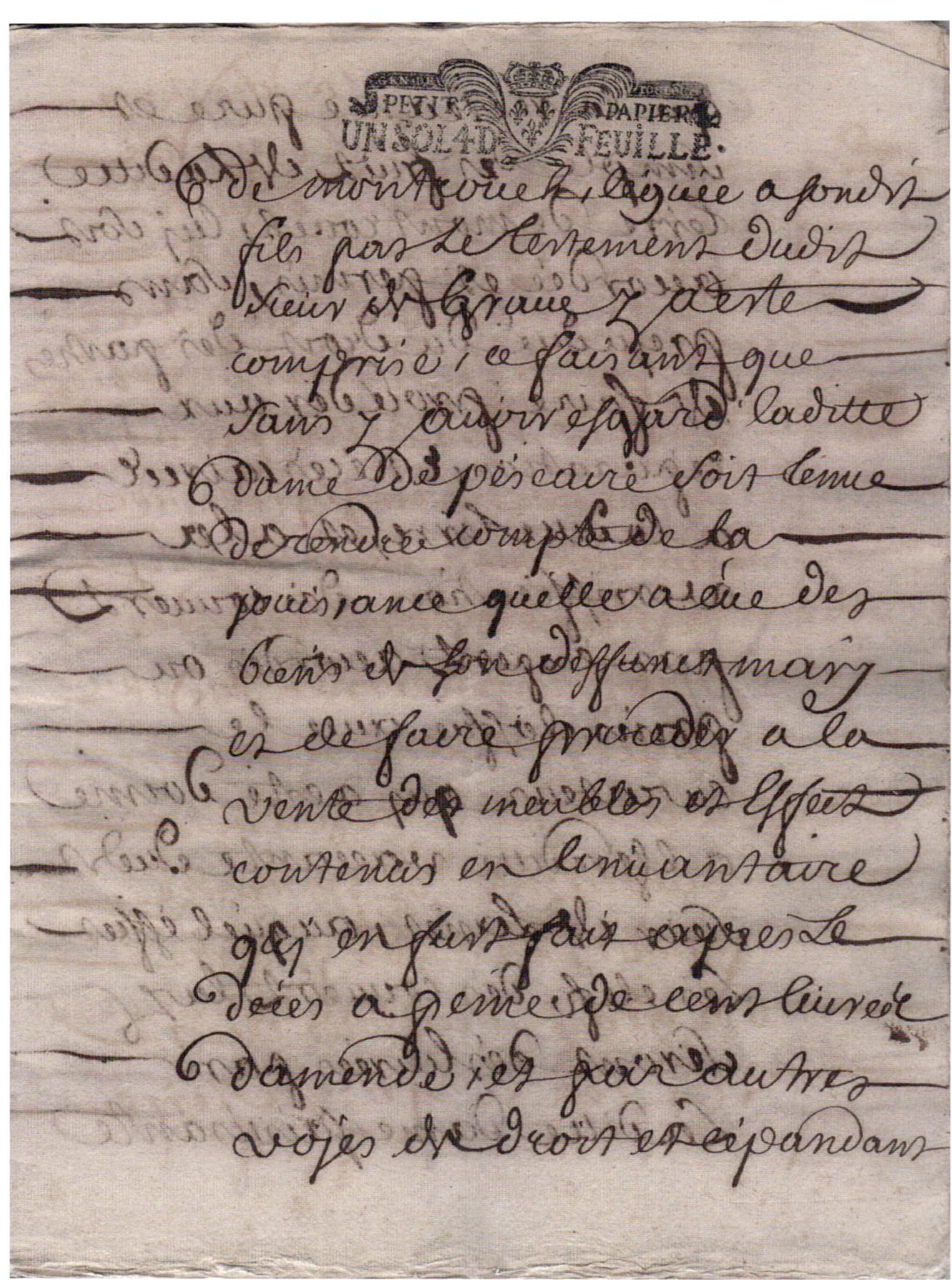

de montroüet, leguée asondit
fils par le testement dudit
Sieur de Granez qperte
comprise ce faisant que
Sans y auoir esgard laditte
Dame de pescaire soit temie
de rendre compte de la
pouissance quelle a eüe des
biens de son deffunct mary
et de faire proceder a la
vente des meubles et effectz
contenüs en linuantaire
quy en fust fait expres le
deces a peine de cent liures
damende et par autres
voyes de droit et cependant

que la récréance pure et
simple des fruit et ladite
terre de Montrouch, luy sois
accordée et permis, sans
prejudice du droit des parties
et faire proceder aux
reparations necessaires
a ladite terre et a la
verriffication des couverts
par expert accordés ou
prins doffice avec le
carateur quy a esté donne
a l'heréditté vacante dudit
Sieur de Lanet, auquel effet
les esticq des couverts baux
seront declarées par
ladite Dame saisissante

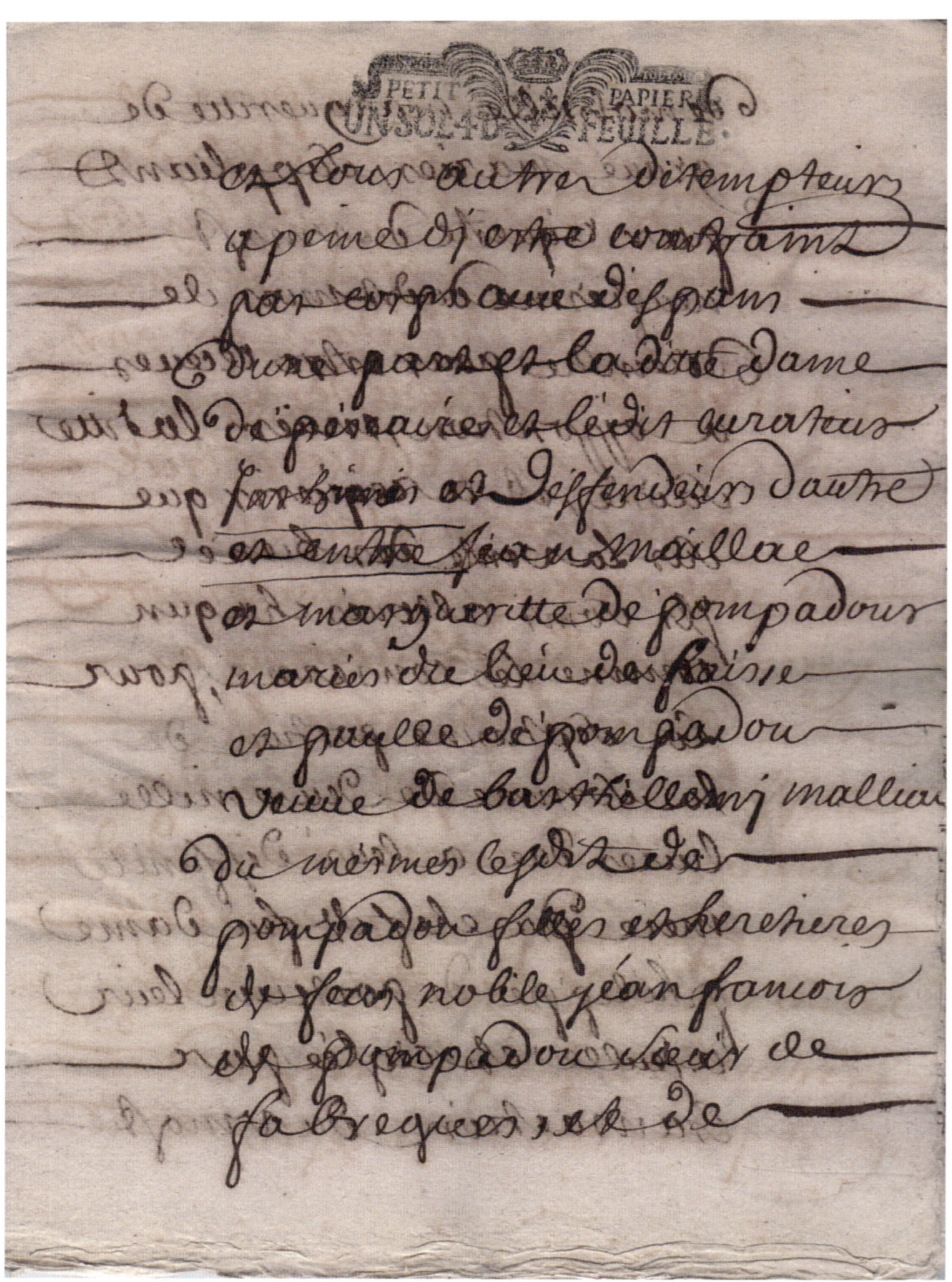

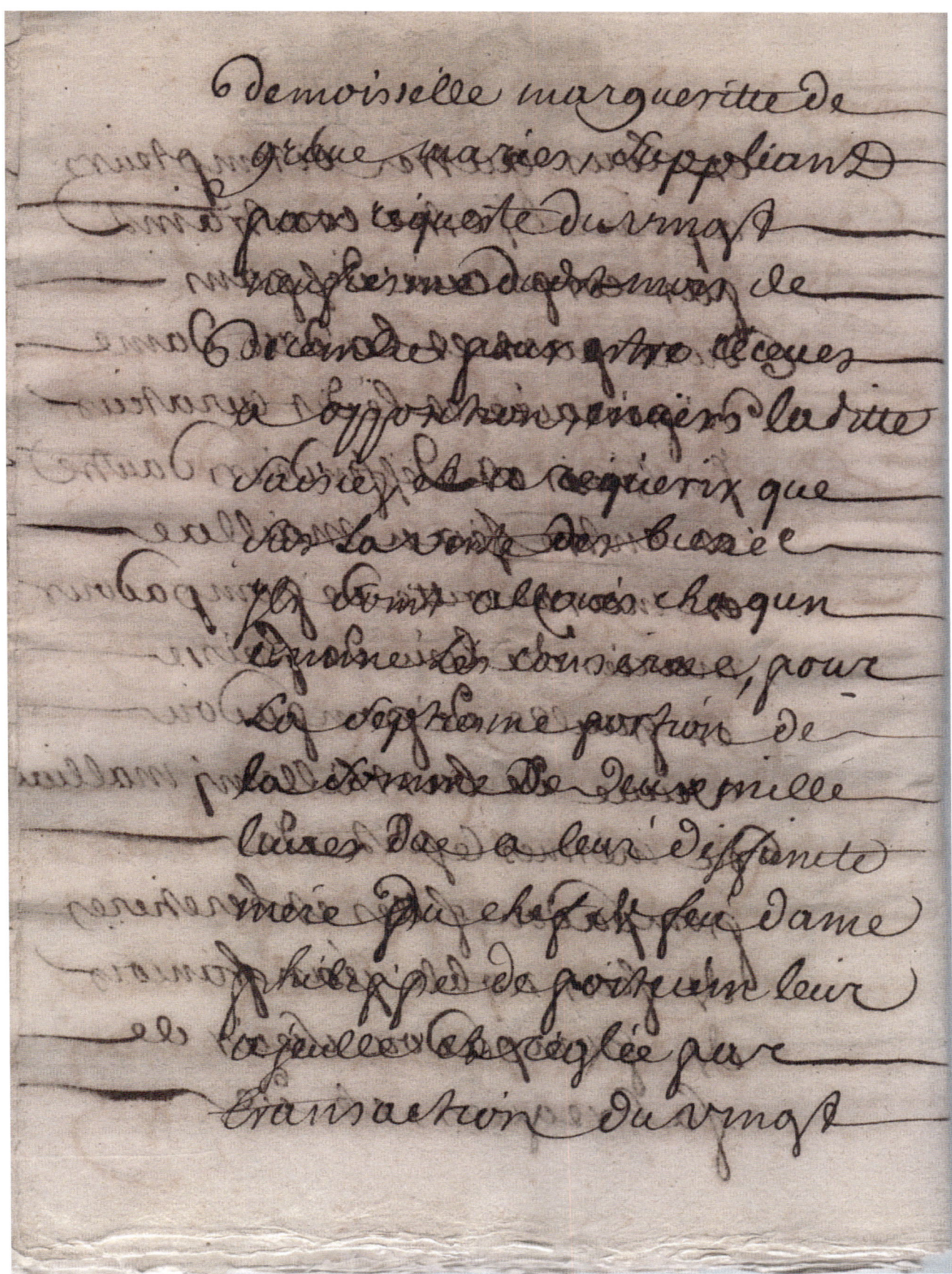

Demoiselle margueritte de
grace marie supplians
pass requeste du vingt
septembre dernier de
[...] par estre receues
a s'opposer envers la ditte
saisie, et a requerir que
sur la vente des biens
qui seront alloues chacun
a mesure courisse, pour
la septieme portion de
la somme de deux mille
livres dues a leur deffuncte
mere par chefaf feu dame
philippe de poitevin leur
ayeulle et reglée par
transaction du vingt

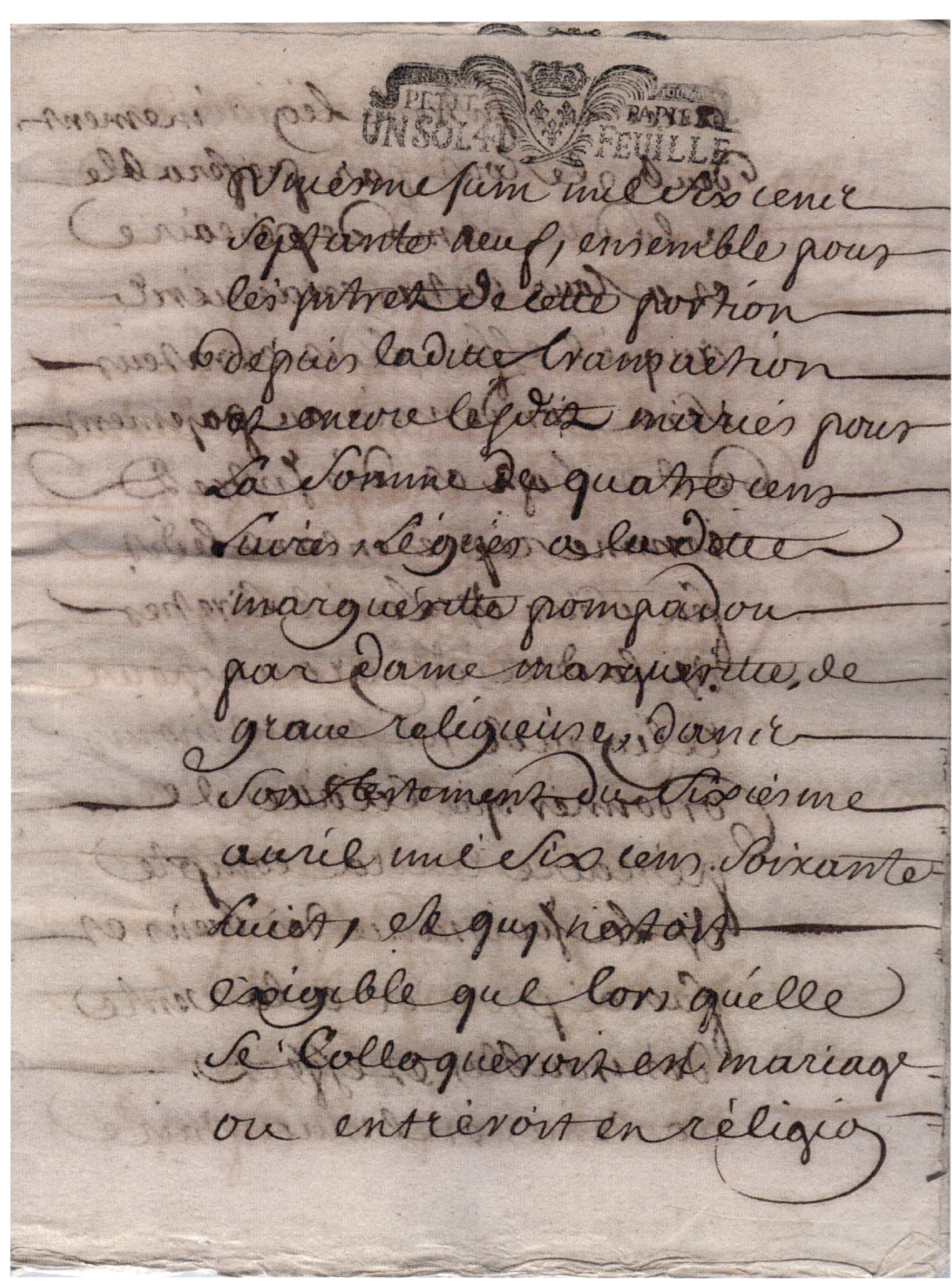

Vquerieme juin mil Six cens
Septante deux, ensemble pour
les frais de cette portion
depuis ladite transaction
ou encore lesdits mariés pour
la Somme de quatre cens
livres leguées a ladite
marguerite pompadou
par dame marguerittes de
grave religieuse dame
Son testament du troiziesme
auril mil Six cens Soixante
huict, et quy nestoit
exigible que lors quelle
Se Colloqueroit en mariage
ou entreroit en religion

avec les autres légitimement
dans le tout par préférable
a ladite dame de péréaire
et a tous autres créanciers
auquel effet ledit curateur
sera condamné au payement
dudit legs et des autres
comme représentans ledit
feu sieur de Lanet birerer
de ladite de graue
religieuse, et néanmoins
ordonner que ladite de
péréaire rendra compte
de la jouissance des biens et
fara proceder a la vente
des meubles et effects
contenus en linuantaire

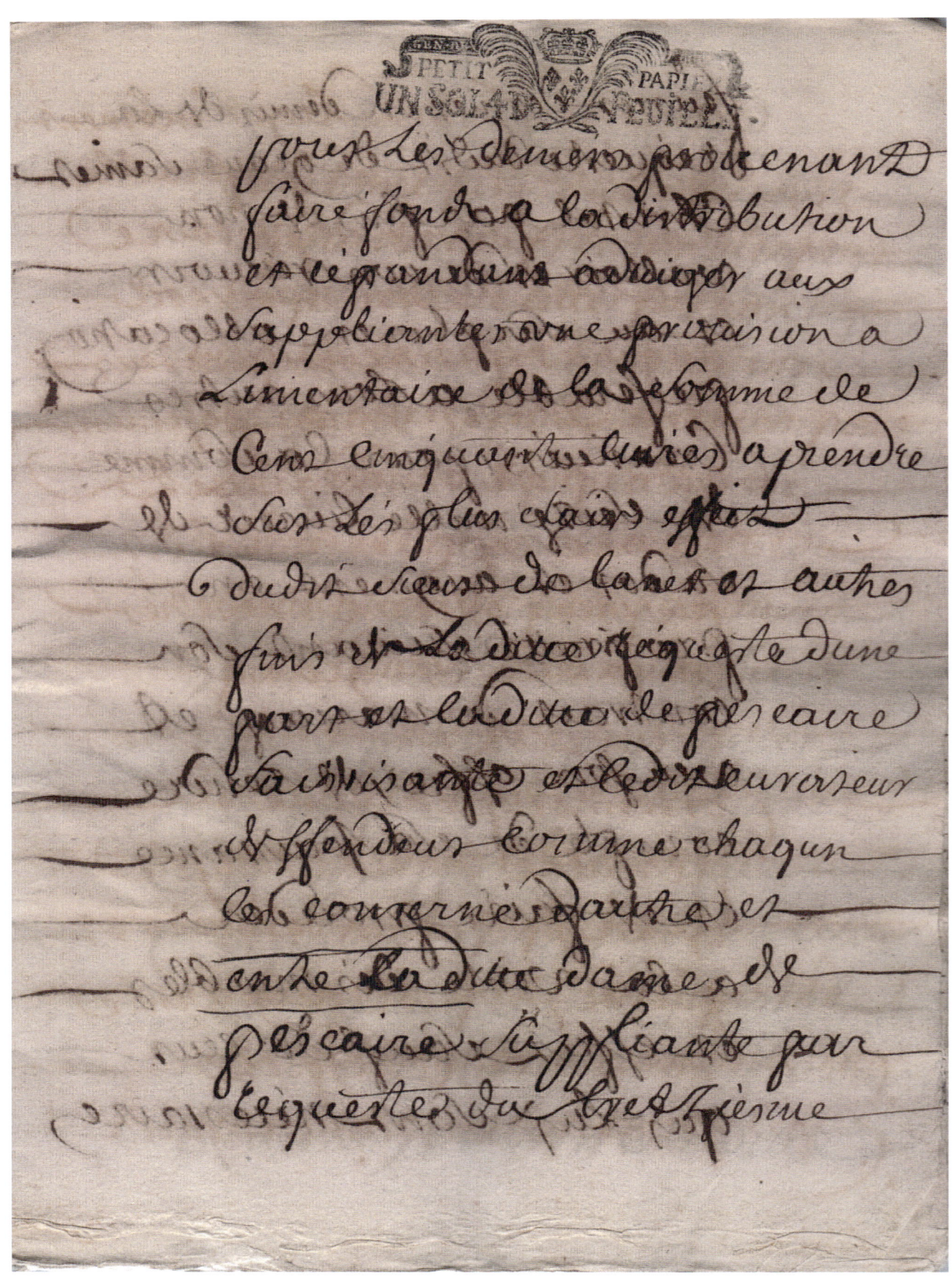

pour les deniers provenant
faire fonds a la distribution
et cependant adjuger aux
suppliants une provision a
linventaire de la somme de
cent cinquante livres a prendre
et choisis plus claire effet
dudit sieur de lanet et autres
fins et la discussion quagiste dune
part et la dame de pescaire
Satisfaisante et ledit curateur
deffendeur comme chagun
les concernes parties et
contre ladite dame de
pescaire suppliante par
requeste du trezieme

feurier dernier en demis de la
requeste dudit de graue Samet
Christol par fin de non
valloir et de non recouuoir
et au surplus en allocation
preferable a tous autres
Creanciers, pour la comme
de Seize mille liures de
sa dot et augment en
proprietté suiuant son
contract de mariage et
uec son offre, de rendre
compte de sa jouissance
et de faire proceder
a la vente des meubles
et effets saisis de ceux
qui luy sont nécessaire

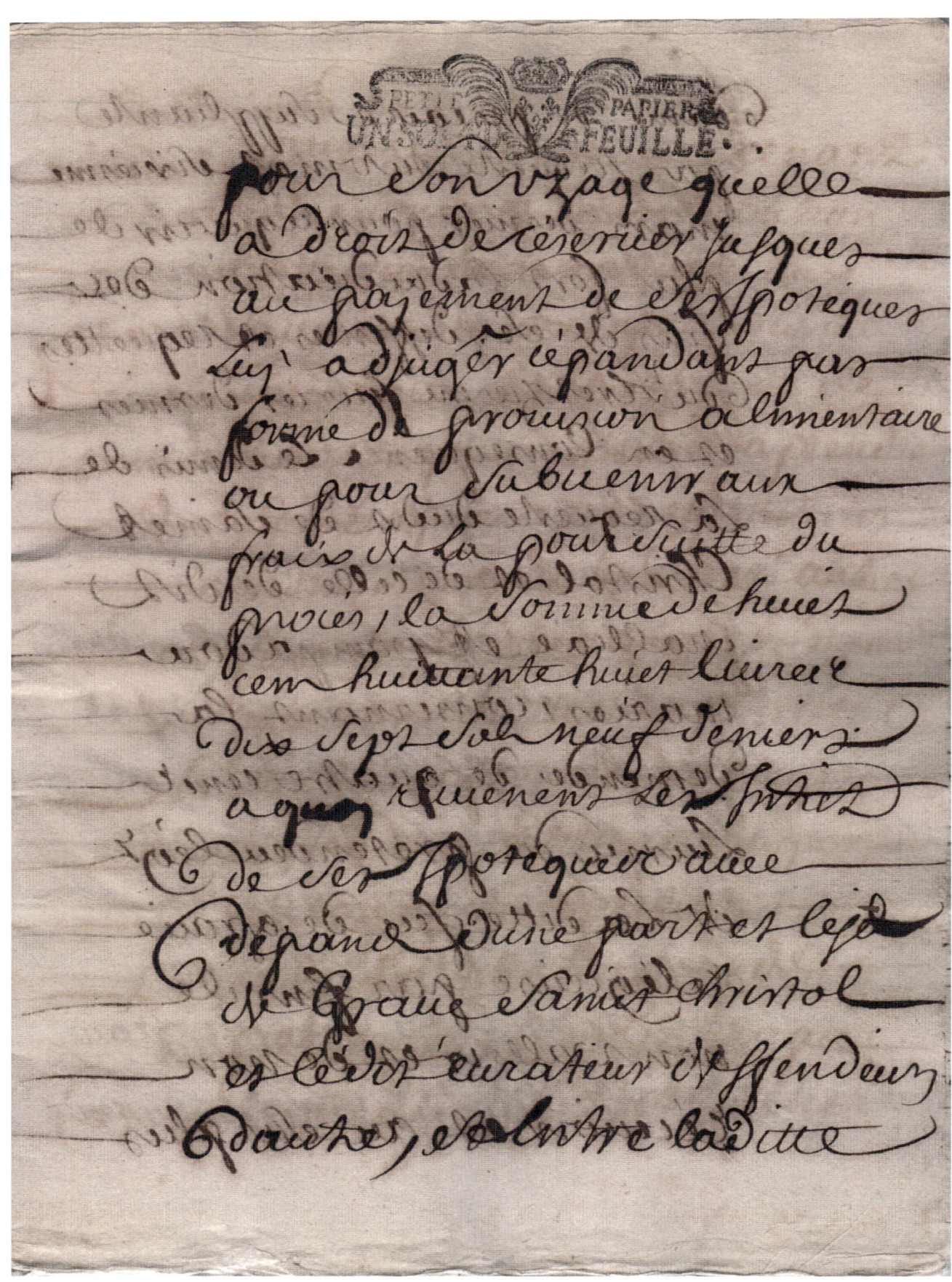

pour Son vzage quelle
a droit de reservir jusques
au payement de Ses hipoteques
luy adjuger cependant par
forme de prouizion alimentaire
ou pour Subuenir aux
frais de la poursuitte du
procés, la Somme de huit
cent huittante huit liures
dix Sept Sols neuf Deniers
a quoy reuienent les fruits
de Ses hipotequex auec
depans D'une part et led
Sr Graux Sanct Christol
es dit curateur Deffendeurs
D'autres, et Sur la Ditte

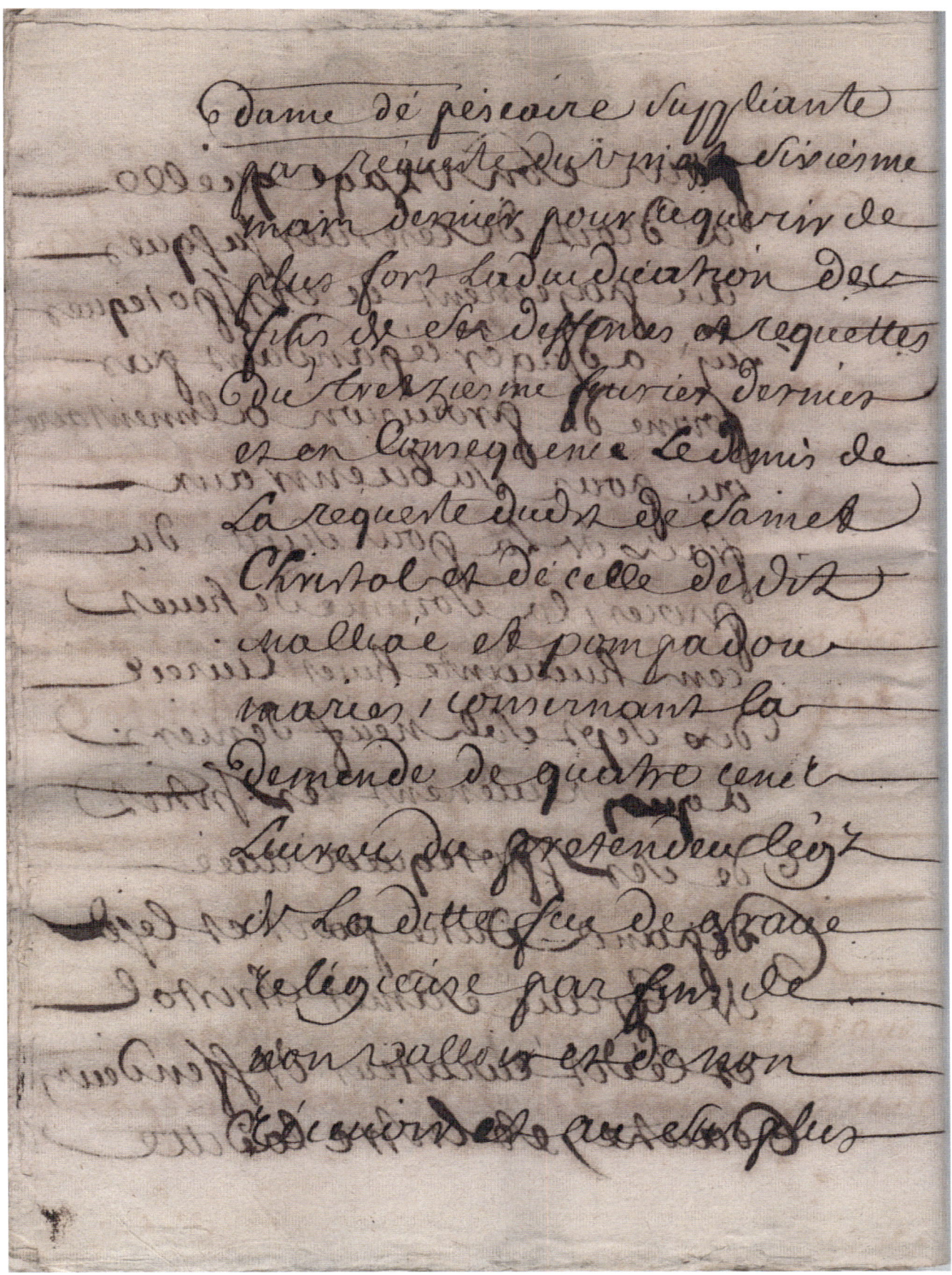

Dame dé pescaire suppliante
par requeste du xxixe sixiesme
main dernier pour acquerir de
plus fort l'adiudication des
fils de ses deffences et requettes
du trezziesme feurier dernier
et en consequence le demis de
la requeste dudit de Saint
Christol et de celle dedit
malliac et pompadou
maries, concernant la
demende de quatre cent
luiura du pretendu legs
dit ladite feu de grace
Johan religieuse par fin de
non valloir et de non
recevoir et au chef plus

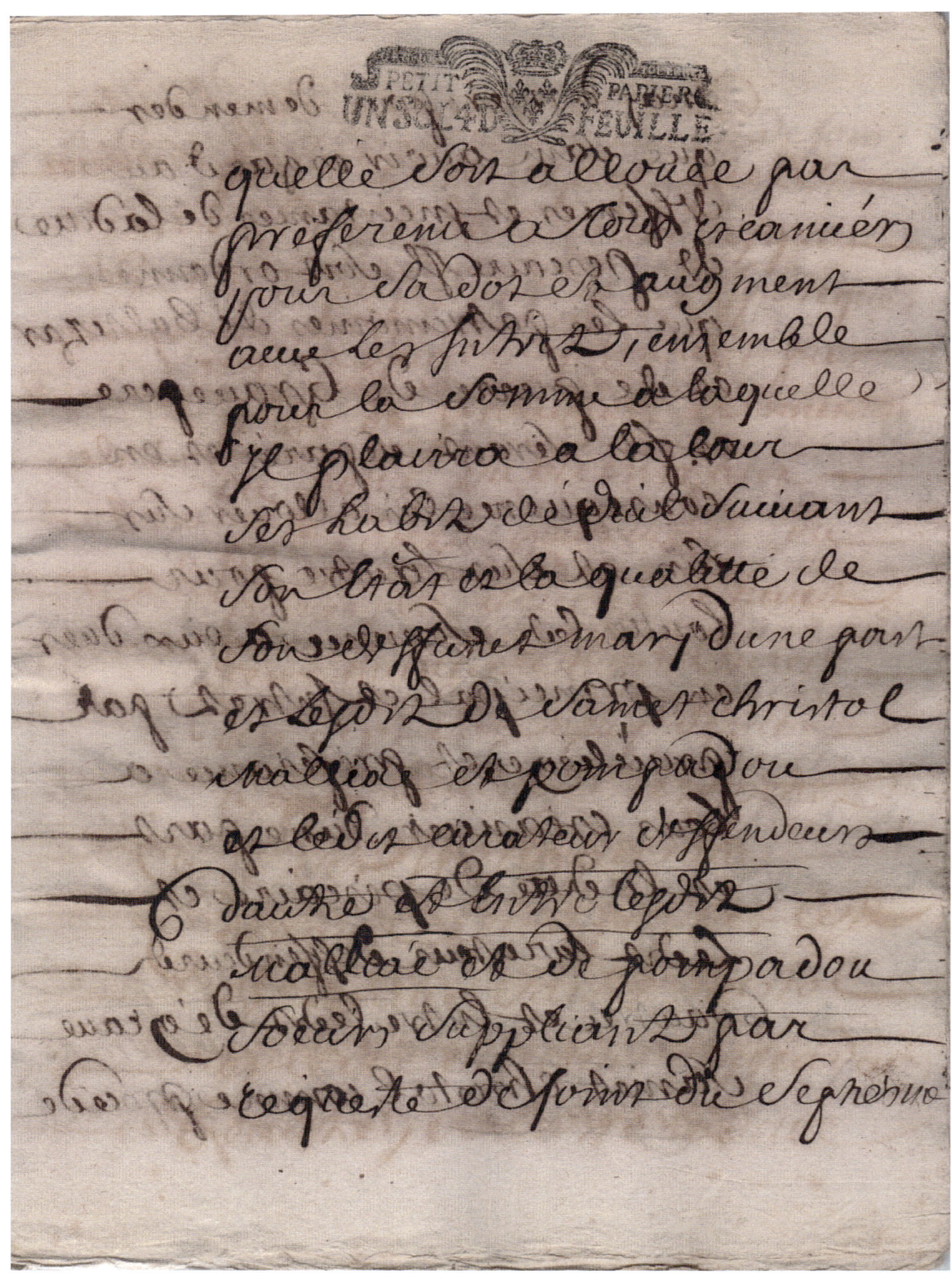

quelle soit allouée par
préférence a tout créanciér
pour sa dot et augment
avec les fruits, ensemble
pour la somme de laquelle
je plaira a la cour
ses habits eu égard suivant
son état et la qualité de
son deffunt mary d'une part
et ledit de sainct christol
mahieu et pompadou
et ledit curateur deffendeur
d'autre et entre ledit
mahieu et de pompadou
tuteur suppliant par
requeste du sieur de seigneur

may dernier, pour demender
que d'en avoir esgard aux
differens et incertanies de ladite
de pescaire il soit ordonne
que les patrimoines de Baltezar
et de pierre de Grauepere
ses fils serans separés et en
consequence les allouer sur
lun et sur lautre pour
coutte les sommes a eux dues
en principal et interest par
privilliege et preference a
tous creanciers dune part
et ladicte de pescaire et
ledit curateur deffendeurs
dautre et sur ledit de grave
Samet Christol comme procede

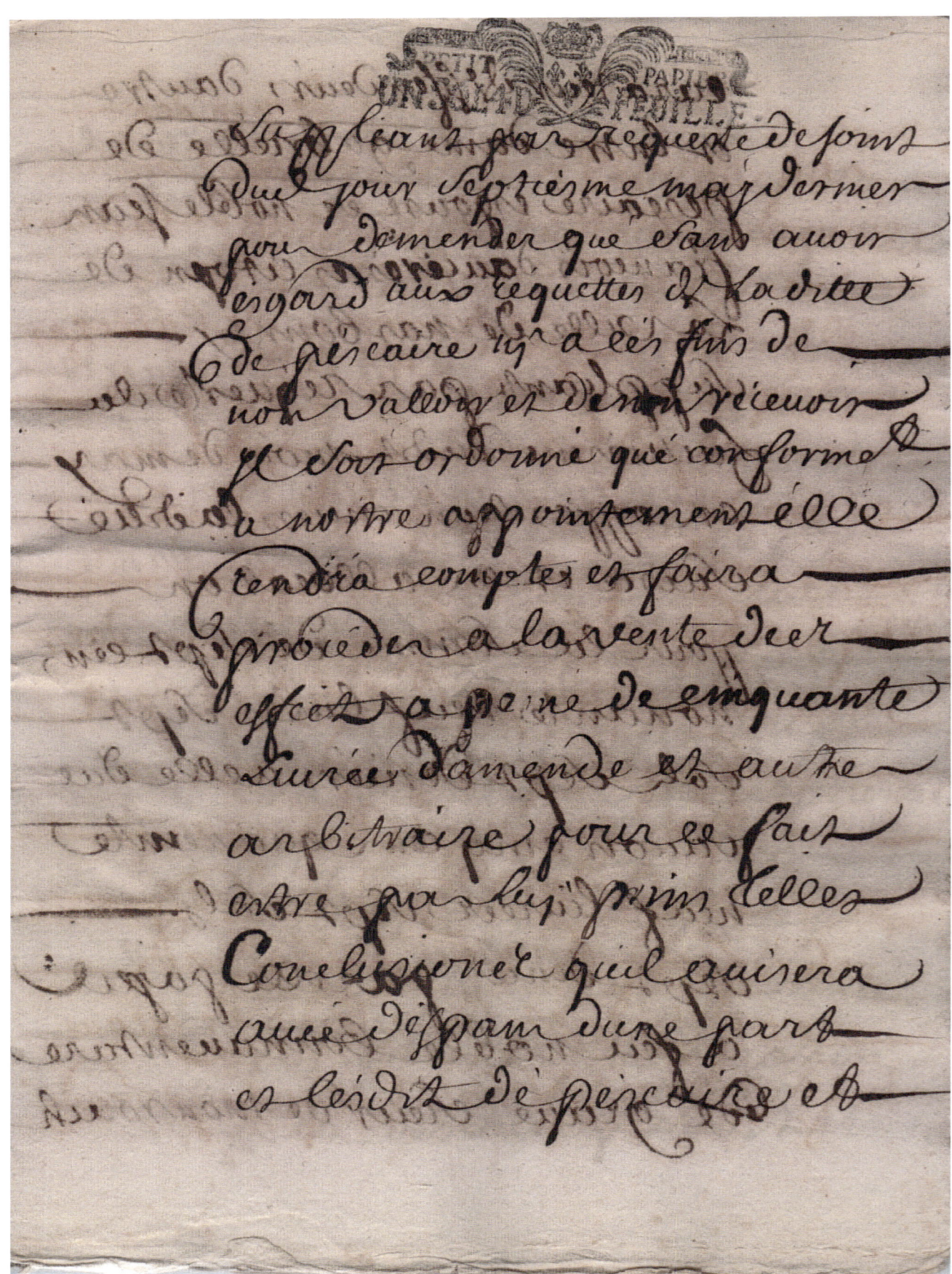

Supliant par requeste de joins
Que pour septiesme may dernier
pour demender que sans auoir
esgard aus requettes de ladite
de pescaire ny a ees fins de
non valloir et denir recevoir
se soit ordonné qué conforme
a nostre appointement elle
tendra compte et faira
proceder a la vente der
effect a peine de cinquante
Liuree damende et autre
arbitraire pour ce fait
entre par luy prin telles
Conclusioner qüil auisera
auec dippam dune part
et lesdit de pescaire et

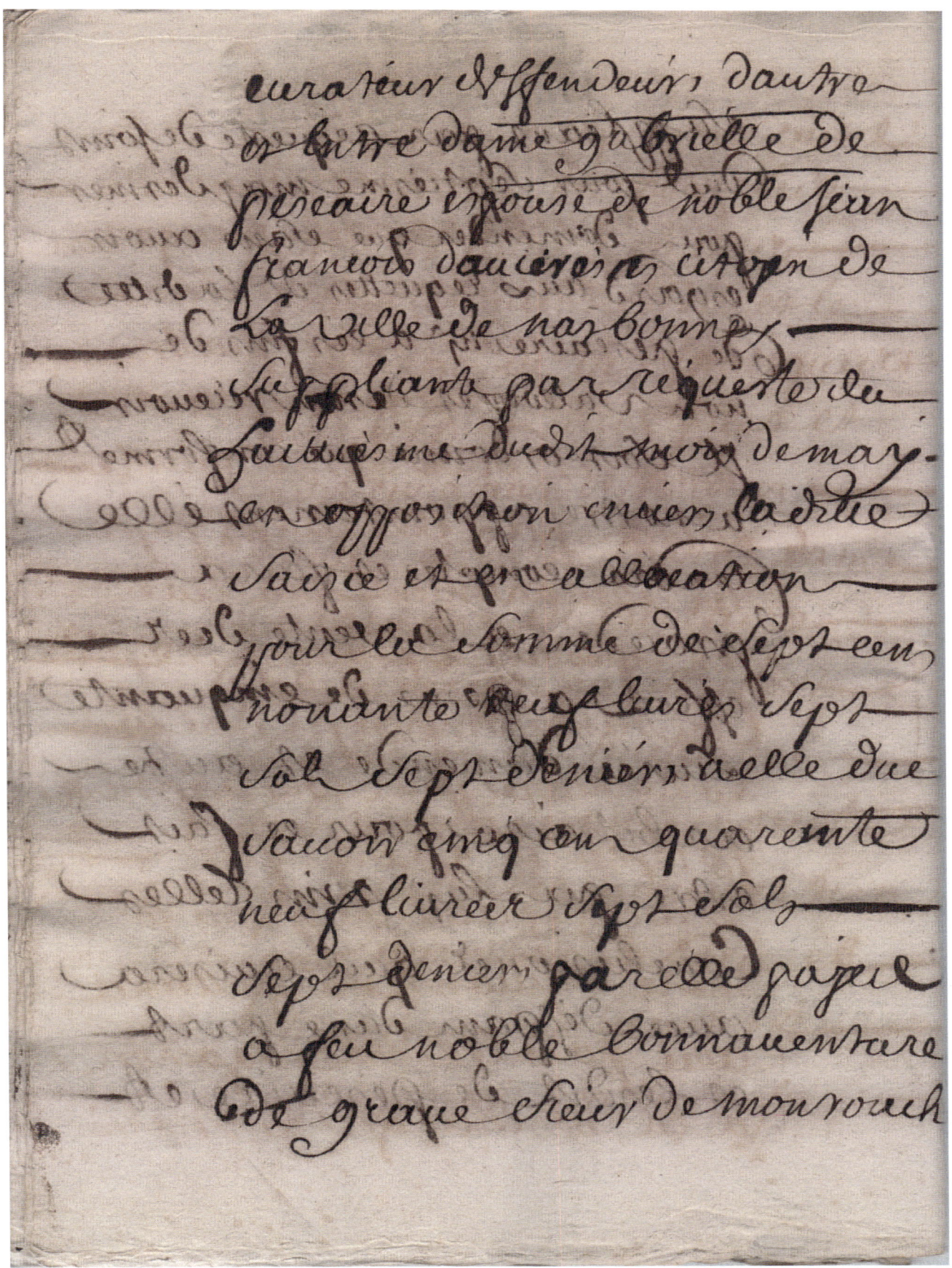

curateur deffendeurs dautre
et autre dame gabrielle de
plicaire espouse de noble jean
francois dauciere citoyen de
La ville de narbonne
suppliante par requeste du
saptiesme dudit mois de may
en opposition encien ladite
saisie et en alienation
pour la somme de sept cen
nonante neuf livres sept
sols sept deniers a elle due
savoir cinq cen quarente
neuf livres sept sols
sept deniers par elle payee
a feu noble bonnauenture
de grave sieur de montrouch

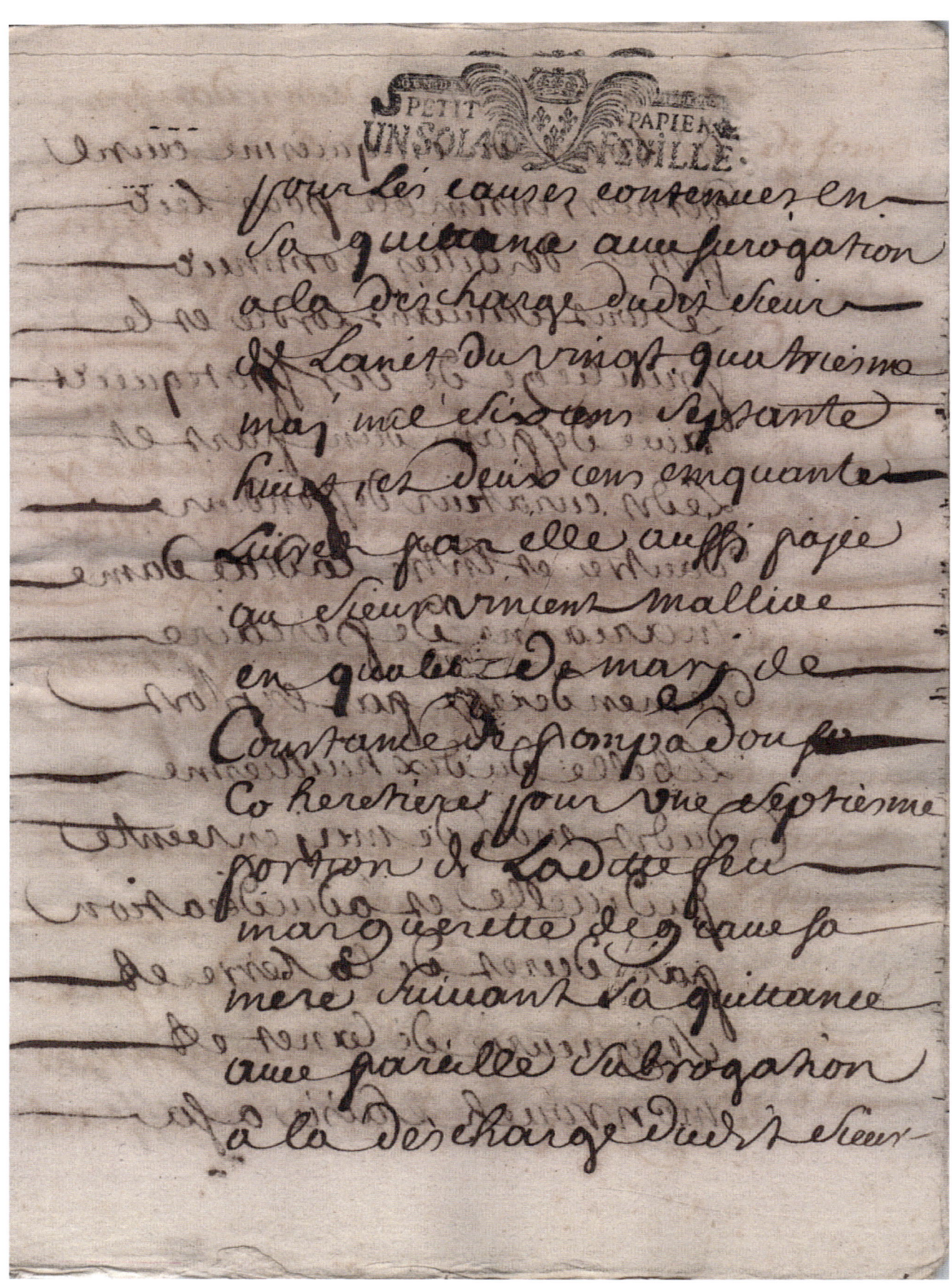

pour les causes contenues en

sa quitance auec subrogation

a la descharge dudit sieur

de Lanet du vingt quatriesme

may mil six cens soixante

huict cy deux cens cinquante

Livres par elle aussi payée

au sieur Vincent Mallive

en qualité de mary de

Constance de Champadou feu

co heretiere pour une septiesme

portion de ladite feu

marguerette de [...] sa

mere suivant sa quitance

auec pareille subrogation

et à la descharge dudit sieur

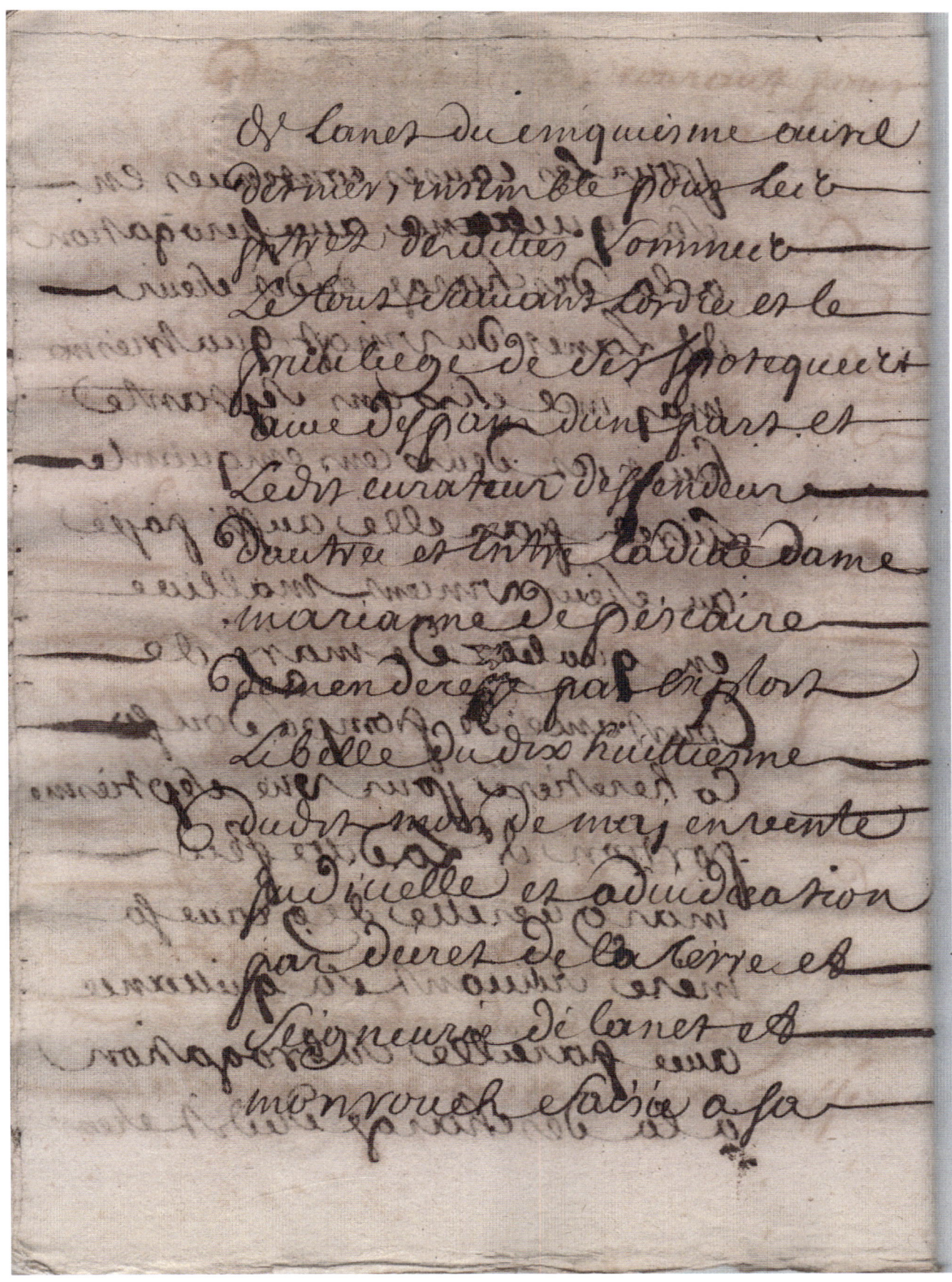

de lanet du cinquiesme auril
dernier, ensemble pour lec
suites desdittes nommes
le sieur estuans cordes et le
priuilege de ses hipoteques
aue deffan dun part et
ledit curateur deffendeur
dauttre et entre ladicte dame
marianne de pescaire
demanderesse par exploit
libelle du dix huittiesme
dudit mois de may en vente
iudiuelle et adiudication
par decret de la terre et
seigneurie de lanet et
monpouch estant a sa

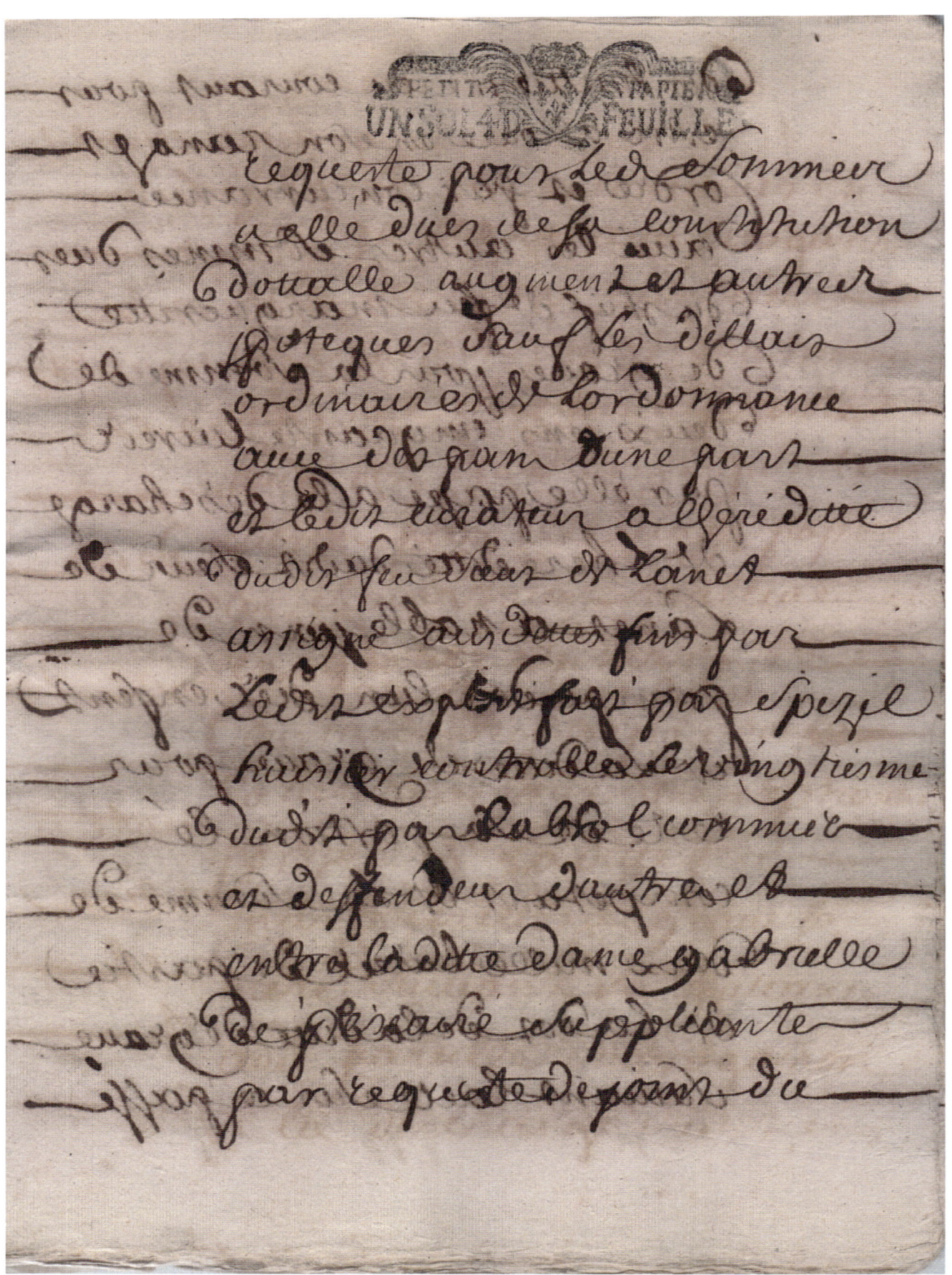

requeste pour led sommes
a elle dues de sa constitution
Dottalle augmentes autres
Roteques sauf les dellais
ordinaires et lordonnance
avec Despan dune part
et ledit ividateur a legredite
dudit feu Dear et Lanet
arreque son Dour fait par
ledit esplorifier par spesie
hurrier controllee le vingtiesme
dudit par Rabbe l commus
et deffendeur dautre et
entre ladte Dame gabrielle
De prisache suppliconte
par requeste deposant du

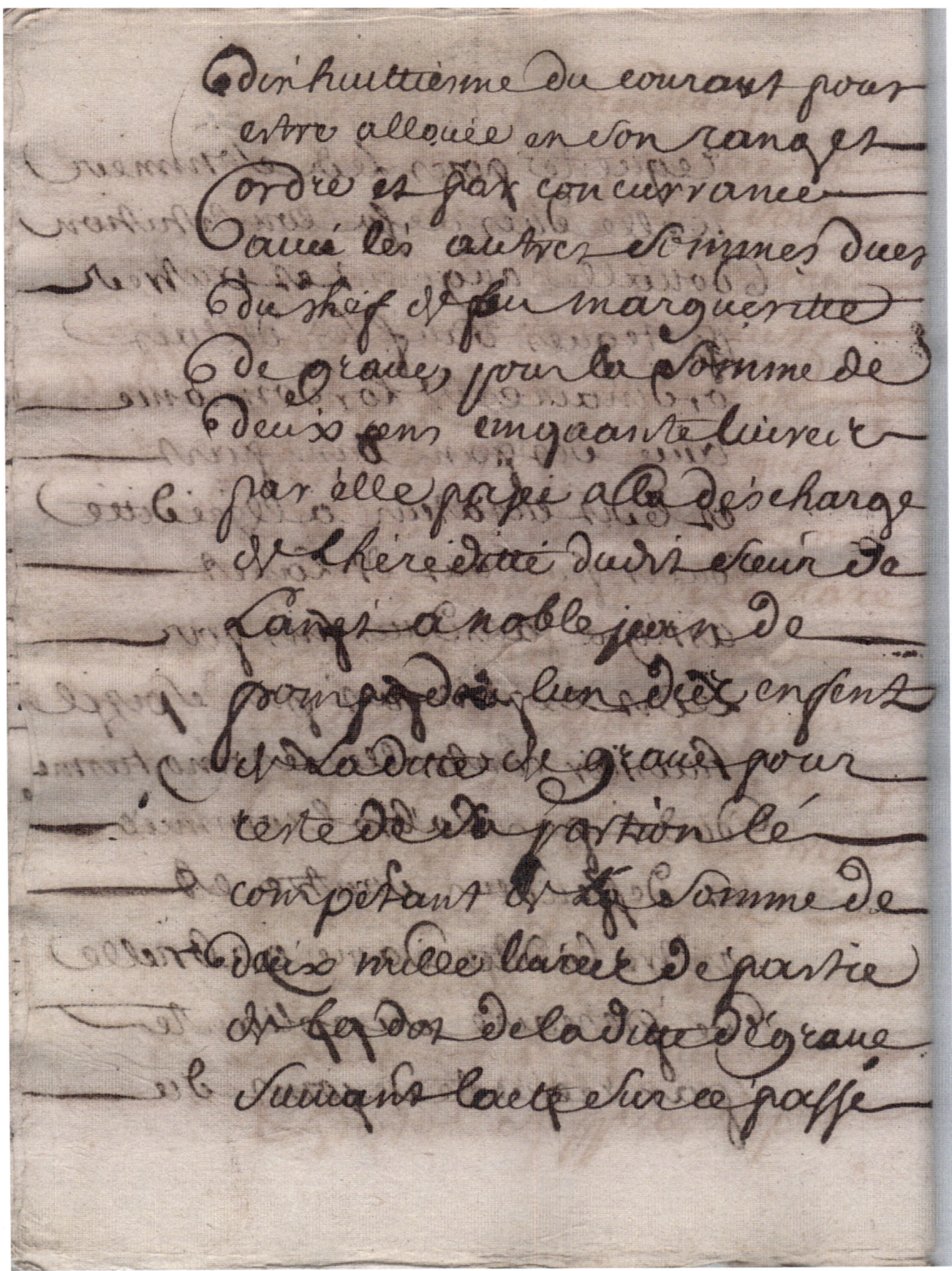

dix huittieme du courant pour
estre allouée en son rang et
ordre et par concurrance
avec les autres sommes dues
du chef de feu marguerite
de graves pour la somme de
deux cens cinquante livres
par elle payée a la descharge
et cherissée dudit sieur de
Lanet a noble jean de
permas deu l'un des enfens
et ladicte de graves pour
reste de la portion lé
compétant en la somme de
deux mille livres de partie
du la dot de ladicte de graves
Suivans lacte sur ce passé

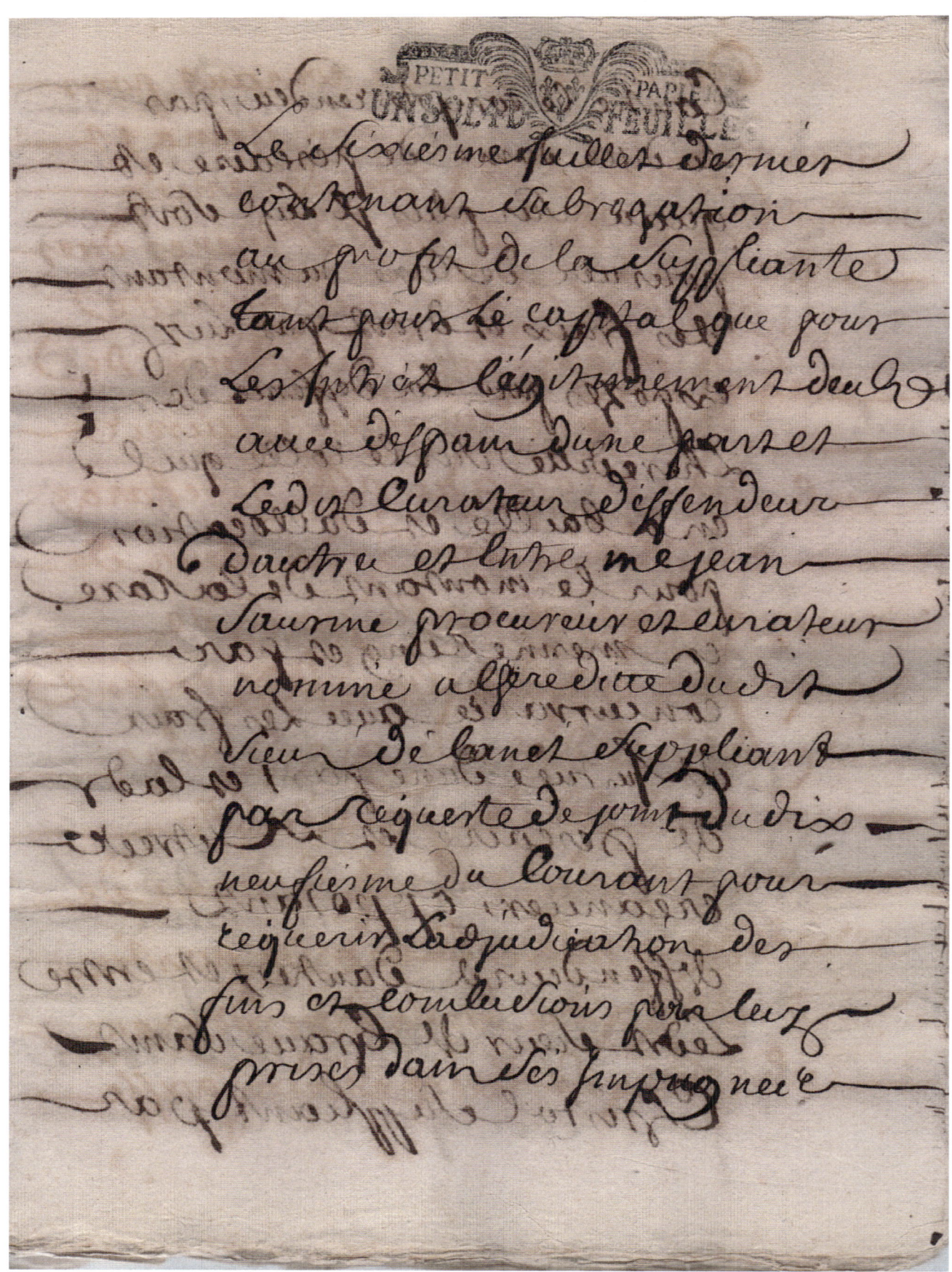

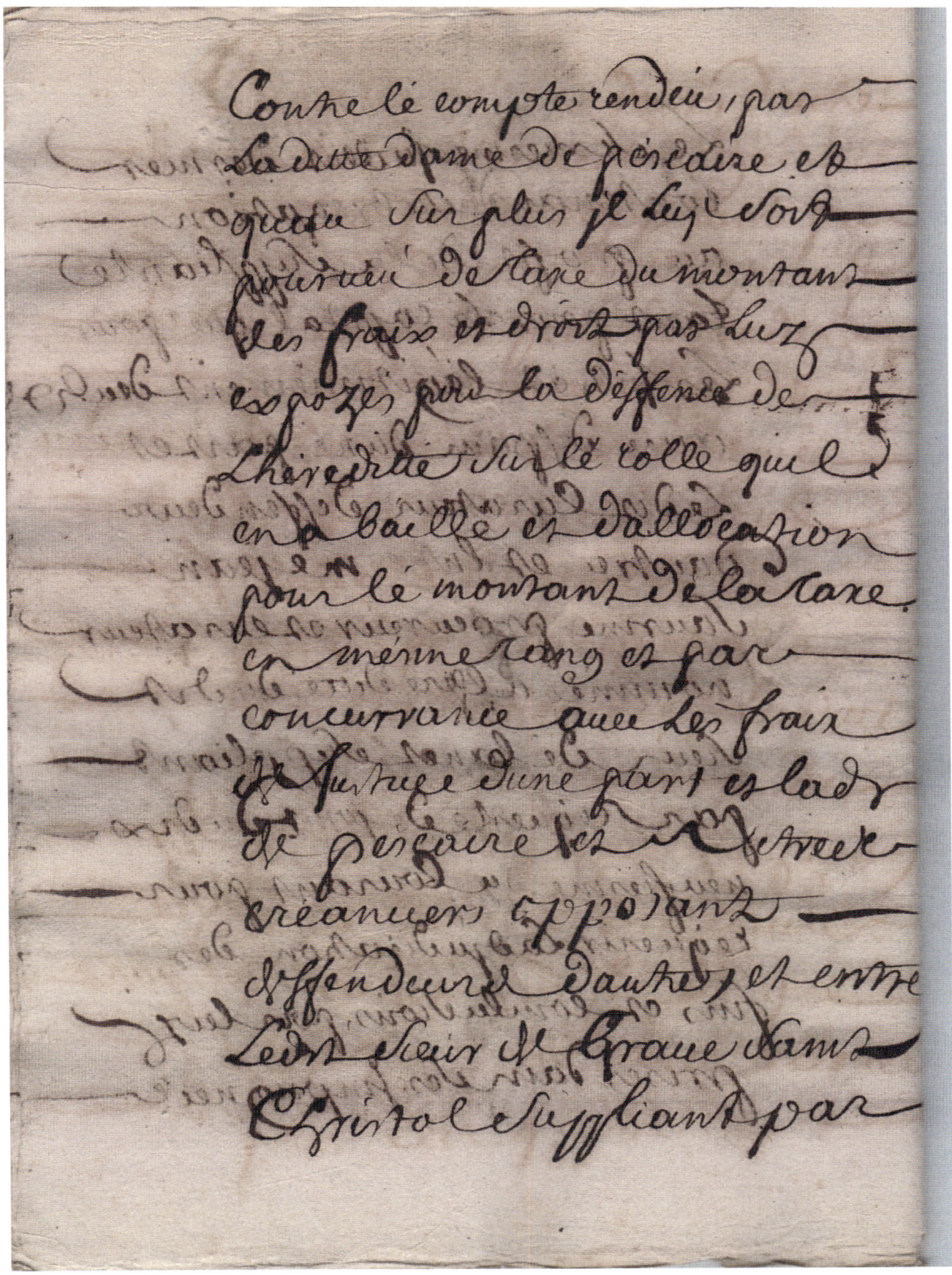

Contre le compte rendeü, par
la ditte dame de pésédire et
opoza sur plus je luy doit
pourveü de taxe du montant
des frais et droits par luy
espozes pour la deffence de
Lheresitte sur lé rolle quel
en a baillé et d'allocation
pour le montant de la taxe
en mesme tang et par
concurrance avec les frais
de justice d'une part es ladr.
de pezaire les autres
créanciers opposant
deffendeurs d'autr, et entre
ledit sieur de Grave dans
Christol suppliant par

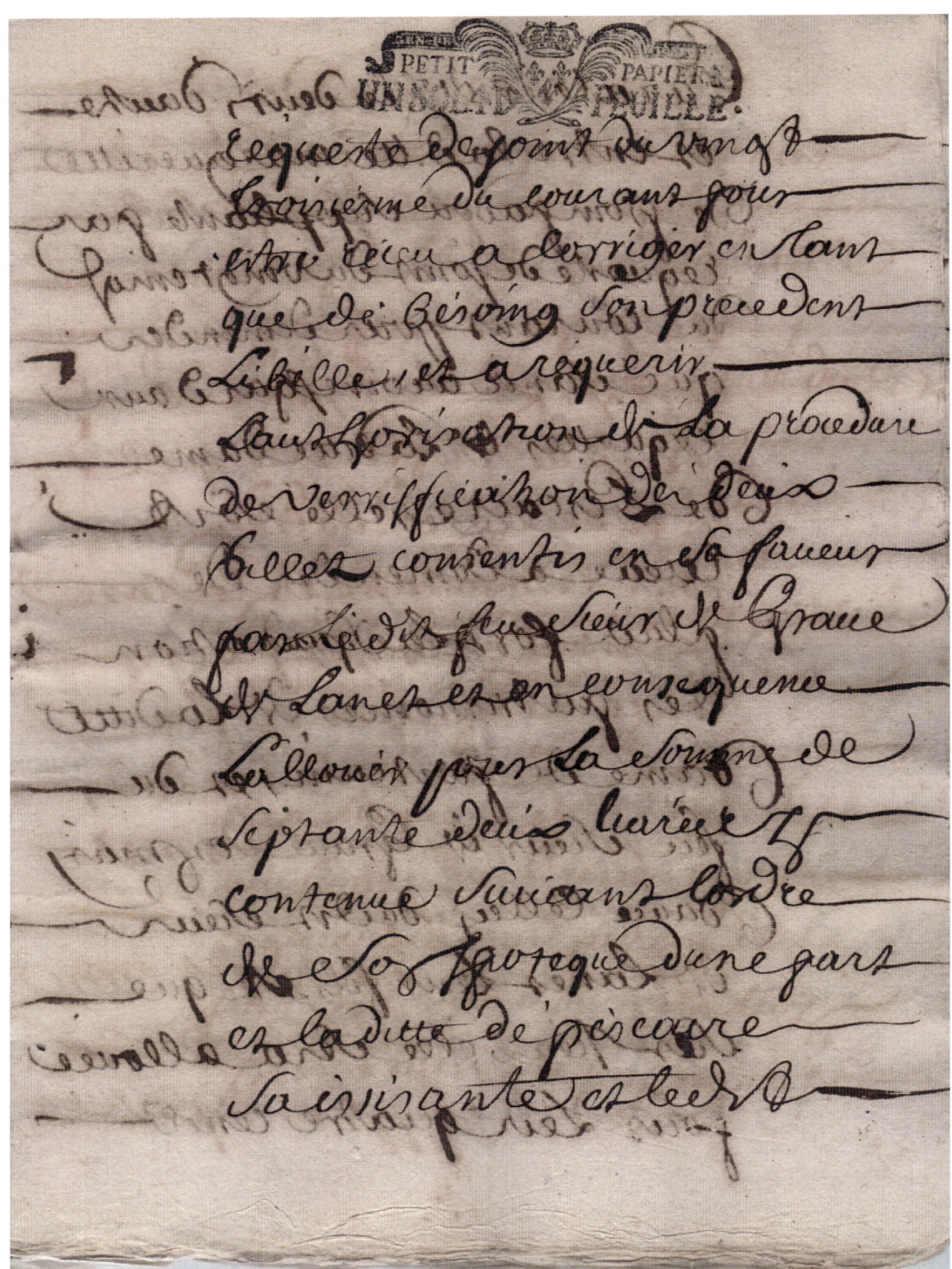

PETIT PAPIER
UN SOL LA FEUILLE

Requeste du point du vingt
troisieme du courant pour
estre receu a corriger en tant
que de besoing son precedent
Libelle et a requerir
laulthorisation et la procedure
de verrifficarion des
billes consentis en sa faueur
par ledit Sieur de Grave
et Lanet et en consequence
le Condamner pour la Somme de
Septante deux liures 1f
contenue Suiuant l'ordre
de son hypoteque d'une part
et ladite de piscaire
Saisissante et lee..

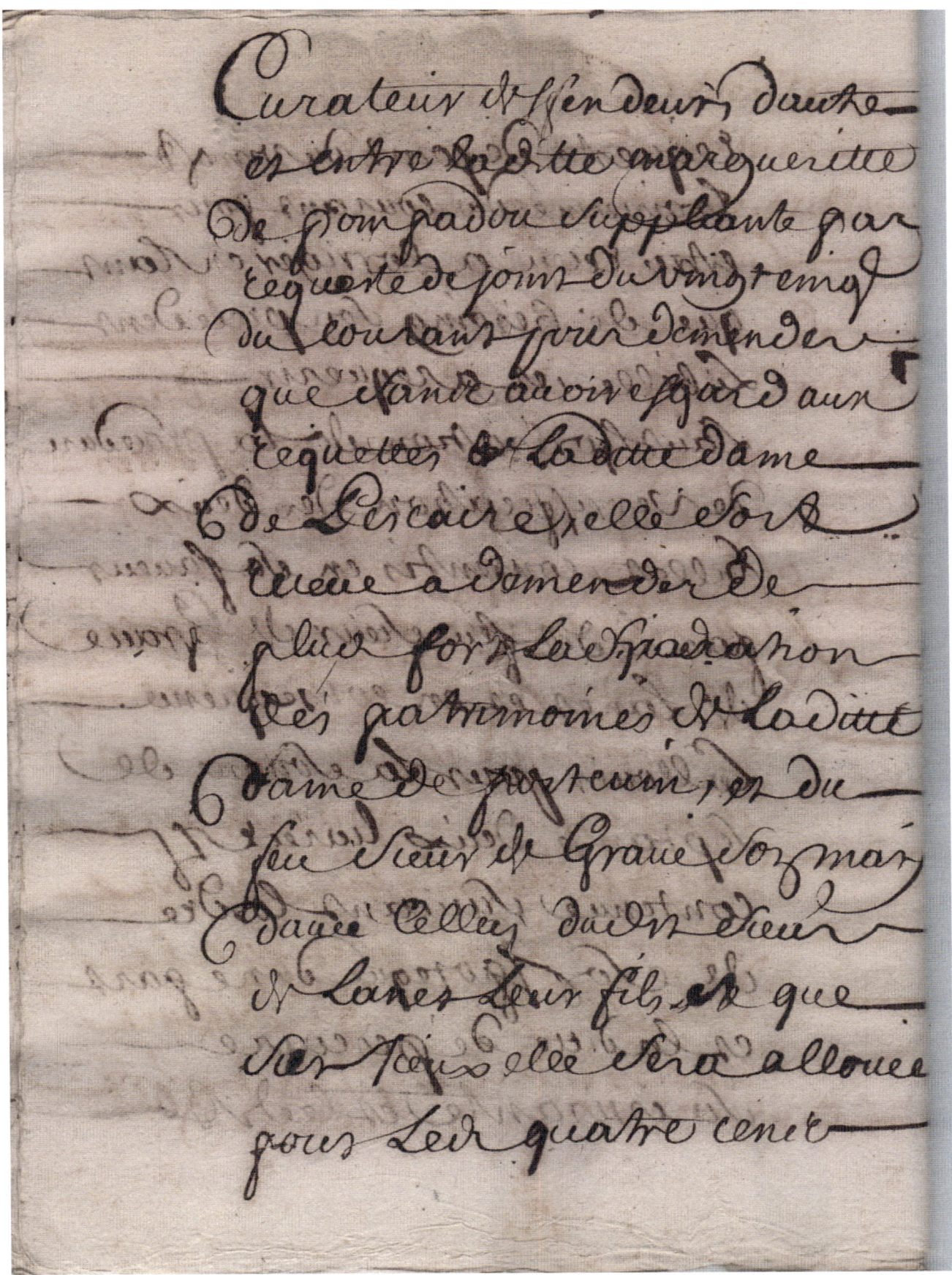

Curateur et deffendeurs d'autre
et entre ladicte marguerite
de pompadou suppliante par
requeste de joint du vingt cinq
du courant pour demander
que s'anroit avoir esgard aux
requestes et ladicte dame
de Pescaire elle doibt
estre a demender de
plus fort la liquidation
des patrimoines de ladite
Dame de pestean, et du
feu Sieur de Grave son mary
dame celle dudit Sieur
et lanet leur fils, et que
sur iceux elle sera allouée
pour leur quatre cens

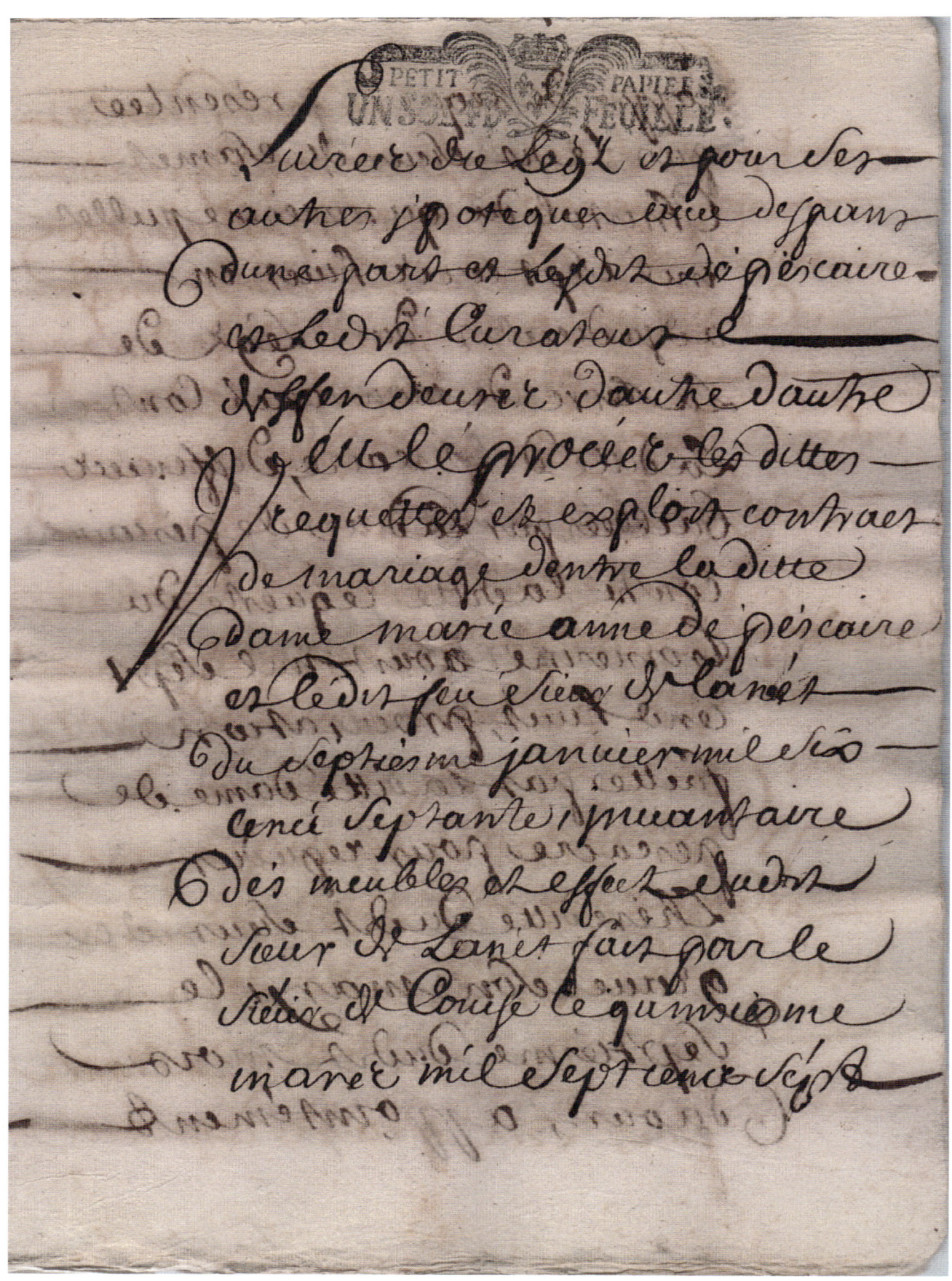

Coppie de requeste presentée
par ledit sieur de esames
Christol du quinziesme juillet
mil sept cent huict en
adjudication du noilege de
La terre de mounrrak Contre
Laditté de pescaire deffences
baillées par Ladame de pescaire
contre ladite requeste du
troisiesme aoust mil sept
cent huict, procuration
faette par ladite dame de
pescaire pour repudier
Thereditte dudit sieur de
grave son mary, le
septiesme dudit mois
daoust, appointement

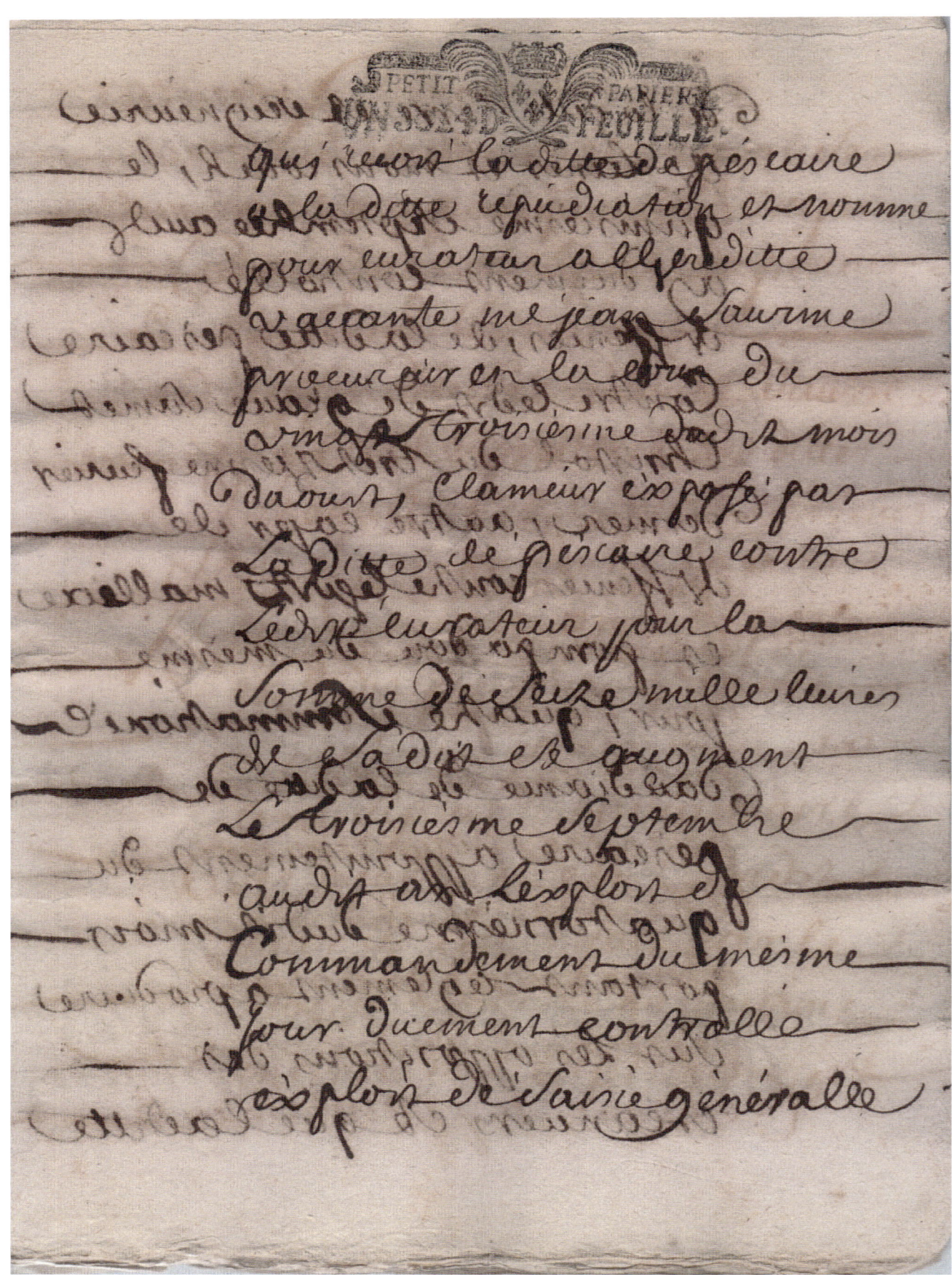

PETIT PAPIER FEUILLE

[...] A qui revient la ditte de pescaire
[...] la ditte repudiation et nomme
pour curateur alle dditte
vaccante me jean [Saurine]
procureur en la cour du
[...] troisiesme dudit mois
daoust, clameur exposé par
la ditte de pescaire contre
ledit curateur pour la
somme de seize mille livres
de ladit es augment
le troisiesme septembre
audit an lexploit et
commandement du meisme
jour duement controllé
exploit de saisie générale

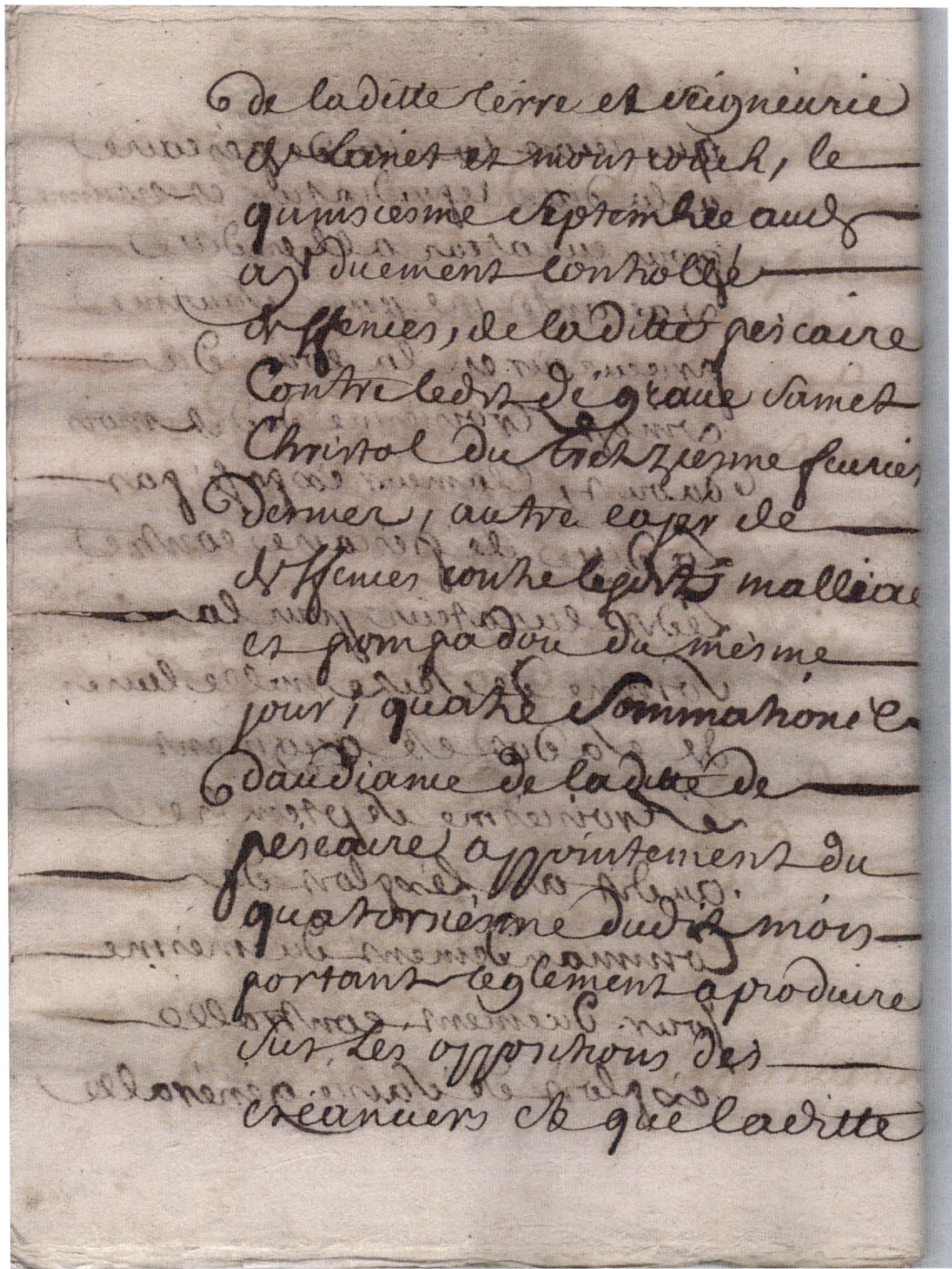

de ladite terre et seigneurie
de Lanet et mouvance, le
quinsiesme septembre audt
ay duement controllé
dessenees, de ladite pescaire
contre ledt de grave James
Christol du treiziesme feurier
dernier, autre cayer de
dessenees contre ledt mallieu
et pompadou du mesme
jour ; quatre sommations
daudiance de ladite de
pescaire appointement du
quatorziesme dudit mois
portant eglement a produire
sur les oppositions des
créanciers ce que ladite

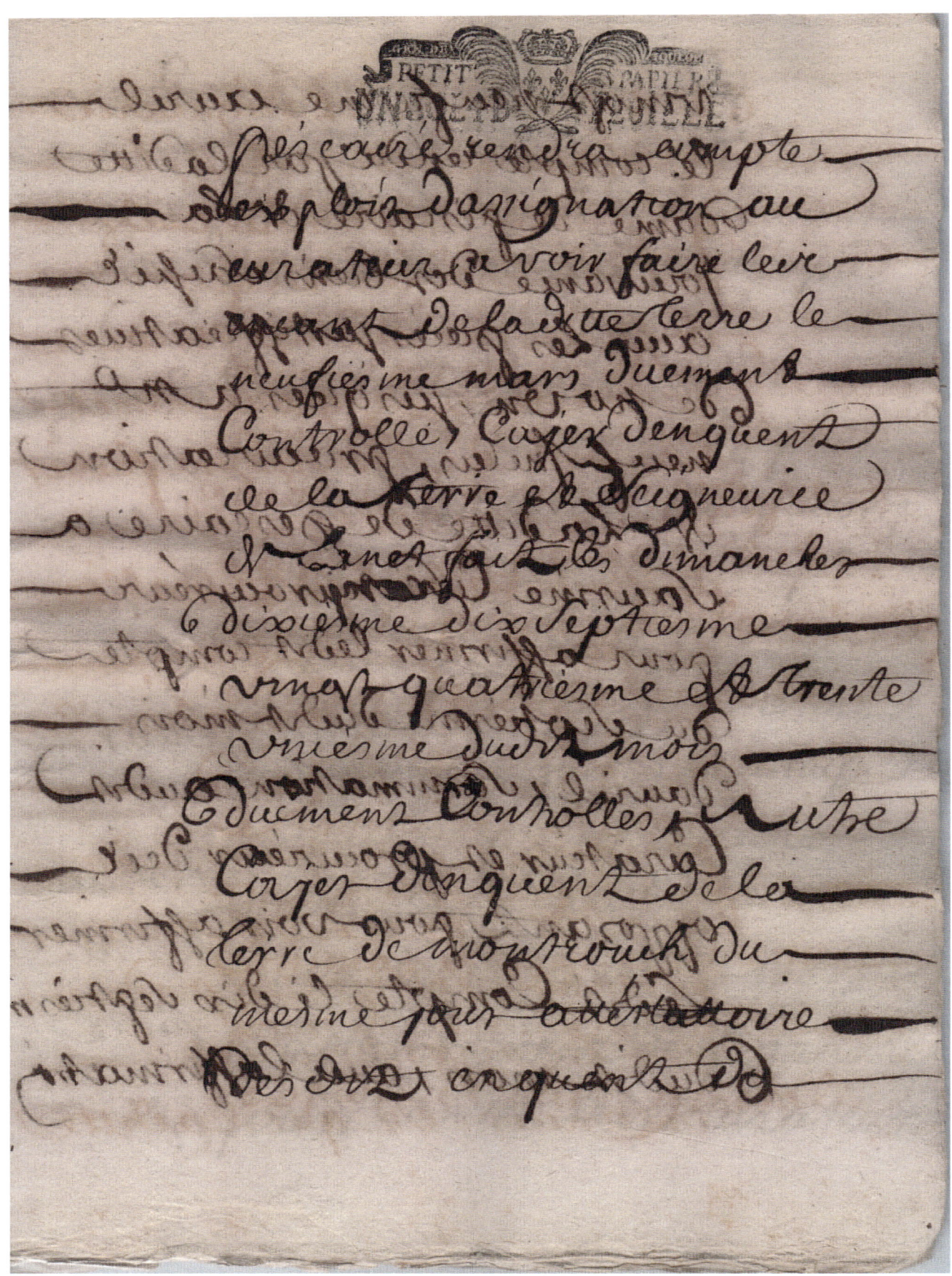

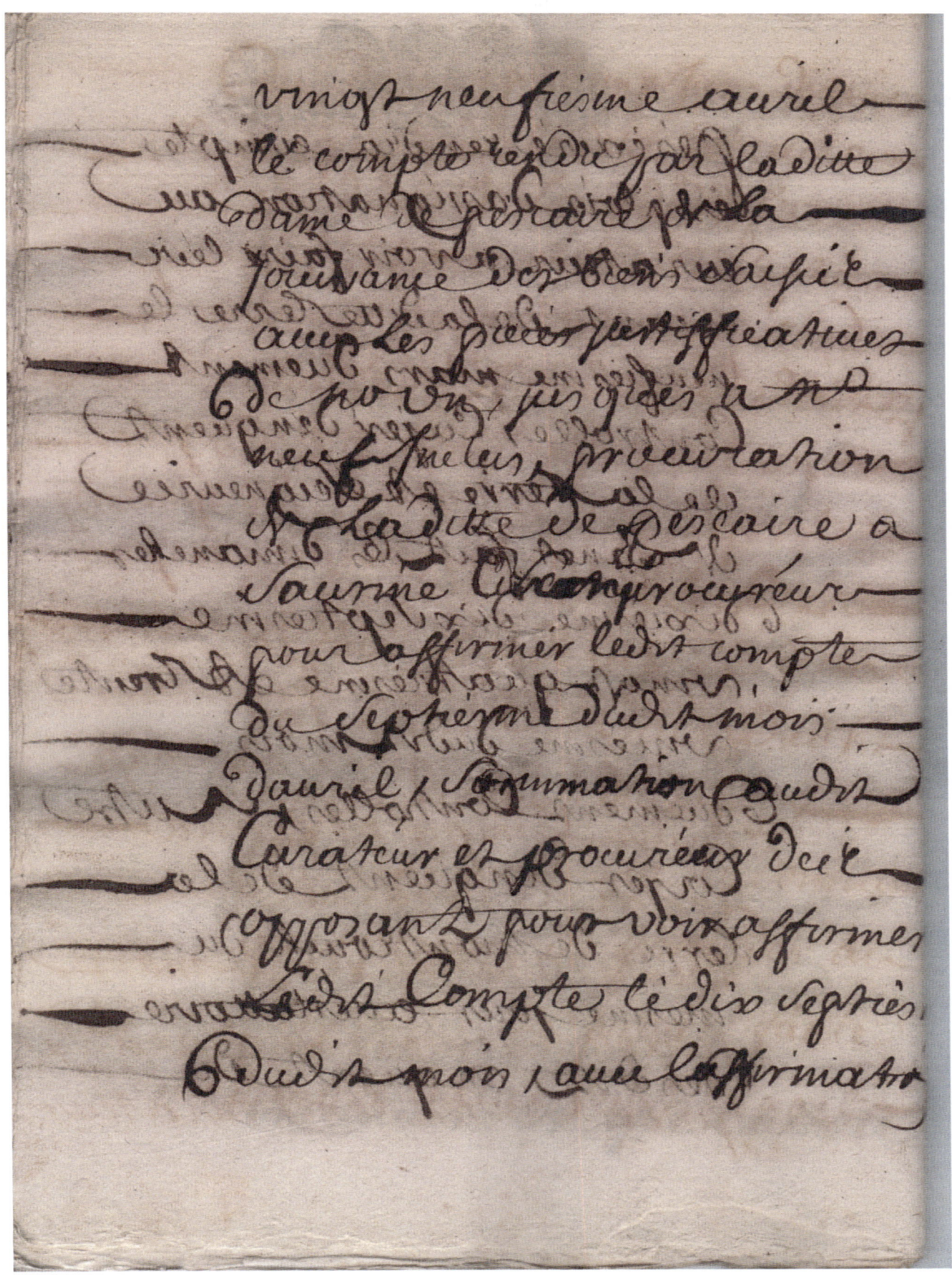

vingt neufiesme auril

q le compte rendre par ladite

dame de perçaire de la

jouïssance des biens saisie

auec les pieces justifficatives

de pour jus signes une

neuf mulles procuration

de ladite de perçaire a

Saurine Casty procureur

pour affirmer ledit compte

de septiesme dudit mois

Dauriol Sommation audit

Curateur et procureur dele

opposant pour voir affirmer

ledit Compte le dix septies

dudit mois auec lafirmation

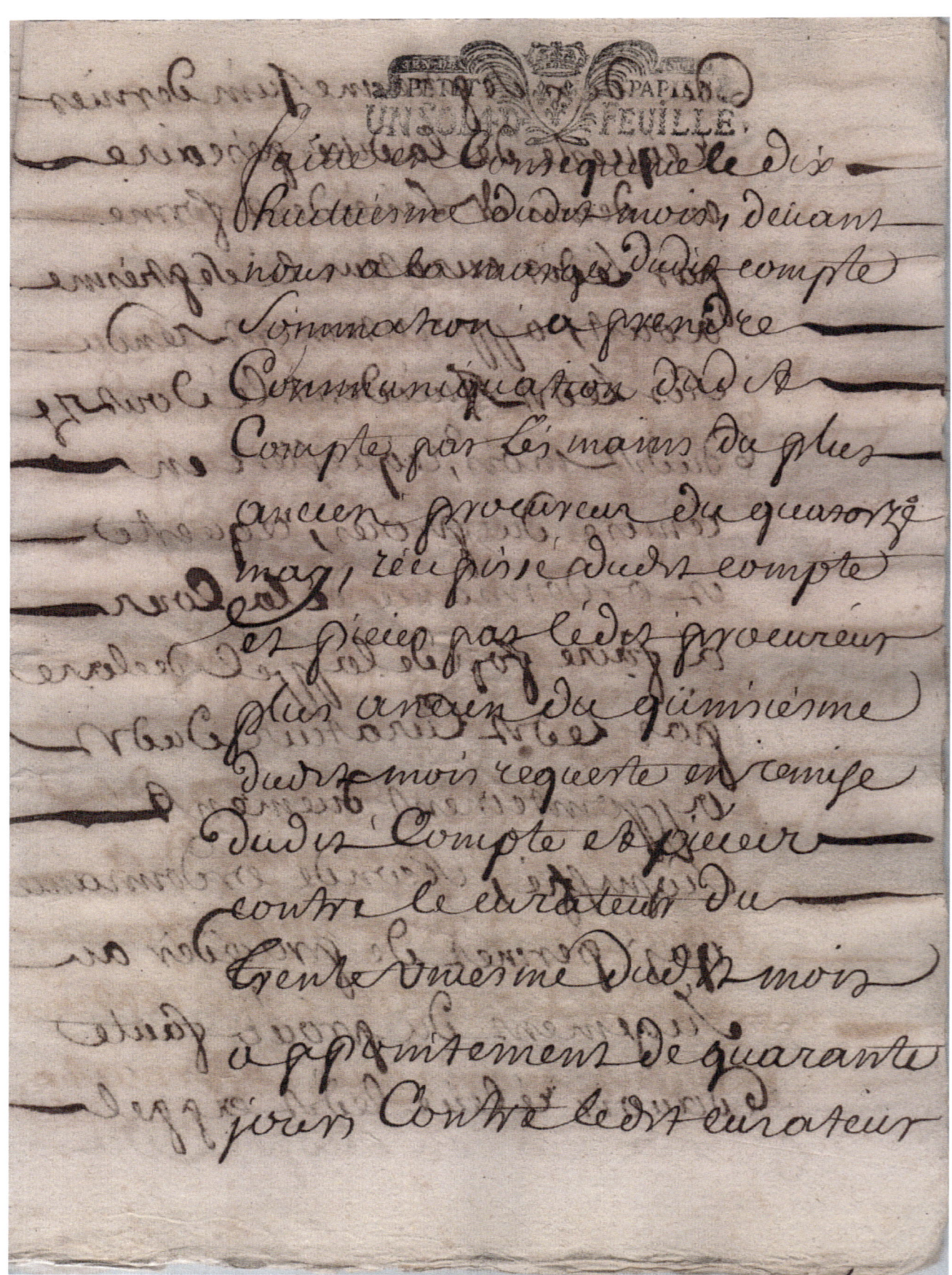

faire en Consequence le dix
huictième dudit mois, devant
avoir à la marge dudit compte
Sommation, à prendre
Communication dudit
Compte par les mains du plus
ancien procureur du quatorze
may, réquisée dudit compte
et pièces par ledit procureur
plus ancien du guinsième
dudit mois requeste en remise
dudit Compte et pièce
contre le curateur du
trente unième dudit mois
à appointement de quarante
jours Contre ledit curateur

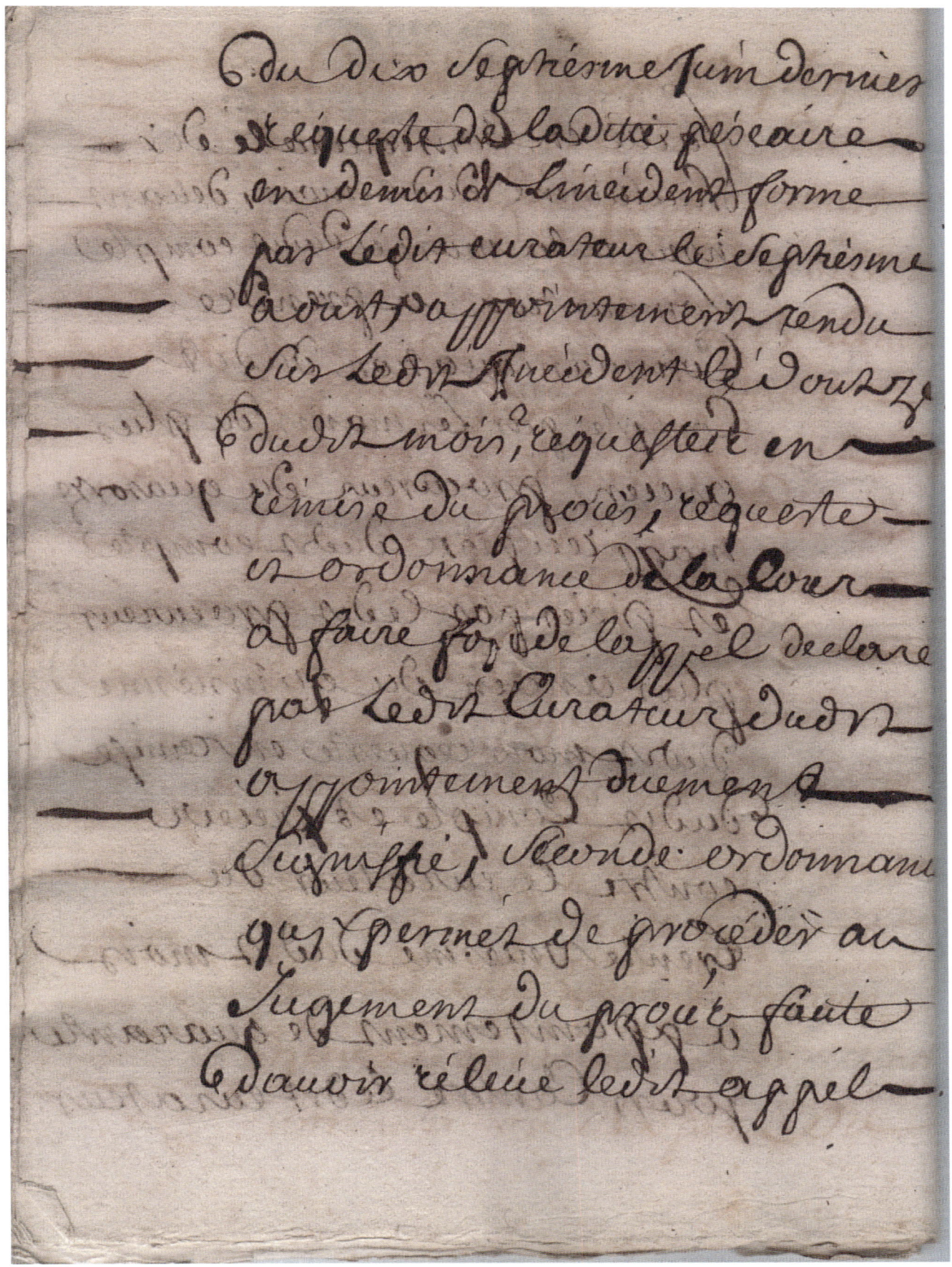

du dix septiesme juin dernier
et requeste de ladite pescaire
en demies et lincident forme
par ledit curateur le septiesme
aoust pappointement rendu
sur ledit Incident le douze
dudit mois, requeste en
remise du procés, requeste
et ordonnance de la Cour
et faire foy de lappél declare
par ledit Curateur dudit
appointement düement
signiffié, Seconde ordonnance
qui permet de proceder au
jugement du procés faute
dauoir releué ledit appel

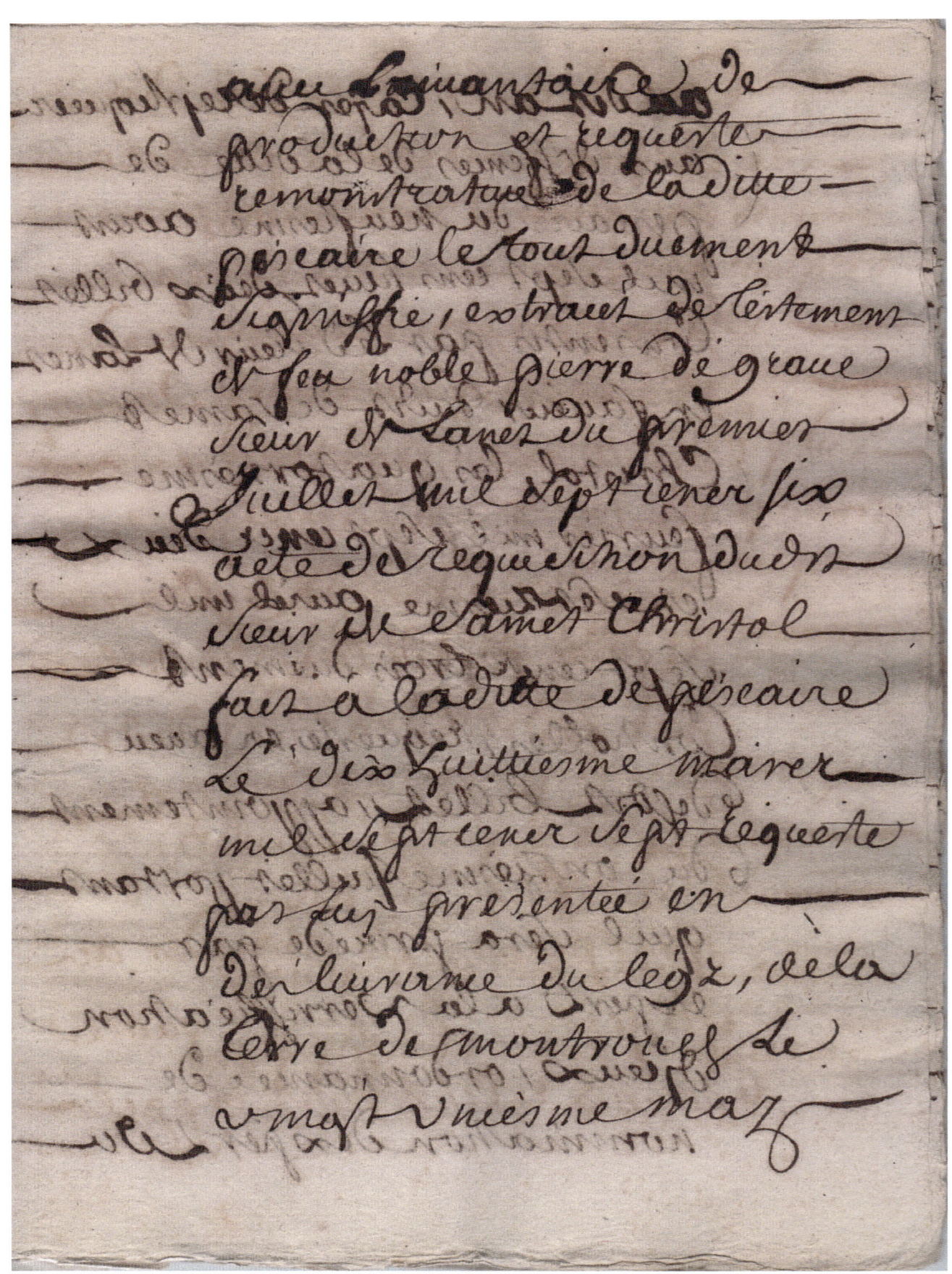

... par jesse Soixantaine de
production et requeter
remontratau de ladite
pescaire le tout duement
Signiffie, extraict de testament
et fea noble pierre de graue
Sieur de Lanet du premier
Juillet mil sept cener six
acte de requesition dudit
Sieur de Lanet Christol
fait a ladite de pescaire
le dix huittiesme marer
mil sept cener Sept requete
par luy presentee en
deliuranne du legz, dela
terre de montrouch le
vingt vniesme maz

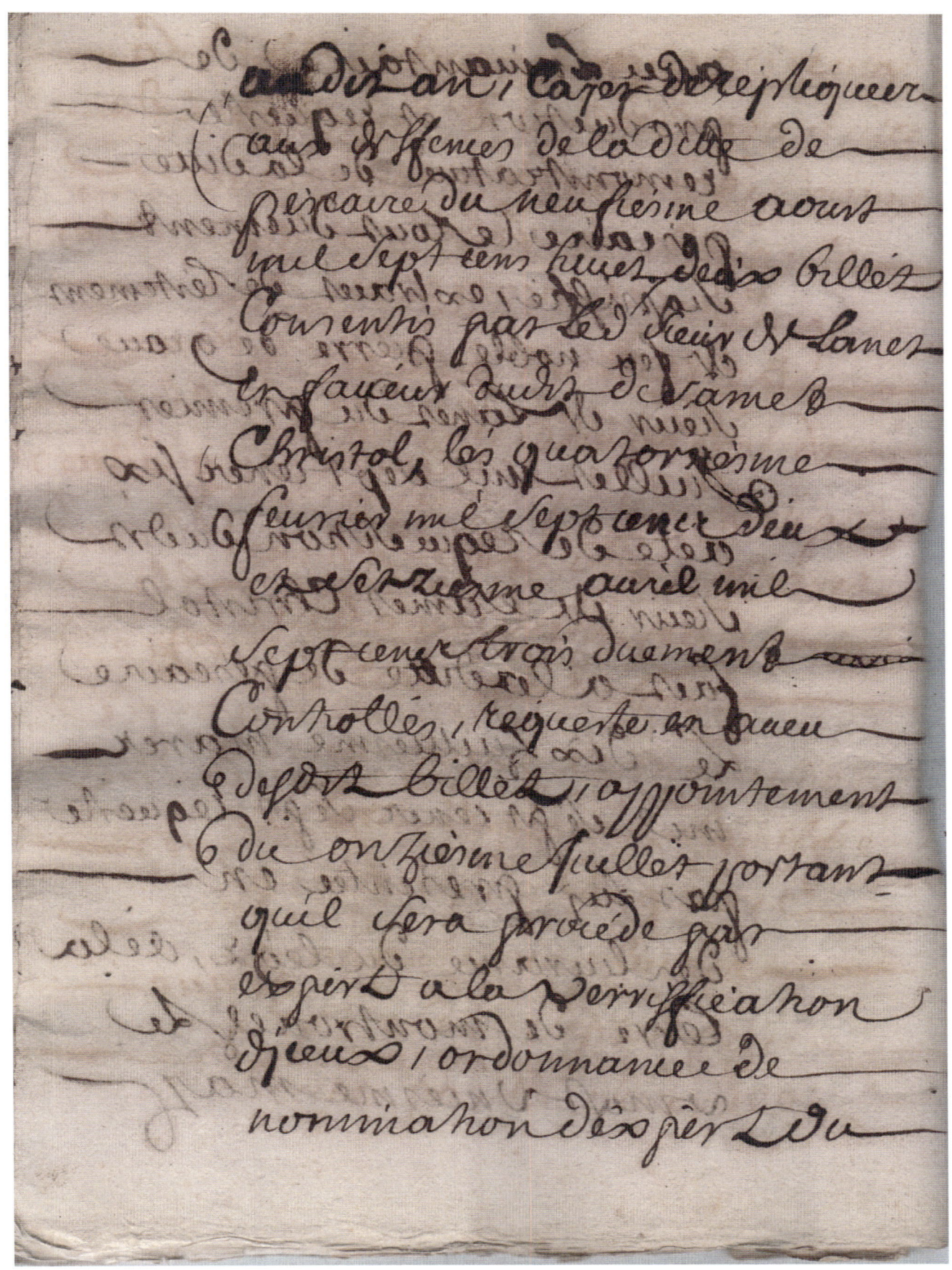

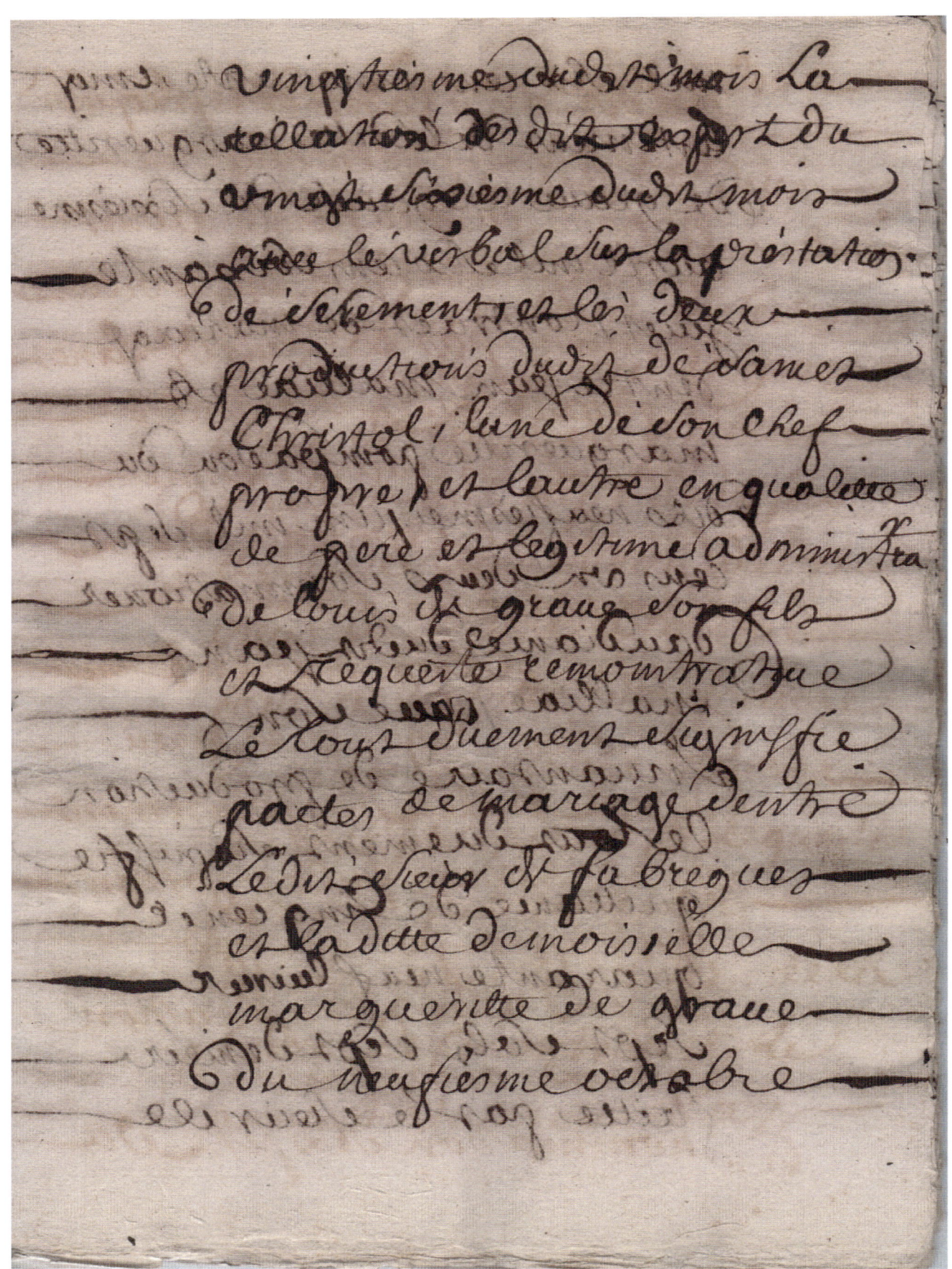

vingt troisiesme dudit mois la
rettellation desdits expert du
vingtcinquiesme dudit mois
avec le verbal sur la préstation
de serement, et les deux
productions dudit de danes
Christol, l'une de son chef
propre, et lautre en qualité
de pere et legitime administrateur de Louis de graue son fils
et requeste remontrative
Le tout duement eujustifie
pactes de mariage dentre
Ledit sieur de fabregues
et ladite demoiselle
marguerite de graue
du neufiesme octobre

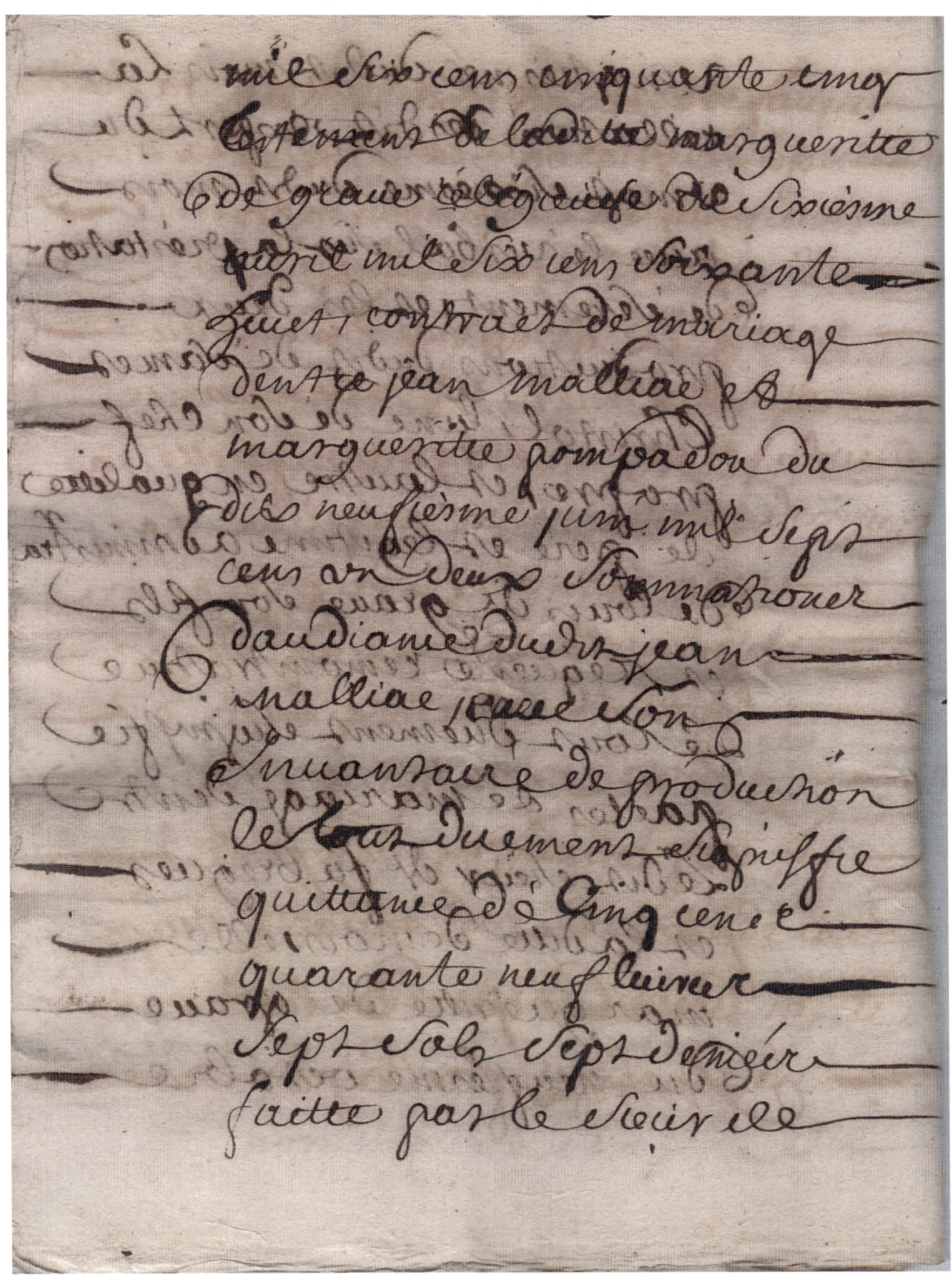

mil six cens cinquante cinq
testament de ladite marguerite
de graue ... de sixiesme
part mil six cens soixante
huict contract de mariage
dentre jean malliac et
marguerite pompadou du
dix neufiesme juin mil sept
cens an deux sommations
daudiance dudit jean
malliac ... son
inuantaire de production
le tout duement signiffie
quittance de cinq cens
quarante neuf liures
sept solz sept deniers
faitte par le sieur de

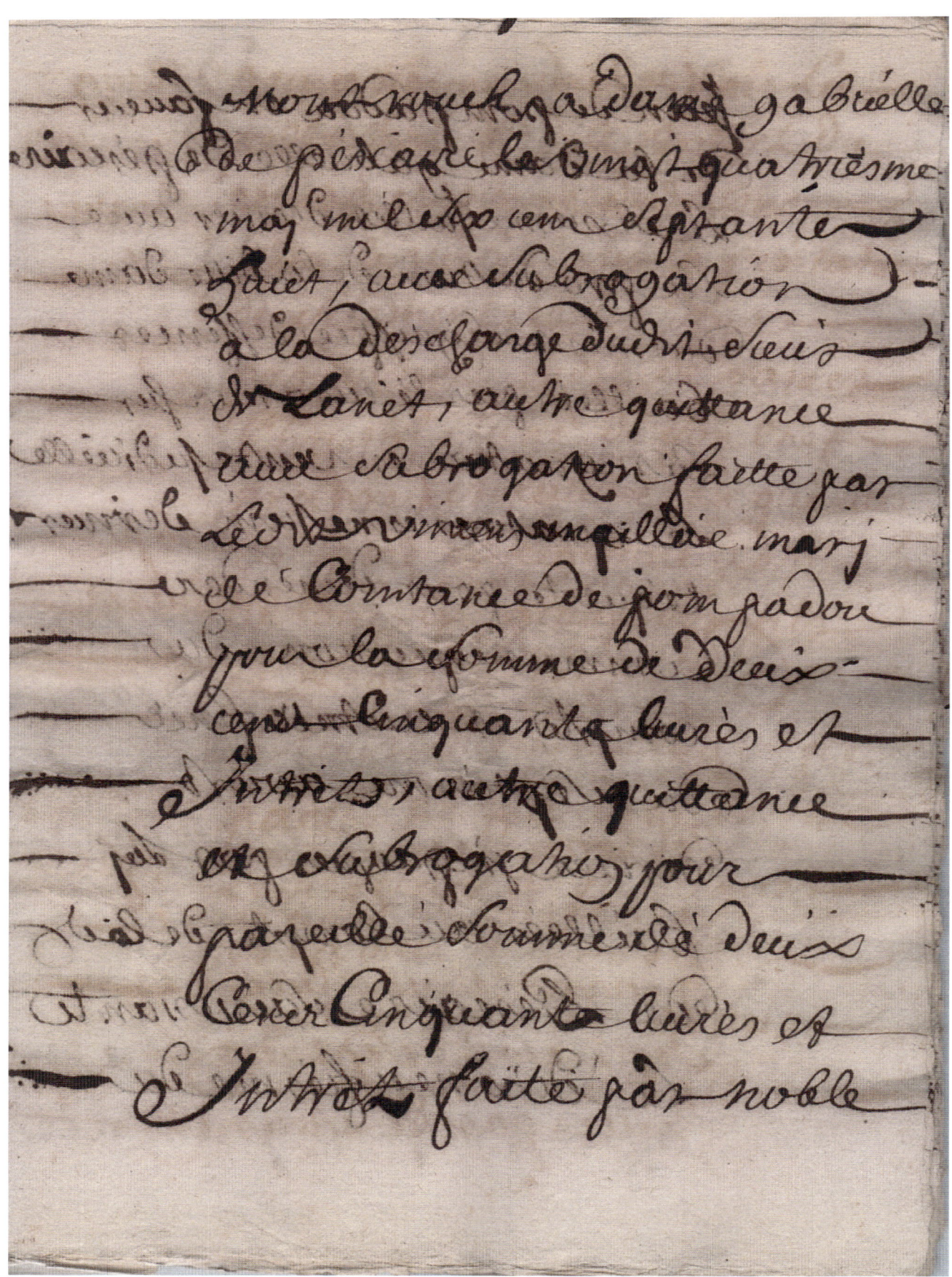

... Montauriol gardant gabrielle

de Peirac, le Vingt quatriesme

may mil six cent Soixante

Faict, avec Subrogation

a la descharge dudit Sieur

de Lanet, autre quittance

avec Subrogation faitte par

le... may

de Contance de pompadou

pour la Somme de Deux

cent Cinquante livres et

Intérets autre quittance

ou Subrogation pour

pareille Somme de deux

cent Cinquante livres et

Intérets faitte par noble

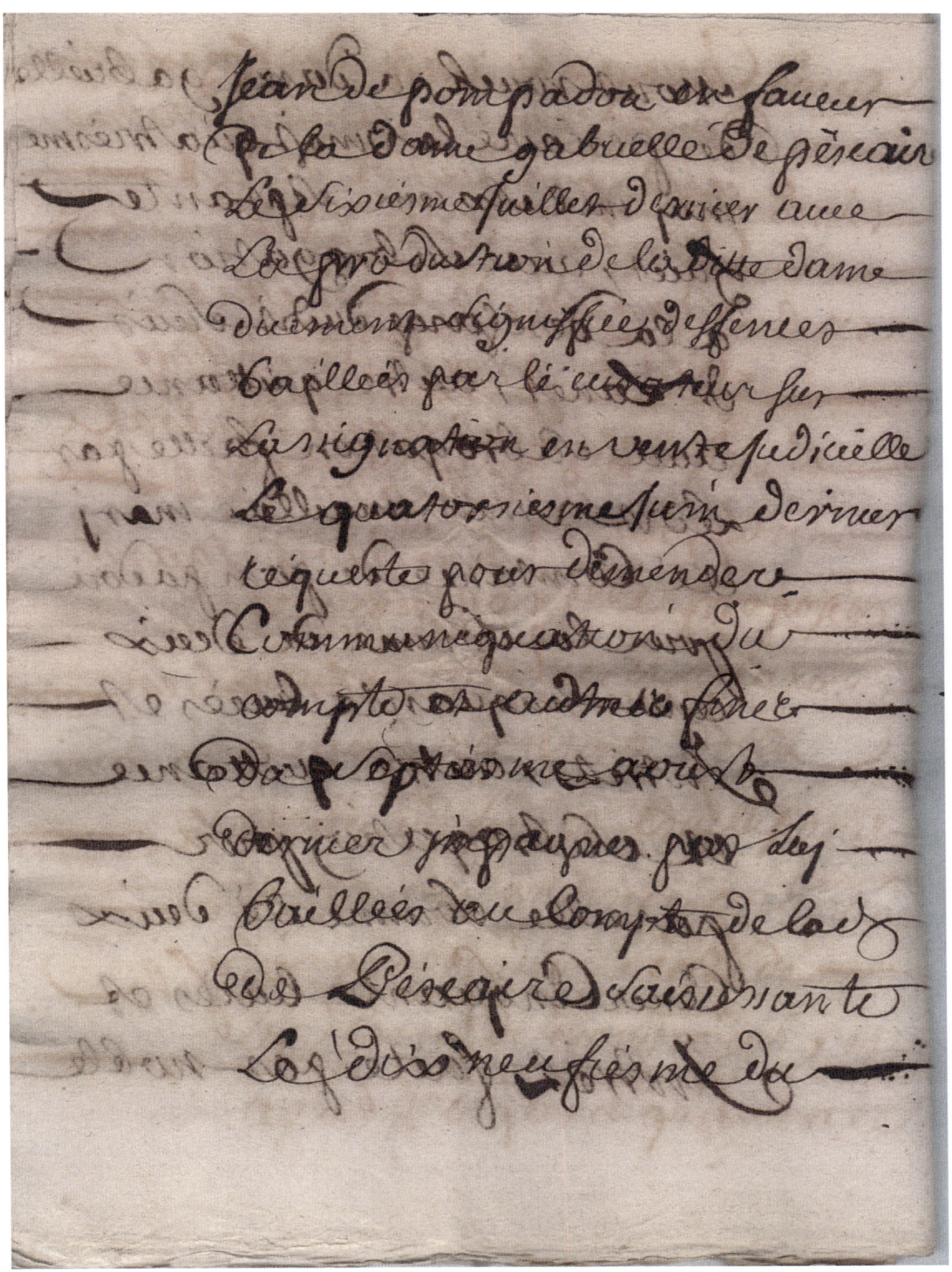

Jean de pompadour en faueur
de sa dame gabrielle de percin
le sixiesme juillet dernier auec
la production de la dite dame
du memoire signiffiée deffences
bailleés par lecuyer sur
la signature en uente judicielle
du quatorziesme juin dernier
requeste pour demander
la communication du
compte et autres fenes
du septiesme aoust
dernier jnclusiue par des
baillées du compte de la dite
de Percin suiuante
la dixneufiesme du

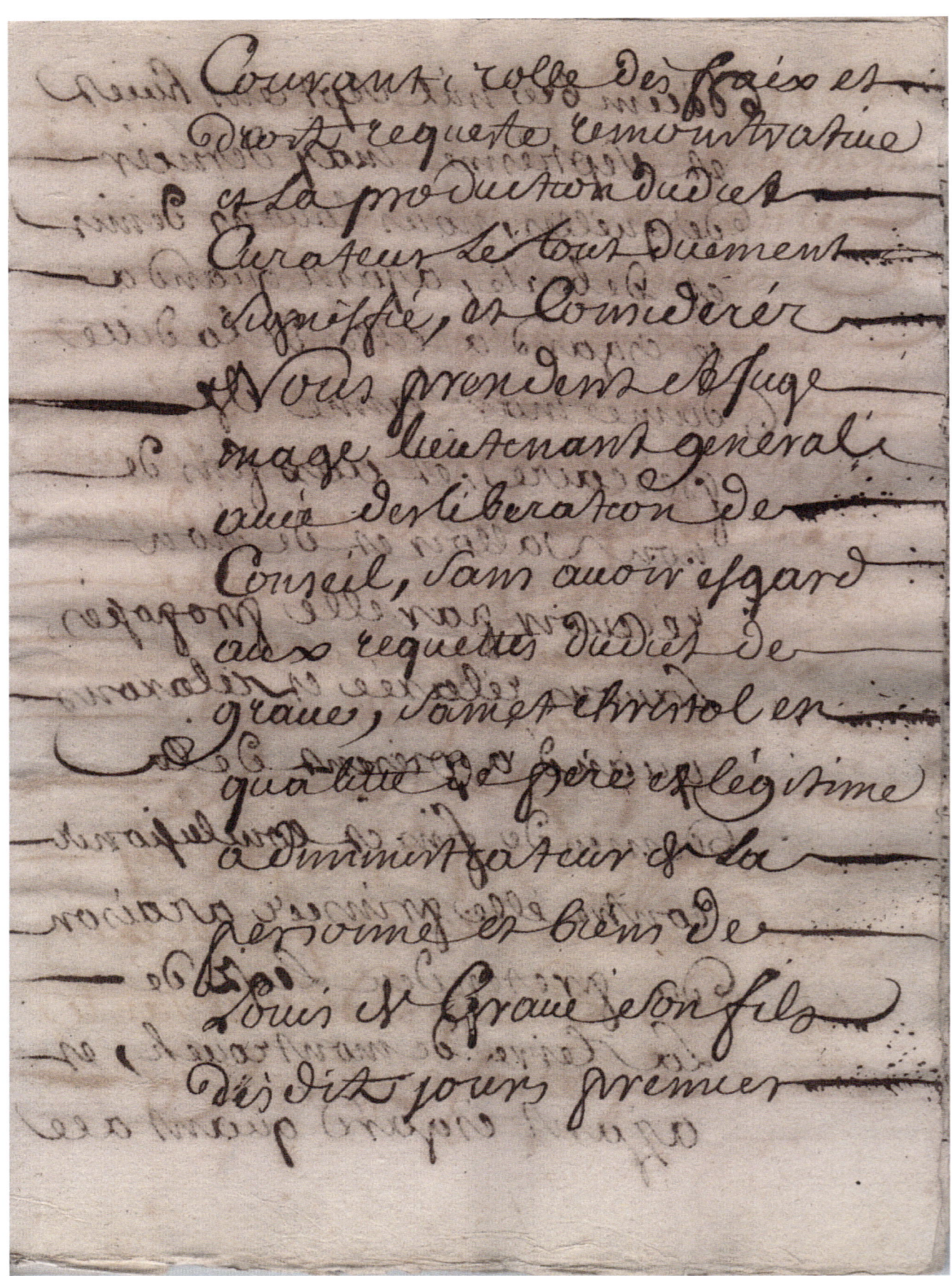

Courant, Rolle des frais et
Despens requeste remontratiue
et la production dudict
Curateur le tout duement
signiffié, et Considerér

Nous prendons et Juge
mage lieutenant general
auec derliberation de
Conseil, Sans auoir esgard
aux requettes dudict de
graue, Sainct Christol en
qualitté de père et légitime
administrateur de la
personne et biens de
Louis de Graue son fils
desdits jours premier

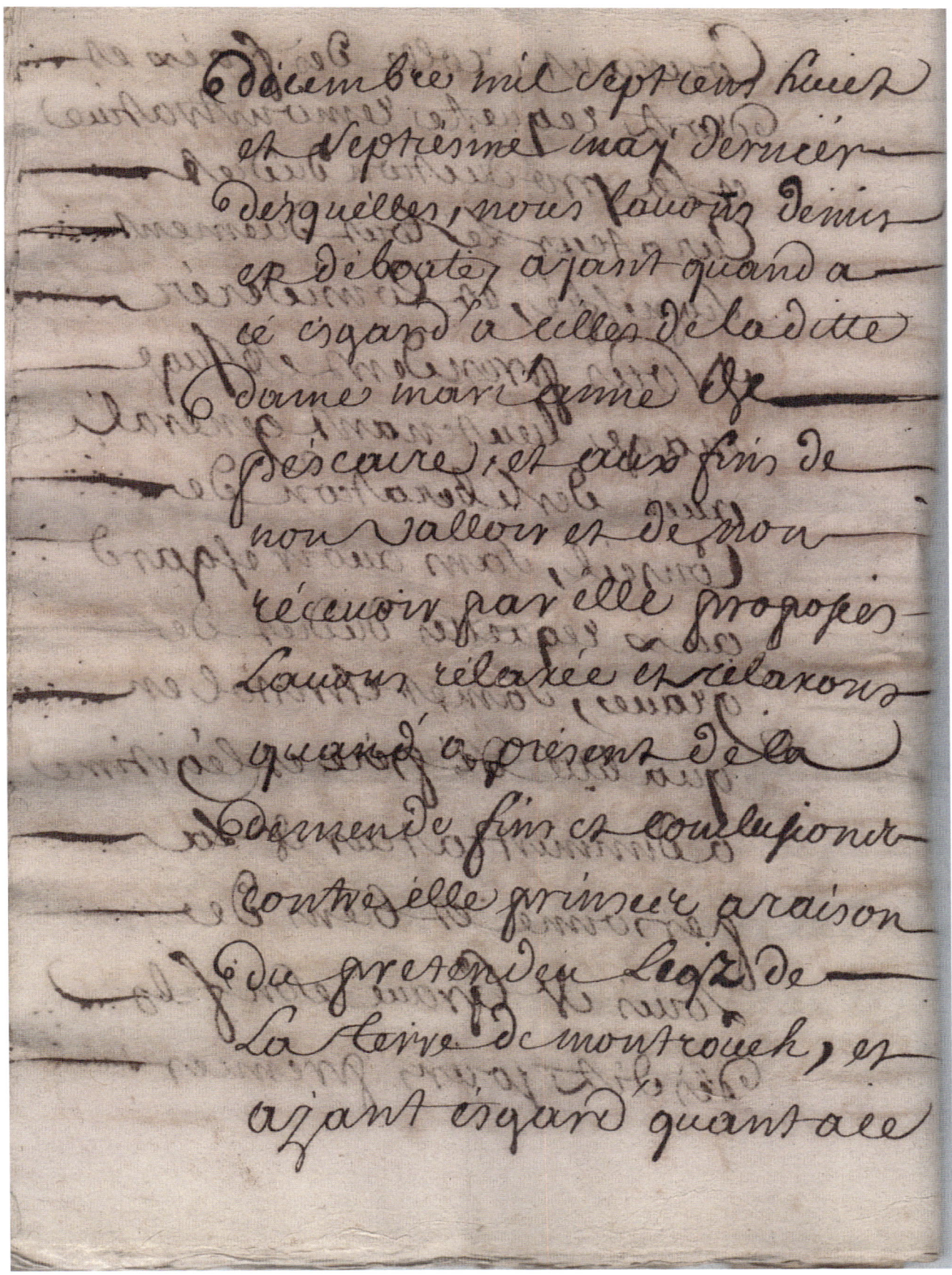

6 décembre mil sept cens huict
et septiesme may dernier
desquelles, nous louons denies
et déboutes ajant quand a
cé esgard a eelles de ladicte
dame marianne de
pescaire, et aux fins de
non valloir et dé non
récevoir par elle proposés
louons rélaxée et rélaxons
quand a présent de la
demende fins et conclusions
Contre elle première araison
du prétendu légat de
la terre de montrouch, et
ajant esgard quant ae

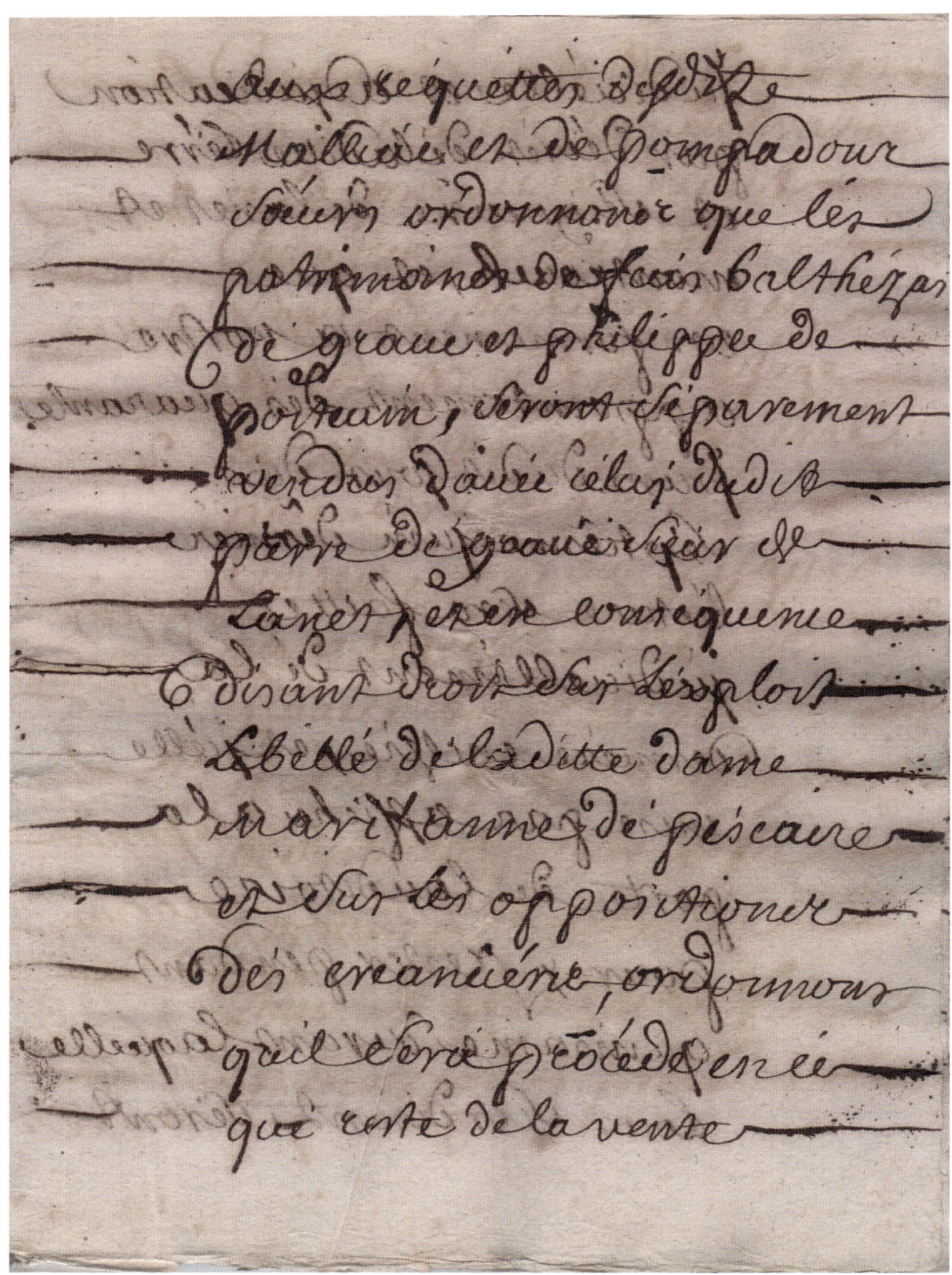

sur les requettes desd.

Maillaulier de Pompadour

sœurs ordonnons que les

patrimoines de Jean Balthezar

de graue et philippe de

Porrain, seront séparement

vendus Pource celuy dudit

pierre de graue scitué de

Lanet perera consequence

disant droit dar desploix

Libellé de laditte dame

marianne de piscaire

et sur les oppositions

des créanciers, ordonnons

quil sera procéddé en ce

qui reste de la vente

judicielles et adjudication
par décret de ladicte terre
et seigneurie de lanet et
montroue, et que
conformement a notre
appointement des quarante
jours dudit jour dix
septieme juin dernier
licitaire sera faitte
judicielliment de la
derniere enchere et ijcelle
mise par afficha a la
porte de laudictoire
pour y rester pendant
quinzaine durant laquelle
tous enrdisants seront

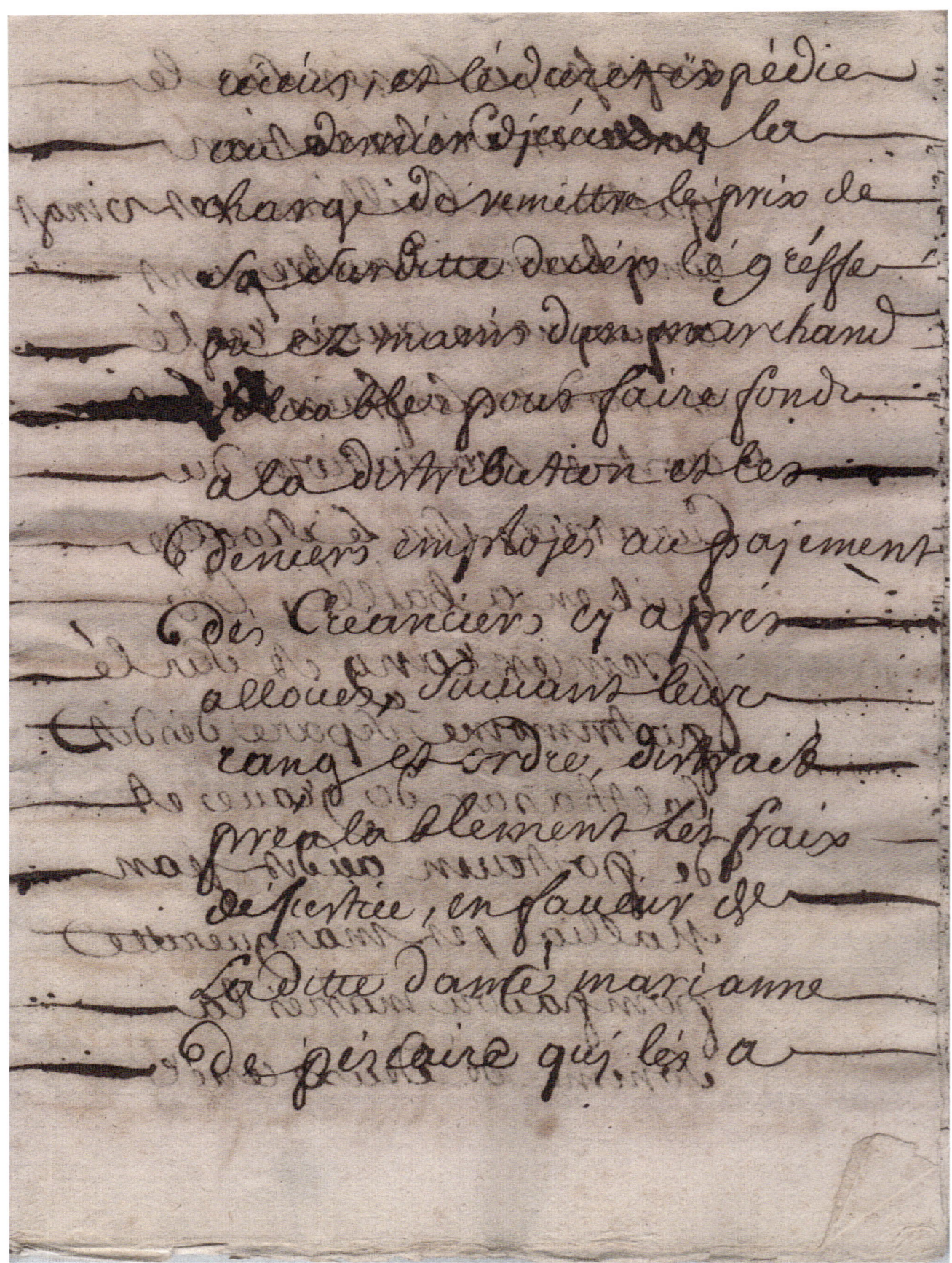

recevir et le dacte expédié
au dernier encherisseur la
pancée chargé de remettre le prix de
sa venditte dedans le greffe
par six mariis d'un marchand
solvable pour faire fonde
a la distribution et les
deniers employés au pajement
des Créanciers et apres
alloués suivant leur
rang et ordre, distrait
prealablement les frais
de justice, en faveur de
ladite dame marianne
de percaire qui les a

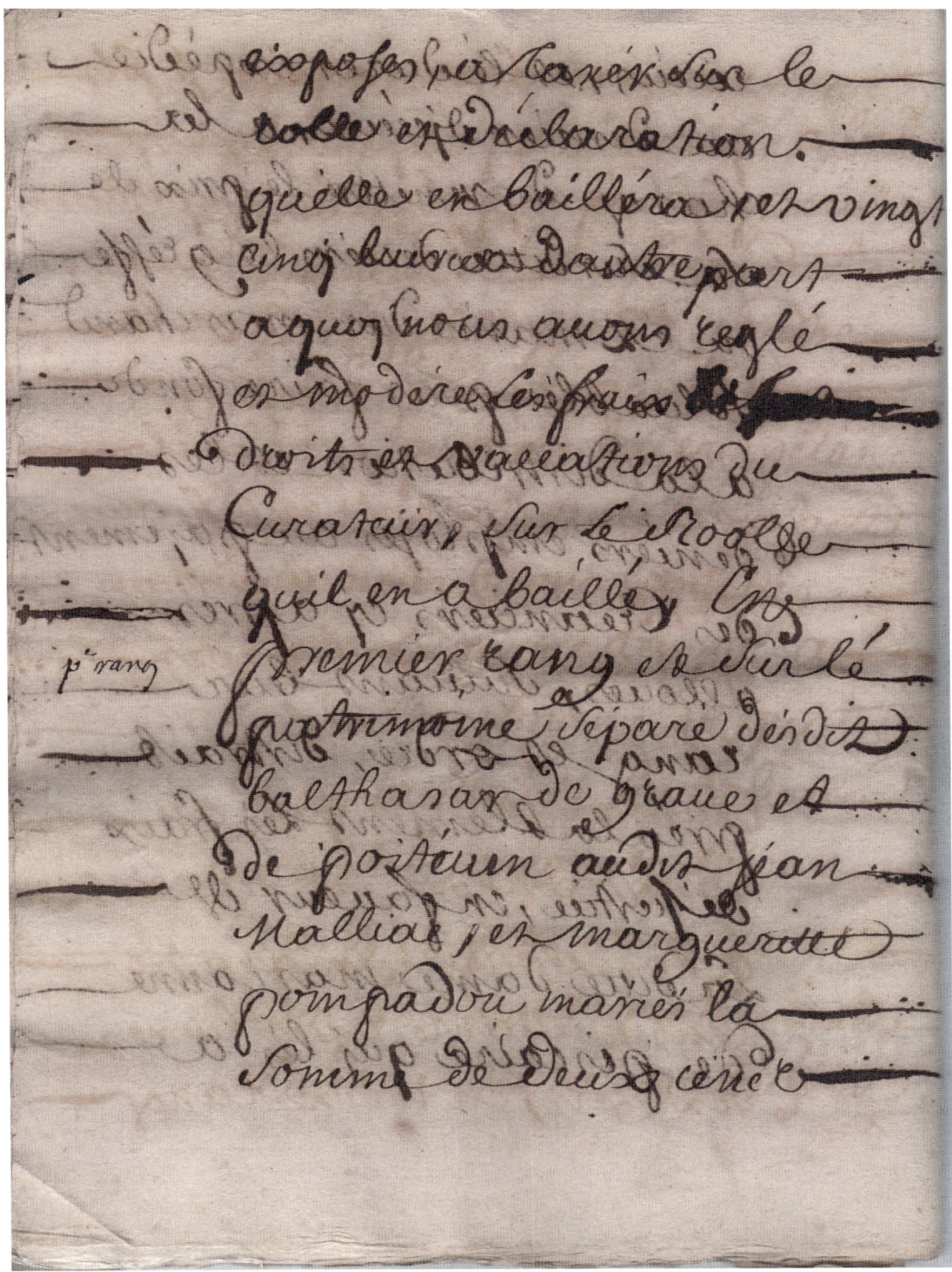

déposser par lexexibur le
roller en déclaration.
quelle en bailléra vet vingt
cinq livres Dautrepart
aquoy nous auons reglé
et moderé lesfrais
droits et vaccations Du
Curateur sur le Rolle
quil en a baillé En
premier rang et sur lé
patrimoine separe desdits
balthasar de braue et
de poitoun audit Jean
Malliac, et marguerite
pompadou marie la
Somme de deux cent

p' rang

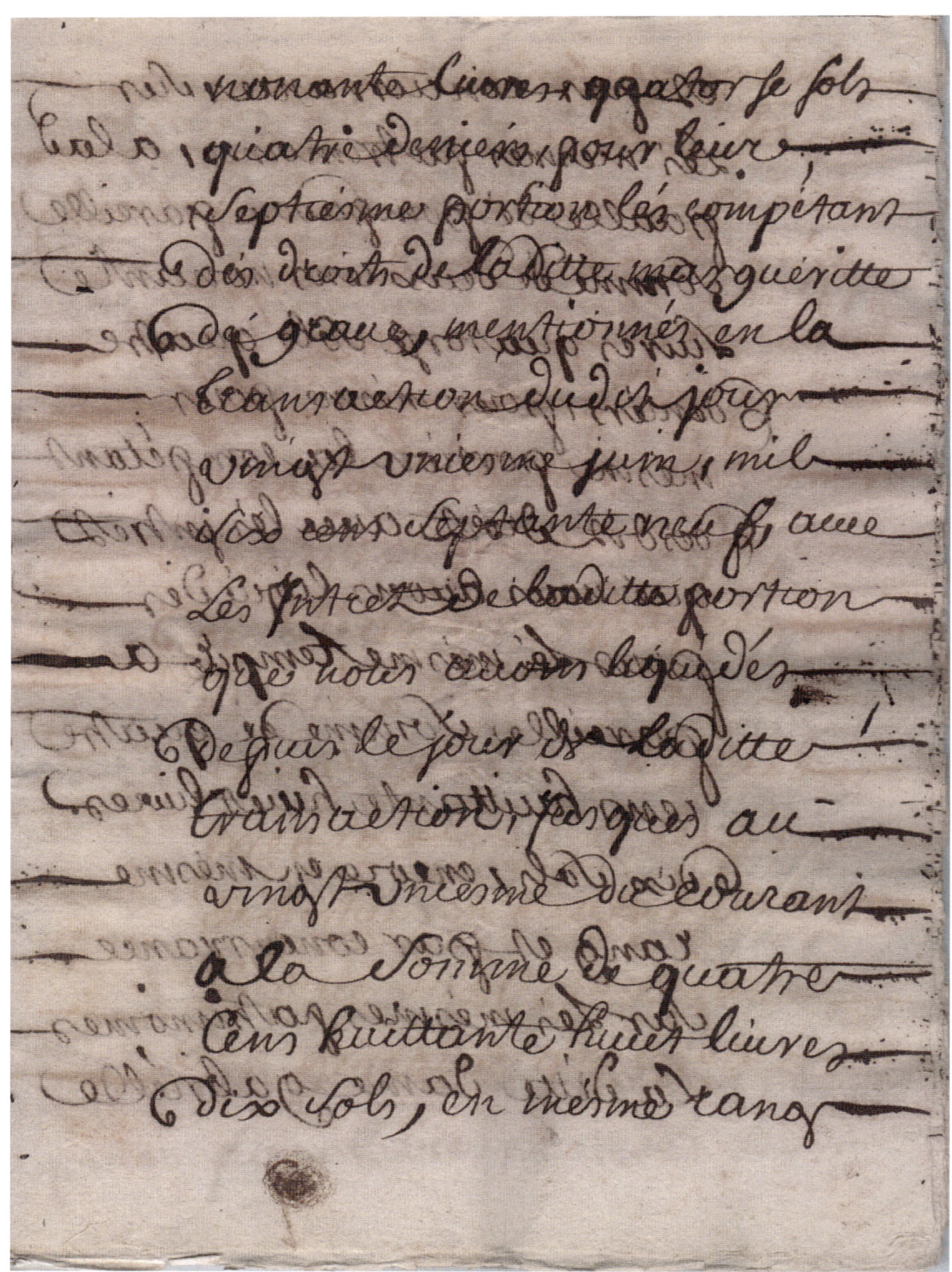

nonante liures quatorse sols
quatre deniers pour leur
septiesme portion les competant
des droits de ladite marguéritte
graux mentionnés en la
transaction dudit jour
vingt unieme juin mil
six cens septante neuf que
les interest de ladite portion
que noter auoin liquidés
depuis le jour de ladite
transaction jusques au
vingt unieme dudit courant
a la somme de quatre
cens huittante huit liures
dix sols, en mesme temps

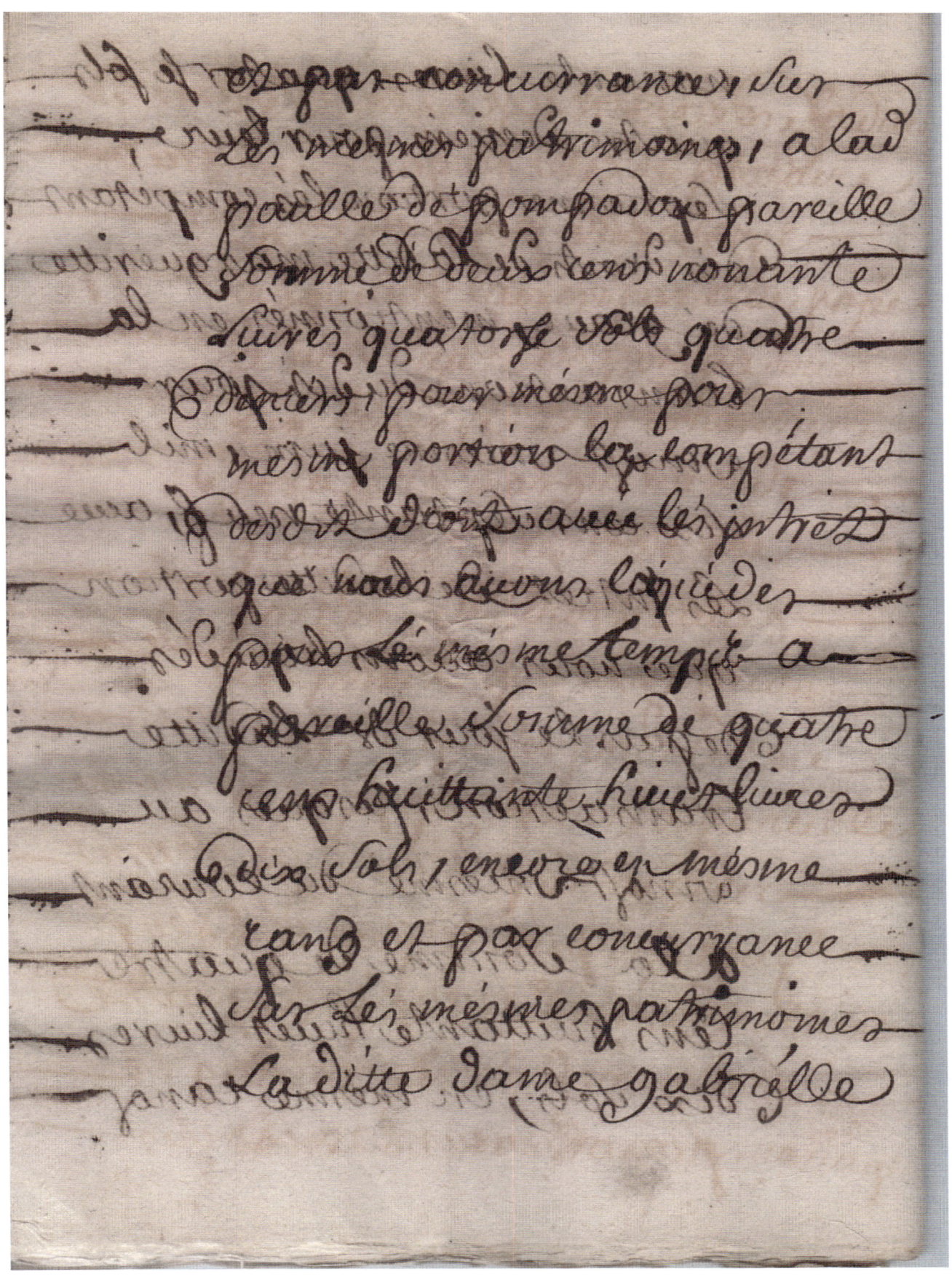

... concurrance sur
... mesme patrimoine, a lad
... aille de pompadour pareille
somme de deux cent nonante
Livres quatorse sols quatre
... par mesme pour
mesme portion les competant
... deux avec les ...
... nous la ...
... en mesme temps a ..
pareille somme de quatre
cens ... huit livres
dix sols, encore en mesme
rang et par concurrance
sur les mesmes patrimonies
La ditte dame gabrielle

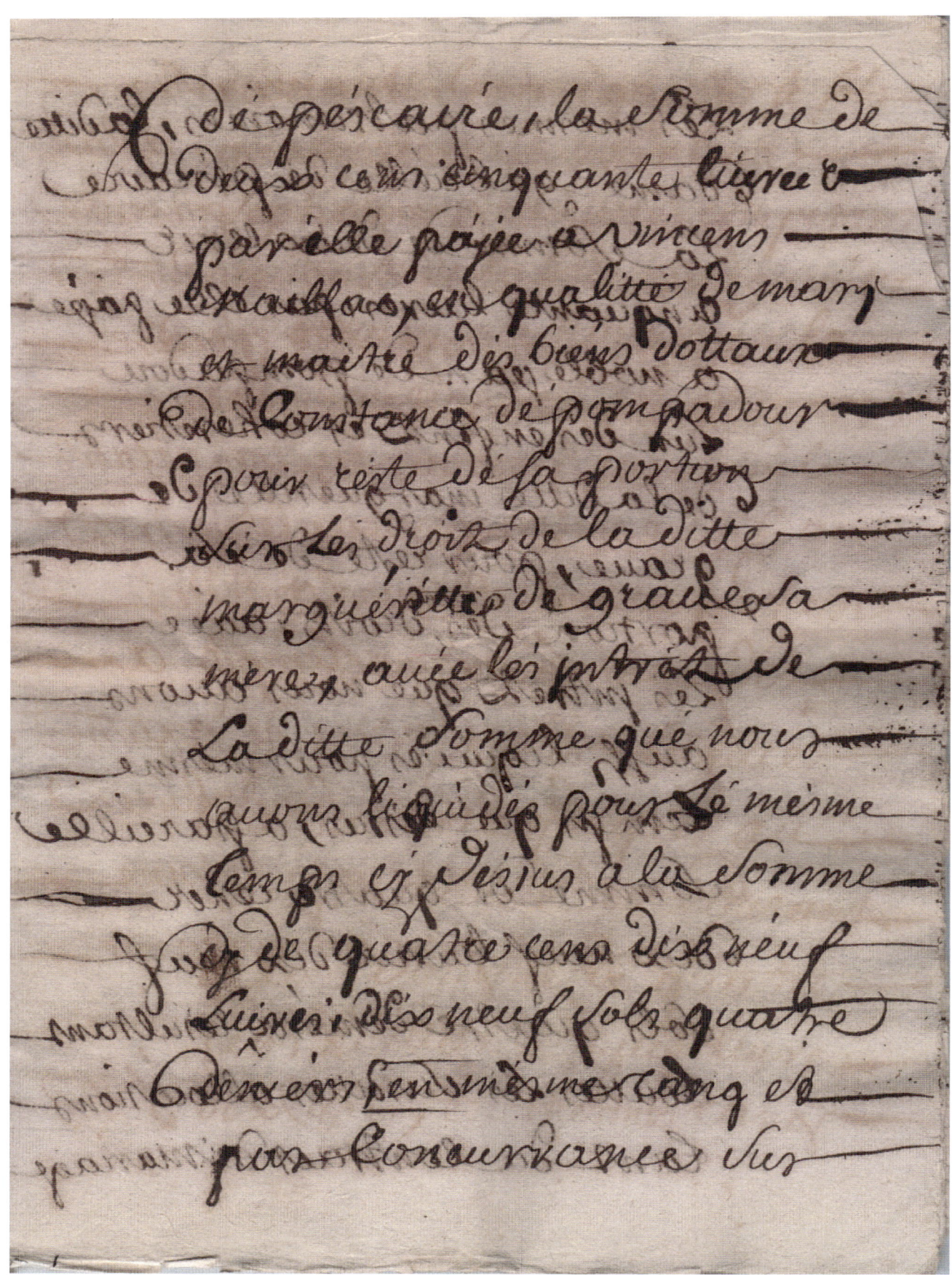

de péscaire la somme de
deux cens cinquante livres
pareille payée à vincens
.... en qualité de mary
et maitre des biens dottaux
de constance de pompadour
espouse reste de sa portion
..... les droit de la ditte
marguéritte de grave sa
..... avec les jntrest de
la ditte somme que nous
avons liquidés pour le mesme
temps cy déssus à la somme
de quatre cens dixneuf
livres dix neuf sols quatre
deniers en mesme rang et
par concurrance sur

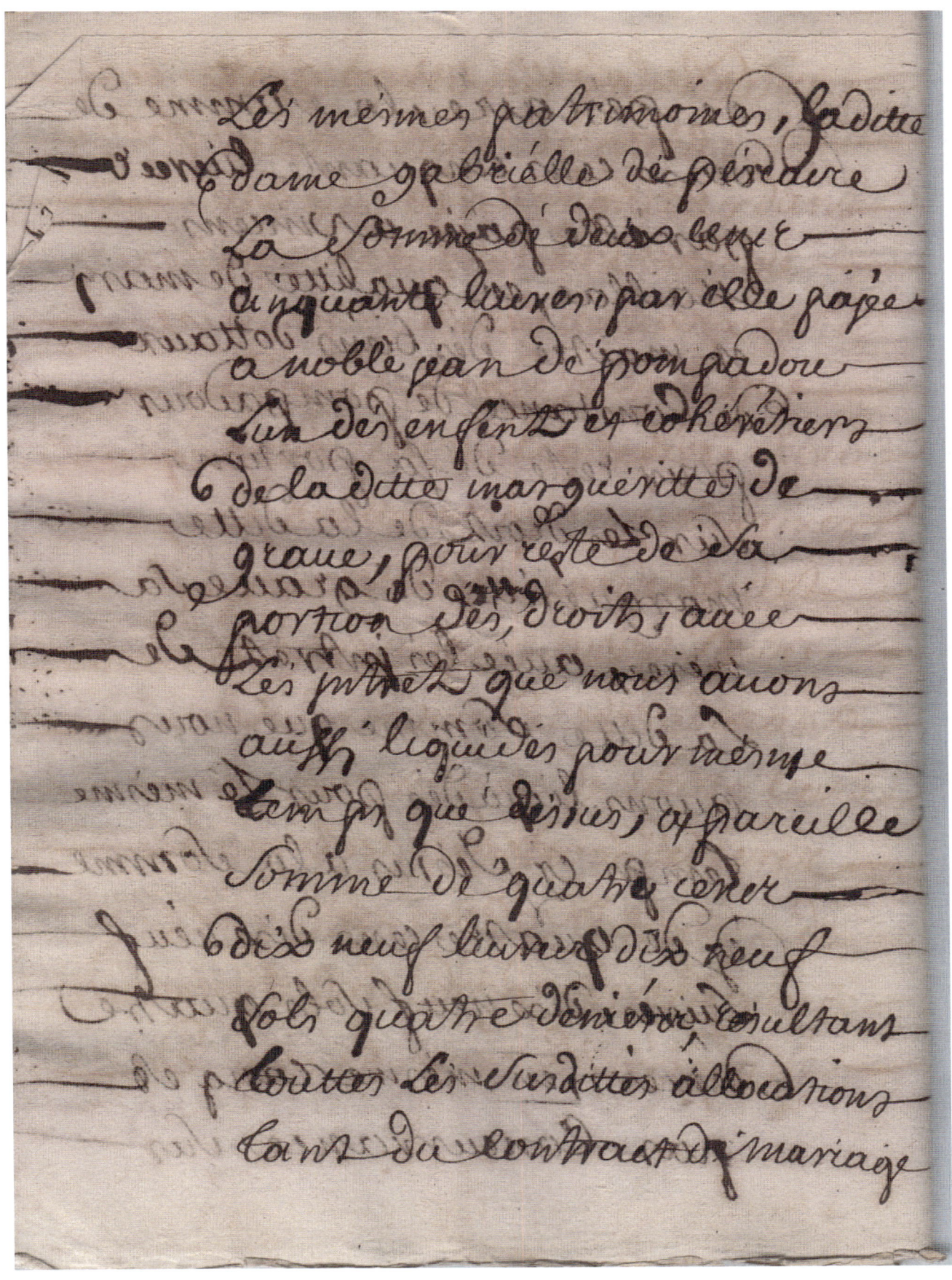

les mesmes patrimoines, ladicte
dame gabrielle de pérédire
la somme de deux cent
cinquante livres par elle payée
a noble jean de pompadour
l'un des enfants et cohéritiers
de ladicte marguéritte de
graue, pour reste de la
portion des droits, aue
les intérets que nous auons
aussi liquidés pour mesme
temps que dessus, et pareille
somme de quatre cens
dix neuf livres dix neuf
sols quatre deniers resultant
de touttes les susdittes allocations
tant du contract de mariage

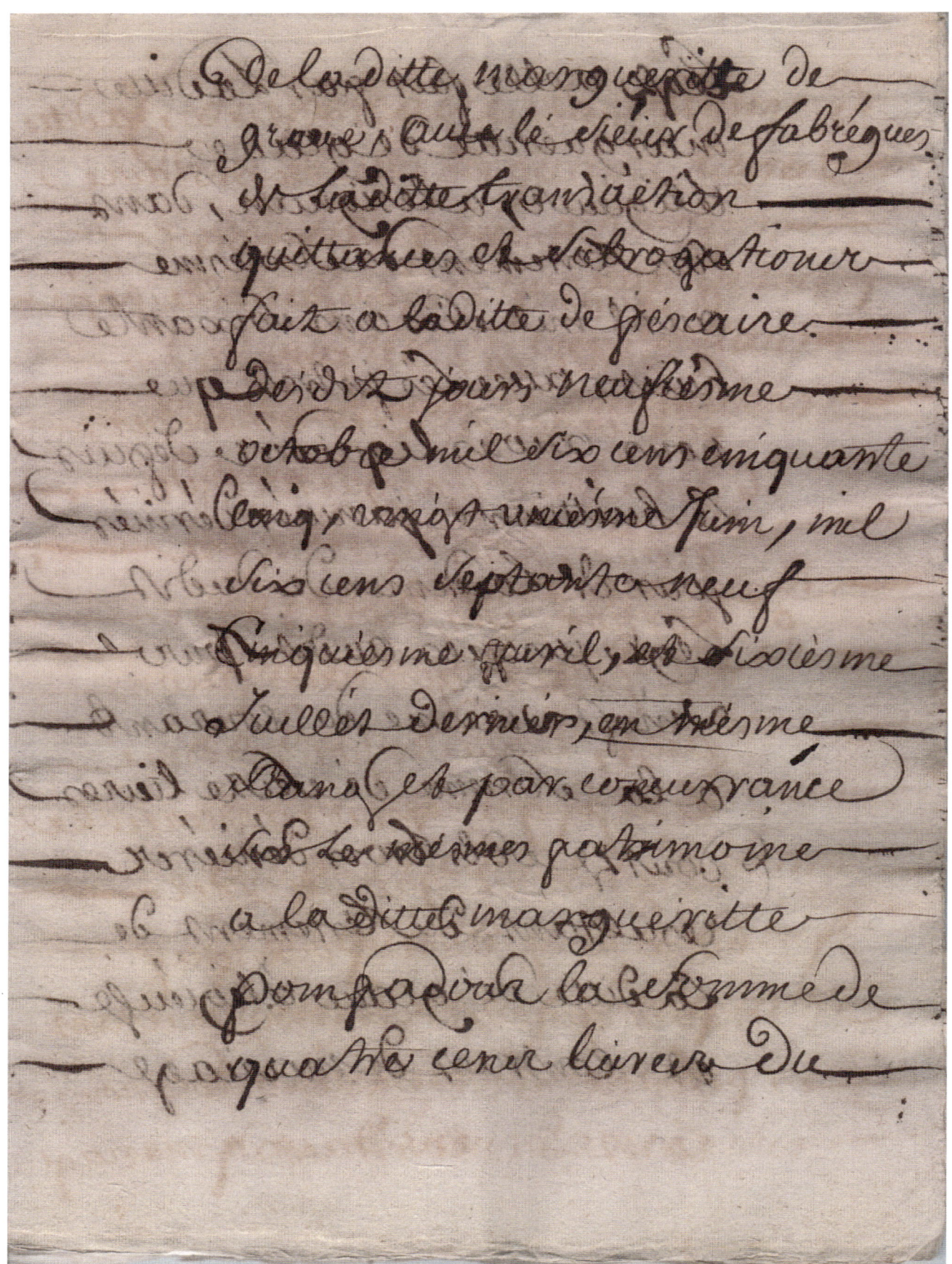

De ladite marguerite de
grave auta le sieur de fabrégues
et ladite transaction
quittance et retrogatiour
fait a ladite de pescaire
de dix jours neufieme
octobre mil six cent cinquante
cinq, vingt unieme juin, mil
six cens septante neuf
cinquiesme avril, et sixiesme
juillet dernier, en mesme
temps et par consequance
... les mesmes patrimoine
a ladite marguerite
pompadour la somme de
quatre cent livres du

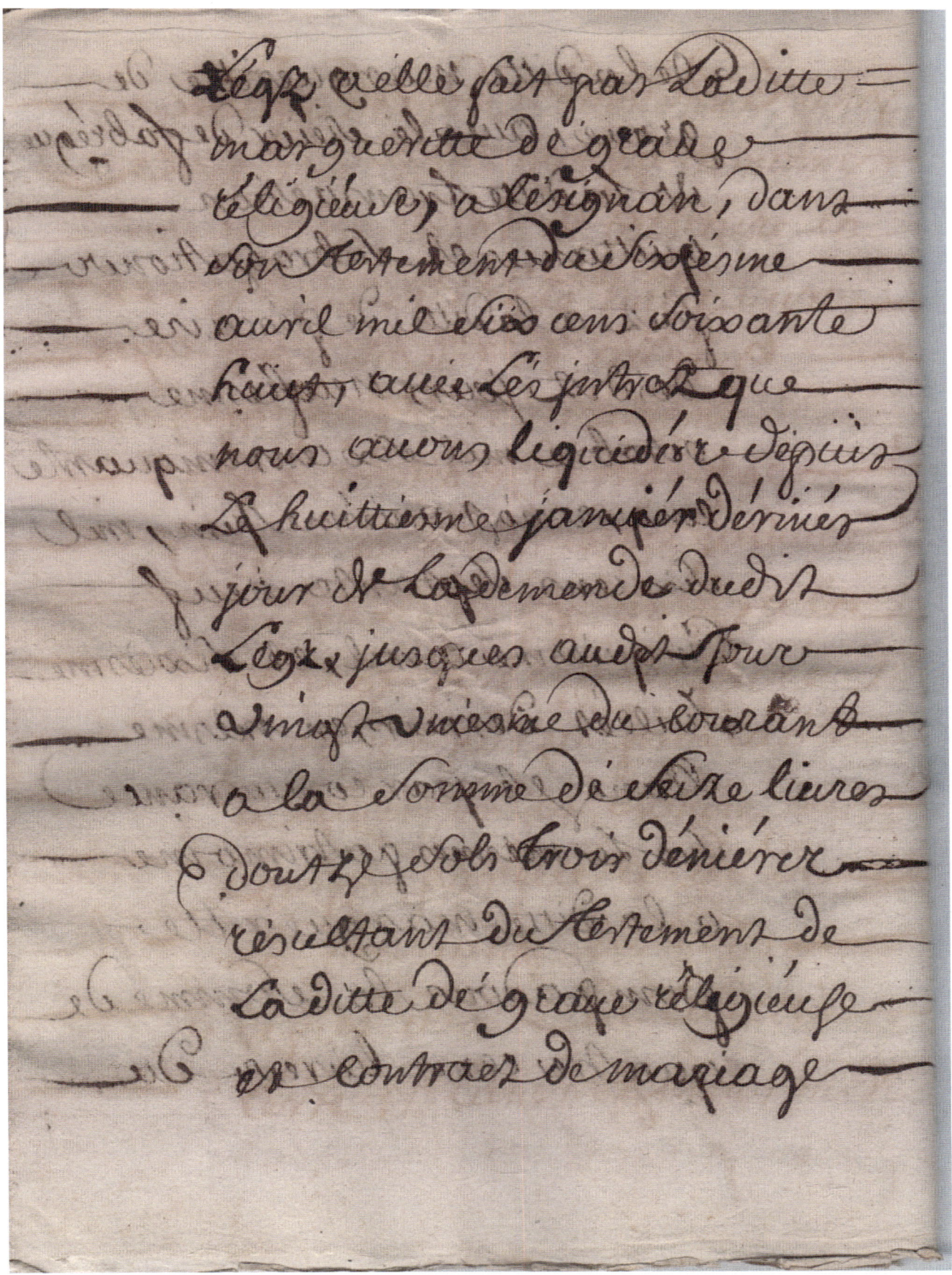

légat celle fait par ladite
margueritte de grade
religieuse, a lézignan, dans
son testament du trosiesme
avril mil six cens soixante
huict, avec les intrets que
nous avons liquidée depuis
le huittiesme janvier dernier
jour de la demende dudit
légat jusques audit jour
vingt unieme du courant
a la somme de seize livres
douze sols trois déniérez
résultant du testament de
ladite de grade religieuse
en contrat de mariage

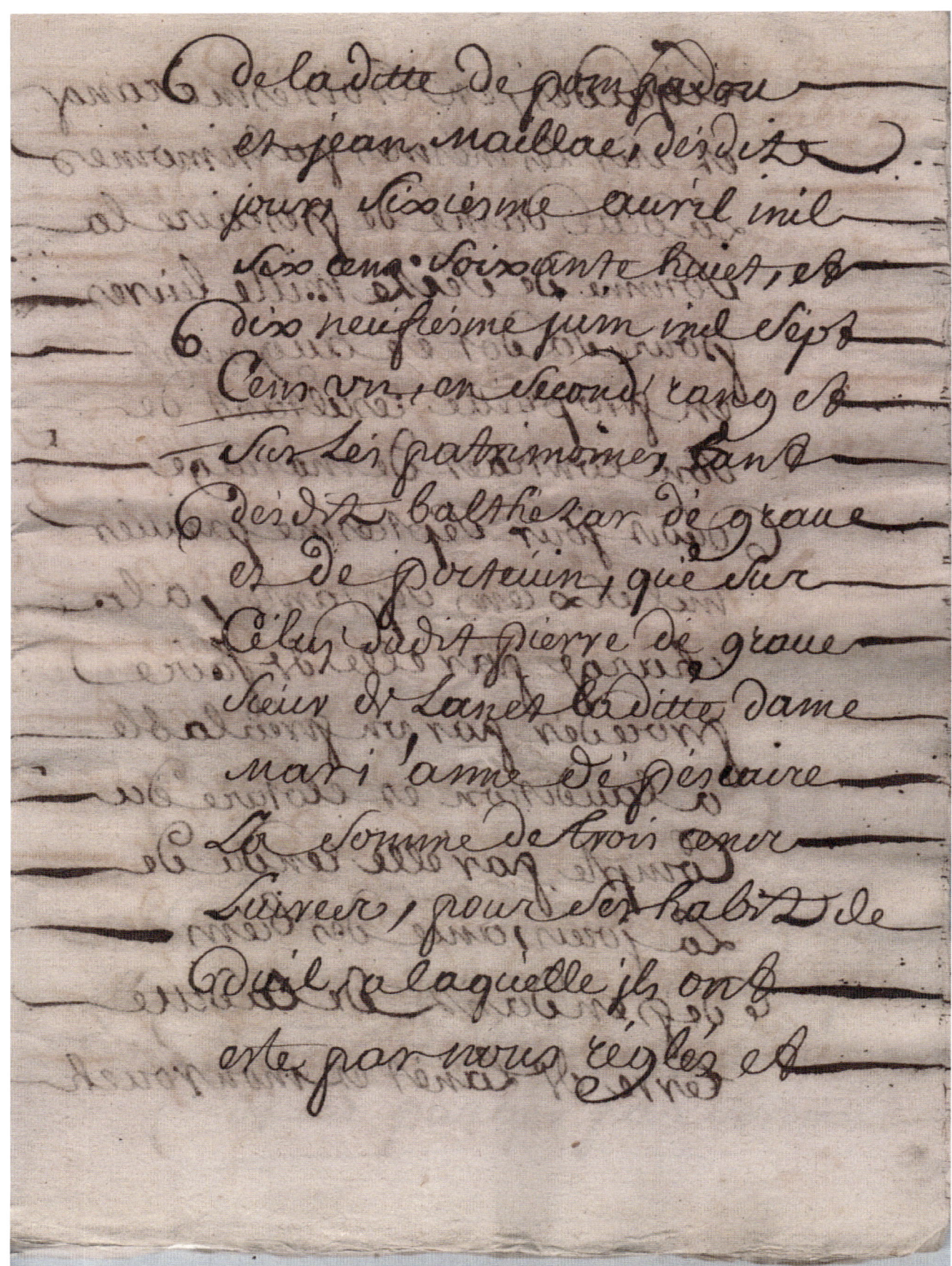

de ladicte de pompadou
et jean maillac desdits
jours seiseiesme auril mil
six cens soixante huiet, et
dix neufiesme juin mil sept
cens vn, en second rang et
sur les patrimoines tant
desdits balthezar de graue
et de portauin, que sur
celuy dudit pierre de graue
sieur de lanet ladicte dame
mari'ame despesaire
la somme de trois cens
liures, pour les habits de
deuil, a laquelle ils ont
esté par nous reglés et

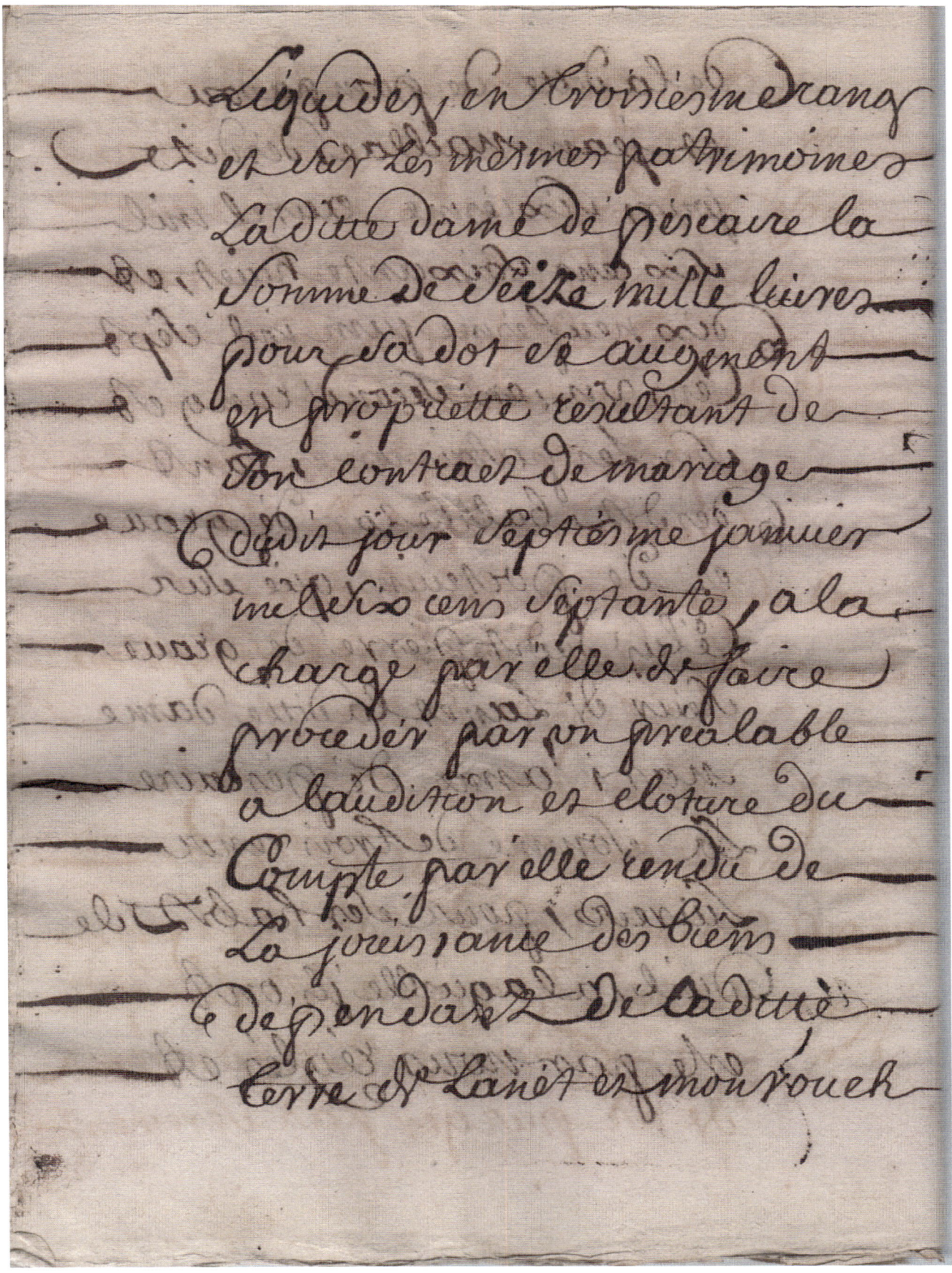

Liquider en troisiesme rang
et sur les mesmes patrimoines
Ladite dame de pescaire la
Somme de Seize mille livres
pour Sa dot et augment
en propriette resultant de
Son contract de mariage
dudit jour Septiesme janvier
mil Six cens Septante, a la
charge par elle de faire
proceder par un prealable
a lauidition et cloture du
Compte par elle rendü de
La jouissance des biens
despendant de ladite
terre de Lanet et moutouch

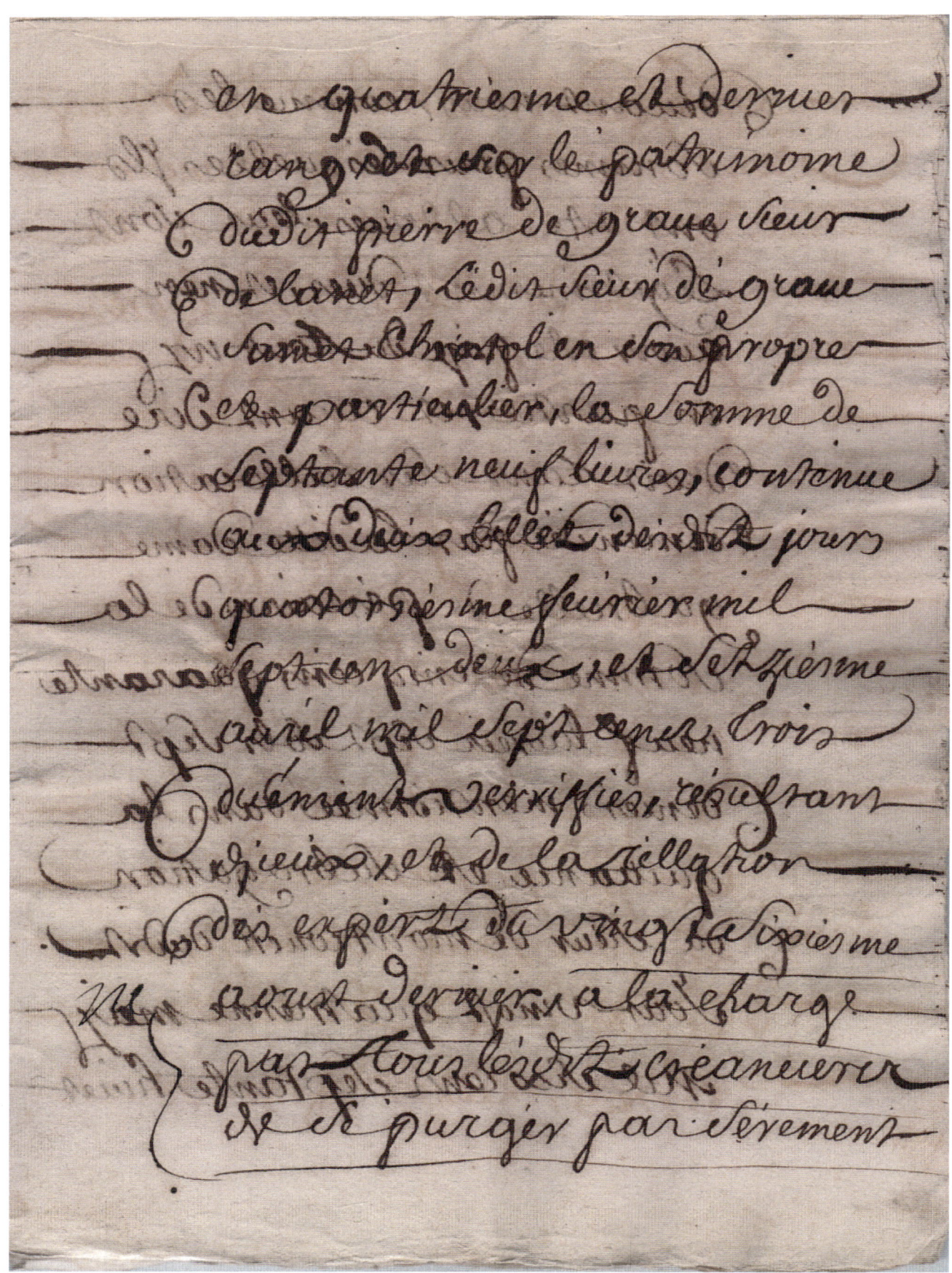

en quatriesme et derquier
rang de cens le patrimoine
dudit pierre de graue sieur
de lanet, ledit sieur de graue
sandes Christol en son propre
et particulier, la somme de
septante neuf livres, contenue
au dans billet dendin jours
quatorziesme feurier mil
septcen deux et seiziesme
auril mil sept cens trois
deüment verriffiés, resultant
ojeius et de la sillation
des experts du vingt sixiesme
aout dernier, a la charge
par tous les dits creanciers
de se purger par serement

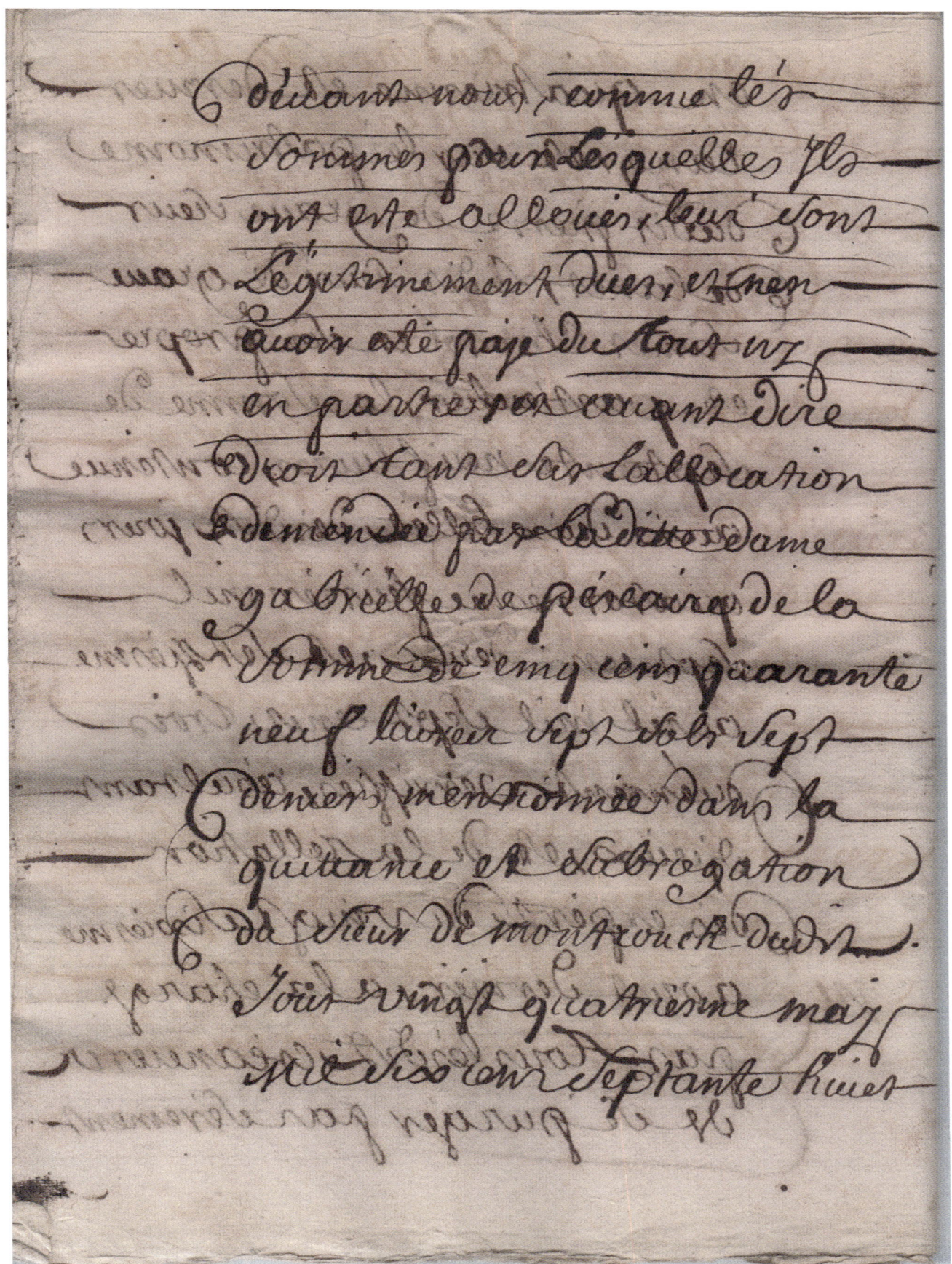

déduisant nous reconnoistés
Sommes pour lesquelles ils
ont esté alloués, leur sont
Légitimement dues et non
avoir esté payé du tout ny
en partie par aucune dire
Droit tant sur lallocation
demandée par ladite dame
gabrielle de péraire de la
Somme de cinq cens quarante
neuf livres sept sols sept
deniers mentionnée dans la
quittance et subrogation
du Sieur de montrouch dudit
Jour vingt quatrième may
mil six cent septante huict
prinse par ledit payement

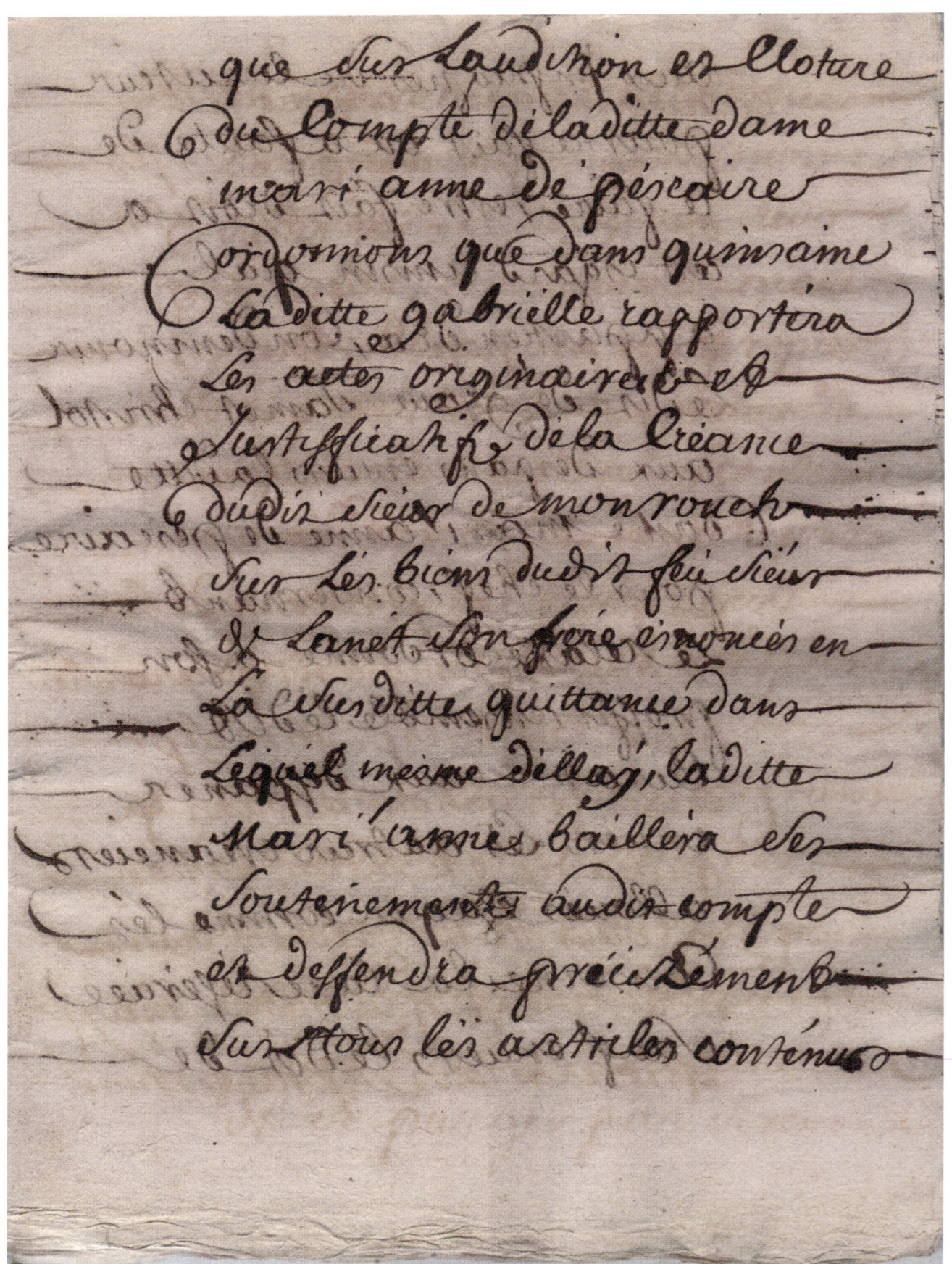

que sur l'auditton et clôture

du Compte de la ditte dame

mari anne de pescaire

Convenons que dans quinsaine

la ditte gabrielle rapportera

les actes originaires et

justifficatifs de la creance

dudit sieur de monrouch

sur les biens dudit feu sieur

de lanet son frere enoncés en

la susditte quittance dans

lequel mesme dellay, la ditte

mari annes baillera ses

soutenements audit compte

et deffendra precisement

sur tous les articles contenus

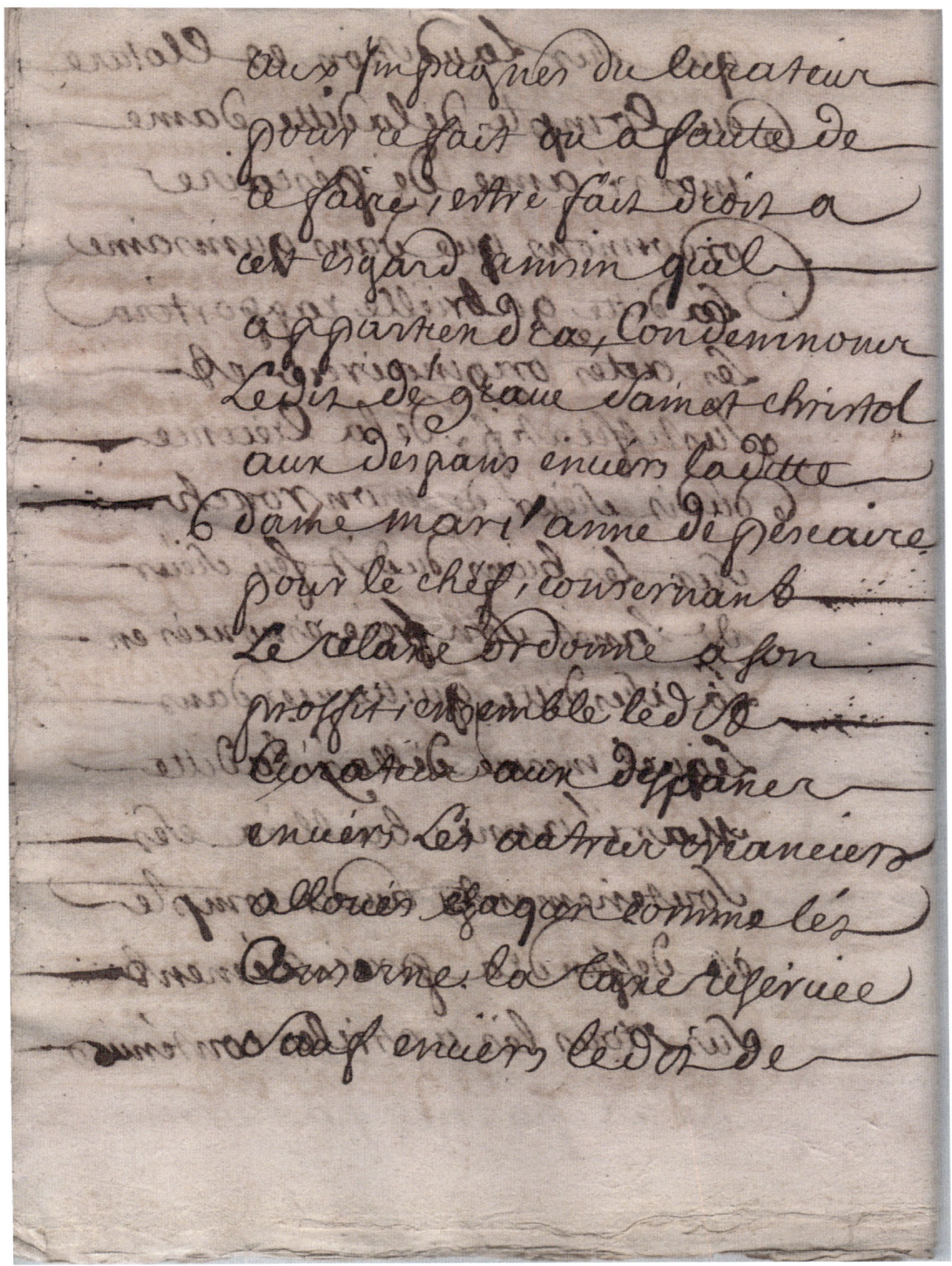

aux [...] de leurateur
pour ce fait ou à faulte de
le faire, estre fait droit a
cet esgard ainsin qu'il
appartiendra, Condemnour
ledit de graue sainct christol
aux despans enuers laditte
dame mari' anne de pescaire
pour le chef, concernant
le celare ordonne a son
proffit, ensemble ledit
[...] aux despans
enuers les aultres créanciers
[...] chacun comme les
[...] la taxe réserue
[...] enuers ledit de

Grace Sainct Christol
a l'esgard duquel ils demureront
Compensés, et leurs Dépens
jnter locatoires ré séruéen
père ce président et jugemage
se appartiendront Doyer conseiller
Doyen Signes auditem
Santhe, Sonds et dandrieu
Conseillers oppinants, A
Cette Cauze Sous mandons
réquérant laditte dame
marié âme de pereaire
faire pour l'intimation
et exécution de la
présente sentence Sous
exploits requis et

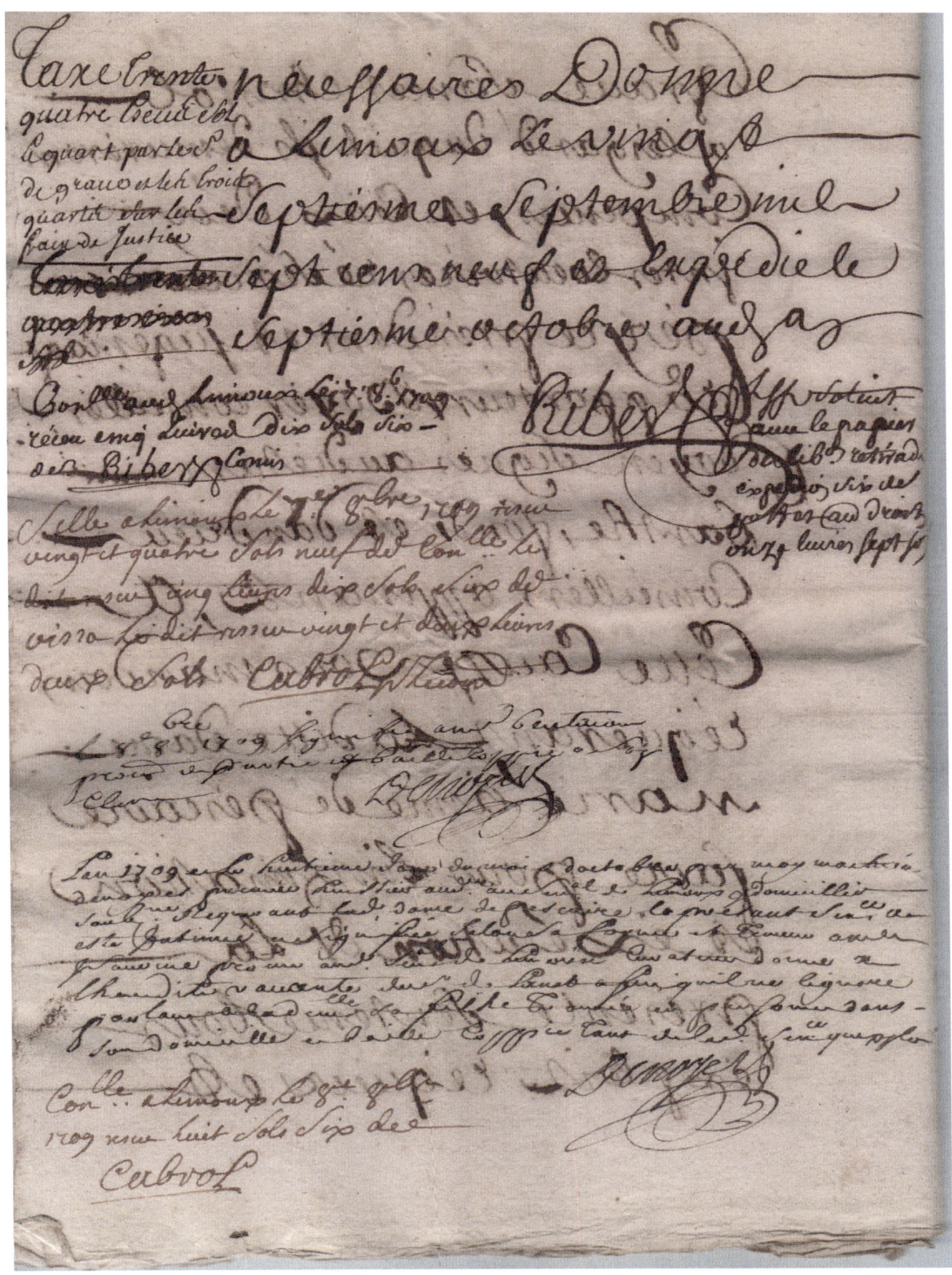

Document 126 – 16 mars 1710 – Nomination de Marc-Joseph Dauceresses au grade de Capitaine de Compagnie de Milice de gardes-côtes de Narbonne, par le roi Louis XIV, sur proposition de Monsieur de Massannes, capitaine général des côtes maritimes de Narbonne

Figurent sur ce document, la signature originale du roi Louis XIV ainsi que le sceau royal.

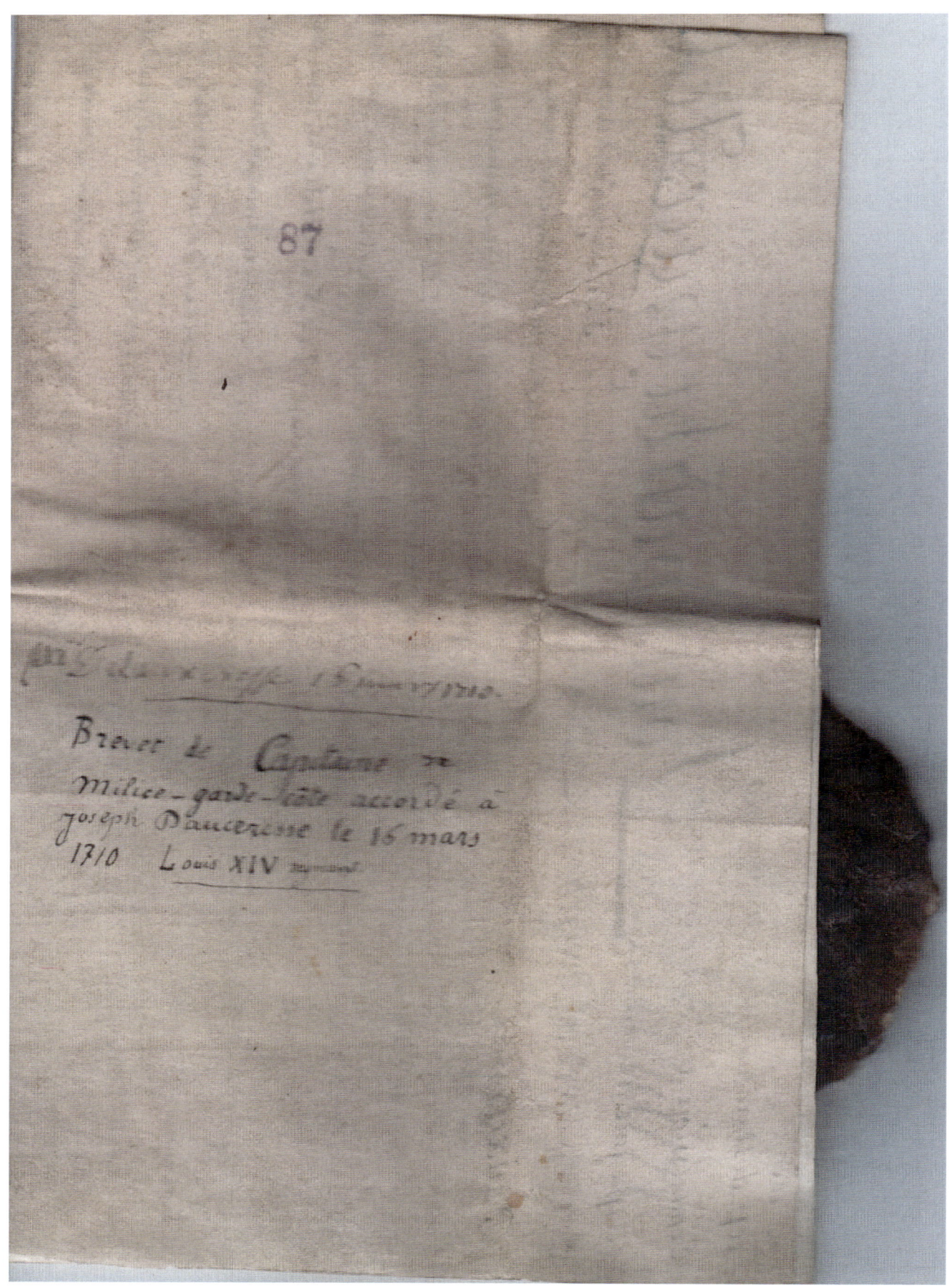

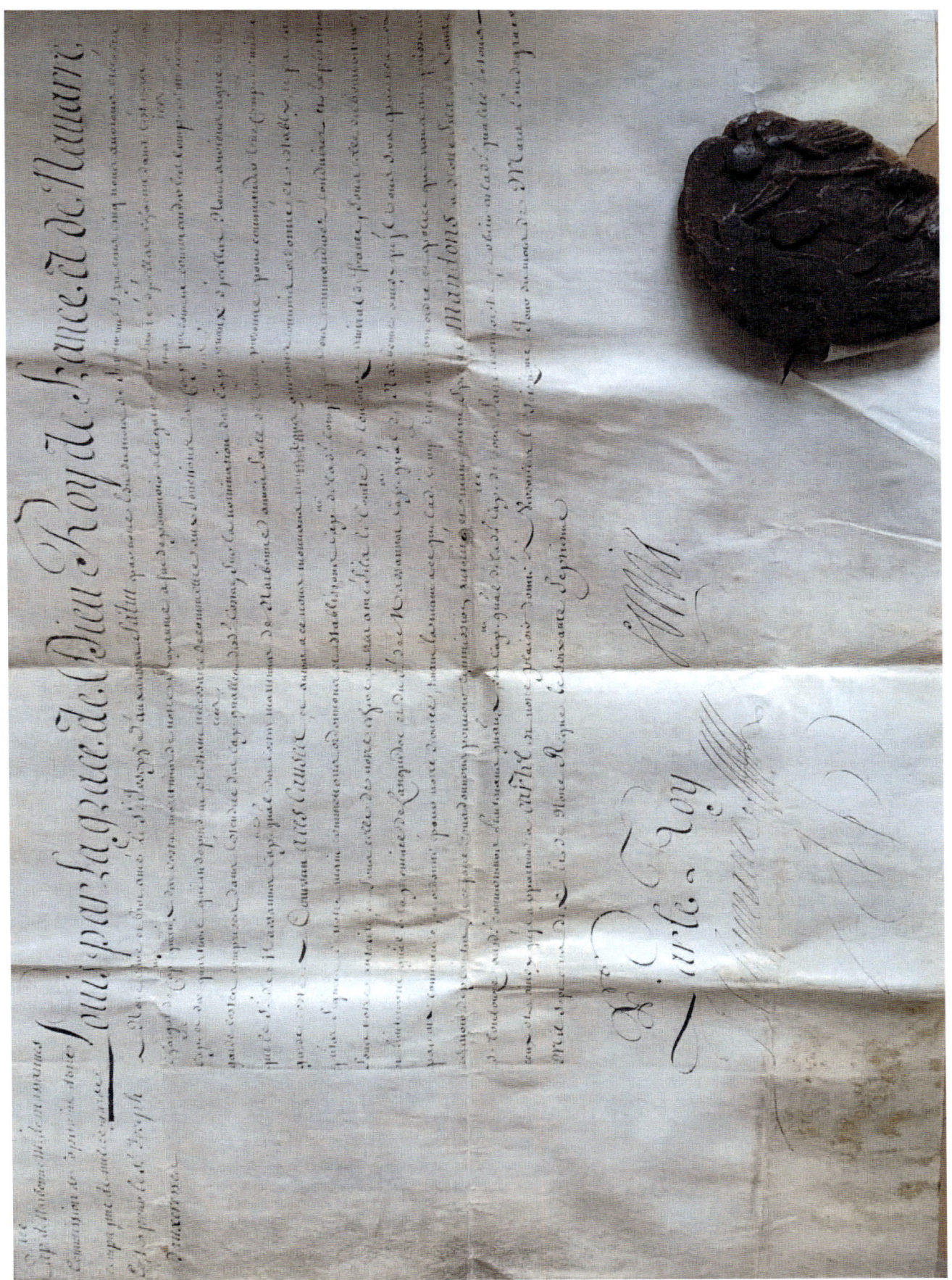

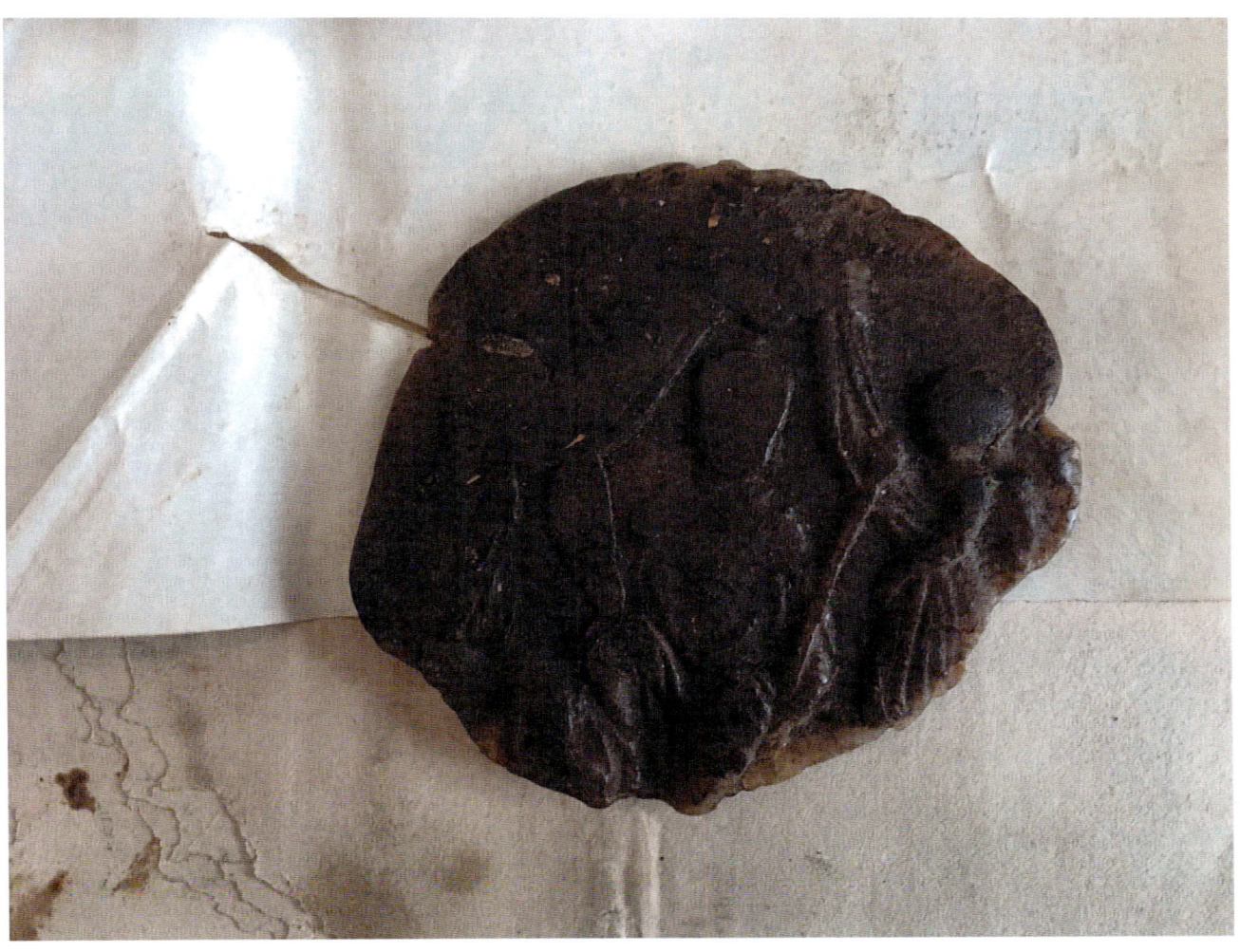

Table des matières

LA SEIGNEURIE DE LANET EN HAUTES-CORBIERES - DOCUMENTS   TOME 5

FSC
www.fsc.org
MIXTE
Papier issu
de sources
responsables
Paper from
responsible sources
FSC® C105338

© 2018, Francis Barthe

Edition : Books on Demand,
12/14 rond-Point des Champs-Elysées, 75008 Paris
Impression : BoD - Books on Demand, Norderstedt, Allemagne
ISBN : 9782322144068
Dépôt légal : juin 2018